AF270108

"En este útil y exhaustivo libro, Paul Tripp hace lo que ya confiamos que hará: tomar las grandes y gloriosas verdades de la vida cristiana y traducirlas a nuestra vida real en tiempo real. Este libro hace bellamente inevitable la finalidad de la teología: optimismo, esperanza y fuerza para vivir hoy".

Dane Ortlund, pastor principal de Naperville Presbyterian Church; autor de *Manso y humilde*

"Paul Tripp afirma: 'La Biblia es un libro de vida que fue dado para fines de vida'. Con base en esa premisa, Tripp presenta una aproximación nueva a doce doctrinas principales, muchas de ellas relacionadas con Dios, su carácter y su obra, conectando cada una de ellas con la vida práctica. La conexión entre la doctrina bíblica y la vida real la convierte en una obra valiosa y eficaz en la búsqueda de una mayor piedad. ¡Lo recomiendo encarecidamente!".

Andreas J. Köstenberger, director del Center for Biblical Studies and Research; profesor investigador de Nuevo Testamento y de Teología Bíblica en el Midwestern Baptist Theological Seminary; fundador de Biblical Foundations

"Muchos creen que la ignorancia acerca de la Biblia es la causa principal de la debilidad de la iglesia en la actualidad. Si bien aprender más acerca de la Biblia es provechoso, el simple hecho de conocer la doctrina correcta no basta. El remedio que necesitamos solo se encontrará cuando recibamos la verdad de Dios en nuestros corazones y le pidamos que nos confronte y nos transforme. Su propósito es que la asimilemos y la pongamos en práctica, no solo que la estudiemos y examinemos, y Paul David Tripp sabe exactamente cómo ayudarte a lograrlo. *¿Realmente crees?* es un libro que te mostrará cómo las grandes doctrinas de la Biblia buscan no solo informarnos sino también calmar nuestra sed, encaminar nuestra vida y fortalecernos. ¡Altamente recomendado!"

Elyse Fitzpatrick, autora de *Ídolos del corazón* y *Porque Él me ama*

"He aquí un libro que expande nuestra mente y nuestro corazón para abrazar grandes verdades, además de afianzar esas verdades como una gran tienda que nos ampara en la vida y en el amor, en el aquí y ahora. Estos capítulos nos invitan una y otra vez a mirar a lo alto y adorar al Dios que está ahí, y de ese modo a ver mejor lo que tenemos delante de nuestros ojos. En su voz sincera y amena cuyo asombro y experiencia son palpables, Paul Tripp abarca un enorme terreno doctrinal anteponiendo a Jesús y el evangelio como protagonistas. Sobre este terreno descubrimos más firme y seguro nuestro siguiente paso pequeño".

Kathleen Nielson, autora; oradora

"Una razón por la cual los escépticos no toman el cristianismo con seriedad es la desconexión que observan entre las creencias y el comportamiento de muchos cristianos. ¿En realidad creemos las doctrinas que profesamos? Si es así, ¿por qué nuestras vidas parecen tan a menudo inalteradas e idénticas a las de los incrédulos? Paul Tripp aborda este problema de manera muy convincente en *¿Realmente crees?* Escoge doce doctrinas cristianas centrales y no solo las presenta, sino que expone cómo deberíamos vivir a la luz de cada una de ellas. Según él, la doctrina no se trata solo de adquirir información, sino de una transformación. Este es un libro urgente y esencial, un tesoro escondido de sabiduría para todo cristiano que está dispuesto a tomar seriamente las implicaciones de sus creencias en la vida diaria".

Brett McCracken, editor principal de The Gospel Coalition; autor de *La pirámide de la sabiduría* y de *Incómodo*

"La doctrina viene de Dios, nos enseña acerca de Dios y nos guía de vuelta a Dios en adoración. Eso es precisamente lo que este libro nos ayuda a hacer: conocer a Dios a fin de que podamos amarlo y adorarlo en verdad en cada aspecto de la vida. Este libro se convertirá sin duda en un recurso utilizado ampliamente para el discipulado en las iglesias en todo el mundo. Por mucho tiempo la doctrina y la aplicación de la misma han estado separados y este libro hace bien en juntarlos de nuevo. La doctrina se trata de conocer a Dios y de vivir para Dios en cada área vital. En este libro, Paul Tripp nos muestra bellamente cómo experimentar el gozo de conocer a Dios y de poner en práctica ese conocimiento cada día de nuestra vida".

> **Burk Parsons**, pastor principal de Saint Andrew's Chapel, Sanford, Florida; editor de *Tabletalk*

"En este importante libro, Paul Tripp pone el dedo en un nervio sensible del cuerpo de Cristo. Confronta la peligrosa desconexión que existe con frecuencia entre la sana doctrina y la vida sana. Tripp enciende la necesaria alarma para decirnos que conocer la verdad nunca es un fin en sí mismo, sino solo un medio para llegar a un fin mucho mayor. Nos recuerda que el objetivo de la instrucción bíblica debe ser la transformación personal. Allí radica la conexión inseparable entre los indicativos bíblicos y los imperativos prácticos. Lo que Dios juntó, no lo separe el hombre".

> **Steven Lawson**, director de OnePassion Ministries; profesor de predicación en The Master's Seminary; docente titular en Ligonier Ministries, autor de *El momento de la verdad*

"Qué horrendo sería oír contra ti los cargos: 'Profesas conocer a Cristo, pero lo niegas con tus acciones'. Esto fue lo que observó el apóstol Pablo en los cretenses a quienes había enviado a Tito. Indudablemente podría detectar esas brechas, ya sean diminutas o flagrantes, en todos nosotros. Yo anhelo con vehemencia cerrar esas brechas. Espero que tú también. Este libro es un recurso extraordinario para hacer esto precisamente, por la gracia de Dios: reparar las brechas que existen entre lo que profesamos creer y la manera en que vivimos en los momentos cotidianos y tangibles. Pocos en nuestros días hablan de forma tan convincente y asequible sobre este tema como Paul Tripp. Permítele convencerte de la importancia crítica de lo que creemos en Cristo y de la manera en que, según ello, vivimos los que creemos".

> **David Mathis**, maestro titular y editor ejecutivo de desiringGod.org; autor de *Hábitos de gracia*

"Cada vez que se publica un artículo o libro nuevo de Paul David Tripp, yo tomo nota. Soy una seguidora ferviente de su consejo, porque sin importar cuán permisivos sean otros (porque soy, después de todo, una tetrapléjica de por vida), yo sé que Paul David Tripp insistirá en que yo interprete mis difíciles circunstancias, al igual que mi respuesta frente a ellas, únicamente a través de la lente de las Escrituras. Aunque rara vez se cruzan nuestros caminos, mi amigo conoce mi corazón y cuán propensa soy a errar. Por eso me emociona especialmente esta nueva obra, *¿Realmente crees?* Nuestra vida en Cristo solo florece cuando la edificamos sobre el fundamento de las grandes doctrinas de la fe, y Paul David Tripp hace un trabajo estelar al presentarlas. Ya sea que tengas conocimiento de la doctrina cristiana o que estés apenas comenzando, ¡esta debe ser tu siguiente lectura!".

> **Joni Eareckson Tada**, fundadora de Joni and Friends International Disability Center

¿Realmente crees?

12 doctrinas históricas que
cambiarán tu vida diaria

Paul David Tripp

Prólogo de David Platt

Sobre la obra de arte en la portada

Las Escrituras
El triángulo recortado del cuadrado se asemeja a las páginas de las Escrituras. El Antiguo y el Nuevo Testamento se abren como un libro.

Dios
El círculo completo representa a Dios y la idea de perfección absoluta, totalidad e infinidad.

La santidad de Dios
La curva orgánica de esta forma rompe intencionadamente las reglas visuales para hacer referencia a la idea de estar apartado.

La soberanía de Dios
El cuadrado más pequeño dentro del más grande representa la fuerza y el poder. También se asemeja a escalones, que aluden a la gobernación.

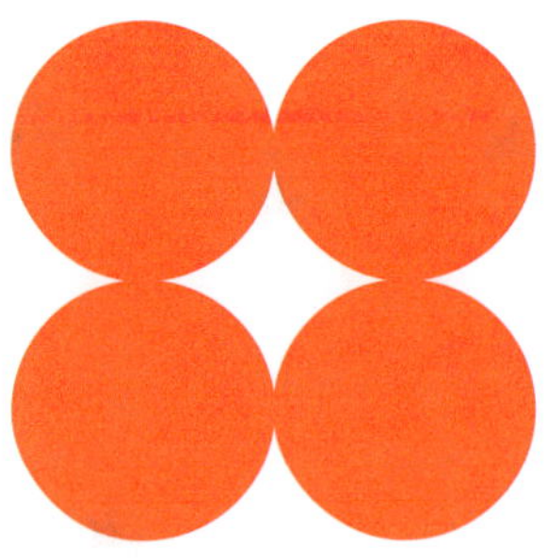

La omnipotencia de Dios
El círculo, que representa a Dios, se repite aquí cuatro veces para enfatizar el poder omnipotente de Dios.

La creación
Estas secciones de círculo que se extienden desde la esquina inferior izquierda representan cómo de la nada, Dios lo creó todo.

La imagen de Dios en el hombre

La forma del círculo, que representa a Dios, se refleja como en un espejo. Es la imagen de Dios reflejada en el hombre.

El pecado

Este diamante representa el pecado y su corrupción absoluta. Las esquinas y los bordes afilados contrastan con la integridad perfecta del círculo.

La justificación

Estos triángulos están perfectamente emparejados, lo que habla de la idea de estar completos solo por la justicia de Dios en nosotros.

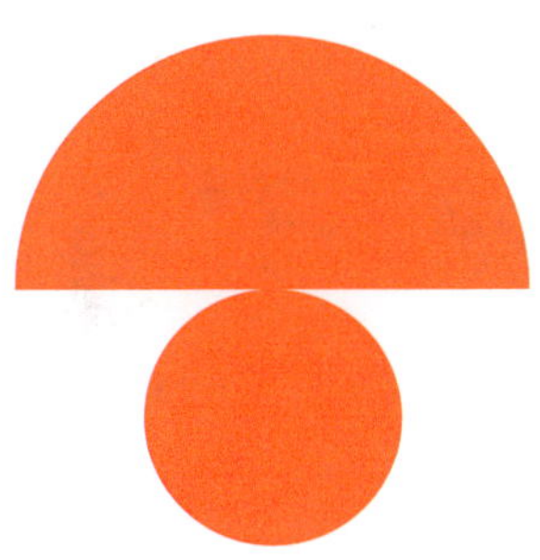

La santificación

El círculo aquí representa al Espíritu de Dios, que apoya el medio círculo que simboliza la humanidad que se vuelve más y más como Dios.

La perseverancia y la glorificación

Los cuartos de círculo representan a los santos glorificando a Dios. Están unidos, reflejando el círculo que representa a Dios.

Eternidad

Esta forma de anillo representa la eternidad, porque no tiene principio ni fin. Es infinita.

Luella, siempre has sido mi inspiración y en este libro te convertiste en mi socia. Nuestras conversaciones matutinas y vespertinas acerca de cada capítulo, uno tras otro, han sido un aporte fundamental a lo que este libro llegó a convertirse. Es una bendición para mí tenerte como mi compañera de vida y mi mejor amiga.

Título del original: *Do You Believe? 12 Historic Doctrines to Change Your Everyday Life*, © 2021 por Paul David Tripp, y publicado por Crossway, un ministerio editorial de Good News Publishers, Wheaton, IL 60187, U.S.A. Traducido con permiso. Todos los derechos reservados.

Edición en castellano: *¿Realmente crees?* © 2022 por Editorial Portavoz, filial de Kregel Inc., Grand Rapids, Michigan 49505. Traducido con permiso. Todos los derechos reservados. Publicado por acuerdo con Crossway.

El texto en las páginas 437-440 es un extracto de *Forever: Why You Can't Live Without It* por Paul David Tripp. Copyright © 2011 por Paul David Tripp. Traducido con permiso de Zondervan. www.zondervan.com.

Traducción: Nohra Bernal

Ninguna parte de esta publicación podrá ser reproducida, almacenada en un sistema de recuperación de datos, o transmitida en cualquier forma o por cualquier medio, sea electrónico, mecánico, fotocopia, grabación o cualquier otro, sin el permiso escrito previo de los editores, con la excepción de citas breves o reseñas.

A menos que se indique lo contrario, todas las citas bíblicas han sido tomadas de la versión Reina-Valera © 1960 Sociedades Bíblicas en América Latina; © renovado 1988 Sociedades Bíblicas Unidas. Utilizado con permiso. Reina-Valera 1960™ es una marca registrada de American Bible Society, y puede ser usada solamente bajo licencia.

El texto bíblico indicado con "NBLA" ha sido tomado de la Nueva Biblia de las Américas, © 2005 por The Lockman Foundation. Todos los derechos reservados.

EDITORIAL PORTAVOZ
2450 Oak Industrial Drive NE
Grand Rapids, MI 49505 USA
Visítenos en: www.portavoz.com

ISBN 978-0-8254-5990-0 (rústica)
ISBN 978-0-8254-6957-2 (Kindle)
ISBN 978-0-8254-7859-8 (epub)

1 2 3 4 5 edición / año 31 30 29 28 27 26 25 24 23 22

Impreso en los Estados Unidos de América
Printed in the United States of America

Contenido

Prólogo

RECUERDO CON EXACTITUD dónde estaba sentado. También recuerdo que pensaba que no debía estar sentado.

Estaba en una clase de teología en el seminario y mi profesor enseñaba acerca de la doctrina de Dios. Mientras hablaba acerca de la santidad de Dios en todo, de su soberanía sobre todo y de su gloria por encima de todo, yo estaba ahí, colmado de asombro. Y pensé: "No debería estar aquí sentado tomando apuntes. Debería estar de rodillas. Verdades como estas no son una simple información que haya que aprenderse; verdades como estas son una revelación que cambia por completo mi posición frente a la vida".

Traigo a la memoria este recuerdo porque es así exactamente como me sentí cuando leí este libro. No pude quedarme sentado mientras mis ojos recorrían cada página. No cuando esos ojos se llenaban a veces de lágrimas que me ponían de rodillas en adoración. No cuando en otros momentos mi corazón se llenaba de gozo al punto que me obligaba a levantarme y empezar a cantar. No cuando mi alma se conmovía tan profundamente a orar por mi vida, mi familia, la iglesia y billones de personas que nunca han oído siquiera esta verdad.

Ahora bien, no me malinterpretes: este libro abunda en información que es preciso aprender. ¡Creo que subrayé la mitad de las frases que leí! Sin embargo, más importante aún es el hecho de que este libro está lleno de revelación que va a transformar por completo tu posición frente a la vida, si se lo permites.

Hago la anterior declaración solo porque este libro está lleno de la verdad de la Palabra de Dios. Cabe aclarar que solo la Biblia está inspirada sobrenaturalmente para transformar tu corazón, tu mente y tu vida (leerás acerca de esto en los dos primeros capítulos). No obstante, Dios ha dotado a la iglesia de siervos que nos ayudan a entender la Palabra de Dios y a aplicarla a nuestra vida. Paul Tripp es uno de ellos, y con este libro nos ha entregado un regalo invaluable.

Lo digo porque este libro toma verdades que con demasiada frecuencia quedan reservadas a los privilegiados estudiantes de las cátedras de teología y las pone a disposición de cada seguidor de Jesús de un modo comprensible y con una aplicación práctica. Sin importar cuán joven o viejo seas, que hayas sido cristiano un día o cincuenta años, este libro es para ti. Esta obra toma las doctrinas cardinales de la fe cristiana que todos necesitamos conocer y las aplica a las luchas, las pruebas, las tentaciones y las alegrías cotidianas de los estudiantes y las personas mayores, los solteros y los casados, los hijos y los padres, los hombres y las mujeres en cada etapa de la vida.

En conclusión, puedo afirmar sin duda y sin reservas que este libro se convertirá en un recurso esencial que consultaré con mi esposa, mis hijos, mi iglesia y todo aquel a quien busque ayudar a crecer en Cristo. Por esta razón te lo recomiendo con alegría y de todo corazón. Es mi deseo que la lectura de las siguientes páginas te lleve a caer de rodillas en adoración y luego a levantarte con el celo de amar a Dios con todo tu ser y de vivir para la extensión de su gloria dondequiera que vayas.

David Platt

Prefacio

Escribir este libro ha sido uno de los mayores privilegios de mi vida. El hecho de haber podido pasar un mes tras otro reflexionando en el conjunto de verdades más extraordinario que la mente humana pueda concebir me deja pasmado frente a la bondad de Dios. Como es cierto acerca de cada libro que escribo, escribo lo que necesito escribir, consciente de que, si yo lo necesito, otros también lo necesitan. Escribí este libro para despertarnos de nuestra negligencia teológica propia de la vida diaria. Lo escribí para reducir esa molesta brecha que existe entre lo que profesamos creer y la manera en que vivimos realmente. Sin quererlo, muchos llevamos vidas teológicamente contradictorias. Decimos que creemos que Dios es soberano y bueno, pero cuando sobrevienen los problemas nos angustiamos como si nadie estuviera al mando o nos permitimos cuestionar la bondad y el amor de Dios. Decimos que creemos en nuestra necesidad y en el poder de la gracia divina, pero cuando se nos confronta abogamos por nuestra propia justicia y, al hacerlo, resistimos la misma gracia en la que afirmamos creer. Decimos que creemos en la eternidad, pero terminamos desperdiciando nuestro tiempo, energía y dinero en los placeres pasajeros.

Confieso que todavía existen brechas entre lo que profeso creer y la manera en que vivo en ciertos momentos, y estoy seguro de que en tu vida también las hay. Oro para que Dios abra nuestros ojos y nos revele esas brechas y para que use este libro con el fin de ayudarnos a entender más claramente cómo se vive en la práctica lo que Dios ha declarado y lo que nosotros afirmamos que es verdad.

Quisiera explicar algo acerca de este libro. Mi objetivo no fue escribir una guía teológica completa y sistemática, puesto que muchas obras excelentes de este tipo ya se han escrito. Este libro no abarca todas las doctrinas de la fe cristiana, sino que se concentra en doce principales. Son doctrinas que todo creyente en la Biblia debe conocer y manejar. Hay dos capítulos dedicados a cada doctrina. El primer capítulo define y explica la doctrina en cuestión y el segundo explica cómo se vive esa doctrina a la luz de esa verdad particular.

Mi objetivo con los doce capítulos de práctica no es hacer una aplicación directa a cada área de la vida, sino ayudarte a entender que existe una cultura o estilo de vida particular que se desprende de cada doctrina. Una verdad que no transforma nuestro estilo de vida quizás no sea, en el sentido bíblico de lo que es realmente la fe, una verdad en la que creamos. En este libro planteo cómo nuestras vidas deberían encaminarse según las doctrinas de la omnipotencia de Dios, la doctrina de la creación, la doctrina de la justificación, la doctrina de la eternidad, entre otras. Mi meta es que, a medida que lees este libro, consideres más y más y con mayor naturalidad la verdad bíblica como un estilo de vida.

Así pues, en lugar de ser una consideración exhaustiva de la teología de las Escrituras, este libro está pensado como un manual de entrenamiento acerca de cómo aplicar lo que crees a las situaciones, los lugares y las relaciones de tu vida diaria. Aunque no he incluido cada doctrina y no he expuesto todas las repercusiones de las doctrinas que he incluido, espero que este libro te ayude a pensar en la teología de la Palabra de Dios de formas nuevas y prácticas. Mi oración es que el resultado sea menos un estilo de vida que olvida la teología y más una forma de vida que a diario se conforma y se sujeta a las verdades preciosas que con tanto amor te ha revelado Dios y que tú has llegado a atesorar.

Paul David Tripp
1 de diciembre de 2020

La peligrosa dicotomía

SOSTENÍA OTRA desalentadora conversación con una de las personas más conocedoras de teología que he conocido. No existía pasillo teológico alguno que él no hubiera recorrido un sinnúmero de veces. Era un hombre seguro de sí mismo que estaba siempre listo a defenderse y dispuesto para el siguiente debate. El problema era que yo no estaba ahí para debatir con él, sino para ayudarle. Sin embargo, él era prácticamente un caso perdido. Yo era su consejero, y la razón por la que él necesitaba consejo era que existía una brecha enorme entre lo que él conocía tan bien y la manera en que vivía, lo cual le impedía funcionar adecuadamente. Su matrimonio se estaba desmoronando, ninguno de sus hijos lo respetaba y sus amigos lo encontraban cada vez más inmanejable.

En su casa, este experto en la teología de la gracia de Dios era un hombre sin gracia. Era más conocido por su criticismo impaciente que por misericordia paciente. Podía hacer una exégesis y explicar la doctrina de la soberanía de Dios, pero en las situaciones cotidianas y en sus relaciones personales era controlador. Tenía una cristología impecable, pero a diferencia de Cristo, él no amaba bien, no servía bien, no perdonaba bien. Su esposa me había pedido que los aconsejara porque su matrimonio se estaba desmoronando. Él dejó muy claro que, a su modo de ver, no necesitaba consejo alguno. Decir que había una discrepancia entre la majestuosa teología a la que había dedicado tanto estudio y la manera en que él vivía definitivamente se quedaba corto.

• • •

Sabina amaba el evangelio, nunca desatendía su lectura matutina devocional y tenía a Alexa con música cristiana por toda la casa el día entero. Cada vez que las puertas de su iglesia abrían, ahí estaba ella. Cuando había una conferencia o un concierto cristiano en su ciudad, era muy probable que asistiera. En apariencia todo iba bien con Sabina. Con todo, vivía en un miedo constante. Tenía tanto miedo de lo que otros pensaran de ella que repasaba frenéticamente en su mente las conversaciones que tenía con otras personas, reprochándose lo que había dicho y temiendo lo que su oyente pudiera pensar de ella. Tenía miedo de su jefe y siempre estaba convencida de que iba a perder su empleo. Con los años se había vuelto un poco hipocondríaca y se angustiaba ante el mínimo indicio de anomalía física. De algún modo, el grandioso evangelio transformador que ella consumía a diario no la había liberado de su cautiverio del temor.

• • •

Arturo lideraba uno de los grupos pequeños de su iglesia. Le pidieron hacerlo porque era conocedor de la Biblia y porque aparentaba ser un hombre maduro. Era capaz dirigiendo ese pequeño grupo donde junto con otras personas comentaban la Palabra de Dios. Hace poco le habían pedido participar en un entrenamiento para ancianos y parecía dispuesto a hacerlo. Los integrantes de su pequeño grupo lo estimaban a él y apreciaban su liderazgo. Sin embargo, Amanda, su esposa, tenía una experiencia diferente a la de aquellas reuniones de grupo pequeño. Cada vez que se reunían, Amanda batallaba con la diferencia entre el Arturo "público", el estimado líder de grupo, y el Arturo "privado", el hombre con quien estaba casado.

En casa, Arturo no actuaba como un hombre cristiano maduro. Con Amanda, Arturo era por lo general iracundo, cínico y humillante. La arrinconaba por los asuntos más triviales, por lo que ella se quedaba preguntándose qué había pasado con el hombre con el que ella pensaba que se había casado. Cuando Amanda se veía con sus amigas del grupo pequeño, a menudo sentía la tentación de estallar y decir: "Arturo no es la persona que ustedes piensan. Necesitamos ayuda", pero sabía que no iba a ser capaz de decirlo. Aunque amaba a Arturo y le rogaba a Dios que la ayudara, sencillamente no sabía qué hacer.

• • •

Podría dar un ejemplo tras otro de la dicotomía que en muchos de nosotros (todavía existe en algunas áreas de mi propia vida) existe entre lo que profesamos creer y la manera en que vivimos. Estoy convencido de que la brecha entre la doctrina que profesamos y nuestra verdadera manera de vivir es un taller para el enemigo. Es posible que te sorprenda lo que voy a decir a continuación, pero creo que es menester decirlo y tenerlo en cuenta. El enemigo de tu alma con gusto te ofrecerá una teología formal, si en tu vida real y cotidiana puede controlar tus pensamientos y los motivos de tu corazón y, de ese modo, controlar la forma en que actúas, reaccionas y respondes.

Esta dicotomía es la razón por la cual escribí este libro. Me ha redargüido al examinar mi propia vida y me ha entristecido verla en muchos otros. Para empezar, quiero que veamos primero la importancia de la doctrina y luego pasemos a analizar lo que la Biblia dice acerca de esta dicotomía.

La importancia de la doctrina

"Papi, ¿Dios hizo los postes de teléfono?". Parecía una de esas preguntas irrelevantes que no paran de formular los niños y que, al final de una larga jornada, pueden exasperar a cualquier padre. Habíamos estado enseñando a nuestros hijos que Dios creó el mundo y todo lo que hay en él, y nuestro hijo había estado reflexionando acerca de esa profunda idea en su pequeño cerebro. De hecho, mientras íbamos de camino a Burger King, él iba meditando en silencio en el asiento trasero mientras miraba por la ventana la hilera de postes telefónicos a lo largo de la calle.

Era una inquietud profundamente teológica que formulaba el pequeño filósofo sujetado en el asiento infantil trasero. Estaba haciendo lo que Dios dispuso que hicieran los seres humanos hechos a su imagen. A veces sus preguntas nos hacían reír, a veces nos llevaban a cuestionarnos qué le pasaba por la cabeza, y otras veces sus preguntas incesantes simplemente nos hacían desear que dejara de preguntarnos tantas cosas. Sin embargo, él no pensaba dejar de hacerlo porque eso es precisamente lo que hace todo ser humano[1].

Al parecer, los niños pequeños no paran de preguntar "¿por qué?", los adolescentes se obsesionan por opinar acerca de lo que les parece justo e injusto, los esposos y las esposas discuten porque llegan a interpretaciones diferentes de una situación particular, y la persona mayor rememora el pasado con la idea de encontrarle sentido a todo. Todos lo hacemos todo el tiempo y casi nunca somos conscientes de ello ni logramos entender el profundo significado de lo que hacemos. Es la expresión de un aspecto inherente y exclusivamente humano. Aunque apunta a la esencia del modo de operar conforme al cual Dios nos ha diseñado, su importancia como factor determinante de la vida no recibe la atención que merece. Cada día, en algún momento y de alguna manera, todos procuramos darle sentido a nuestra vida. Excavamos entre montículos de artefactos de civilizaciones pasadas e intentamos comprender nuestro recorrido histórico y su significado. Consultamos sin cesar los sucesos de actualidad y barajamos las relaciones de nuestro pequeño mundo en nuestro intento por decidir cómo responder mejor a las situaciones y personas a nuestro alrededor. Nos asomamos al futuro con la esperanza de poder adivinar de algún modo lo que nos depara y prepararnos para ello. Nunca dejamos transcurrir la vida así nada más, y nunca dejamos de pensar, ni siquiera mientras dormimos.

Es importante volvernos más conscientes de la constante actividad mental que influye en las decisiones que tomamos, las palabras que decimos y las cosas que hacemos. Ya seas un plomero, un ama de casa, un músico, un padre, un estudiante, un contador, un hortelano o un

---

1   Gran parte de esta sección se publicó primero en mi artículo "The Importance of Doctrine", página web Paul Tripp, 2 de julio de 2018, www.paultripp.com.

deportista, lo cierto es que también eres un pensador. Si eres un ser humano, piensas (aunque algunos lo demuestran más que otros). Aunque de manera incorrecta o esporádica, piensas. Ninguna persona ha pasado jamás un día sin pensar. Todos hemos construido una superestructura de suposiciones acerca de la vida que funciona como guía para darle sentido a nuestra vida. Así que todos somos teólogos, todos somos filósofos, todos somos consejeros y todos somos arqueólogos que excavan el pasado para entender lo que fue. Y he aquí algo que es vital entender: *Tus pensamientos siempre preceden y determinan tu actividad.* Detente y vuelve a leer la frase anterior, porque es muy, muy importante. Tú no haces lo que haces por lo que estás experimentando en un momento determinado. No, tú haces lo que haces por la manera como has pensado e interpretado lo que estás experimentando en ese momento.

Sabemos que es posible poner a tres personas en una situación idéntica, viviendo exactamente lo mismo, y observar que las tres reaccionan de tres formas completamente diferentes. ¿Por qué? Porque interpretan la situación de forma diferente. Una variación en la interpretación siempre producirá una diferencia en la respuesta.

Ahora bien, ¿qué tiene que ver esto con el propósito de las doctrinas que han sido reveladas en la Palabra de Dios? ¡Todo! El Dios que te diseñó para ser un pensador también es el Dios que inspiró a los autores del Antiguo y del Nuevo Testamentos a escribir sus verdades para que las tuviéramos a nuestra disposición. La Biblia es el resultado de un Creador amoroso que descubre a sus criaturas lo que es verdad a fin de que sepan cómo darle el sentido correcto a la vida. Sin esta revelación amorosa no sabríamos cómo conocer, no sabríamos con certeza qué conocemos y no habría manera de saber si lo que creemos que conocemos es cierto o no. Dios, que da sentido a todo, explica en la Biblia las verdades fundamentales para sus criaturas buscadoras de sentido. Cada persona que ha vivido a lo largo de la historia ha necesitado con apremio los misterios que se encuentran en las Escrituras. La Biblia no es tanto un libro religioso, reservado a los pasillos consagrados y exclusivos de la religión institucional. No. La Biblia es un libro de vida que fue dado para fines de vida, de tal modo que las criaturas a quienes es dado busquen vida en el único lugar donde la vida puede ser hallada. Las doctrinas de la

Biblia no son ideología sino herramientas vivas y divinas de salvación, transformación, identidad y dirección.

Antes de que veamos cómo la doctrina de la Biblia es un instrumento para llevar a cabo estas cuatro operaciones, queremos meditar en lo que la Biblia es y en cómo funciona. Si has pasado tiempo leyendo o estudiando la Palabra de Dios, sabes que la Biblia no está organizada de manera temática. Si somos francos, a algunos eso nos resulta molesto. Desearíamos que la Biblia estuviera organizada por temas y que tuviera separadores en el margen de la página para que pudiéramos ir rápidamente a nuestro tema de interés. En cambio, la Biblia está organizada como Dios ha querido. Tu Señor ha diseñado cuidadosamente tu Biblia para que funcione de una manera particular por tu bien y para su gloria.

La Biblia es, en esencia, una gran historia redentora, una narrativa. O podría decirse que la Biblia es una historia teológica anotada. Es la historia magnífica del plan y del propósito divino de redención con anotaciones explicativas y aplicadas esenciales escritas por Dios. Esto significa que no puedes tratar tu Biblia como una enciclopedia; no funciona de esa manera. Por ejemplo, si solo buscas versículos con la palabra *padre* para entender algo acerca de la paternidad o la maternidad, vas a pasar por alto casi todo lo que la Biblia dice acerca de este importante llamado humano. En la medida en que cada pasaje me dice verdades que necesito saber acerca de Dios, acerca de mí mismo, acerca de la vida en el mundo caído, de los desastres del pecado y de la operación de la gracia, cada pasaje me dice algo que necesito saber acerca de cada área de mi vida. Comentaré más al respecto en el capítulo siguiente.

Entonces, ¿qué función cumple la doctrina? Primero, las doctrinas de las Escrituras proveen un resumen provechoso de la grandiosa historia de la redención. Cada doctrina capta algo acerca de Dios, de su obra y de nuestra necesidad, permitiéndonos condensar grandes cantidades de contenido y de actividad histórica en una palabra. Por ejemplo, la doctrina de la justificación capta una serie de realidades que Dios confirmó para asegurar nuestra posición delante de Él. Gracias a esta doctrina tenemos un término abreviado que nos sirve para referirnos a la gracia de Dios y que condensa todo aquello que Dios hizo para asegurar nuestra posición como hijos suyos. Podemos usar el término *justificación* sin tener que volver a relatar una vez más la historia con todos sus detalles. Cada doctrina bíblica provee un resumen o síntesis de aquello que Dios considera vital que conozcamos y entendamos.

En segundo lugar, cada doctrina es una explicación. Por ejemplo, no entenderíamos por completo las implicaciones de la caída de Adán y Eva, el llamado de Abraham, la vida justa de Jesús, la cruz, el sepulcro vacío, la ascensión ni la fundación de la iglesia si no fuera por las doctrinas explicativas de la Palabra de Dios. Por medio de ellas, Dios nos ayuda a entender cómo hemos pecado y cómo Él, en su gracia, ha obrado a nuestro favor. No somos salvos tanto por la doctrina, sino por los acontecimientos históricos que Dios en su voluntad y en su gracia llevó a cabo a favor nuestro. Las doctrinas nos explican estos acontecimientos a fin de que podamos reconocer nuestra necesidad y busquemos la ayuda de Dios.

Ahora te invito a meditar cuidadosamente en esto: Dios nunca quiso que las doctrinas de la Biblia fueran fines en sí mismos, sino más bien medios hacia un fin. Las doctrinas que Dios ha revelado tienen un propósito más grande que hacer crecer tu cerebro teológico. Su fin es brindarte algo mucho mayor que un bosquejo y una confesión teológica. Tal vez la mejor descripción gráfica del propósito de las doctrinas de la Biblia se encuentra en Isaías 55:10-13. Isaías describe las verdades en la Biblia como lluvia o nieve que cae y riega la tierra. ¿Cuál es el resultado?

> En lugar de la zarza crecerá ciprés, y en lugar de la ortiga crecerá arrayán; y será a Jehová por nombre, por señal eterna que nunca será raída (Is. 55:13).

Debemos reconocer que esta es una de las ilustraciones más extrañas de la Biblia. Si tuvieras en tu jardín una zarza, no dirías: "Si sigue lloviendo esa zarza se convertirá en un ciprés". Si dijeras eso, quien te oye pensaría que te has vuelto loco. Nunca se te ocurriría pensar que una zarza bien regada termine transformándose en un arrayán. ¿Qué busca comunicar el profeta desafiando nuestra comprensión de la botánica? ¿Qué nos revela esta metáfora acerca de lo que Dios busca que produzcan las verdades (doctrinas) de su Palabra?

La curiosa descripción gráfica de Isaías ilustra una transformación orgánica radical. La planta que recibe riego se convierte en una planta completamente diferente. Lo mismo sucede con las doctrinas de la Palabra de Dios. Su propósito principal no es *informar* sino *transformar*. La función informativa de las verdades de las Escrituras no constituye el fin de esas verdades, sino un medio necesario para lograr el propósito de esas verdades, que es la transformación personal radical. El plan de Dios es que cuando la lluvia de la doctrina bíblica desciende sobre nosotros, nos transforma, no para convertirnos en una versión mejorada de nosotros mismos, sino para llegar a ser espiritualmente diferentes de lo que éramos antes. Cuando cae la lluvia de la verdad, los iracundos se convierten en pacificadores, los avaros en dadores, los exigentes se vuelven siervos, los lujuriosos se vuelven puros, las personas sin fe se vuelven creyentes, los orgullosos se vuelven humildes, los rebeldes se vuelven obedientes y los idólatras se vuelven adoradores de Dios.

Las doctrinas de la Palabra de Dios no fueron dadas simplemente para ocupar un espacio en tu cerebro, sino para conquistar tu corazón y transformar tu manera de vivir. Estas doctrinas existen para darte un giro completo y poner tu mundo de cabeza. La doctrina bíblica es mucho más que una guía que aceptas mediante una confesión. La doctrina es algo que vives aun en los momentos más insignificantes y cotidianos. La doctrina bíblica existe para transformar tu identidad, alterar tus relaciones y reestructurar tus finanzas. Fue pensada para cambiar la manera como piensas y hablas, tu actitud hacia el trabajo, tu conducta en el tiempo libre, tu comportamiento en el matrimonio y lo que haces como padre o madre. Fue establecida para cambiar tu manera de pensar acerca de tu pasado, de interpretar el presente y de ver el futuro.

Las doctrinas de la Palabra de Dios son un bello regalo que nos ofrece un Dios de extraordinaria gracia. No son una carga ni delinean creencias que restringen la vida. Al contrario, imparten nueva vida y una libertad renovada. Aquietan tu alma y le infunden valor a tu corazón. Te hacen más sabio de lo que habrías podido llegar a ser por naturaleza y reemplazan tu corazón quejumbroso por uno que adora con gozo. Dios te revela estos misterios porque te ama. Él es el Dador de la vida y cada doctrina en su Palabra siembra semillas de vida en tu corazón. Y, a medida que esas semillas echan raíces y crecen, tú también creces y cambias.

Dios no solo quiere tu mente; también quiere tu corazón. Y no solo quiere tu corazón, sino que también quiere todo tu ser. Sus verdades (doctrinas) son el ecosistema donde crece el huerto de la transformación personal.

Ningún pasaje capta mejor esto que 2 Timoteo 3:16-17: "Toda la Escritura es inspirada por Dios, y útil para enseñar, para redargüir, para corregir, para instruir en justicia, a fin de que el hombre de Dios sea perfecto, enteramente preparado para toda buena obra". Este pasaje es fundamental para entender cómo las verdades (doctrinas) de las Escrituras deben funcionar en nuestra vida. No solo nos muestra cuatro formas en que las Escrituras (y cada una de sus doctrinas) deben operar en nuestra vida, sino la progresión en la cual deben hacerlo, lo cual es más importante. Estos son los cuatro pasos en la progresión:

1. Enseñar: la norma. Las verdades de la Biblia son las normas por excelencia de Dios. Nos revelan quién es Dios, quiénes somos nosotros, para qué fue diseñada nuestra vida, qué es verdad y qué no, por qué hacemos lo que hacemos, cómo ocurre el cambio en nuestra vida, qué ha salido mal y cómo se puede corregir. Las doctrinas de la Palabra de Dios proveen la norma, amorosamente revelada por nuestro Creador, mediante la cual podemos saber con toda seguridad lo que nunca llegaríamos a saber sin ellas.

Todas las personas se rigen por alguna norma porque todos queremos saber, y todos queremos saber que lo que sabemos es verdad. De modo que todo el mundo lleva una "biblia" por dondequiera que va, ya sea una de su propia invención personal o la norma perfecta que nos entregó Aquel que es verdad.

2. Redargüir: comparar con la norma. En el proceso de redargüir se nos compara con una norma y se determina que, de alguna manera, algo falta. Este diagnóstico nos comunica lo que debemos hacer con las verdades reveladas en la Palabra de Dios. Cada verdad cumple la función de un espejo en el que podemos mirarnos y ver lo que se revela acerca de nosotros a la luz de esa verdad. Si te miras en el espejo de la perfección de Dios, te ves confrontado de inmediato con la realidad de que estás lejos de la perfección. Si te miras en el espejo de la doctrina del pecado, te das cuenta de que tú también eres un pecador. Ninguna verdad existe para ser vivida en lo abstracto o ajena a nosotros como algo impersonal. Cada verdad es una vara medidora con la cual podemos comparar nuestros pensamientos, deseos, palabras, decisiones, motivaciones, relaciones, adoración y esperanzas. El conocimiento de la doctrina no solo debería producir conocimiento de Dios, sino un conocimiento de nosotros mismos que nos infunda una profunda humildad.

El estudio teológico debe producir no solo alabanza y adoración a Dios, sino también contrición, confesión y arrepentimiento sinceros. Una verdad que no redarguye (confronta) es una verdad mal manejada. Es posible y tentador usar una doctrina bíblica de manera no bíblica cuando se omite o se resiste su función de redargüir.

3. Corregir: cerrar la brecha entre mi condición actual y la condición que Dios quiere para mí. Las doctrinas de las Escrituras están hechas para corregirnos. La corrección es un proceso mediante el cual la falta o la carencia que han sido revelados se confrontan con la norma. A la luz de cada verdad revelada en las Escrituras, nuestras preguntas deben ser: "¿Qué revela esta verdad acerca de mí que necesita ser corregido? ¿Cómo se llevará a cabo esa corrección para conformarse a lo que Dios es, a la manera en que Él ha revelado que ocurre el cambio y a la luz de lo que Él ha provisto para mí en la persona y en la obra del Señor Jesús?".

La santificación progresiva, que es la obra redentora de Dios en nosotros entre el momento de nuestra conversión y cuando llegamos a la presencia de Dios es un proceso continuo de comparación-corrección, comparación-corrección, guiado por las verdades de su Palabra y habilitado por la obra de su Espíritu.

4. Instruir: poner fielmente en práctica la norma de Dios. A la luz de cada enseñanza de las Escrituras debemos preguntarnos: "¿Qué nueva lección me llama Dios a poner en práctica a diario en mis pensamientos, deseos, palabras y acciones?". Te propones mejorar en aquello en lo cual has fallado o en lo que has sido negligente. Cada doctrina de la Palabra de Dios encierra un llamado a vivir de formas totalmente nuevas. Así, creyendo en la presencia del Espíritu Santo que mora en nosotros y en los inagotables recursos de su gracia, nos sometemos a su llamado a vivir de una manera nueva.

El pasaje de 2 Timoteo 3:16-17 nos llama a asumir las verdades de las Escrituras de un modo que establezca un patrón constante de autoexamen con miras a la confesión sincera y humilde, la cual produce un compromiso de arrepentimiento que resulta a su vez en una vida de mayor madurez espiritual y obediencia gozosa. No solo tu manera de pensar cambia, sino que cada área de tu vida se conforma más y más a la voluntad de Aquel que te creó y volvió a crearte en Cristo Jesús.

Ahora seamos francos. Esta no es la manera como nos relacionamos y respondemos siempre a las verdades de la Palabra de Dios. En todos nosotros persisten en algún lugar brechas entre lo que profesamos creer y la manera como vivimos realmente. Muchos estamos dispuestos a vivir con una contradicción funcional entre las verdades que profesamos creer y la forma en que elegimos vivir. Cabe decir entonces que las verdades en las que crees realmente son las verdades que vives, porque la fe nunca es una simple aceptación intelectual. Más importante aún es el hecho de que la fe bíblica es un compromiso del corazón que altera radicalmente la manera de vivir. Una verdad que no se vive es una verdad en la que no se cree.

Esta dicotomía de la que hablo es peligrosa, le roba la gloria a Dios, debilita espiritualmente, produce idolatría y flojera moral, daña las relaciones y fractura la dinámica espiritual en el cuerpo de Cristo, lo cual le facilita al diablo el acceso a nuestro corazón y a nuestra vida. Algunos no vemos las brechas en nuestra vida. Algunos confesamos y nos arrepentimos cuando vemos las brechas. Y algunos hemos aprendido a vivir con las brechas por tanto tiempo que ya no nos incomodan.

Esta brecha salta de las páginas de las Escrituras en dos relatos específicos. Todos conocemos bien las historias de estos dos personajes. Dios en su gracia las ha preservado para nuestro bien, porque retratan individuos semejantes a nosotros y Él no quiere que caigamos en la misma trampa.

El primer personaje es Jonás. Dios llamó a Jonás a predicar advertencias de juicio a la malvada ciudad de Nínive. La sola idea de llevar el mensaje de Dios a ese pueblo despreciable le resultaba indignante a Jonás, por lo que en lugar de atender el llamado de Dios se embarcó en un navío que iba en la dirección contraria para irse lo más lejos posible. Aún así, Dios no había terminado con Jonás.

Dios envió una espantosa tormenta. Los tripulantes del barco, en su intento por comprender por qué les había sobrevenido tal tormenta, echaron suertes y la suerte cayó sobre Jonás. Así que le preguntaron a Jonás quién era y de dónde venía. La respuesta de Jonás debe llamar tu atención: "Soy hebreo, y temo a Jehová, Dios de los cielos" (Jon. 1:9). Detente a examinar y a sopesar cuidadosamente la respuesta de Jonás. "Soy hebreo". Bueno, eso es cierto. "Temo a Jehová, Dios de los cielos". ¿Qué? No pareciera haber señal de temor de Dios en este hombre. No tuvo ninguna dificultad en mirar a Dios a la cara y decir: "No haré lo que me pides". No tuvo dificultad en tomar su vida en sus propias manos y hacer lo opuesto a lo que Dios lo había llamado.

Existe una brecha enorme entre la confesión cultural de este hombre hebreo y la realidad de cómo respondió a Dios y a la manera como eligió vivir su vida. El "temor" del que habla es una abstracción cultural que en nada se parece a la manera como elige vivir. Puede que sea un asunto lejano e impersonal de aceptación intelectual, pero carece por completo del poder transformador del verdadero acto de creer tal y como lo describe la Biblia. Creer de verdad lleva a una sumisión dispuesta a Dios y a una obediencia gozosa a su llamado. Dios quiere más de Jonás que una simple identidad cultural. Dios no va a conformarse con menos que la lealtad del corazón de Jonás y su sometimiento a la santa voluntad divina.

El segundo caso es igualmente llamativo. He aquí el relato de lo sucedido según el apóstol Pablo.

Pero cuando Pedro vino a Antioquía, le resistí cara a cara, porque era de condenar. Pues antes que viniesen algunos de parte de Jacobo, comía con los gentiles; pero después que vinieron, se retraía y se apartaba, porque tenía miedo de los de la circuncisión. Y en su simulación participaban también los otros judíos, de tal manera que aun Bernabé fue también arrastrado por la hipocresía de ellos. Pero cuando vi que no andaban rectamente conforme a la verdad del evangelio, dije a Pedro delante de todos: Si tú, siendo judío, vives como los gentiles y no como judío, ¿por qué obligas a los gentiles a judaizar? (Gá. 2:11-14).

Este es uno de los momentos más dramáticos en la iglesia del Nuevo Testamento. Pablo confronta a Pedro cara a cara. ¿Cuánto estaba en juego para que esta confrontación tuviera lugar? La respuesta es que mucho estaba en juego. Estaba en juego el carácter mismo y la pureza del evangelio y la obediencia fiel a la revelación de Dios. Sabemos, por lo que dice Hechos 10, que Dios había dejado claro a Pedro que los gentiles estaban incluidos en el plan de redención y que no debían ser excluidos de ningún modo ni ser tratados como ciudadanos de segunda clase. Con todo, Pedro, que había tenido compañerismo abierto con los gentiles, se apartaba de ellos cuando aparecía un grupo de judíos de la circuncisión. Con esto, actuaba en contradicción flagrante con las doctrinas del evangelio que se le habían enseñado y que él había profesado creer. Este singular momento deja ver cuán peligrosa puede ser la dicotomía entre la doctrina y la vida práctica.

Es importante señalar que aquel suceso no fue el resultado de algún cambio en la posición doctrinal por parte de Pedro. El problema no era primeramente teológico, sino de índole moral. El temor del hombre fue una motivación mayor en el corazón de Pedro que la enseñanza divina acerca de lo que era verdadero y justo. Por eso siempre debemos hacer brillar las doctrinas de las Escrituras para iluminar los pensamientos, los deseos, las motivaciones y los apetitos de nuestro corazón.

¿Pensamos de la manera en que las doctrinas de la Palabra de Dios nos han enseñado a pensar?

¿Valoramos lo que esas doctrinas nos han enseñado a valorar?

¿Amamos lo que esas doctrinas nos han enseñado a amar?

¿Aceptamos la clase de persona que esas doctrinas han declarado que seamos?

¿Deseamos lo que esas doctrinas nos han enseñado a desear?

¿Elegimos lo que esas doctrinas nos aconsejarían elegir?

¿Actuamos, reaccionamos y respondemos a la luz de lo que esas doctrinas nos han enseñado?

¿En qué lugar de nuestro corazón existe un conflicto de lealtad entre aquello a lo que esas doctrinas nos llaman y lo que queremos para nosotros mismos?

¿Existen lugares donde nos hemos acostumbrado a la dicotomía entre lo que profesamos creer y nuestra manera de vivir?

Estas son las preguntas que constituyen la motivación para este libro. Oro para que este libro sea una de las herramientas que Dios use para ayudarte, por su gracia que ilumina y habilita, a cerrar la brecha entre tu teología confesional y tu teología funcional, y que al cerrar la brecha haya menos oportunidad para la obra maligna del enemigo.

No me he propuesto darte una teología sistemática y exhaustiva con ideas prácticas, sino más bien un examen de doce doctrinas cardinales del evangelio para inquirir: "¿Cómo vive un individuo, ciudadano, padre, cónyuge o hijo a la luz de estas doctrinas?". Que Dios salga a tu encuentro con su gracia rescatadora y renovadora en este recorrido que emprendemos por el bello huerto de las doctrinas de su Palabra.

1

La doctrina de las Escrituras

Aunque nuestra conciencia y la creación de Dios despliegan bellamente su bondad, sabiduría y poder, y por consiguiente nos dejan sin excusa, su mensaje no basta para impartirnos el conocimiento de Dios y su voluntad que son necesarios para la salvación. Dios, pues, en su sabiduría y gracia, en diversos tiempos y de diversas maneras, se reveló, declaró su voluntad, preservó y proclamó su verdad y protegió la iglesia contra la corrupción y los engaños de Satanás y del mundo dejando su verdad por escrito. Esto hace que las Escrituras (la Biblia, Antiguo y Nuevo Testamentos) sean necesarias y esenciales.

La autoridad de las Escrituras, que hemos de creer y obedecer, no depende del testimonio de hombre alguno, sino completamente de Dios, el autor de ellas. Debemos recibirlas con gozo porque son la Palabra de Dios.

El testimonio de la iglesia, junto con la doctrina de las Escrituras, su estilo majestuoso, la concordancia de todas sus partes y el hecho de que cada parte glorifica a Dios y revela el único camino para nuestra salvación, y su perfección total, dan testimonio conjunto de que es la pura Palabra de Dios. Todas las cosas necesarias para la gloria de Dios y para nuestra salvación, nuestra fe y nuestra vida han sido claramente consignadas por Dios en las Escrituras o pueden deducirse propiamente a partir de ellas, de modo que nada les falta y jamás se les deberá añadir revelación alguna, ni ideas ni tradiciones humanas.

Cabe agregar algo más. Las Escrituras en su totalidad, el conjunto de libros del Antiguo y del Nuevo Testamentos que fueron escritos por alrededor de cuarenta autores y que abarcan literatura bíblica, narrativa, historia, poesía, sabiduría, profecía, evangelios, epístolas y el Apocalipsis, se escribieron por inspiración divina y bajo la dirección de Dios. Véanse Salmos 19:1-3; Proverbios 22:19-21; Isaías 8:20; Lucas 16:29, 31; 24:27, 44; Juan 16:13-14; Hechos 15:15; Romanos 1:19-21; 2:14-15; 3:2; 15:4; 1 Corintios 2:10-12; Efesios 2:20; 2 Tesalonicenses 2:13; 2 Timoteo 3:15-17; Hebreos 1:1; 2 Pedro 1:19-20; 1 Juan 2:20, 27; 5:9.[1]

Cómo entender la doctrina de las Escrituras

> Porque la ira de Dios se revela desde el cielo contra toda impiedad e injusticia de los hombres que detienen con injusticia la verdad; porque lo que de Dios se conoce les es manifiesto, pues Dios se lo manifestó. Porque las cosas invisibles de él, su eterno poder y deidad, se hacen claramente visibles desde la creación del mundo, siendo entendidas por medio de las cosas hechas, de modo que no tienen excusa (Ro. 1:18-20).

Dios creó el mundo no solo para deleitarnos con su belleza y sustentarnos con sus recursos, sino también para cumplir un propósito moral significativo. Todo lo que Dios hizo está diseñado para confrontarnos con la existencia y la naturaleza de Dios y, de ese modo, confrontar nuestros delirios de autonomía y autosuficiencia. Cada mañana cuando nos levantamos nos topamos con Dios y nos encontramos cara a cara con su existencia. Él se revela en el viento y la lluvia, en el pájaro y en la flor, en la roca y en el árbol, en el sol y la luna, en la hierba y las nubes, en lo que vemos, olemos, tocamos y probamos. Todo lo que existe es un dedo que apunta a la existencia y la gloria de Dios. El ciclo de las estaciones señala su sabiduría y fidelidad. El hecho de que todos vemos la

---

1   Paráfrasis del autor de la doctrina de las Escrituras como aparece en apartes de la Confesión de Fe de Westminster, cap. 1.

belleza de la creación, nos calentamos bajo su sol y nos baña su lluvia nos dirige hacia su amor y misericordia. Las tormentas estruendosas que estallan en relámpagos y sacuden con vientos impetuosos nos muestran la inmensidad de su poder. El mundo creado es un despliegue a todo color con sonido estéreo de la existencia y los atributos de Aquel que lo creó todo. El mensaje del mundo físico natural creado es tan completo y tan claro para todos que es preciso batallar para suprimir, negar y resistir lo que nos comunica.

¡Cuán bueno es Dios para entretejer en su creación recordatorios de Él! de modo que nosotros, seres portadores de su imagen creados para relacionarnos con Él, pudiéramos recordarlo una y otra vez con solo mirar el mundo que Él creó y que vemos por doquier.

Sin embargo, Dios en su infinita sabiduría sabía que la revelación general de la creación, la cual nos confronta con su existencia y su gloria, no podía impartirnos la clase de conocimiento de Él, el conocimiento necesario de nosotros mismos, una comprensión del significado y el propósito de la vida, y una conciencia del desastre del pecado y de la condición caída del mundo alrededor, que pudieran rescatarnos de nosotros mismos, conducirnos a Él para recibir su gracia salvadora y brindarnos un plan para vivir como hijos de esa gracia. Por eso nos dio el asombroso y maravilloso regalo de su Palabra.

Es importante agradecer siempre que Dios haya guiado y dirigido la escritura de cada porción de su Palabra y supervisado cuidadosamente el proceso mediante el cual los diferentes libros de la Biblia fueron protegidos, recopilados y preservados, de tal modo que pudiéramos tener en nuestras manos las palabras mismas de Dios y tener la certeza de que aquello que leemos es, efectivamente, todo lo que Él sabía que nos era esencial conocer y entender.

Cuando consideramos la doctrina de las Escrituras es imposible sobreestimar su importancia. La existencia, la inspiración, la autoridad y la confiabilidad de las Escrituras constituyen el fundamento sobre el cual se levantan todas las demás doctrinas. Si no existe tal cosa como una Escritura inspirada por Dios, si ella no me revela las verdades que son esenciales para el conocimiento de Dios, de mí mismo, del camino de salvación, entonces no tengo ningún derecho ni autoridad para decirme a mí mismo o a alguien más lo que es verdad. Si no existe una Palabra de Dios inspirada, autoritativa y fidedigna, no me queda más que determinar por mí mismo, por mi propia experiencia, mis propias ideas o la investigación colectiva con otras personas, aquello que es verdad.

De ello se desprendería la realidad de que no existe una norma establecida por Dios ni unificada a la cual todos podemos apelar. Cada persona debería descubrir por sí misma lo que le parece verdad y, a partir de eso, hacer lo que le parece correcto a sus propios ojos. Dado que resulta imposible estar seguro de que lo que piensas y crees es lo correcto, no tienes derecho a debatir con otro lo que crees; no existe un sistema de verdad que constituya una autoridad y que provea una norma unificada común de creencias y comportamientos morales. Quedamos en un mundo (que señala a Dios) donde es imposible saber con certeza lo que solo la Palabra, dictada por el Creador mismo, podía revelarnos. Nadie tendría criterio alguno para delinear doctrinas, declarar que son verdad ni dictaminar que provean el marco que guíe nuestros pensamientos, deseos, decisiones, palabras y acciones.

Cuando consideramos las Escrituras como un regalo de la gracia de Dios debemos contemplar otro aspecto. Uno de los resultados devastadores del pecado es que nos rebaja a la condición de necios. Un necio mira la verdad y ve falsedad. Un necio mira el mal y ve bien. Un necio ignora a Dios y usurpa su lugar. Un necio se revela contra la ley sabia y amorosa de Dios y escribe su propio código moral. Un necio piensa que puede vivir independiente sin ayuda. Un necio no piensa del modo en que fue diseñado para pensar, no desea aquello para lo cual fue diseñado y no hace lo que fue llamado a hacer. Con todo, lo que resulta letal de todo esto es que un necio no sabe que es un necio. Si a un necio no le dan ojos para ver su necedad, seguirá creyendo que es sabio. Por eso Dios, en la hermosura de su gracia, no fue indiferente a nuestra necedad. Dios miró la necia humanidad con un corazón compasivo y no solo envió a su Hijo para rescatar a los necios de ellos mismos, sino que también nos dio el maravilloso regalo de su Palabra, a fin de que los necios no solo reconocieran su necesidad, sino que también tuvieran una herramienta por medio de la cual pudieran poco a poco hacerse sabios.

Muchas veces he pensado que yo no sabría cómo vivir si no fuera por la sabiduría de la Palabra de Dios. No sabría cómo ser un hombre responsable sin la sabiduría de la Palabra de Dios. Sin la Biblia, yo no sabría cómo ser esposo, padre, vecino, amigo y miembro del cuerpo de Cristo, ciudadano o trabajador. Sin las Escrituras no sabría la diferencia entre lo bueno y lo malo. Sin las verdades de la Palabra no sabría cómo entender y responder al sufrimiento. Sin las Escrituras estaría confundido acerca de quién soy y cuál es el propósito de mi vida. Sin mi Biblia no sabría acerca del pecado ni entendería la verdadera justicia. Sin la Palabra de Dios no sabría cómo manejar el sexo, el dinero, el éxito, el poder o la fama. Sin las Escrituras no tendría entendimiento de los orígenes ni noción alguna de eternidad. Sin la Palabra esperaría que las personas y las cosas materiales me dieran lo que son incapaces de hacer por mí. Sin la Palabra de Dios no tendría idea de mi necesidad de rescate, de reconciliación y de restauración. Sin mi Biblia no entendería lo que significa amar ni lo que yo debería odiar. Aparte de la Palabra de Dios no tendría los parámetros de una ley sabia y santa ni una gracia sublime que me infunda esperanza.

La forma en que entiendo todo en mi vida ha sido determinado por el cuerpo de sabiduría que solo se encuentra entre el primer capítulo de Génesis y el último de Apocalipsis.

Quisiera confesar algo: he escrito más de veinte libros acerca de diversos temas, pero ninguno habría sido escrito sin el regalo que es la Palabra de Dios para mí. Si no fuera por las Escrituras, yo no tendría sabiduría alguna que valiera la pena comunicar. Y, si fuera tan osado como para intentar escribir algo, no tendría la confianza en la veracidad ni en la utilidad de lo que escribo, si no fuera por la Palabra de Dios. Mi Biblia es mi amiga y mi compañera para toda la vida. Mi Biblia es mi maestra más sabia y fiel. Mi Biblia es mi consejera y mi guía. Mi Biblia me confronta cuando estoy equivocado y me consuela en mis luchas. La Palabra de Dios me convirtió en un estudiante dispuesto y nunca dejaré de estudiar hasta que llegue a mi hogar eterno. Porque soy un necio que ha sido rescatado por la Sabiduría en persona y ha recibido de sus manos el regalo de la sabiduría de su Palabra, considero mi Biblia mi más preciada posesión material. Sé que mientras haya pecado en mí, habrá por ahí fragmentos de barro de aquella necesidad primitiva que es preciso desenterrar y reemplazar con sabiduría divina, de modo que yo me acerco a mi Biblia cada día como un hombre necesitado y agradecido. No puedo enorgullecerme de sabiduría alguna que yo posea porque toda es de mi Señor, escrita en las páginas de su Palabra.

El apóstol Pablo habla de la necedad del pecado y de la sabiduría rescatadora de la Palabra de Dios:

Porque la palabra de la cruz es locura a los que se pierden; pero a los que se salvan, esto es, a nosotros, es poder de Dios. Pues está escrito:

Destruiré la sabiduría de los sabios,
Y desecharé el entendimiento de los entendidos.

¿Dónde está el sabio? ¿Dónde está el escriba? ¿Dónde está el disputador de este siglo? ¿No ha enloquecido Dios la sabiduría del mundo? Pues ya que en la sabiduría de Dios, el mundo no conoció a Dios mediante la sabiduría, agradó a Dios salvar a los creyentes por la locura de la predicación. Porque los judíos piden señales, y los griegos buscan sabiduría; pero nosotros predicamos a Cristo crucificado, para los judíos ciertamente tropezadero, y para los gentiles locura; mas para los llamados, así judíos como griegos, Cristo poder de Dios, y sabiduría de Dios. Porque lo insensato de Dios es más sabio que los hombres, y lo débil de Dios es más fuerte que los hombres.

Pues mirad, hermanos, vuestra vocación, que no sois muchos sabios según la carne, ni muchos poderosos, ni muchos nobles; sino que lo necio del mundo escogió Dios, para avergonzar a los sabios; y lo débil del mundo escogió Dios, para avergonzar a lo fuerte; y lo vil del mundo y lo menospreciado escogió Dios, y lo que no es, para deshacer lo que es, a fin de que nadie se jacte en su presencia. Mas por él estáis vosotros en Cristo Jesús, el cual nos ha sido hecho por Dios sabiduría, justificación, santificación y redención; para que, como está escrito: El que se gloría, gloríese en el Señor (1 Co. 1:18-31).

Cuando Pablo presenta este impresionante contraste entre la sabiduría humana y la sabiduría de Dios, habla acerca de las Escrituras cuyo mensaje central es el evangelio de Jesucristo. Las palabras de Pablo evocan las de David en el Salmo 119, donde vemos la sabiduría de la ley de Dios. Hay esperanza para los necios porque hay sabiduría que puede ser hallada, no en las aulas universitarias, en las páginas de un artículo de investigación, en un podcast famoso o en la lista de éxitos de ventas del *New York Times*, sino en las páginas de la Palabra de Dios. Es posible ser una persona altamente educada y aun así ser un necio. Se puede ser un comunicador muy capacitado y talentoso y aun así ser un necio. Se puede ser exitoso y destacado y ser un necio. Es posible tener supremacía en las redes sociales y aun así ser un necio. Es posible ser una persona en quien otros buscan consejo y aun así ser un necio. Sin embargo, nadie está condenado a quedar atrapado en su necedad porque Dios, que es la fuente de toda verdadera sabiduría, es un Dios de gracia tierna, perdonadora y rescatadora. A todos los que confiesan su necedad y acuden a Él en busca de sabiduría, Él les ofrece misericordia y gracia en su hora de necesidad.

Quiero señalar algo más. Aunque el Antiguo Testamento fue escrito originalmente en hebreo y el Nuevo Testamento en griego, Dios, en la sabiduría de su gracia soberana y tierna, ha decretado y guiado la traducción de su Palabra a las lenguas comunes de los pueblos alrededor del mundo, de modo que las verdades reveladas únicamente en su Palabra estén disponibles para todo aquel que desee conocerlas y vivir conforme a ellas. Y Él ha llamado a generaciones de académicos piadosos capaces y entrenados a participar en la traducción continua de su libro, de tal forma que nadie en el mundo se quede sin el regalo de la Palabra de Dios.

No solo tenemos el regalo de la Palabra de Dios, sino también el don del Espíritu Santo que nos guía y nos enseña e ilumina la Palabra para que podamos conocer, entender, confesar y arrepentirnos. Yo no solo necesito el contenido de la Palabra de Dios, sino también la ayuda del Espíritu Santo que me capacite para entenderla, me ayude a aplicarla, me habilite para vivirla y me capacite para transmitir su mensaje a otros. Dios me rescata de mi necedad no solo al entregarme un libro, sino también al darse a sí mismo a mí para que me revele la sabiduría de ese libro. Es algo que yo no hago como escritor. Yo escribo un libro y sigo mi camino. Al lector le corresponde interpretar lo que he escrito. Yo no me desplazo hasta el lugar donde se encuentra cada uno de mis lectores para sentarme con ellos todo el tiempo que sea necesario, aclarando lo que he escrito, asegurándome de que hayan entendido y ayudándoles a aplicar el contenido del libro a su vida diaria. Pero eso es exactamente lo que Dios hace. Él va dondequiera que va su Palabra. Él se sienta pacientemente con los lectores cada vez que abren su libro. Él les enseña conforme a la Palabra. Dios no solo es el autor de su Palabra, sino también su maestro principal. Cuando recibes la Palabra de Dios, también recibes al Dios de la Palabra, y eso es hermoso.

2

Las Escrituras en la vida diaria

¿QUÉ SIGNIFICA en términos prácticos vivir a la luz de la inspiración, la autoridad y la suficiencia de la Palabra de Dios? Bueno, si tú realmente crees que la Biblia es la Palabra de Dios que Él ha preservado para ti, ¿no sería tu posesión más valiosa, estimada, preciada y utilizada? ¿No te encantarían aquellos momentos en los que te sientas con ella, la lees detenidamente, estudias su contenido y meditas en su significado? ¿No te comprometerías a ser un lector ávido y a ser un estudiante de por vida de la Palabra de Dios? ¿No te esforzarías por asegurarte de entenderla e interpretarla correctamente? ¿No apreciarías a los maestros y predicadores a quienes Dios ha levantado para acompañarte en tu recorrido por su Palabra? ¿No procurarías que todo lo que deseas, piensas, dices o haces sea en la sumisión gozosa y la obediencia cuidadosa a la Palabra de Dios? ¿No desearías aplicarla a cada área de tu vida? ¿No acudirías a su consuelo y oirías su llamado? ¿No influiría ella en tus decisiones más que tus amigos, Google o las voces de Twitter? ¿No serían el estudio bíblico y el conocimiento teológico tu misión de vida? ¿No estarías buscando cada oportunidad para comunicar su glorioso mensaje a otros? ¿No lamentarías tener que confesar a veces que desatendiste o resististe su mensaje? ¿No sería lo que determina tu manera de enfrentar cada área de tu vida?

¿No sería ese tiempo a solas con tu Señor y su Palabra, lejos de la gente y las responsabilidades, tu parte favorita del día? ¿No le darías al Señor tu sentida alabanza cada día por el maravilloso regalo de su Palabra?

Si la Biblia que tenemos en nuestros hogares y podemos sostener en nuestras manos es la Palabra de Dios, ¿acaso no debería ser todo esto cierto en nuestra vida? Por tristeza, no es así. Muchos no pasamos tiempo a diario en nuestras Biblias. Muchos tenemos un conocimiento bíblico muy elemental y carecemos de entendimiento teológico. Y muchos oímos otras voces más influyentes y con más autoridad sobre nosotros, en el sentido funcional, que las Escrituras. Muy pocos somos estudiantes aplicados de la Palabra de Dios. Muchos nos alimentamos únicamente una hora a la semana cuando nos reunimos con otros para adorar. Con razón la Palabra de Dios no influye en:

nuestro sentido de identidad,
nuestra manera de tomar decisiones,
nuestra manera de elegir las amistades,
nuestra manera de abordar la educación,
nuestra manera de asumir nuestros trabajos y profesiones,
nuestra manera de vivir el romance y el matrimonio,
nuestra manera de criar a nuestros hijos,
nuestra manera de enfrentar el conflicto,
nuestra manera de enfrentar el éxito y el fracaso,
lo que hacemos con nuestro dinero,
nuestras búsquedas de plenitud y satisfacción,
nuestra manera de afrontar la dificultad,
nuestra manera de consumir y asimilar los medios y el entretenimiento,
nuestra relación con el cuerpo de Cristo.

Con razón, la iglesia de Jesucristo es, en muchos sentidos y en muchos lugares, un ejército disfuncional que pasa más tiempo atendiendo a sus débiles, enfermos y heridos de lo que pasa conquistando la siguiente colina en pro del reino de Dios y la obra de su glorioso evangelio de gracia. Si yo pudiera oír lo que dices y ver tu día a día a lo largo de un mes, ¿qué concluiría acerca del lugar que ocupa la Palabra de Dios en tu vida? Aparte de nuestra salvación y de su presencia que mora en nuestro interior como sus hijos, nuestra Biblia es el regalo más preciado y valioso de Dios para nosotros. La pregunta es: ¿Vivimos nuestro día a día como si esto fuera verdad?

Meditemos en la provisión de Dios para nosotros en y por medio de su Palabra, a fin de que podamos vivir conforme a lo que Él ha dispuesto en el lugar donde Él nos ha puesto.

La Palabra de Dios salva

El apóstol Pablo dice a Timoteo: "Desde la niñez has sabido las Sagradas Escrituras [la Palabra de Dios], las cuales te pueden hacer sabio para la salvación por la fe que es en Cristo Jesús" (2 Ti. 3:15). Sin la Biblia no habría una narrativa de la redención, ni un claro mensaje del evangelio, ni conocimiento alguno de los atributos y el plan de Dios, del pecado y del ofrecimiento de perdón divino. Ninguna otra herramienta es más esencial en la obra divina de rescate redentor aparte de la Palabra de Dios, revestida de poder por el Espíritu de Dios. Sin la Biblia estaríamos irremediablemente perdidos, sin Dios y sin esperanza en este terrible mundo caído.

Y eso no es todo. La obra de salvación no ha terminado. Él sigue su obra en nuestros corazones sacando a la luz el pecado que queda, redarguyéndote de lo que está mal y habilitándote por su gracia para vivir de forma completamente nueva. La Palabra de Dios es esencial no solo para la gracia que justifica sino también para la gracia que santifica (Jn. 17:16-17). Si eres serio respecto a tu crecimiento en la gracia como persona soltera, como estudiante, como profesional, como padre o madre, como esposo o esposa, en tu trabajo, como amigo o vecino o miembro del cuerpo de Cristo, entonces debes dedicarte a diario al estudio de la Palabra de Dios. Si te interesa una vida en la que piensas y deseas lo que agrada a tu Señor, debes vivir en la Palabra de Dios.

Si te sientes derrotado por pecados ocultos, debes acudir a Dios en confesión, pero también debes acudir a su Palabra. Si como padre o madre luchas con el enojo o hay demasiado conflicto en tu matrimonio, debes buscar la ayuda de Dios, pero, al mismo tiempo, acudir a su principal herramienta de ayuda, su Palabra. Si el temor te oprime y te abruma el desaliento es posible que necesites buscar la ayuda de otros, pero también necesitas el consejo y el aliento de la Palabra de Dios. Si parece que te falta sentido y propósito, es la Palabra de Dios la que te dará una y otra vez razones para levantarte en la mañana y un propósito por el cual vale la pena vivir.

Dios usó su Palabra para salvarte, ahora usa su Palabra para seguir rescatándote y haciéndote crecer, y seguirá salvándote por medio de su Palabra hasta que la obra esté acabada y estés al otro lado.

La Palabra de Dios señala

En 2 Corintios 5:15 encontramos una frase muy corta que no solo tiene implicaciones explosivas, sino que señala una de las funciones más importantes de la Palabra de Dios en nuestra vida: "Y por todos murió, *para que los que viven, ya no vivan para sí*". Pablo afirma que el ADN del pecado es el egoísmo. El pecado nos pone en el centro de nuestro mundo y hace que la vida gire en torno a nosotros mismos. El pecado se concentra en el yo y busca la gloria de uno mismo. Está motivado por lo que queremos, cuándo lo queremos y cómo lo queremos. El pecado convierte a cada ser humano en un ladrón de gloria que se apropia de lo que solo le pertenece a Dios. El pecado lleva a la persona a felicitarse a sí misma y a engrandecerse a sí misma. El pecado nos lleva a pensar que somos justos, sabios y fuertes, cuando no lo es así. El pecado nos hace rebeldes que rehúsan someterse a otra ley que no sea la propia. El pecado nos lleva a escribir nuestra historia en la que somos protagonistas, exigiendo la atención y el reconocimiento que creemos merecer.

Sin embargo, uno de los trabajos más importantes que lleva a cabo la Palabra de Dios es confrontarnos con otra historia. En esa historia nosotros no somos los protagonistas. En esa historia se nos da vida y aliento para servir al propósito de otro y para la gloria de otro. La historia bíblica empieza con Dios en el centro. Relata la gran guerra por la gloria en la que el gran capitán, Cristo, obtiene la victoria mediante su muerte. La guerra empieza en Génesis 3 y seguirá hasta que se gane la guerra y todo lo que existe sirva para la gloria de Dios en los nuevos cielos y en la nueva tierra.

Esa historia nos recuerda una y otra vez que gloriarse en uno mismo es la peor disfunción humana y que siempre es autodestructiva. Nos enseña que la adoración de sí mismo es esclavitud y que la verdadera libertad solo se encuentra cuando rindes tu corazón a la adoración de Dios. La

Biblia nos recuerda que no solo acudes a Cristo en arrepentimiento y fe para abandonar tu pecado y recibir su perdón por la fe, sino también para abandonar tu propia gloria a cambio de su gloria divina.

Con todo, hay algo que debemos entender. Mientras exista pecado en nuestro interior habrá una guerra por la gloria en nuestros corazones. Así que cada día necesitamos velar para que el Señor sea el centro y no nosotros en la vida que se nos ha dado. Cada día necesitamos un mensaje que nos dirija a Dios. Cada día necesitamos un recordatorio de que la vida no se trata de nuestra comodidad ni del éxito de nuestros planes. No se trata de cuántas personas nos admiran y desean tenernos en sus vidas. No se trata del tamaño de nuestras casas ni de nuestra calidad culinaria. No se trata de estar en forma y libres de enfermedad. La vida se trata de Dios, de su gloria y del éxito de sus propósitos en y por medio de nosotros. La Biblia nos señala esto de principio a fin.

Buscar la gloria propia te vuelve un padre o una madre que se irrita fácilmente, que critica y reprueba. La gloria propia convierte un matrimonio en un combate por ver quién logra primero lo que quiere. La gloria propia te vuelve un amigo pesado y engreído. La gloria propia te impide sentirte satisfecho y te resulta más natural quejarte que ser agradecido. La gloria propia te hará más famoso por tus exigencias que por tu servicio. La gloria propia te llevará una y otra vez a atribuirte el mérito por lo que nunca habrías podido lograr o producir por ti mismo. La gloria propia te hace sentir amenazado o envidioso por el éxito de otros. La gloria propia te convierte en un consumidor de iglesia en lugar de un participante comprometido de su obra. La gloria propia nos engaña, nos distrae, nos atrapa y al final puede destruirnos. La gloria propia deja a su paso un montón de ruinas y personas heridas. La gloria propia nunca produce buen fruto.

La gloria propia es, en sí misma, un argumento que confirma nuestra gran necesidad de la Palabra de Dios en nuestro corazón y en nuestros pensamientos cada día de nuestra vida. Necesitamos la Palabra que nos señale una vez más una gloria que es mayor que la nuestra, la única gloria que satisfará nuestros corazones. Necesitamos que nuestra historia personal se integre poco a poco a la historia de Aquel que nos hizo y nos diseñó para vivir para su gloria. Necesitamos recordar que el señorío de

Jesús ocupa el centro del evangelio de la gracia. Necesitamos oír una y otra vez que vivir como sus discípulos significa estar dispuestos a abandonarlo todo por seguirlo a Él. Necesitamos ser humillados una y otra vez, ser llamados una y otra vez para dejar de gravitar en torno a nosotros mismos. Y necesitamos ser reavivados en la dicha de reconocer que no hay nada más liberador, satisfactorio y sanador que vivir para la gloria de Dios. Eso significa que necesitamos que su Palabra nos señale una y otra vez la preeminencia de su existencia y de su gloria y nos dirija hacia ella.

La Palabra de Dios enseña

Recuerdo con cariño y gratitud mis días de estudiante de seminario. Por la gracia de Dios pude dedicar tres años de mi vida a una actividad solitaria, el estudio de la Palabra de Dios. Esto fue una bendición especial. No sé si he estado más agradecido y motivado por algo en toda mi vida. Me sumergí a fondo y, para pesar de mi esposa, al final del día yo repetía con lujo de detalle cada clase que había escuchado. Le leía largos pasajes de los densos libros de teología. Estaba obsesionado, emocionado con todo lo que aprendía. Me levantaba temprano en la mañana y me acostaba muy tarde. Era prácticamente en lo único que pensaba y de lo único que hablaba. Mi mente estaba deslumbrada por la Palabra de Dios como nunca antes.

Un día después de clases subí a toda prisa las escaleras de nuestro apartamento en un tercer piso y le dije a Luella: "No solo estoy aprendiendo el contenido de la Biblia y aprendiendo teología, sino que por primera vez estoy aprendiendo a pensar realmente, ¡a pensar de verdad!". No solo la Biblia se abría delante de mí, sino el mundo entero en niveles de significado y comprensión que nunca antes había experimentado. Sentado allí en mi estudio de la Palabra yo estaba, de hecho, sentado a los pies del Creador del mundo y de todo lo que hay en él. Sí, la Palabra era la herramienta, pero era una herramienta en manos del supremo Maestro, mi Señor. Fui enseñado como nunca antes me habían enseñado, no solo profesores sabios y experimentados, sino también mi Maestro a través de la majestuosa sabiduría de su Palabra.

La Palabra de Dios enseña usando maneras únicas que no tienen par. Enseña cosas que no puedes aprender en ningún otro lugar. No solo te imparte conocimiento, sino también sabiduría. Te revela los misterios espirituales más profundos y secretos que podrías concebir. Como un buen maestro, la Palabra de Dios te desarma y luego te arma otra vez. Deconstruye los pensamientos y motivos de tu corazón, y luego los reconstruye.

Es imposible sentarse bajo la enseñanza de la Palabra de Dios con un corazón abierto y dispuesto y seguir igual. Cuando te enseña, te transforma en la semejanza de Aquel que te creó y te dio dones. La Biblia ha sido, de lejos, mi mejor maestro. ¿Asistes a su clase cada día con un corazón y mente dispuestos? ¿Vives tu vida como su estudiante? La Biblia es el currículo permanente de Dios y no tiene ceremonia de graduación. Sin importar cuánto tiempo hayas sido cristiano vas a necesitar hoy su instrucción tanto como la necesitaste el primer día cuando eras un bebé en la fe. Descubrirás que retomas una y otra vez los pasajes que te habían instruido antes, solo para darte cuenta de que son tan profundos que encierran muchas más enseñanzas frescas y novedosas para ti.

Me encanta la manera en que David expresa, en el Salmo 119:97-100, el poder que tienen las Escrituras para enseñar.

¡Oh, cuánto amo yo tu ley!
Todo el día es ella mi meditación.
Me has hecho más sabio que mis enemigos con tus mandamientos,
Porque siempre están conmigo.
Más que todos mis enseñadores he entendido,
Porque tus testimonios son mi meditación.
Más que los viejos he entendido,
Porque he guardado tus mandamientos.

Todos tenemos vestigios de maneras antiguas y antibíblicas de pensar que rondan por nuestra mente. Todos tenemos brechas en nuestra comprensión teológica. Todos necesitamos una comprensión más profunda y práctica de los planes, los propósitos y el llamado de Dios. Todos necesitamos una comprensión más completa y rica del evangelio de Jesucristo. Todos necesitamos aprender más acerca de la oscura tragedia del pecado. Todos necesitamos entender con mayor profundidad lo que significa crecer en la gracia. Y todos necesitamos aprender más acerca de cómo se aplican estas doctrinas a las situaciones, las relaciones y los lugares donde vivimos a diario. Ninguno de nosotros sabe todo lo que la Biblia tiene para enseñarnos. Si crees que ya dominas este libro, eso revela posiblemente que no has sido dominado *por* él.

¿Ha cambiado tu conocimiento bíblico la manera en que tratas a tus amistades, la manera en que crías a tus hijos, la manera en que te conduces en tu matrimonio, la manera en que usas tu dinero? ¿Te ha llevado la comprensión teológica a vivir con mayor esperanza, valor, amor y gozo en los lugares donde vives y te relacionas? ¿En qué área de tu vida diaria batallas en este momento para poner en práctica tu comprensión bíblica y teológica? ¿Redunda tu conocimiento bíblico en una sabiduría práctica que se aplica a tu modo de actuar y de organizar tus prioridades? ¿Sientes el mismo gozo de siempre cuando estudias la Palabra de Dios? ¿Es la Biblia tu maestro más estimado, anhelado e influyente?

La Palabra de Dios rescata

Dios ha diseñado la Biblia para que funcione como tu servicio de emergencia espiritual. Si a diario lees, estudias y meditas en su contenido, ella te rescatará una y otra vez. El concepto de rescate es a la vez sugerente y aleccionador. El rescate supone siempre que existe algún peligro cercano, es decir, algo que amenaza tu salud y tu seguridad. En un mundo caído donde el mal todavía existe y el enemigo anda por ahí como león rugiente, siempre existe algún peligro claro y presente. Pero eso no es todo.

Puesto que todavía hay pecado en nuestro corazón, nuestra tendencia es acercarnos al pecado en lugar de alejarnos de él. El hecho es que el pecado no siempre nos parece pecaminoso o peligroso. La razón por la cual el pecado puede atraer, tentar y atraparnos es porque es experto en disfrazarse como algo hermoso e inofensivo, cuando en realidad no es ni lo uno ni lo otro. Cuando un hombre desea a una mujer no le domina una sensación de peligro. En cambio, lo que ve es belleza y lo que experimenta es placer. Si estás murmurando acerca de alguien en tu teléfono portátil no sientes miedo del peligro de tus actos, sino más bien la emoción chispeante de contar algo acerca de alguien a otra persona. Si estás cometiendo el pecado de glotonería, estás tan ocupado saboreando los placeres de lo que consumes que tienes poca conciencia espiritual del peligro de tus actos.

Necesitamos la función rescatadora de la Palabra de Dios no solo porque el pecado es peligroso, sino porque se disfraza de lo contrario.

El concepto de rescate también sugiere la necesidad de ayuda externa que está por fuera de lo que eres capaz de procurarte por tus propios medios. Si una persona que necesita la ayuda de un servicio de emergencia pudiera rescatarse a sí misma, no necesitaría tal servicio. La verdad aleccionadora es que en este lado de la eternidad, de algún modo, todos vamos a necesitar el rescate de la Palabra de Dios. La Biblia nos brinda el poder, la sabiduría, la dirección y la perspicacia que nunca tendríamos por cuenta propia. Una de las formas principales en que la Biblia nos rescata es por medio del contraste. Una y otra vez y de diversas maneras la Biblia contrasta el poder destructor del pecado con la belleza y la bendición de seguir a nuestro Salvador. Por medio de historias, de literatura sapiencial, de mandamientos y principios, y de la exhortación del evangelio, nos ayuda a ver la tenebrosa monstruosidad del pecado y la belleza resplandeciente de una vida que se vive bajo el señorío de Jesucristo.

Dado que somos seres incapaces de rescatarnos a nosotros mismos, debemos constantemente acogernos a la misericordia rescatadora de la Palabra de Dios.

La Palabra de Dios advierte

Seamos francos al reconocer que la Biblia contiene algunos pasajes muy amenazadores. La Biblia abunda en claras y, con frecuencia, severas advertencias. Dios advirtió a Adán y Eva acerca de lo que les costaría comer del fruto del árbol prohibido. Advirtió a sus hijos cuando iban a enfrentar nuevas tentaciones con su llegada a la tierra prometida. El tema de los profetas es la advertencia, ya sea dirigida a la idolatría de su pueblo o a las injusticias de los líderes malvados. Dios envía a Jonás a predicar un mensaje de advertencia a la malvada ciudad de Nínive. Jesús advierte seriamente a los fariseos que se creían justos y advierte a sus discípulos cuando les delega su misión. Y existen duras y temibles advertencias para los creyentes; algunas de las más fuertes se encuentran en una serie de pasajes en Hebreos (2:1-4; 3:7–4:13; 5:11–6:12; 10:19-39; 12:14-29).

¿Por qué hay tantas advertencias en las Escrituras? Están ahí porque Dios nos ama. Como bien sabes, una advertencia no es juicio. Si lo único que Dios buscara fuera juzgarte, no te advertiría primero. Los padres advierten constantemente a sus hijos. Primero nos advierten acerca de no tocar la estufa caliente, la llama de una vela o el tomacorriente. Más adelante advierten acerca de lo que es seguro comer y lo que es peligroso, y años después acerca de los peligros de la Internet y las redes sociales. Luego vienen las advertencias acerca de los peligros de conducir un auto o de la tentación sexual. Tiempo después los padres advierten acerca de los peligros específicos de vivir en residencias universitarias, las tentaciones del dinero o los desafíos de una relación romántica seria. Cada una de esas advertencias está motivada por el tierno amor de padres.

Una de las formas en la que experimentamos la paternidad de Dios es mediante su compromiso incansable de advertirnos acerca de los diversos peligros de la vida en este mundo caído. Con cada advertencia, nuestro Padre celestial nos demuestra su amor por nosotros. Cada advertencia demuestra su paciencia, su fidelidad, su sabiduría y su gracia. Cada advertencia nos recuerda su cuidado. Cada advertencia nos enseña de nuevo que Él está listo y dispuesto a perdonar y a restaurar. Cada advertencia es un llamado a confiar en Él y a seguirlo por la fe. Cada advertencia nos recuerda que nuestro Padre es infinitamente más inteligente que nosotros. Él realmente sabe más que nosotros y nosotros haríamos bien en escucharlo y obedecerlo.

Padres, ¿cómo toman la advertencia de Dios acerca de no exasperar a sus hijos? Esposos, ¿cómo toman las advertencias de Dios acerca de los peligros de la infidelidad para su compromiso matrimonial? En tu carrera, ¿cómo tomas las advertencias de Dios acerca de no amar al mundo? En cada área de nuestra vida, Dios nos bendice con advertencias que sirven de protección y prevención. Lo hace porque nos ama y porque conoce la propensión de nuestro corazón.

No desearás ser como el niño pequeño que rehúsa escuchar las advertencias de mamá y se quema el dedo con la puerta del horno. No desearás ser como el adolescente que pasa por alto las advertencias de su papá y toma decisiones que alteran el resto de su vida. Dios nos ama y por ello ha incluido advertencias en su Palabra. Con un cuidado paternal dice: "No mires eso, no digas eso, no desees eso, no hagas eso, no elijas eso, no ames eso, cuidado con eso".

Tomar la Biblia con seriedad en tu vida diaria significa vivir conforme a la protección que te ofrecen las advertencias de tu Padre celestial. Él te advierte y tú eres bendecido. Como estudiante, jefe, padre o madre, cónyuge, trabajador, vecino, ciudadano, hombre o mujer, joven o anciano, profesional u obrero, en la vida ministerial o cotidiana, en privado o en público, ¿en qué no has logrado someter tu corazón y tu vida a las advertencias amorosas de Dios? A ti y a mí nos convendría resistir aquellas ideas de que en algunas áreas de nuestra vida somos más listos que Dios y que desatender sus advertencias sabias y amorosas no va a costarnos. Cada pecado y la disfunción personal, relacional y situacional que les siguen son el resultado de la incapacidad de atender con humildad las advertencias de Dios. Y recuerda que Él no solo te advierte, sino que te equipa con la gracia que necesitas para vivir dentro del marco de sus advertencias.

La Palabra de Dios protege

Los seres humanos necesitan límites. Esto era cierto incluso antes de que el pecado entrara en el mundo e hiciera su obra destructiva. A pesar de que vivían en un mundo perfecto y eran individuos perfectos en perfecta relación con Dios, Adán y Eva necesitaban límites. Ningún ser humano posee una base suficientemente amplia de experiencia y conocimiento ni es lo bastante sabio proféticamente para poder fijar sus propios límites. Solo el Creador que conoce a sus criaturas, el mundo que creó para ellas y la vida que trazó para ellas, puede establecer el conjunto apropiado de límites protectores y preventivos. Los límites de Dios, es decir, sus leyes, son una expresión de su amor por nosotros. Nos protegen del peligro y nos acercan a una dependencia y una comunión más profundas con Él. Dios nos honra con su ley.

Recuerda el momento en el que Dios entregó por primera vez su ley en el monte Sinaí. Dios, en una demostración de asombroso poder y autoridad divinos, había redimido a Israel de su esclavitud de cuatrocientos años en Egipto y los había librado para guiarlos por el desierto hacia la tierra que les había prometido. Sin embargo, sus hijos tenían un serio problema que podía destruirlos. Puesto que habían estado en esclavitud a lo largo de varias generaciones, ellos no tenían idea acerca de cómo vivir. Por ello, Dios les dio su ley civil, ceremonial y moral. Estas leyes fueron dadas a sus hijos como señal de su amor y su gracia. La ley organizó sus vidas, instituyó su adoración, protegió sus corazones, estructuró sus relaciones con sus vecinos y proveyó un sistema legal. Ante todo, protegió a los israelitas de ellos mismos. La ley de Dios fue una de las formas principales de Dios para proteger y preservar a su pueblo.

Lo mismo es cierto para nosotros. Dios ha conservado y reiterado su ley para nosotros en la Biblia. No existe un solo día de nuestra vida en el que no necesitemos la protección de las normas divinas tal y como han sido reveladas en su Palabra. Si eres madre, necesitas la ley de Dios para controlarte y dirigirte en tu entrega a la ardua e incesante tarea de criar a tus hijos. Como esposo, necesitas la ley de Dios para tratar a tu esposa como Dios lo ha dispuesto y para permanecer fiel a tus votos matrimoniales. Como trabajador, necesitas la ley de Dios para que encamine tu forma de trabajar, de relacionarte con tu jefe y de cooperar con tus colegas. En tu universidad necesitas la ley de Dios para que encamine tu vida en ese lugar y tu manera de cumplir con tus responsabilidades como estudiante. En tu vida privada necesitas la ley de Dios para que ponga límites a tus pensamientos, tus deseos y tu conducta.

Como lo haría cualquier padre amoroso, Dios Padre fija límites de protección para nosotros en su Palabra. Lo hace no para privarnos de nuestra libertad y quitarnos nuestro gozo, sino para que podamos ser libres del cautiverio y de la tristeza que siempre resultan cuando los pecadores eligen su propio camino. Aunque Jesucristo cumplió la ley y llevó el castigo completo por nuestra infracción de la ley, Él confirmó y restituyó la ley porque sabía que íbamos a necesitar su protección hasta que estemos al otro lado y libres de nuestra propensión pecaminosa a apartarnos por nuestro propio camino.

La Palabra de Dios alienta

Todos necesitamos aliento. Ni tú ni yo podemos vivir sin esperanza. ¿Qué es la esperanza? Es una expectativa y un objeto. Hay algo que determinas en tu corazón (una expectativa) y alguien o algo a quien miras para que la cumpla (un objeto). Dios sabía que, en este mundo resquebrajado que gime y que ya no funciona como Él lo había dispuesto, íbamos a necesitar aliento diariamente, es decir, una esperanza constante. Dios sabía que este mundo caído lleno de gente imperfecta nunca podría brindar una esperanza firme, confiable, fiel y fidedigna. La esperanza horizontal y terrenal siempre decepciona.

Así que Dios nos dio su Palabra y, al darnos su Palabra, se dio a sí mismo a nosotros. ¿Qué quiero decir con esto? Una de las bondades más grandes de la Palabra de Dios es que la gloria del Dios que la inspira está presente en cada página. Dios sabía que en este mundo íbamos a buscar la esperanza con ansias, de modo que corrió el velo de separación y se mostró a sí mismo en su deslumbrante gloria. Piensa por ejemplo en Isaías 40, donde el lenguaje humano se despliega al máximo para captar la majestuosidad de Dios.

Sin embargo, Dios no se limita a revelar su poder y su gloria, sino que también quiere que sepamos que Él es soberano (Dn. 4:34-35). Y eso no es todo. Él quiere que sepamos que está cerca: "No te desampararé, ni te dejaré" (He. 13:5). También quiere que sepamos que Él es un Dios de perdón y de gracia: "De Jehová nuestro Dios es el tener misericordia y el perdonar" (Dn. 9:9). Estos son solo dos ejemplos de los temas de la revelación de Dios mismo en su Palabra. Él sabe que necesitamos esperanza y obra por medio de su Palabra para que basemos nuestra esperanza en Él y para asegurarnos que la esperanza en Él nunca jamás nos defraudará.

¿Cómo nos anima la Palabra de Dios? Nos recuerda que la esperanza vertical no es un deseo ilusorio y confuso, sino más bien una expectativa confiada de un resultado garantizado. ¿Cómo es esto posible? Es posible porque el objeto de nuestra esperanza es el Señor del cielo y de la tierra, el Creador y Salvador que nos invita a depositar nuestra esperanza en Él.

La Palabra de Dios motiva

Aunque me gusta mucho el oficio al que he sido llamado, no siempre me despierto motivado para empezar el día. A veces me siento incapaz. A veces las responsabilidades me abruman. A veces me siento agotado. A veces pongo en duda el resultado de mi trabajo. A veces la pereza es una lucha mayor el día de hoy que ayer. A veces las dificultades me distraen. Seamos sinceros: la fe no es nuestra respuesta natural. La duda es natural, la preocupación es natural, la negación es natural, el temor es natural, pero el valor de la fe no es nuestra forma natural de vivir. Esto revela una manera más en que la Palabra de Dios constituye una bendición enorme. Dios se inclina, me busca en mi dificultad y me motiva a través de las grandiosas y preciosas promesas de su Palabra.

En las Escrituras encontramos literalmente miles de promesas. Las promesas de Dios abarcan todos los tipos de literatura bíblica y están presentes en todos los períodos de la historia bíblica. Dondequiera que se encuentra su pueblo, Dios sale a su encuentro con sus promesas. Lo hace para motivar su fe y para animarlo a obrar con valentía. Sus promesas animan, fortalecen e infunden esperanza y, por ello, nos motivan a resistir el impulso a darnos por vencidos y nos alientan a perseverar en nuestro llamado.

Gracias a las promesas que Dios nos da, nuestra capacidad o potencialidad para lograr el éxito o la victoria no se basan en nuestra propia justicia, sabiduría o fortaleza, sino en la magnitud y en la certeza de lo que Él nos ha prometido. Así, cuando sabemos que somos débiles y reconocemos nuestros fracasos, seguimos adelante en virtud de todas las bondades que Él ha prometido entregarnos, que nos ha prometido ser y hacer por nosotros.

No hace falta que yo te diga que la vida en este mundo caído puede ser desalentadora y desgarradora. Todo, desde las fallas mecánicas hasta los fracasos familiares y las amistades rotas pueden hacer la vida complicada y difícil. Y puesto que somos incapaces de ver lo que nos depara el futuro, no sabemos cuándo la vida volverá a ponerse dura. También tenemos que lidiar con nuestras propias debilidades y propensión a desviarnos. Con todo, vemos el tierno corazón del Señor que nos prodiga sus promesas y así tenemos en abundancia su gracia motivadora. Aunque vendrán temporadas duras y de sequía, Dios nos invita a entrar en la lluvia de las promesas de la Palabra de Dios para beber de ellas y recibir una esperanza y fortaleza renovadas, levantarnos de nuevo con una motivación fresca para llevar a cabo aquello a lo que Él nos ha llamado hacer en los lugares donde nos ha puesto.

No necesitas salir en busca del orador motivacional de moda para que acrecienten tu esperanza y valentía. No, solo tienes que buscar a diario la Palabra de Dios. Las promesas de Dios no solo te motivan, sino que incentivan en tu corazón tu confianza en Dios y te guían conforme al plan de vida al cual Dios te ha llamado.

La Palabra de Dios confronta

Deberíamos agradecer cada día que la Palabra de Dios funciona en la vida de sus hijos como un espejo (Stg. 1:22-25). Cuando nos miramos con una mente dispuesta y un corazón abierto en el espejo de la Palabra de Dios, nos vemos como somos realmente. Esta imagen es en realidad muy útil. Cuando en la mañana vas al baño para mirarte en el espejo, te das cuenta del deterioro que la noche ha producido en tu apariencia física; de lo único que puedes estar seguro es que tu espejo nunca va a mentirte. Siempre te va a confrontar con tu verdadera apariencia. Probablemente nunca te hayas sentido tentado a dudar o cuestionar la precisión de lo que tu espejo te revela acerca de ti.

Lo mismo sucede con el espejo que es tu Biblia. Lo que te revela acerca de ti es siempre exacto y fidedigno. Sin embargo, el espejo de tu Biblia no tiene los límites de tu espejo del baño que solo puede mostrarte tu yo físico. En cambio, el poder protector y restaurador y la belleza del espejo de tu Biblia dejan expuesto tu yo espiritual, es decir, tu corazón. Considera las palabras de Hebreos 4:12: "Porque la palabra de Dios es viva y eficaz, y más cortante que toda espada de dos filos; y penetra hasta partir el alma y el espíritu, las coyunturas y los tuétanos, y discierne los pensamientos y las intenciones del corazón". La Biblia tiene un poder que ningún otro libro tiene. La Palabra de Dios tiene la capacidad de discernir y revelar los verdaderos pensamientos y propósitos de tu corazón.

¿Por qué es tan importante? ¿Por qué es tan esencial? ¿Por qué debemos celebrar cada día la función de espejo de la Palabra de Dios y su imagen del amor de Dios que rescata, protege y redime? Porque el pecado enceguece (He. 3:12-13). No me cuesta ningún esfuerzo ver el pecado de mis amigos y parientes, pero muchas veces me sorprendo cuando el mío queda revelado. Debemos renunciar a la idea de que nadie nos conoce mejor que nosotros mismos. Esta idea te va a llevar a resistir todo aquello que el espejo de la Palabra revela y que tú no has visto aún, porque al confiar en tu propio conocimiento creerás que su juicio es impreciso. La verdad es que, mientras haya pecado morando en nuestro interior, habrá imprecisiones en nuestra percepción de nosotros mismos porque tendremos puntos ciegos espirituales.

Todos necesitamos con urgencia algo que pueda combatir nuestra ceguera y confrontarnos con lo que somos al profundo nivel formativo de los pensamientos y los deseos de nuestro corazón. La Palabra de Dios nos ha sido nada con esta precisa función.

Sin embargo, nuestra ceguera espiritual es aun más generalizada de lo que acabo de describir. Si eres ciego físicamente sabes que eres ciego y empiezas a desarrollar una serie de habilidades vitales para manejar esta sustancial limitación física. No sucede lo mismo con la ceguera espiritual. Tal vez el aspecto más aterrador y debilitante de nuestra ceguera espiritual es que, a diferencia de la ceguera física, el ciego espiritual no solo es ciego, sino que es ciego a su ceguera. Tenemos la tendencia a pensar que tenemos una visión de nosotros mismos que es muy acertada, cuando en realidad padecemos de una ceguera que nos impide vernos a nosotros mismos, y ni siquiera lo sabemos. Cuando crees que ves bien no buscas aquello que puede ayudarte a ver. Por consiguiente, todos necesitamos a diario usar las Escrituras como usamos los espejos de nuestra casa. Somos conscientes de que no vemos nuestro yo físico de manera exacta, por lo que no pasa un solo día sin que nos miremos frente a un espejo, recibamos su confrontación y, a partir de ello, hagamos los ajustes físicos necesarios a nuestra apariencia. Tenemos que mirarnos en el espejo de la Palabra de Dios todos los días, sometiéndonos humildemente a su confrontación que revela el corazón, y acudir a Dios en busca de su gracia que rescata, perdona, capacita y transforma.

Sin importar cuál sea tu lugar en la vida, sin importar cuáles sean tus oportunidades y responsabilidades diarias, sin importar cuáles tentaciones te atormenten con frecuencia, sin importar cuánto tiempo hayas caminado con tu Señor, agradece que tu Biblia es el espejo más poderoso, penetrante y exacto del mundo. La confrontación constante frente a este espejo es uno de los mayores regalos que Dios en su amor y en su gracia te ofrece.

La Palabra de Dios convence

Lamentablemente, todos tenemos la malsana capacidad de justificarnos a nosotros mismos, es decir, de argüir que el mal que hemos hecho no es tan malo después de todo. Somos demasiado hábiles para hacernos sentir bien por lo que Dios dice que no está bien. Necesitamos algo más aparte del poder que tiene la Palabra de Dios para confrontarnos. Es maravilloso que Dios haya diseñado las Escrituras para exponer y confrontarnos al nivel más profundo de los pensamientos y los deseos de nuestro corazón. Es una gracia suya que, al mirarnos en las páginas de la Palabra, no solo veamos a Dios en toda su gloria, sino a nosotros mismos con claridad. Con todo, mientras exista pecado en nuestro interior seguiremos eludiendo la confrontación de las Escrituras, pensando que sus verdades se aplican más bien a otras personas que a nosotros, y alejándonos en la misma condición en la que llegamos.

Por consiguiente, todos necesitamos el poder de la Palabra de Dios de traer convicción. Sí, el Espíritu Santo es el que convence, pero su herramienta primordial son las Escrituras. Si tu pecado no te aflige, no habrá confesión ni arrepentimiento. Así funciona la convicción: *No puedes afligirte por lo que no has visto, no puedes confesar lo que no lamentas y no puedes arrepentirte de lo que no has confesado*. Nuestra liberación constante del pecado y el crecimiento hacia la madurez cristiana dependen de la obra del Espíritu Santo que da vista a nuestros ojos y produce congoja en nuestros corazones. Primera de Tesalonicenses 1:5 nos lo revela: "Pues nuestro evangelio no llegó a vosotros en palabras solamente, sino también en poder, en el Espíritu Santo y en plena certidumbre, como bien sabéis cuáles fuimos entre vosotros por amor de vosotros". No existe un solo día de nuestra vida en el que no necesitemos el Espíritu Santo que nos imparta con poder la Palabra de Dios para traer convicción, producir congoja y resultar en confesión. Padres, ustedes que llevan a cabo la dura tarea de la crianza necesitan el poder de convicción de la Palabra. Jefes, ustedes necesitan a diario el poder de la Palabra de Dios que saca a la luz lo que hay oculto en el corazón. Pastor, tú necesitas la Palabra de Dios para traer convicción a tu propia vida al igual que para capacitarte para tu ministerio. Estudiante, cuando enfrentes todas las responsabilidades y tentaciones de tu vida universitaria, necesitas este poder que transforma el corazón. En la forma de manejar nuestro dinero, administrar nuestro tiempo, cuidar nuestro cuerpo, usar nuestra mente, vivir nuestras relaciones y cumplir nuestras labores cotidianas, necesitamos la obra combinada de la Palabra y del Espíritu que trae convicción. El Espíritu Santo seguirá convenciéndonos de pecado hasta que este ya no exista, y la herramienta de la cual se sirve para hacerlo es tu Biblia.

La Palabra de Dios guía

¿Cuándo fue la última vez que necesitaste usar tu teléfono portátil como linterna, tal vez para buscar algo en el garaje, leer un menú en un restaurante con poca luz o buscar algo en el patio en la noche?[1] ¿Por qué la necesitaste? Tu respuesta probablemente incluye alguna alusión a *oscuro* o a *oscuridad*. Eres un pecador que vive con otros pecadores en un mundo caído y, por ende, todos los días encuentras oscuridad. Aunque disfrutes comidas campestres en días soleados dignos de una foto en Instagram, la realidad es que la vida se parece más a una caminata a medianoche por el bosque. En un día cualquiera, posiblemente encuentres más oscuridad que verdad, tanto interna como externa. De modo que, para avanzar sin peligro y llegar a tu destino, necesitas algo que ilumine tu camino.

Ningún pasaje bíblico expresa mejor esta necesidad y la provisión de Dios que el Salmo 119:105: "Lámpara es a mis pies tu palabra, y lumbrera a mi camino". Necesitas luz para tu matrimonio y la crianza de tus hijos. Necesitas luz para tu trabajo y tus relaciones con tus vecinos. Necesitas luz para tus luchas con los deseos y las tentaciones. Necesitas luz que te ayude a enfrentar lo inesperado. Necesitas luz para enfrentar las dificultades que se presenten. Necesitas luz cada vez que alguien peca contra ti. Necesitas luz para enfrentar las debilidades del cuerpo y las penas del corazón. Necesitas luz para aquellos momentos en los que estás solo y te sientes abrumado. Necesitas luz para todas las incógnitas que toquen a tu puerta mañana, pasado mañana y el resto de tu vida.

Es difícil encontrar una mejor descripción del Salmo 119:105 que el comentario de Charles Spurgeon, gran predicador del siglo XIX:

"Lámpara es a mis pies tu Palabra". Somos caminantes por la ciudad de este mundo, obligados muchas veces a atravesar su oscuridad;

---

1 Gran parte de esta sección apareció primero en mi artículo "A Lamp and a Light", sitio web de Paul Tripp, 11 de abril de 2018, www.paultripp.com.

nunca nos aventuremos allí sin la luz de la Palabra, no sea que nuestros pies resbalen. Cada hombre debe hacer uso de la Palabra de manera personal, práctica y constante, a fin de que pueda ver su camino y su situación a cada paso. Cuando la oscuridad se instala y me envuelve, la Palabra del Señor, cual antorcha encendida, alumbra mi camino. En la antigüedad, a falta de lámparas fijas en las ciudades de Oriente, cada viajero llevaba su propia linterna para evitar caer en una zanja de desagüe o tropezar con pilas de desechos que se acumulaban en la ruta. Esta es una imagen real de nuestro caminar por este mundo sombrío: si las Escrituras no alumbraran como llama resplandeciente nuestros pasos, no sabríamos cuál camino tomar ni cómo recorrerlo. Uno de los beneficios más prácticos de las Sagradas Escrituras es su guía en los actos cotidianos de la vida: no nos ha sido dada para deslumbrarnos con su resplandor, sino para guiarnos mediante su instrucción. Aunque ciertamente la cabeza necesita ser iluminada, más precisan los pies de dirección o, de lo contrario, tanto cabeza como pies acabarán en una zanja. Feliz el hombre que se apropia de la Palabra de Dios de un modo personal y la utiliza de manera práctica como su consuelo y consejera, una lámpara a sus pies.[2]

No tienes que sangrar por la nariz ni lastimarte los pies estrellándote con árboles y tropezando con sus raíces. No tienes que andar a tientas con temor en la oscuridad. ¡La luz del mundo te ha dado la luz de su Palabra! Ella alumbrará tus pies en medio de la oscuridad para que no tropieces ni caigas.

• • •

¿Cuál debería ser nuestra actitud y nuestra manera de pensar acerca del amoroso y esencial regalo que nos ha dado Dios en su Palabra? Ante todo, debemos acercarnos a las Escrituras con un sentir profundo y constante de necesidad. Esto significa que, cada vez que abrimos el libro,

---

2 Charles Haddon Spurgeon, *Treasury of David*, vol. 5, *Psalms 111–119* (Londres: Marshall Brothers, s.f.), 342, *Christian Classics Ethereal Library*, www.ccel.org.

oramos para que Dios nos conceda ojos para ver y un corazón dispuesto, tierno, humilde y abierto. También significa que no leemos la Palabra de Dios con una actitud casi de culpa, por simple deber u obligación cristiana. No. Abordamos nuestra lectura y estudio de la Biblia con un gozo sincero. ¿Cuál es el ADN del gozo? La respuesta a esta pregunta es importante: *gratitud*. Rara vez percibes gozo en una persona quejumbrosa. Estamos agradecidos por la Palabra de Dios porque en ella lo encontramos a Él, encontramos su gracia salvadora, encontramos sabiduría extraordinaria, encontramos dirección para nuestro diario vivir y encontramos esperanza para volver a empezar mañana. También debemos abordar la Palabra de Dios con compromiso. Debemos comprometernos a estudiarla, pero, más que eso, a someter nuestro corazón y nuestra mente a lo que encontramos en ella. Debemos tomar la determinación de combatir, en el poder de la gracia de Dios, cualquier reticencia en nosotros a su mensaje y su llamado. Por último, cada vez que encontramos la Palabra de Dios, pactamos con Dios que procuraremos aplicarla de manera fiel y específica a nuestra propia vida. Esto significa que nuestra vida devocional se traduce en vida práctica dondequiera que estamos y en todo aquello que decidimos, hablamos, hacemos y reaccionamos. Hacemos todo esto con corazones llenos de asombro porque Dios nos ame tanto que nos honre con un libro tan poderoso para comunicarnos vida y transformarnos.

Sin embargo, debes saber también que tu Biblia no te ofrece un manual para el manejo de cada cosa. No te da un libreto para manejar cada situación. No te dice exactamente qué decir a tu adolescente que quiere discutir todo a las 9:35 el martes por la noche o cómo comunicar exactamente el evangelio a tu colega de trabajo o qué decir exactamente a tu esposo desanimado. Permíteme ilustrar lo que las Escrituras te dan.

Me cautiva la espontaneidad del jazz, la forma en la que un grupo de músicos empiezan una pieza, pero luego tocan melodías y giros sobre el mismo tema que no están escritos en la partitura. El jazz es una forma de espontaneidad planeada. La razón por la cual estas melodías no degeneran en una disonancia caótica es la parte planeada que hace que el jazz funcione. Los intérpretes tienen la capacidad de despegar en trayectorias individuales de manera armónica porque todos concuerdan y subordinan su intervención a dos realidades fundamentales. Estas dos realidades hacen viable su individualidad y creatividad. La pieza con la que empezaron fue escrita en una tonalidad y en un compás o estructura rítmica determinados. Siempre y cuando ellos interpreten dentro del marco de esa estructura planeada, tienen la libertad de improvisar y ser creativos y a la vez mantenerse en armonía con el conjunto.

Tu Biblia no es exhaustiva en el sentido de hablar acerca de todo e incluir una partitura para cada acción, reacción o respuesta posibles. No obstante, la narrativa bíblica, con su ley y su evangelio, te brinda una tonalidad y una estructura rítmica para tu corazón y tu vida. Siempre y cuando te mantengas dentro de la estructura sabia y amorosa que Dios ha revelado, cuando improvisas (y tendrás que hacerlo) lo harás en hermosa armonía con Él. Dios no te ha dado una partitura para cada situación, pero te ha dado su ley, su sabiduría, su revelación de sí mismo, su plan para el mundo y su evangelio que estructuran la forma en que debes pensar y lo que debes desear en las situaciones y relaciones de tu vida cotidiana. Por ejemplo, Él te ha dicho que críes a tus hijos en "disciplina y amonestación del Señor" (Ef. 6:4), pero no te ha dicho exactamente qué decirle a tu hijo de siete años que protesta por todo el viernes en la mañana. Te ha dicho que ames a tu prójimo como a ti mismo, pero no ha dado la partitura para llevarte bien con ese colega ultracompetitivo. Te ha dicho que administres bien tus recursos, pero no te ha dicho si debes o no hacer una inversión particular.

La Biblia no dictamina cada nota que tengas que tocar a lo largo de toda tu vida, pero sí te da todo lo que necesitas para que puedas tocar en armonía con tu Salvador en cada área, y el hecho de que sea así constituye un regalo maravilloso de la gracia divina.

Mientras escribía este capítulo, mi esposa Luella me mostró una lectura devocional de Charles Spurgeon que había leído esa mañana, y me recomendó leerla. Cuando lo hice, supe de inmediato que debía ser el texto de cierre de este capítulo. Que la Palabra maravillosa de Dios obre en ti como dice Spurgeon.

"Mucha paz tienen los que aman tu ley, y no hay para ellos tropiezo" (Sal. 119:165).

Sí, un verdadero amor por el gran Libro nos traerá gran paz del gran Dios y será una gran protección para nosotros. Vivamos constantemente en la compañía de la ley del Señor y ella producirá en nuestros corazones un sosiego que nada más puede generar. El Espíritu Santo obra como Consolador a través de la Palabra y derrama en abundancia esas benignas influencias que calman las tempestades del alma.

Nada es piedra de tropiezo para el hombre en el que mora la Palabra de Dios en abundancia. Él toma su cruz diaria y se convierte para él en deleite. Está preparado para la tribulación de fuego y no la considera algo extraño, como para dejarse abatir por ella completamente. Tampoco tropieza con la prosperidad, como muchos, ni se deja aplastar por la adversidad, como sucede con otros, porque vive más allá de las circunstancias cambiantes de la vida externa. Cuando su Señor pone delante de él algún gran misterio de la fe que hace clamar a otros, "dura es esta palabra, ¿quién la puede oír?", el creyente la acepta sin dudar, porque sus limitaciones intelectuales quedan resueltas por su temor reverente a la ley del Señor, que es para él la autoridad suprema a la cual se inclina gozosamente. Señor, obra en nosotros este amor, esta paz, este descanso, en este día.[3]

3 Charles Haddon Spurgeon, *Faith's Checklist*, lectura del 9 de abril, *Spurgeon Archive*, archive .spurgeon.org/fcb/fcb-bod.htm.

3

La doctrina de Dios

SOLO HAY UN DIOS VERDADERO. Él es infinito en su ser y en perfección. Es invisible, no tiene cuerpo, partes o pasiones. Es inmutable, inmenso, eterno y excede la comprensión humana. Es todopoderoso, sabio y sumamente santo. Es completamente libre y absoluto, trabaja en todo conforme al consejo de su propia voluntad justa y para su propia gloria. Es incomparable en su amor, su gracia, su misericordia y su compasión. Es extraordinario en bondad y verdad, en perdonar la iniquidad, la transgresión y el pecado. Recompensa a quienes le buscan con diligencia. Es justo y temible en sus juicios. Aborrece el pecado y no deja impune al culpable.

Dios es la fuente de toda vida, gloria, bondad y bendición, en sí mismo y de Él mismo. Solo Él se basta a sí mismo, en sí mismo y para Él mismo. No necesita criatura alguna que Él ha creado ni deriva gloria de ellas. Antes bien, revela su gloria en ellas, por medio de ellas, hacia ellas y sobre ellas. Él es el único manantial de todo ser. Todas las cosas son de Él, por medio de Él y para Él. Él tiene el sumo soberano dominio sobre todas las cosas para hacer por medio de ellas, para ellas y con ellas todo lo que le plazca. Él ve todas las cosas y nada está oculto de Él. El conocimiento de Dios es infinito, infalible e independiente de todo lo que creó. Para Dios no hay azar ni incertidumbre. Todos sus propósitos, obras y mandamientos son santos. Él merece toda la adoración, el servicio y la obediencia que le place requerir de ángeles, seres humanos y todas las demás criaturas.

En la unidad de la Deidad hay tres personas de una sustancia, poder y eternidad: Dios el Padre, Dios el Hijo y Dios el Espíritu Santo. El Padre no es engendrado ni procede de nadie. El Hijo es eternamente engendrado del Padre. El Espíritu Santo procede eternamente del Padre y del Hijo. Véanse Génesis 17:1; Éxodo 3:14; 34:6-7; Deuteronomio 4:15-16; 6:4; 1 Reyes 8:27; Nehemías 9:23, 33; Job 22:2-3; Salmos 5:5-6; 90:2; 115:3; 119; 145:17; 148:13; Proverbios 16:4; Isaías 6:3; 46:10; 48:12; Jeremías 10:10; 23:23; Ezequiel 11:5; Daniel 4:25, 34-35; Nahúm 1:2-3; Malaquías 3:6; Mateo 28:19; Juan 1:14, 18; 4:24; 5:26; 14:11; 15:26; Hechos 15:17-18; Romanos 11:34-36; 1 Corintios 8:4, 6; 2 Corintios 13:14; Gálatas 4:6; 1 Timoteo 1:17; Hebreos 4:13; 11:6; 1 Juan 5:7; Apocalipsis 5:12-14.[1]

Cómo entender la doctrina de Dios

¿Cómo puede alguien leer el intento anterior de describir a Dios en su inmensurable gloria y no sentir sobrecogimiento y estupefacción?

Este es nuestro Dios. Es santo de todas las formas posibles, en todo lo que Él es y en todo lo que Él hace. Él es la fuente de todo lo que existe y no necesita nada de lo que existe. Su conocimiento de todo es siempre exacto y jamás necesita que le enseñen cosa alguna. Nunca nada lo toma por sorpresa, nunca está desprevenido, ni confundido ni angustiado. Nunca necesita descubrir algo y nunca requiere desaprender o volver a aprender nada. Lo que Él piensa, se propone, declara y hace es siempre justo y verdadero. Sus juicios nunca son errados, sesgados ni falsos.

Todo lo que existe depende de Él para existir. Solo Él se sienta en el trono del universo y gobierna conforme a su voluntad santa y absolutamente sabia. Su gobierno perfecto no depende de la instrucción ni del consejo de otros. Él hace lo que le place y lo que le place es siempre justo y lo mejor.

---

1   Paráfrasis del autor de la doctrina de Dios como aparece en apartes de la Confesión de Fe de Westminster, cap. 2.

Él es la fuente y la definición de bondad, amor, gracia, misericordia y perdón. Él es santo y justo y, al mismo tiempo, es paciente y tierno. Todos los buenos dones materiales y espirituales vienen de Él. Él odia el pecado, pero perdona a todos los que acuden a Él en confesión sincera.

Dios es una Trinidad compuesta por tres personas, pero todas de una sola sustancia: Dios Padre, Dios Hijo y Dios Espíritu Santo. No son designaciones de tres funciones, sino tres personas distintas. La Trinidad es la comunidad suprema que funciona en perfecta unidad y amor, sin desavenencias, conflictos ni desacuerdos.

Estoy aquí sentado en silencio delante de la luz de mi pantalla, pasmado frente a lo que acabo de escribir. Aunque las palabras son exactas, expanden tu mente y estimulan tu imaginación, se quedan cortas y no logran abarcar la inmensidad del ser y de la gloria de Dios. En mi corazón digo con el salmista: "¿Quién como Jehová nuestro Dios?" (Sal. 113:5). Es la pregunta retórica por excelencia que espera la respuesta contundente: "¡Nadie!". Nadie ha existido ni existirá jamás que se asemeje a Él en lo más mínimo. Existe una descomunal línea divisoria de santidad, poder, gloria, conocimiento, sabiduría, amor, gracia, justicia, soberanía y suficiencia entre el Creador y la criatura. La línea no puede ser cruzada y nunca será traspasada. Así que nos postramos en asombro, en sumisión, en dependencia, en adoración y en amor ante su formidable majestad.

Aunque fui criado en un hogar cristiano, el Dios que tenía en mente en mi juventud era una pseudodeidad reducida, muy ajena al Dios de la Biblia. Mi hermano Tedd venía a casa desde su universidad y empezaba a hablarme acerca del control absoluto de Dios sobre todas las cosas. Para mí era una pieza de la doctrina de Dios que nunca había oído ni entendido del modo que él la comunicaba. Nuestras conversaciones me dejaban desbordado de preguntas, herían mi orgullo y me causaban enojo. Durante una de nuestras discusiones me enojé tanto que me quité un zapato y se lo lancé. Uno o dos días después, él me trajo una Biblia de bolsillo y un rotulador amarillo y dijo: "Este verano lee toda la Biblia y marca todos los ejemplos en los que Dios gobierna sobre todo de manera soberana". Acepté el desafío, que no solo corrigió mi teología deficiente, sino que cambió el curso de mi vida. No solo me conmovió la imagen del gobierno absoluto de Dios, sino que me dejó pasmado su inestimable gloria.

Aunque pocos creyentes adolecen de un Dios demasiado grande, muchos adolecen de un Dios que tristemente es demasiado pequeño. Todos tenemos que cuidarnos de que nuestras limitaciones para concebir o imaginar restrinjan nuestra teología de Dios y su gloria. No podemos permitirnos abrazar una teología que encoja a Dios a un tamaño manejable. El problema es que cuando intentas comprender cualquier concepto o término, tu proceso de comprensión parte siempre de la óptica de tu propia experiencia. Si yo empleo el término *padre*, tú definirás ese término conforme a tu experiencia personal con tu propio padre, hasta que yo precise bien a qué me refiero. En lo que respecta a Dios, ninguna experiencia en mi vida es comparable a su persona y a lo que Él es en la pureza y la santidad, en el alcance de su gloria. A continuación, presentaré algunas ideas acerca de la gloria de la gloria de Dios.

La gloria de la gloria de Dios

Nunca olvidaré esa noche. Mi boleto me ubicó en primera fila y valió la pena. Nunca me impresionó más una composición musical como aquella noche en la que escuché a la Orquesta Sinfónica de Chicago. La música fue enérgica, premonitoria, evocadora, cautivante y gloriosa a la vez. Hubo momentos en los que deseé que la noche nunca terminara y momentos en los que quise ponerme de pie y salir corriendo del auditorio. Hubo momentos en los que la música me sacudía el pecho y momentos en los que me seducía con un susurro. Hubo momentos en los que el disfrute musical chocaba con el miedo musical en una bella disonancia. Cuando terminó el concierto me sentí a la vez triste y agotado. Quería más y a la vez sentía que había tenido suficiente. No sabía por qué ese concierto en particular me había afectado de tal modo hasta que miré el programa y leí la frase debajo del título de la obra. Decía: "Dios, la más formidable palabra que se haya pronunciado".[2]

Me había deleitado con el maravilloso intento de un talentoso compositor (cuyo nombre no logro recordar) por describir a Dios en toda

---

2   Esta sección es una adaptación de mi artículo "Why the Doctrine of Glory Matters", *Church Leaders*, 6 de septiembre de 2018, www.churchleaders.com.

su gloria sublime y con todos sus matices en una sola obra musical. En cierto modo fue un esfuerzo triunfal y en otro un fracaso rotundo y vergonzoso. El hecho de que un ser humano crea que puede captar la gloria de Dios en una sola manifestación artística es a lo más ilusorio y, en el peor de los casos, vano. Comprimir lo que es infinito en lo que es finito es infinitamente más absurdo que tratar de meter el cuerpo entero de un elefante en un dedal sin que quede nada por fuera. Eso no va a suceder sin importar cuán talentoso sea quien lo intente ni cuánto se esfuerce en lograrlo.

El compositor había hecho un trabajo admirable, pero con su obra prima había captado menos de una gota del inagotable océano que es la gloria de Dios. Me resultaría imposible enumerar todos los versículos que hablan de la gloria de Dios porque la gloria no funciona de esa manera. La gloria no es una cosa como un zapato, un filete de carne, una vela o una cabaña. Esos son objetos físicos que pueden describirse cuidadosamente con palabras que proyectan una imagen exacta en tu mente de aquello que se habla. Se puede hacer un dibujo o tomar una fotografía de un zapato y al verlos se puede saber lo que era, pero la gloria no es así. Ninguna imagen puede por sí sola captar la gloria. La gloria sencillamente no se puede retratar. La gloria no es tanto una cosa como una descripción de una cosa. La gloria no es una parte de Dios; es todo lo que Dios es. Cada aspecto de la persona de Dios y cada parte de lo que Dios hace es glorioso. Aun así, eso ni siquiera alcanza a ser una descripción de la gloria de Dios. Dios no solo es glorioso en todo, sino que su gloria es gloriosa.

Con todo, las Escrituras ponen la inmensidad de la gloria de Dios en la pequeñez del lenguaje humano a fin de que podamos, al menos, tener una idea de lo que es. Por ejemplo, el profeta Isaías, bajo la inspiración del Espíritu Santo en Isaías 40, despliega las posibilidades del lenguaje humano a fin de darnos un atisbo de la gloria de Dios: "¿Quién midió las aguas con el hueco de su mano…?". ¡Imagina cuánta agua podría caber en la palma de tu mano y luego piensa que Dios podría sostener todo el líquido del universo en su mano sin derramar una sola gota! "¿Quién… pesó los montes con balanza y con pesas los collados?… He aquí que las naciones le son [a Dios] como la gota de agua que cae del cubo… despliega [los cielos] como una tienda para morar" (Is. 40:12, 15, 22). Isaías emplea descripciones gráficas colosales para ayudarnos a entender un indicio de lo glorioso que es Dios. Con todo, estas mismas descripciones llamativas y útiles se quedan completamente cortas a la hora de captar la majestuosa gloria de Dios.

No podemos entender por completo la gloria de Dios a partir de algunos pasajes porque la razón por la cual la gloria es gloria es porque escapa y desafía esa clase de descripción y definición. Puedes decir, por supuesto, que Dios es glorioso, porque tu Biblia lo declara, pero no puedes describir con palabras, de manera precisa y completa, la gloria que declaran las Escrituras. Tal vez el único modo factible de entender algo de la grandeza de la gloria de Dios sea leer toda la Palabra de Dios una y otra vez, buscando en ella su gloria divina. ¿Por qué? Porque la gloria de Dios no está oculta en su Palabra; no, su gloria es tan grande que está presente en cada página de su libro.

Cuando la Biblia habla de la gloria de Dios, ¿a qué se refiere? *La gloria de Dios es la grandeza, la belleza y la perfección de todo lo que Él es.* En todo lo que Él es, Dios sobrepasa en su grandeza cualquier descripción humana. Cada atributo y cada acto de Dios es absolutamente hermoso en todo sentido. Dios es totalmente perfecto en todo lo que es y en todo lo que hace. A esto nos referimos cuando hablamos de la gloria de Dios. Es la realidad asombrosa de que existe alguien en el universo que es, en todo, el más grandioso, el más hermoso y el más perfecto. Él es gloriosamente grande, gloriosamente hermoso y gloriosamente perfecto. No hay nadie como Él, no tiene par y con nadie se le puede comparar. Él es el gran Otro, en una categoría propia que excede nuestra capacidad de cálculo, de comprensión o descripción. Cada parte de Dios es gloriosa en todas las formas posibles. Él es glorioso; nada más se puede agregar. Y, puesto que Dios es glorioso en todas las formas posibles, solo Él se levanta en este vasto universo como el único que es digno de la adoración, la entrega y el amor de cada corazón humano.

La guerra por la gloria

Debemos entender que, puesto que Dios es glorioso, la vida es una gran guerra por la gloria.

Dios nos ha configurado a todos para la gloria. Somos seres humanos orientados a la gloria. Nos atraen las cosas gloriosas, ya sea una obra de teatro emocionante, una obra musical cautivadora o una comida extraordinaria. Dios nos creó con esta orientación hacia la gloria incorporada con el propósito de que esta nos lleve a Él. Puesto que somos seres orientados a la gloria, nuestra vida siempre va a guiarse por la búsqueda de algún tipo de gloria. ¿Qué gloria ha cautivado tu corazón aquí y ahora y cómo determina tu forma de responder a las situaciones, lugares y relaciones en tu vida?

El pecado nos convierte a todos en ladrones de gloria. Aunque Dios nos creó para vivir vidas impulsadas por la gloria de Dios, el pecado nos lleva a vivir para nosotros mismos (2 Co. 5:14-15). El pecado nos convierte a todos en ladrones de gloria. Exigimos ser el centro de nuestro mundo, un lugar que debería ser para Dios y solo para Él. Nos atribuimos el mérito por aquello que solo Dios podría hacer. Queremos ser soberanos y queremos ser adorados. Establecemos nuestra propia ley y castigamos a las personas que se interponen en nuestro camino e infringen nuestras normas. Nos convencemos a nosotros mismos de que tenemos privilegios que realmente no nos corresponden. Nos quejamos cuando no logramos obtener todo lo que queremos. Al vivir para nuestra propia gloria, robamos la gloria que solo le pertenece a Dios.

Solo la gloria de Dios puede satisfacer el hambre de gloria en nuestros corazones. Todos experimentamos en nuestro interior el hambre de gloria. En cierto modo, todo lo que pensamos, deseamos, elegimos, hacemos y decimos lo hacemos por buscar gloria. Aunque todos queremos en nuestra vida aquello que es glorioso, este apetito nunca va a satisfacerse por medio de las cosas creadas. Si pudieras experimentar las situaciones, los lugares, las relaciones, las experiencias, los logros o las posesiones más gloriosas en la vida, aún así tu corazón no estaría satisfecho. La creación no tiene la capacidad de traer contentamiento a nuestro corazón. El propósito de la creación no es satisfacer nuestros corazones, sino dirigirnos a la gloria de Aquel que sí puede saciar nuestra hambre y, a al saciar nuestra hambre, dar paz y descanso a nuestro corazón.

Solo la gracia de Dios tiene el poder para ganar la guerra de gloria que se libra en nuestros corazones. Esta guerra de gloria no se libra por fuera de nosotros, sino en nuestro interior. En el corazón de cada pecador reside una profunda y constante deslealtad en lo que concierne a la gloria. Todos tenemos la tendencia constante a recaer en nuestra propia gloria. Lo hacemos porque para un pecador es más natural vivir para la gloria de uno mismo que reconocer y vivir para la gloria de Dios. Nos creemos la mentira de que las cosas creadas e imperfectas pueden hacer lo que solo puede hacer la perfección de la gloria de Dios. En nuestro engaño nos convencemos a nosotros mismos de que realmente podemos satisfacer nuestra sed bebiendo de pozos secos. De modo que nuestra única esperanza es que este Dios de gloria invada nuestra vida y nos rescate del robo que es buscar nuestra propia gloria. Por eso Jesús tuvo que venir a la tierra, para vivir una vida justa por nosotros, morir por nuestro robo y resucitar derrotando el pecado y la muerte. En su asombrosa gracia, Jesús estuvo dispuesto a venir en una misión de rescate de la gloria y, gracias a esto, hay esperanza para nosotros de librarnos al fin de nuestra propia gloria y vivir para siempre a la luz de la gloria de Dios que sí satisface.

Solo existe un ser en el universo que es supremo en gloria, supremo en grandeza, supremo en belleza y supremo en perfección, y Él es todas estas cosas en todo lo que es y en todo lo que hace. Dios no tiene discrepancias de gloria ni tiene rival de gloria. Todo viene de Él, todo lo que existe sigue existiendo por medio de Él y todo es hecho para Él (Ro. 11:36). Él es la estrella deslumbrante y brillante en el centro de la eternidad, de la historia, de la realidad física, de la realidad espiritual, de lo presente y lo por venir. Toda la vida se encuentra en Él. Vivir a la luz de la gloria de Dios no se trata solo de ser espiritual. Se trata de recuperar nuestra humanidad, porque esa es la vida para la cual ha sido diseñado cada ser humano. Tal vez la visión de Dios en 1 Crónicas 29 es lo que debería cautivar los pensamientos de nuestra mente y la imaginación de nuestro corazón cada día, seamos hombre o mujer, niño o adulto, joven o viejo, soltero o casado, rico o pobre, cualquiera sea nuestra raza o etnia y sin importar dónde vivimos y trabajamos. Escribe este pasaje en una tarjeta y pégala en el espejo donde te miras cada mañana.

Asimismo se alegró mucho el rey David, y bendijo a Jehová delante
de toda la congregación; y dijo David: Bendito seas tú, oh Jehová,

Dios de Israel nuestro padre, desde el siglo y hasta el siglo. Tuya es, oh Jehová, la magnificencia y el poder, la gloria, la victoria y el honor; porque todas las cosas que están en los cielos y en la tierra son tuyas. Tuyo, oh Jehová, es el reino, y tú eres excelso sobre todos. Las riquezas y la gloria proceden de ti, y tú dominas sobre todo; en tu mano está la fuerza y el poder, y en tu mano el hacer grande y el dar poder a todos. Ahora pues, Dios nuestro, nosotros alabamos y loamos tu glorioso nombre (1 Cr. 29:10-13).

Ahora, vuelve al principio de este capítulo y lee de nuevo la descripción de la majestad de Dios. Dedica tiempo para que el asombro de Él cautive una vez más los pensamientos, los deseos y las emociones de tu corazón. Y luego salta de gozo porque, por la gracia, estás conectado a este Dios admirable.

4

Dios en la vida diaria

MUCHO SE PUEDE Y CONVIENE decir acerca de lo que significa vivir a la luz de la existencia y de la gloria de Dios. Lo más sublime que puede contemplar tu mente es su existencia. Quizás por ello las primeras palabras de la Biblia, "en el principio, Dios", no son solo las cuatro palabras más importantes de la Biblia, sino también las cuatro palabras más importantes que se hayan escrito, examinado, estudiado, escudriñado y explicado. Puesto que la existencia de Dios es tan fundamental, todos tienen una posición al respecto y todos viven dentro de su marco conceptual acerca de ella. No existe un lugar donde la existencia de Dios no afecte y determine tu manera de vivir. No existe un sistema filosófico, científico, psicológico, político, sociológico, educativo o un pasatiempo que no se defina por si se cree o no en la existencia de Dios y la idea que se tiene acerca de quién es Él. La manera en que tratas a tus hijos, a tu pareja, a tu vecino, a tus colegas de trabajo, a tu jefe, a tus padres, tu actitud frente a tus labores cotidianas, a las alegrías y las desilusiones de la vida, tus finanzas, tu cuerpo, tu sexualidad, tu educación, tu identidad, tu significado y propósito, la vida y la muerte, todo será moldeado de alguna manera por tu visión de Dios. Para ningún ser humano en ningún lugar es posible vivir una vida carente de Dios como referencia.

Esta orientación está integrada en nuestra humanidad, por lo que es importante consagrar tiempo a pensar acerca de lo que significa vivir la creencia de que Dios realmente existe y que Él es la persona que dice ser en su Palabra. Así pues, permíteme delinear algunas implicaciones de esta verdad fundamental. No he organizado los apartes siguientes en ningún orden de importancia porque todos son igualmente importantes.

Cuatro maneras de responder a la existencia de Dios

Cuando hablamos acerca de cómo las personas responden a la pregunta de la existencia de Dios, por lo general las ubicamos en dos categorías: las que creen en Dios y las que no. Sin embargo, cuanto más te acercas al plano común en el que todos vivimos, nos relacionamos y trabajamos, estas categorías resultan tristemente inadecuadas. Quisiera proponerte ampliar las categorías.

Primero están las personas que niegan la existencia de Dios. El Salmo 14 dice que cualquier persona que dice en su corazón que no hay Dios es un necio. Y Romanos 1 explica por qué. Dios ha hecho su existencia tan evidente en su creación que es preciso negar la evidencia que tienes cada día por delante a fin de defender tu negación. Como señalaré en el punto siguiente, la revelación de Dios en la creación está a disposición de todos y frente a los ojos de todos sin importar quiénes sean ni dónde vivan. Aún así, a causa del poder de la ceguera espiritual y del engaño del pecado, las personas no solo protestan contra la existencia de Dios, sino que también irrespetan y se burlan de quienes creen que Él existe.

Es necesario ser consciente de que quienes creemos en la existencia de Dios y nos esforzamos por vivir a la luz de ella estamos, por lo general, al margen y no en el centro de las posiciones de influencia en nuestra cultura. Aunque no debemos vivir en desánimo ni derrota porque el plan santo de Dios sigue adelante, sí debemos ser conscientes de la narrativa distorsionada de la realidad que repiten sin cesar las personas que han cerrado su mente a la realidad primordial de la existencia humana, que es la existencia de Dios. Esto no significa que debamos aislarnos en una cámara de resonancia monacal. Por la gracia común de Dios, las personas que niegan su existencia aún pueden hacer aportes maravillosos a nuestra vida. Y Dios nos ha llamado a vivir "en" el mundo al tiempo que no somos "del" mundo. Estamos llamados a ser como una ciudad asentada sobre un monte que es imposible no ver en la noche. Así pues, esto significa que debemos vivir con una mente bíblica y teológicamente informada y comprometida. No podemos ser la luz que estamos llamados a ser si en vez de estar "en" la cultura que nos rodea nos volvemos "de" ella.

Padres, este es un punto importante para ustedes. Tus hijos en el sistema de educación pública y en la universidad serán educados por maestros brillantes y talentosos que conocen bien sus materias, pero que en su mayoría piensan que hemos evolucionado al punto de que podemos prescindir de los principios no probados de la religión antigua. Esto significa que estos expertos no pueden ofrecer a tu hijo una visión precisa del universo ni un sentido exacto de quiénes son ni de lo que deberían hacer, sin importar lo bien que sepan comunicar los hechos relativos a sus materias. Tus hijos serán entretenidos por sistemas que poco se interesan en la existencia de Dios y rara vez ceden lugares de influencia a aquellos que sí se ocupan de ella. Tienes una responsabilidad mayor de interactuar desde una perspectiva bíblica con los contenidos que aprenden tus hijos en la escuela y que consumen en las plataformas mediáticas populares.

Una segunda categoría de personas responde a la existencia de Dios afirmando que, aunque creen en el concepto de "dios", al parecer no les interesa conocerlo y su "creencia" no cambia en nada su manera de vivir. Tristemente, hay millones de personas en esta categoría. En realidad, no creen en Dios, sino en el concepto de "dios". Por lo general, estas personas no tienen algo parecido a una vida espiritual ni algún tipo de amor o adoración de Dios. Su dios es distante, impersonal, desapegado, indiferente, apático, inactivo, carente de poder o autoridad. Sea cual sea el concepto que tienen de Dios, dista por completo del Dios que describen las Escrituras.

Es importante entender que muchas personas que afirman creer en "dios" no son, conforme a la descripción bíblica, personas de fe. Su creencia en "dios" es, a lo sumo, una función de su mente, pero no una transacción de su corazón que transforma la vida. Estas personas aparecen en las encuestas como parte del porcentaje de personas que creen en Dios, pero no se aparecerían en un culto dominical, y mucho menos ofrecerían sus vidas en un servicio gozoso y obediente a Dios.

El tercer grupo de personas cree en el Dios de la Biblia y, en consecuencia, han acudido a Dios en confesión, rendición y adoración. Estudian las Escrituras para poder conocer mejor a Dios y servirlo con mayor profundidad y coherencia. No piensan en Dios como un concepto filosófico abstracto, sino como un ser divino con quien tienen una relación gracias a la vida justa y el sacrificio aceptable de Jesús.

Una persona que ejerce una fe bíblica en el Dios que revelan las Escrituras busca aplicar la verdad de Dios a cada área de su vida. Busca vivir en pos de Dios, vivir para la gloria de Dios y vivir en dependencia de su gracia que rescata, perdona, transforma y libera. Se goza en agradar al Señor y se entristece cuando quebranta sus mandamientos. Disfruta vivir en comunión con otros creyentes y busca maneras de ser un instrumento de la gloria de Dios en las vidas de otros.

Si yo pudiera sentarme contigo y ver un vídeo de tus últimas seis semanas en casa, en tus clases, en tu trabajo, con amigos y vecinos y en tu tiempo libre, ¿llegaría a la conclusión de que encajas bien con la descripción del tercer grupo?

Hay una última categoría de respuesta a la existencia de Dios. Confieso que esta categoría me incluye y, supongo, también a quienes leen este libro. No existe nada más importante, central, cautivador y formativo que mi creencia en y mi relación con mi Salvador y Señor. Él no solo es el centro de mi cosmovisión, sino la fuente de toda mi esperanza en esta vida y en la vida venidera. Si pudieras ver el vídeo de mi vida te darías cuenta de la forma en que mi creencia en Dios y mi relación con Él me motivan y dirigen cada día. Lo amo con todo mi corazón y todo lo que hago se desprende de mi adoración a Él... aunque no siempre.

Este "no siempre" alude a una categoría a la que, en cierto sentido o de algún modo, en tanto que el pecado viva en nuestro interior, pertenecemos todos los creyentes. Es la categoría del ateísmo práctico. No, no me refiero al rechazo filosófico o teológico de la existencia de Dios. A lo que me refiero aquí es a los momentos en los que pensamos, deseamos, hablamos o actuamos como si Dios no existiera. Puede ser el momento en el que hacemos trampa en un examen o cedemos a la murmuración. Puede ser un momento cuando damos lugar a la lujuria o buscamos ser el centro de atención acaparando el mérito por algo. Puede ser comprar algo que no necesitamos y por ello nos quedamos sin dinero para aportar a la obra del reino de Dios. Puede ser tratar mal a tu esposa o hacerle exigencias egoístas a tu esposo. Puede ser un momento cuando decides que la aceptación de tus amigos es más importante que obedecer a tus padres. Puede ser permitirte arrebatos de ira contra los niños a quienes fuiste llamado a criar con paciencia y fidelidad. O puede ser un instante de agresividad al volante o enojo contra un colega de trabajo. Tal vez sea una circunstancia en la que, en sentido funcional, adoras algo creado más que al Creador. Aunque no haya incoherencias en nuestra teología de Dios, todos tenemos contradicciones funcionales en la manera en que vivimos dicha teología en los lugares, las situaciones y las relaciones de nuestra cotidianidad.

El ateísmo práctico no es principalmente una función de la mente; es, en el fondo, una batalla del corazón. Una estrofa del maravilloso himno antiguo "Fuente de la vida eterna" expresa esta idea.

De la gracia cada día y sin remedio soy deudor;
que cual lazo ligue a ti hoy este errante corazón.
Se inclina bien, lo sé mi Dios, a alejarse de tu amor:
tuyo es, aquí lo tienes, pon tu sello sobre mí.[1]

Todos necesitamos confesar esta lucha y clamar pidiendo la gracia protectora, rescatadora y habilitadora para que quienes profesamos haber entregado nuestra vida a creer en la existencia, la gloria, el poder y la gracia del Dios de la Biblia seamos cada vez menos el centro de todo y actuemos menos como si Él no existiera. También es importante tener corazones dispuestos a confesar nuestros momentos de ateísmo práctico cada vez que Dios, en su gracia, nos redarguye y los revela. ¿En qué áreas eres propenso a actuar, reaccionar o responder como si Dios no existiera?

---

1   Robert Robinson, "Come Thou Fount of Every Blessing" ["Fuente de la vida eterna"], 1758, en *Trinity Hymnal* (Suwanee, GA: Great Commissions Publications, 1990), n.º 457.

Vemos la belleza de la gracia de Dios en su revelación de sí mismo en la creación

> Los cielos cuentan la gloria de Dios,
> Y el firmamento anuncia la obra de sus manos.
> Un día emite palabra a otro día,
> Y una noche a otra noche declara sabiduría.
> No hay lenguaje, ni palabras,
> Ni es oída su voz.
> Por toda la tierra salió su voz,
> Y hasta el extremo del mundo sus palabras (Sal. 19:1-4).

Es asombroso pensar que nuestro Señor, que es ilimitado en amor y generoso en su gracia, diseñara a propósito el mundo físico creado no solo para señalarlo a Él, sino para revelar su carácter. No es casual que la creación entera sea un gran dedo que señala a Dios. Este mensaje de la existencia y de la gloria de Dios es tan omnipresente e ineludible que no es una exageración decir que Dios es literalmente el entorno en el que todos en la tierra se despiertan y viven cada día. Este mensaje abarca cada período de la historia humana, cada lugar sobre el planeta, cada grupo racial y étnico. Está presente en jóvenes y viejos, hombres y mujeres, ricos y pobres. Es visible a los ojos de todo el mundo y habla el lenguaje de todos. La revelación de Dios en la creación no discrimina a ninguno. Las personas morales e inmorales la ven. Los rebeldes y los obedientes la ven. Los orgullosos y los humildes se despiertan a su mensaje cada mañana.

No debe pasar desapercibido que Dios, quien nos creó a su imagen y nos hizo para gozar de una relación de amor y adoración con Él, diseñara el ambiente en el que vivimos como un recordatorio constante de Él. El mundo creado está repleto de gloria. Luella y yo vimos una vez un documental sobre elefantes y quedamos maravillados ante la cultura de esos animales que comprendimos por primera vez. Ese despliegue impresionante es solo una ventana que revela la gloria de Dios. Hay tanta gloria creada por ser vista que es imposible captarla toda.

La ves en las dunas de arena en Dubai y en los exuberantes valles verdes de Nueva Zelanda. Ves su gloria en la tundra congelada de los polos y en las densas selvas amazónicas. La ves en las incansables alas de un colibrí y en la pesada marcha del elefante. Ves su gloria en el calor radiante del sol y en el titilante cielo de la noche. La ves en la multitud de rostros en las calles de Nueva York y en la soberbia de los leones de la sabana africana. La escuchas en el ritmo de las olas del mar y en el susurro del viento entre los árboles. Ves su gloria cuando el agua hierve y la hueles en una carne bien asada. La ves en el paso de las estaciones y en la regularidad de la mañana y de la noche. Peces, aves y flores no paran de señalar a Dios. El parque de tu localidad, tu mascota favorita y el jardín de la casa son dedos que apuntan hacia Él. Hay un despliegue de gloria de veinticuatro horas, los siete días de la semana, gratuito y a disposición de todos.

¿Por qué haría Dios esto? Lo hizo porque Él no solo es un creador glorioso, sino también glorioso en gracia. Él nos creó de tal modo que pudiéramos conocerlo, servirlo, amarlo y adorarlo en todo lo que hacemos. Él sabía que el pecado desviaría la mirada de nuestros ojos y apartaría la lealtad de nuestro corazón, de modo que hizo su presencia inevitablemente visible. Él no exige que nosotros merezcamos este mensaje. Él se revela de manera libre para que nosotros lo reconozcamos, lo busquemos, confiemos en Él y vivamos para servirle. No se trata solamente de una misión de revelación, sino de una misión de rescate. El mensaje de la creación no excluye a nadie y deja a todos sin excusa.

Como ves, este poderoso mensaje de la creación significa que, conforme al plan de Dios, es más natural reconocerle que negarle. Esto significa que la adoración no es una respuesta de unos pocos seres humanos espirituales, sino que debería ser la respuesta natural de todas las personas frente al despliegue de gloria que nos saluda cada día, por doquiera que miramos. El hecho de que este no es el caso en la mayoría de las personas nos recuerda una vez más el poder cegador del pecado. Si puedes mirar la creación con todo su despliegue de gloria y no ves a Dios, eres un ser humano profundamente ciego y en gran desventaja.

En esto hay un llamado para todos nosotros. Es un llamado a los padres, a los esposos y a las esposas, a los amigos y vecinos, a los trabajadores y jefes, a los estudiantes y maestros a que busquen maneras de funcionar como un instrumento que ayude a ver a otros. Padres, una de las luchas más aterradoras que enfrentas en tus hijos es la nociva capacidad que tienen de ver el mundo que les rodea y no ver a Dios. Si no ven a Dios se ungirán a ellos mismos como su propio dios y se convertirán en el centro de su vida. Entonces resistirán tu crianza y no te permitirán que los prepares para vivir en el mundo de Dios a la manera de Dios. Habla con tu vecino acerca del Dios que está detrás de las rosas y el atardecer. Cuenta a tus amigos que cada vez que vas al parque y caminas por el bosque piensas en Aquel que lo creó todo. Haz todo lo posible por dar a los ciegos ojos para ver y ora para que, cuando empiecen a ver a Dios, lo busquen.

Por último, recuerda con humildad que tú también necesitas este despliegue diario de gloria porque tienes un corazón propenso a desviarse. A veces pasan días sin pensar en Dios y, al estar ausente de tus pensamientos, te vuelves propenso a tomar tu vida en tus propias manos, a hacer tu propia voluntad y no la suya. Expresa tu gratitud por la gracia de este despliegue diario y ora para que te dé ojos abiertos y un corazón que recuerde. Toma la determinación de no arrancar una flor, hervir un huevo, mirar por la ventana, acariciar al perro o hacer puré de patatas sin detenerte un momento a adorar, y luego pide la gracia para perseverar en ello.

La respuesta más humilde es reconocer la existencia de Dios

Las primeras cuatro palabras de la Biblia, "En el principio Dios" (NBLA), nos ponen en nuestro lugar. Nosotros no empezamos las cosas, no las controlamos, el mundo no funciona conforme a nuestros planes, no sabemos lo que va a suceder y no sabríamos quiénes somos ni lo que se supone que deberíamos hacer si no fuera por el Creador. Nunca seremos el centro de todo y no hay mayor delirio que actuar como si lo fuéramos. Cada parte de nuestra condición de criaturas está definida por límites. Tenemos límites de sabiduría y entendimiento, límites de fortaleza y capacidad, límites físicos y espirituales de toda índole.

Solo Dios está por encima de todo y conoce todo. Solo Dios planea y controla todo. Solo Dios no tiene límites en su sabiduría, justicia y fuerza. Solo Dios es capaz de asegurarnos que su voluntad se hará siempre. Solo Dios tiene el derecho y el entendimiento para establecer las reglas según las cuales viven sus criaturas. Aunque somos hechos a su imagen, somos pequeños, débiles y menesterosos. De modo que necesitamos una buena teología bíblica centrada en Dios que nos haga humildes, que nos ponga en nuestro lugar. Inclínate ante el trono del Dios todopoderoso y déjate estremecer por su gloria. El orgullo se desmorona ante el trono del Dios todopoderoso (cf. Is. 6:1-6).

La santidad de Dios descubre lo impíos que somos.

El poder soberano de Dios saca a la luz nuestras debilidades.

La soberanía de Dios evidencia lo poco que en realidad podemos controlar.

La omnisciencia de Dios nos confronta con los límites de nuestro conocimiento y entendimiento.

El amor de Dios revela cuán faltos de amor podemos ser.

La fidelidad de Dios confronta nuestro corazón errante.

La gracia de Dios deja ver cuán críticos y poco perdonadores somos muchas veces.

La paciencia de Dios evidencia nuestra irritabilidad e impaciencia.

La justicia de Dios revela nuestro pecado.

Ser humilde no es ponerse una fachada artificial de desprecio por uno mismo. No, la humildad es estar dispuesto a reconocer quién eres. Solo es posible tener una imagen acertada de ti mismo cuando te examinas a la luz de la santidad y la gloria de Dios.

Este es el problema: mientras el pecado siga siendo un problema para nosotros, el orgullo también lo será. En el origen de cada pecado hay orgullo. El orgullo no solo es querer hacer las cosas a tu manera, sino convencerte a ti mismo de que tu manera es mejor que la manera de Dios. Es pensar, al menos por un momento, que eres más listo que Dios. Orgullo es atribuirse el mérito por algo que nunca habrías podido lograr o producir por ti solo. Es llamarte a ti mismo más justo de lo que eres y, por ende, no buscar la ayuda ni la protección de la gracia de Dios. El orgullo te lleva a ser crítico e impaciente con aquellos a quienes consideras menos justos que tú. El orgullo antepone tu placer a los placeres de Dios. Es estar tan seguro de tu conocimiento teológico y bíblico que resistes la instrucción y el consejo.

Orgullo es esperar y exigir de otros aquello que tú mismo no estás dispuesto a hacer. El orgullo canjea constantemente el llamado y los mandamientos de Dios por algo que es instantáneo, cómodo y placentero para ti. La persona orgullosa ansía ser reconocida, vista, recibir reconocimiento y atención. El orgullo nos lleva a usar a las personas a quienes estamos llamados a servir. Una persona orgullosa se aferra a las ofensas y encuentra razones para no perdonar. Dado que una persona orgullosa considera que está bien, no tiene por costumbre clamar a Dios cada día para pedir su gracia rescatadora. El orgullo nunca producirá una buena cosecha.

La triste ruptura, discordia y disfunción que existen en la sociedad humana son parte de la cosecha tenebrosa de los corazones orgullosos. Es la humildad la que nos acerca a Dios. Es la humildad la que nos lleva a reconocer y confesar nuestros pecados. Es la humildad la que nos mueve a amar la ley de Dios. Es la humildad la que nos hace pacientes y perdonadores. Es la humildad la que incorpora la comunión con Dios a nuestras ocupaciones diarias. Es la humildad la que nos envía como representantes de la santa misión redentora de Dios. Es la humildad la que nos hace agentes de la justicia y la misericordia de Dios. Solo bajo la luz resplandeciente de la existencia y de la gloria de Dios puedes verte a ti mismo como eres realmente. Reconocer la existencia de Dios y su inestimable gloria nos hace humildes y nos lleva a implorar su gracia perdonadora, transformadora y liberadora.

Es importante entender lo que significa creer en Dios

Señalé anteriormente que muchas personas que dicen creer en Dios no creen en Él en el sentido bíblico de lo que significa *creer*. Hebreos 11:6 define dos aspectos esenciales de la fe verdadera: "Pero sin fe es imposible agradar a Dios; porque es necesario que el que se acerca a Dios crea que le hay, y que es galardonador de los que le buscan".

En primer lugar, la fe se somete a la revelación de Dios de su existencia y de su carácter y la confirma. Hechos 17:22-31 explica lo que significa creer en la existencia de Dios. Pablo se dirige a los filósofos atenienses que piensan que Él es incognoscible. La respuesta de Pablo a este argumento es declarar quién es Dios como Creador, Señor y Salvador. Creer que Dios existe significa reconocer y adorar a Dios como tu Creador, tu Señor y tu Salvador. Explicaré más adelante las implicaciones de estos compromisos de fe. Sin embargo, debo decir que es imposible profesar que se cree en Dios si no se reconocen estos tres aspectos de su revelación de sí mismo.

Sin embargo, existe un segundo aspecto de la fe bíblica verdadera que expresa la segunda mitad de Hebreos 11:6: "y que es galardonador de los que le buscan". La fe nunca es un mero asunto mental. Es siempre una transacción de un corazón dispuesto y sumiso que altera la forma de asumir cada área de la vida. El corazón de fe realmente cree que la manera de Dios es la manera correcta y la mejor. Cree que hay bendición en seguir a Dios sin importar el costo. La fe cree que la obediencia es su propia recompensa porque protege de la amarga cosecha del pecado. La fe produce una necesidad de Dios que significa que realmente se ora sin cesar. De modo que si la fe en Dios no vive donde yo vivo cada día, si no altera la forma como vivo en mi residencia universitaria, en mi casa, en mi trabajo, en mi barrio, en mi iglesia, en el centro comercial, cuando estoy a solas y nadie me ve y dondequiera que vivo, entonces no es la clase de fe en Dios que describe su Palabra.

Quienquiera que seas, dondequiera que estés o con quienquiera que vivas, ya seas joven o viejo, lo que crees verdaderamente se refleja en tu manera de vivir. En cuanto a mí, esta verdad me lleva a implorar la ayuda y el rescate de la gracia de Dios. ¿Y qué de ti? Es mi anhelo que cada área de nuestra vida pinte un bello cuadro de lo que significa creer en Dios.

El hecho de que Dios aborrece el pecado nos consuela

¿Cuál es tu respuesta cuando en tu lectura bíblica encuentras pasajes como este? "Abominación es a Jehová el camino del impío; mas él ama al que sigue justicia" (Pr. 15:9). ¿Cómo respondes a las muchas advertencias de juicio divino contra aquellos que pecan contra Dios? ¿Qué significa para ti que Dios aborrece el pecado?

Quiero señalar algo que consuela bellamente a quienes están dispuestos a reconocer que no cumplen la medida de justicia de Dios en esto que podría resultar aterrador. Hay un consuelo tierno, duradero y esperanzador en el hecho de que el pecado ofende a Dios todo el tiempo y en todas sus formas. No desearías vivir en un mundo cuyo soberano no odie el pecado. Si Dios no odiara el pecado no tendríamos esperanza de justicia y misericordia, ni una norma de lo bueno y lo malo que nos guiara y protegiera. Si Dios no odiara el pecado, el mal reinaría sin oposición. El odio de Dios por el pecado es lo que lo lleva a restringir el mal a nivel personal y colectivo. Sin esta restricción no podríamos salir de casa de manera segura, ni conducir el auto, ni sostener relaciones o hacer negocios. El hecho de que el robo y la violencia no son la experiencia constante de cada día de nuestra vida evidencia que Aquel que se sienta en el trono del universo odia el pecado. El odio que siente Dios por el pecado hace vivible nuestra existencia.

Sin embargo, hay más. Es el odio de Dios por el pecado lo que llevó a Jesús a la cruz. En la cruz, la ira de Dios contra el pecado se entrecruzó con su gracia. Porque Dios odia el pecado, Él no quiso dejar a los portadores de su imagen en este mundo en su condición arruinada por el pecado. En su justicia santa actuó para reparar el daño que el pecado había causado. En lugar de condenación y juicio generalizados, Él derramó su gracia al enviar a su Hijo para que fuera el sacrificio expiatorio por nuestros pecados. Si Dios no odiara el pecado no habría cruz, y si no hubiera cruz no habría perdón, ni restauración de nuestra relación con Él, ni esperanza de una gracia transformadora. Sin gracia transformadora, no habría esperanza de cambio para el corazón y la vida de cada individuo. Todas las bendiciones de la gracia nos han sido dadas porque Dios odia el pecado y ama la rectitud. Gracias a que Dios odia el pecado, Él envió a su Hijo para que llevara nuestro pecado y así pudiéramos ser llamados justicia de Dios (2 Co. 5:21).

Uno de los resultados más preciados del odio de Dios por el pecado es la esperanza de la restauración final de todas las cosas y nuestro lugar en los nuevos cielos y en la nueva tierra donde morará para siempre la justicia. Debido a que el odio de Dios por el pecado es completo e inflexible, Él no quedará satisfecho hasta que quede al fin erradicado por completo de cada manera y en cada lugar, junto con todo el daño que causó. Gracias a que Dios odia el pecado, como hijo suyo serás invitado al funeral del pecado y a vivir para siempre en un mundo que en nada se parece a lo que hemos conocido hasta ahora o somos capaces de concebir; es decir, un mundo donde el pecado nunca más existirá.

Puesto que hay un dulce consuelo en saber que Dios odia el pecado, ¿no convendría que tú, dondequiera que te encuentres y sean cuales sean tus responsabilidades cotidianas o relaciones, odies también el pecado?

Es importante entender que Dios no cambia

En sentido literal, tú y yo no tenemos constantes en nuestra vida. Nosotros y todo lo que nos rodea estamos en un estado constante de cambio. Nada permanece igual. Para nosotros el cambio es la constante. Es una parte esencial de nuestra experiencia cotidiana. Gran parte de la impredecibilidad de nuestra vida y de la ansiedad que resulta provienen del hecho de que vivimos en un mundo en constante cambio. El estado constante de nuestro cuerpo es de cambio. Nuestras emociones varían ampliamente y cambian de manera constante. Las cosas físicas que nos rodean siempre están cambiando. Las cosas se deterioran, se gastan y se rompen. El hecho de que las personas cambian todo el tiempo a menudo hace nuestras relaciones confusas y difíciles.

Como todos los padres, Luella y yo experimentamos nuestra medida de frustración. Justo cuando nos sentíamos cómodos criando a nuestros hijos en cierta etapa de desarrollo, pasaban a otra. Aunque no en un sentido teológico, las iglesias a las que asistimos cambian, sus líderes cambian, su ubicación cambia y la congregación siempre está cambiando. El gobierno y la economía existen en un estado constante de cambio. Los valores de una cultura cambian y con ellos los estilos de vida de las personas, la moral pública, la educación y el entretenimiento. Las tecnologías a nuestro alrededor cambian con tal rapidez que resulta casi imposible mantenerse actualizado. Y conforme pasamos por las etapas de la vida, nuestras oportunidades, responsabilidades y tentaciones diarias mutan y cambian.

Dado que estamos cambiando constantemente y que todo a nuestro alrededor también cambia, todos buscamos alguna roca de constancia o estabilidad en la vida. A todos nos gustaría engancharnos a algo que nos garantice que va a permanecer igual sin importar las circunstancias. Lo sepamos o no, los seres humanos estamos en la búsqueda constante de aquello que es inmutable.

En vista de que el cambio continuo es la realidad segura en la que todos vivimos, nos resulta difícil comprender que Dios no cambia y asimilar las gloriosas implicaciones de esta verdad. Permíteme empezar a explicarlo de la siguiente manera. Dios no es como nosotros: Él no tiene pasado, presente ni futuro. Él existe en un eterno presente. Él siempre es quien es. Él es quien siempre ha sido y será siempre quien ha sido. Por ende, Dios nunca se transforma, nunca necesita nada y nunca aprende nada. Dios no tiene esperanzas ni sueños, desilusiones ni reproches. No hace suposiciones ni conjeturas. Su carácter y sus propósitos son inmutables. Él nunca se convertirá en algo diferente de lo que fue. Dios solo será por siempre el que es eternamente.

¿Por qué es importante esto? Es importante porque la seguridad de todo lo que creemos descansa en el hecho de que nuestro Dios no cambia. Nada condensa de modo más directo este punto que Malaquías 3:6: "Porque yo Jehová no cambio; por esto, hijos de Jacob, no habéis sido consumidos". Como puedes ver, al igual que en el caso de los hijos de Jacob, si nuestra relación con Dios y nuestra inclusión continua en su gran plan redentor dependiera de *nuestra* fidelidad constante, estaríamos perdidos. Nuestros corazones inconstantes no alteran su propósito amoroso. Nuestro Dios inmutable es difícil de comprender porque, en nuestra experiencia, el cambio es una parte normal y prevista de la vida. Sin embargo, la verdad de la inmutabilidad de Dios es una gloriosa gloria para todos aquellos que han puesto su confianza en Él.

El hecho de que Él te ha dicho "yo el Señor no cambio" es la razón por la cual puedes levantarte en la mañana y volver a buscar oportunidades para ser instrumento de su gracia en la vida de tus hijos, a pesar de que la labor sea exigente y muchas veces desalentadora. Es la razón por la cual puedes ser paciente y perdonador con tu cónyuge a pesar de que haya momentos en los que te sientes tentado a darte por vencido y marcharte. Es la razón que te infunde valor para permanecer firme en Cristo en tu universidad, incluso en momentos en los que te malentienden o se burlan de ti. Es la razón por la cual escudriñas su Palabra aun en las mañanas cuando estás cansado y tienes por delante una agenda apretada.

"Yo el Señor no cambio" es lo que te impulsa a amar a ese vecino que pareciera estar buscando pelea. Es lo que te lleva a correr hacia Dios y no lejos de Él cuando enfrentas tentaciones sexuales o financieras. Es lo que te da una razón para acudir a Él en confesión humilde cuando te has apartado de su voluntad. "Yo el Señor no cambio" es la roca sobre la cual descansa cada consuelo y cada llamado de tu vida como cristiano.

Permíteme darte un último ejemplo de cuán asombroso y extraordinariamente alentador es este aspecto de la doctrina bíblica de Dios. Geerhardus Vos describe gráficamente el prodigio de esta verdad de un modo que expande la imaginación. En su comentario acerca de las palabras de Dios en Jeremías 31:3, "con amor eterno te he amado", Vos escribió: "La mejor prueba de que Él nunca va a dejar de amarnos es que Él nunca tuvo principio".[2] Si Dios te ama eternamente nunca hubo un momento en el que ese amor haya empezado, de modo que nunca habrá un momento en el que ese amor termine. Es un amor eterno y permanente. Nunca ha existido un momento en el tiempo en el que Dios no nos haya amado. Él nos ha amado eternamente. Él siempre nos ha amado y siempre nos amará.

> Sea que lo creas o lo sientas, o no,
> Dios te ama eternamente.
> Cuando la duda te asedia,
> Dios te ama eternamente.
> Cuando sus promesas parecen ausentes y Él parece distante,
> Dios te ama eternamente.
> Cuando su Palabra parece árida y te cuesta aplicarla a tu vida,
> Dios te ama eternamente.
> Cuando te sientes solo e incomprendido,
> Dios te ama eternamente.
> En tu mejor día y en el peor y más oscuro,
> Dios te ama eternamente.
> Cuando el orgullo aplasta la gratitud,
> Dios te ama eternamente.
> Cuando lo sigues con un corazón lleno del valor de la fe,
> Dios te ama eternamente.

---

2 Geerhardus Vos, *Redemptive History and Biblical Interpretation*, ed. Richard B. Gaffin (Phillipsburg, NJ: P&R, 2001), 298.

Tu propio amor no es tu fundamento, sino el amor eterno de Dios. Vive en esta esperanza.

· · ·

Me incomodan los límites que me impone un solo capítulo para delinear las implicaciones de la gloriosa gloria de la existencia y la naturaleza de Dios. Te he presentado una breve lista de las implicaciones de la realidad por excelencia que rige la existencia humana: la existencia de Dios. Sin embargo, se necesitarían volúmenes completos para agotar el tema de lo que significa creer en Dios. Cualquier tarea en la que puedas ejercitar y ocupar tu mente palidece por completo frente a la importancia de dedicar tus capacidades mentales a meditar en la doctrina de Dios. Esta doctrina es el intérprete supremo de todo lo que existe. Es la única forma válida de entender tu identidad. Provee la única vía fiable de responder preguntas de significado y propósito. Es lo único que puede darte seguridad moral. Y esta doctrina es la única manera de vivir con un gozo inquebrantable y paz en el corazón.

Quiero, pues, terminar este capítulo meditando en lo que significa vivir en pos de Dios. Podrían escribirse muchos libros acerca de la vida orientada a Dios y de cómo funciona en todas las situaciones, relaciones y lugares de nuestra cotidianidad. En vista de esta realidad, quiero concentrarme en un aspecto esencial de la vida en pos de Dios. Puedes empezar cada día de un modo que te dirija en una trayectoria hacia Él.

Afina tu corazón a diario

Te animo a que sintonices tu corazón cada mañana con la existencia y con la asombrosa gloria de Dios. Una orquesta de talla mundial no empieza un concierto con la primera nota de la sinfonía que tiene al frente. No, empieza con la afinación de los diferentes grupos de instrumentos hasta que cada músico está listo para tocar en armonía con los demás. Si quieres vivir una vida de adoración, sumisión, obediencia, celebración, dependencia, descanso y servicio en armonía con el Dios de gloria que está sentado en el trono del universo, es vital que afines tu corazón cada mañana.

Afinar tu corazón para vivir en armonía con tu Hacedor es más que cumplir con tu lectura obligatoria de la Biblia acompañada de una dosis de oración. El proceso de afinar tu corazón empieza con admitir cuán desafinada puede estar tu vida en relación con Dios. Se inicia cuando reconoces que puedes perder de vista el evangelio en tu mente en alguna situación muy emotiva, ante la presión de los compromisos cotidianos, el miedo o la tentación. Cuando pierdes de vista el evangelio, aunque sea por un momento, tomas tu vida en tus propias manos y actúas como si Dios no existiera. Recuerda que una orquesta no afina una sola vez cada tres meses, sino antes de cada concierto y sin falta. Dado que mi corazón es por naturaleza distraído e inconstante, si he de vivir en armonía con el Señor de gloria es importante que yo empiece mi día afinando mi corazón con el suyo. Necesito invertir el tiempo que sea necesario para hacerlo.

Me temo que muchos de nosotros simplemente no nos tomamos el tiempo suficiente para algo más que una breve lectura devocional y una oración que repasa las necesidades del día. Esto significa que afinar nuestro corazón nos exige a muchos levantarnos más temprano de lo usual. Soy consciente de que si tienes hijos o un trabajo exigente, si cumples con ambas labores simultáneamente o si vives solo sin alguien que te ayude con las labores cotidianas, te acuestas cansado y quieres dormir todo lo que sea posible. Sé lo que es levantarse cansado. Sin embargo, creo que descubrirás que lo que te aconsejo no solo será satisfactorio espiritualmente, sino que te proporcionará más energía. Nada se compara a empezar tu día con un corazón lleno de la presencia y de la gloria del Señor y del gozo y el valor que te infunden. Permíteme sugerir cómo puedes afinar tu corazón con el Dios que describe tu teología.

Contempla. Sigue el ejemplo de David en el Salmo 27. Corre al "templo" y contempla la belleza del Señor. Dedica tiempo cada mañana a uno de esos pasajes maravillosos de las Escrituras que te muestra la gloria de la gloria de Dios. Con ello evitas, por la costumbre o el hábito, dar por sentado aquello que alguna vez inspiró en ti asombro. Permite que tu corazón vea de nuevo y se asombre de nuevo, mañana tras mañana. Es como una buena pintura; cada vez que la observas, ves algo de manera más completa, ves algo diferente o ves el todo como nunca antes lo habías visto.

Estudia. Necesitas tiempo no solo para leer tu Biblia, sino también para estudiarla. Necesitas desentrañarla, despedazarla, reflexionar sobre lo que lees una y otra vez y meditar en sus implicaciones. Necesitas herramientas para el estudio de la Biblia que te ayuden a entender y poner en práctica lo que has leído. Esta es mi recomendación para cuando estudias: busca a tu Señor de gloria en las páginas de su Palabra. ¿Qué aprendes acerca de su carácter, de sus propósitos y de su gloria? No basta con llegar a conocer la Palabra de Dios; el objetivo del estudio de la Biblia es llegar a conocer, amar, adorar y servir al Dios de la Palabra. Tu Biblia es una narrativa de su gloria. Él es el protagonista de la historia. Empieza cada día encontrándolo a Él en su historia.

Adora. Resiste la inclinación a dejar que tu estudio de Dios en su Palabra se convierta en un mero ejercicio intelectual y académico. Recuerda que el conocimiento bíblico y la sana comprensión teológica nunca son fines en sí mismos, sino medios para un fin, y el fin es la transformación de tu corazón. Todo el propósito de la revelación de Dios en su Palabra es que los corazones idólatras sean rescatados por medio de la gracia salvadora y transformadora y se conviertan en corazones entregados a la adoración de Dios. Empieza cada día inclinándote en adoración y asombro delante del gran "Yo soy". Háblale con alabanza por quién es Él y con gratitud por lo que Él ha hecho. Derrota cada mañana los ídolos de tu corazón adorando al único que es digno de tu adoración.

Entrega. Cada mañana entrega de manera consciente tu corazón y todo en tu vida al Señor. Entrégale el señorío de tu personalidad, de tu forma de pensar, de tu vida emocional, de tu espiritualidad, de tu vida física y de tu sexualidad. Deposita sobre su altar tus relaciones, tu dinero, tu tiempo y tu energía, tus esperanzas y sueños para que Él los use. Abre tus manos y entrégale tu casa, tu auto, tu ropero y tu colección de bienes materiales para que sirvan a su reino y su gloria. Confiesa que el día anterior volviste a tomar cosas que antes le habías ofrecido. Recuerda que la entrega que no es específica en términos de tiempo, persona, lugar y cosa no constituye una entrega verdadera.

Examina. A la luz de la santa gloria de Dios, examínate de nuevo. Solo verás tu corazón y tu vida con claridad cuando los examines a la luz escrutadora de su santidad. ¿Dónde te has desviado de su gloria para buscar el placer pasajero de las glorias del yo? ¿En qué has permitido, ya sea en tus pensamientos, deseos, palabras y acciones, cosas que te apartan de una vida enfocada en su gloria y en el servicio a su llamado?

Confiesa. Conforme examinas tu corazón a la luz de la gloria de Dios, habla palabras humildes y sinceras de confesión. Exprésate con humildad ante el Señor, sin excusas, sin culpar a otros y sin alegar que puedes salvarte a ti mismo. Mañana tras mañana, añade a tu sacrificio de alabanza el sacrificio de la confesión. Es imposible imaginar, como habitantes de un mundo caído sin estar exentos por completo de pecar, que alguna mañana no tengamos algo que debamos confesar. Empieza cada mañana saliendo de tu escondite, quitando de tus hombros la carga de pecado que llevas y entregándola al Señor, y entonces alégrate en su gracia perdonadora y restauradora.

Clama. Reconoce que los mayores peligros espirituales no se encuentran por fuera de ti sino en tu interior. Clama a tu glorioso Señor pidiendo la única cosa que, sin importar cuán maduro seas espiritualmente, eres incapaz de hacer por ti mismo, es decir, pídele que te rescate de *ti* mismo. Implora su gracia que abre los ojos, que convence, que redarguye, que trae confesión, que rescata. Empieza tu día con una confesión de pobreza espiritual y de tu necesidad de Aquel que es rico en gracia.

Celebra. Quienes hemos llegado a conocer al Señor de gloria y hemos experimentado la expansión de su gracia deberíamos ser las personas que más festejan sobre la tierra. Celebra no porque eres saludable, exitoso, agradable y próspero, sino porque el Señor de gloria existe y se ha convertido en tu Padre por la gracia. En lugar de comenzar tu día quejándote por lo que la jornada te depare, empiézalo saltando de gozo porque el Rey de reyes te ha recibido en su familia para siempre.

Repite. Temo que muchos hacemos compromisos espirituales que al final no perduran. Toma la determinación de incluir en tu agenda matutina el hábito de afinar tu corazón y ora pidiendo la gracia que te faculta para perseverar en ello en el largo plazo. No te permitas tener un sótano lleno de viejos compromisos espirituales, como los aparatos para hacer ejercicio cubiertos de polvo que rememoran propósitos abandonados. Ora pidiendo la ayuda divina para cultivar de por vida el hábito de afinar tu corazón con la gloria de Dios.

. . .

La doctrina que hemos estudiado en este capítulo te lleva no solo al corazón de tu espiritualidad sino a la esencia de tu humanidad. Aquel de quien habla esta doctrina es Aquel que te creó y para quien fuiste creado. No existe algo más importante a lo que puedas consagrar tu mente que la teología de Dios como fue revelada en su Palabra. Es mi anhelo que esta teología esté presente en cada habitación de tu casa y en tus lugares de trabajo y de recreo. Que guíe tus amistades, tu matrimonio y la crianza de tus hijos. Que determine la manera en que vives en tu aula, en tu sala de juntas o en tu bodega. Que gobierne lo que haces con tu televisor, tu teléfono portátil, tu tableta y tu computadora. Que marque el sendero para que corran tus pensamientos y fije vallados que protejan tus deseos. Que la doctrina de Dios marque tus momentos más públicos y los más privados. Que produzca los más profundos remordimientos y las más altas alegrías. Que satisfaga tu corazón anhelante y te brinde el descanso que nada más puede ofrecer. Y que puedas gloriarte en la gloriosa gloria de Dios no solo hoy y mañana, sino todos los días que te llevarán sin falta a tu destino final en los nuevos cielos y en la nueva tierra para gozar de comunión eterna con la Gloria.

5

La doctrina de la santidad de Dios

SOLO HAY UN DIOS VIVO y verdadero. Él es infinito en su ser y perfección, un espíritu sumamente puro. Dios es santo en todos sus propósitos, en todas sus obras y en todos sus mandatos. Él merece toda la adoración, el servicio y la obediencia que le place requerir de ángeles, de personas y de cualquier otra criatura. Véanse Éxodo 15:11; Levítico 19:2; 1 Samuel 2:2; Job 6:10; Salmos 22:3; 71:22; 77:13; 89:35; 99:5; Isaías 5:16; 6:3; 40:25; 43:15; 57:15; Amós 4:2; Habacuc 1:13; Lucas 1:49; Juan 17:11; 1 Pedro 1:15-16; Apocalipsis 4:8; 15:4.[1]

Cómo entender la doctrina de la santidad de Dios

Todos los niños tienen una gran capacidad de imaginar. Es lo que hace que el mundo infantil sea sorprendente, divertido, cautivador y maravilloso. Mi nieta demuestra esta capacidad cada vez que estamos juntos. Ella cuidadosamente me prepara té y un emparedado, aunque en realidad la taza está vacía y el plato también. Eso no impide que ella pueda ver ambas

---

1 Paráfrasis del autor de la doctrina de Dios como aparece en apartes de la Confesión de Fe de Westminster, cap. 2.

cosas, y se pone feliz cuando le digo que es una gran cocinera. Esto es lo que hace que la vida de un niño sea tan interesante. Lamentablemente, a medida que crecemos y nos volvemos adultos y las preocupaciones reales acerca de las relaciones, el empleo, las finanzas, la dieta y demás saturan y controlan nuestra mente, nuestra capacidad de imaginar disminuye.[2]

En los asuntos de la fe, la imaginación es importante. Cuando de fe se trata, *la imaginación no es la capacidad de inventar algo que no es real, sino la capacidad para percibir lo que es real pero invisible*. Cuando el centro de tu sistema religioso es la entrega de tu vida a un Dios a quien no puedes ver, tocar ni oír, la imaginación es muy importante. Ahora bien, a fin de habilitarte para esto, Dios ha hecho dos cosas por ti. Primero, te ha dado un sistema doble de visión. No solo eres capaz de ver cosas físicas con tus ojos físicos, sino que tienes otro tipo de ojos: los ojos del corazón. Dios te ha dado este tipo de ojos para que puedas "ver" el mundo invisible de la realidad espiritual. El problema es que el pecado que nos contamina a todos nos vuelve a todos ciegos espiritualmente. Los ojos de nuestro corazón no logran ver lo que necesitamos ver. De modo que Dios nos bendice con el ministerio del Espíritu Santo que arroja luz, da vista y abre los ojos a fin de que podamos "ver" lo que no puede verse con el ojo físico, aunque sea tan real como lo otro.

Es crucial entender todo esto antes de empezar a examinar la doctrina de la santidad. ¿Por qué? Porque lo que estamos a punto de tratar depende del ministerio esclarecedor del Espíritu de Dios que abre los ojos de nuestro corazón para ver. Es algo tan ajeno a nuestra experiencia normal que no existen comparaciones ni categorías que nos ayuden a entenderlo.

Si eres creyente y conoces algo de la Biblia, sabes que sin falta ella declara que Dios es santo. En el momento de su llamado, el profeta Isaías recibe una visión del Señor sentado en su trono con un serafín a cada lado, y escucha a uno de ellos decirle al otro: "Santo, santo, santo, Jehová de los ejércitos; toda la tierra está llena de su gloria" (Is. 6:3). Toma nota de la fuerza de esta declaración. No bastó decir "Dios es santo". No, el serafín tuvo que decir *santo* tres veces para expresar la profundidad y la amplitud

---

2 Gran parte de este capítulo apareció primero en mi artículo "The Doctrine of Holiness", sitio web de Paul Tripp, 10 de septiembre de 2018, www.paultripp.com.

de la santidad de Dios. Es como si yo te dijera: "Vi a este hombre en el juego de pelota, ¡y era enorme, enorme, enorme!". Sabrías de inmediato que no se trataba de un hombre simplemente de gran talla. Sabrías que este hombre es el más grande que haya visto jamás. "Santo, santo, santo" tiene como propósito expandir los límites de nuestra imaginación. Sea lo que sea que signifique declarar que Dios es santo, debes saber que Él pertenece a una categoría completamente diferente de santidad; Él es mucho más santo de lo que jamás hayas concebido que podría ser la santidad.

Sin embargo, la expresión "santo, santo, santo" no fue suficiente para el serafín cuando intentó expresar la santidad de Dios. Él añade: "Toda la tierra está llena de su gloria". ¿Qué tan grande es la santidad de este Dios? Es lo bastante grande para llenar la tierra entera. Estas palabras fueron escritas bajo la inspiración del Espíritu Santo para llevar nuestra imaginación más allá de lo que ha llegado antes. Fueron escritas para dejarte deslumbrado con la idea de que Dios no se parece a nada de lo que hayas conocido antes. Se proponen ubicarte en una posición de humildad al darte cuenta de que Dios es fundamentalmente diferente de ti. Buscan ayudarte a entender que en este caso se trata de alguien distinto a todas las personas que hayas encontrado antes. Él es santo, santo, santo, gloriosamente santo. Y Él llena la tierra entera. Él es santo como nada ni nadie ha sido jamás llamado santo. Él es la suma y la definición de lo que significa ser santo. Comparado con Dios, nada de lo que existe es santo. Él es santo, santo, santo.

Detente y ora para que los ojos de tu corazón sean abiertos y para que, de algún modo, logres ver un atisbo de la imponente grandeza de su santidad. ¿Por qué? Porque ver su santidad te cambiará y cambiará para siempre tu manera de vivir. Explicaré en breve cómo.

¿Qué significa declarar, como hizo el serafín, que Dios es santo? La palabra traducida "santo" en Isaías 6:3 viene de la palabra hebrea *cadósh*, que significa "separado". En primer lugar, ser santo significa ser apartado o separado de todo lo demás. Es pertenecer a una categoría aparte, distinta de todo lo demás que haya existido jamás o que pueda existir jamás. Dios está separado y es diferente como nadie más lo es. Nada existe que pueda compararse a Dios. No podemos decir que Dios es como x, porque no existe nada en el universo que sea semejante a Él. También entendemos las cosas comparándolas con una norma. En los deportes, por ejemplo, hay medidas con las cuales evaluamos la capacidad de un deportista. En cambio, no existe una medida con la cual podamos medir a Dios. Él está por encima de todo, Él es quien crea las medidas con las cuales son medidas sus criaturas. Quedamos cortos en palabras para describir su santidad y aun las palabras parecen insuficientes. Dios es el gran Otro, separado, único y diferente de todo cuanto existe.

En segundo lugar, ser santo significa ser completamente puro, todo el tiempo y de todas las formas posibles. Dios es tan absolutamente puro que es distinto y opuesto a todo y a todas las personas que existen. Dios pertenece a una categoría moral que nunca hemos encontrado antes. Él ocupa un espacio moral que nadie ha ocupado jamás. Dios es en su esencia algo que nunca hemos visto ni experimentado antes. Él es santo. No tenemos experiencia alguna ni marco de referencia alguno para entender cómo es Él porque no hay nada que se asemeje a Él.

Sin embargo, hay más. La santidad de Dios no es un *aspecto* de lo que Él es. No, la santidad de Dios es la *esencia* de lo que Él es. Si preguntaras: "¿Cómo se revela la santidad de Dios?", la única respuesta válida sería: "En todo lo que Él hace". Todo lo que Dios piensa, desea, habla y hace es absolutamente santo en todo sentido. Él es santo en cada atributo y en cada acción. Él es santo en justicia. Él es santo en amor. Él es santo en misericordia. Él es santo en poder. Él es santo en soberanía. Él es santo en sabiduría. Él es santo en paciencia. Él es santo en enojo. Él es santo en gracia. Él es santo en fidelidad. Él es santo en compasión. Él es santo incluso en su santidad; eso es lo que Él es. Éxodo 15:11 pregunta:

¿Quién como tú, oh Jehová, entre los dioses?
¿Quién como tú, magnífico en santidad,
Terrible en maravillosas hazañas, hacedor de prodigios?

Y 1 Samuel 2:2 declara:

No hay santo como Jehová;
Porque no hay ninguno fuera de ti,
Y no hay refugio como el Dios nuestro.

No obstante, ¿por qué es esta doctrina tan fundamental en su importancia? La santidad de Dios es el eje de la gran narrativa del evangelio de Jesucristo. Sin la santidad de Dios no habría ley moral que hiciera a cada ser humano responsable. Sin la santidad de Dios no habría ira divina contra el pecado. Sin la santidad de Dios no habría un Hijo perfecto que fuera enviado como un sacrificio aceptable por el pecado. Sin la santidad de Dios no existiría la victoria de la resurrección. Sin la santidad de Dios no habría derrota definitiva del pecado y de Satanás. Sin la santidad de Dios no habría esperanza de nuevos cielos y de nueva tierra donde la santidad reine en y sobre nosotros para siempre. La historia bíblica no sería la historia bíblica si no estuviera escrita y controlada a cada paso por Aquel que es santo todo el tiempo y en todas las maneras posibles.

Cualquier explicación de la santidad de Dios debe llevarnos a buscar y a celebrar su gracia. Es por su gracia que sabemos que nuestro Señor es santo. Es por su gracia que somos aceptados y no rechazados por Él. Es por su gracia que nos consuela su reinado santo, porque por la gracia no es solo por su gloria sino por nuestro bien. Es por su gracia que nos volvemos conscientes de la gravedad del pecado que nos contamina a todos. Es por gracia que corremos a Dios en busca de ayuda y no lejos de Él con temor. Es por gracia que Dios envió a su Hijo perfecto como sacrificio perfecto por personas imperfectas. Es por la gracia que opera en nosotros que experimentamos tanto la convicción de pecado como el deseo de vivir vidas santas. Y es por la gracia que hemos sido invitados a vivir en la santa presencia de Dios por siempre. R. C. Sproul lo expresó de esta forma:

Cuando entendemos el carácter de Dios, cuando captamos algo de su santidad, comenzamos a entender el carácter radical de nuestro pecado e incapacidad. Los pecadores incapaces solo pueden sobrevivir por gracia. Nuestra fuerza es inútil en sí misma; somos espiritualmente incapaces sin la ayuda de un Dios misericordioso. Puede que nos desagrade prestarle atención a la ira y a la justicia de Dios, pero a menos que nos inclinemos a estos aspectos de la naturaleza de Dios, nunca apreciaremos lo que nos ha sido otorgado por la gracia. Incluso el sermón de Edwards sobre los pecadores en las manos de Dios no fue diseñado para enfatizar las llamas del infierno. El rotundo énfasis no es sobre el foso ardiente, sino sobre las manos del Dios que nos sostiene y nos rescata de él. Las manos de Dios son manos de gracia. Solo ellas tienen el poder de rescatarnos de una destrucción segura.[3]

La santidad de Dios diezma nuestra autonomía y autosuficiencia y nos conduce al Salvador, el único capaz, por su vida y su muerte, de unir pecadores a un Dios santo. Dios nos revela su santidad no como una advertencia para que huyamos de Él en terror eterno, sino como una bienvenida para que corramos a Él, allí donde los pecadores débiles y fracasados encuentran siempre la gracia que perdura para siempre.

Cuando terminaba de escribir esta sección empecé a sentir algo de tristeza. Es imposible hacerle justicia a la majestad de la gloria de Dios dentro de los límites del lenguaje humano. Mi escrito me llevó a reflexionar en el triste hecho de que esta realidad tan supremamente impresionante de la vida, una realidad que influye en mi manera de pensar acerca de todo, no solo no me llene siempre de asombro, sino que a veces yo la pase por alto. Tal vez una ilustración sirva para explicar mi tristeza.

Dondequiera que vayas en Dubai verás el Burj Khalifa, el edificio más alto del mundo. Hay rascacielos impresionantes por todo Dubai, pero el Burj Khalifa se alza sobre todos ellos con una gloria majestuosa. Eclipsa los edificios que de otra manera nos dejarían boquiabiertos. Cuando recorres Dubai ves todos esos edificios y te preguntas una y otra vez: "¿Cómo lograron construir eso?". Con todo, el Burj Khalifa es de una magnitud sin par.

En una sofocante mañana en Dubai, salí del auto y empecé a caminar hacia este espectacular logro arquitectónico. Incluso desde lejos es difícil alzar la cabeza lo suficiente para ver hasta la punta. Cuanto más me acercaba, más imponente y asombrosa me parecía la estructura. Cuando caminaba ni se me ocurrió pensar en los otros edificios en Dubai que antes me habían impresionado. Por extraordinarios que fueran simplemente no eran equiparables a la deslumbrante grandeza arquitectónica y la perfección de este. Aunque hacía mucho calor me detuve varias veces

<hr>

3   R. C. Sproul, *The Holiness of God*, ed. 25 aniv. (Sanford, FL: Ligonier Ministries, 2010), 221.

a lo largo del recorrido para contemplarlo, tomar fotografías y comentar lo que veía.

Cuando llegué por fin a la base del Burj Khalifa me sentí increíblemente pequeño, como una hormiga junto a un poste de luz. Entré en un ascensor que parecía sacado del futuro y, en cuestión de segundos, llegué al piso 125. No era el último piso, pues el acceso al último estaba cerrado a los visitantes. Cuando me acerqué a las ventanas para hacerme una idea de lo alto que estaba y para divisar la ciudad de Dubai, de inmediato comenté lo pequeños que se veían los otros edificios. Esos edificios "pequeños" eran rascacielos que en cualquier otra ciudad habrían sido edificios que desearías visitar. Se veían pequeños, insignificantes, indignos de atención, mucho menos de admiración. Después de experimentar lo más grandioso, todo lo que antes me había impresionado quedaba reducido a su justa perspectiva.

Esta anécdota ayuda a ilustrar la tristeza que sentí después de escribir acerca de la santidad de Dios. Gracias a la revelación de Dios en las Escrituras he podido gustar de las alturas de su gloriosa perfección. He podido meditar en lo que significa la verdadera perfección de la santidad. He podido comprobar que no existe perfección que se compare a la perfección de Dios. No hay santidad tan santa como la santidad de Dios. Si te dispones a contemplar su santidad te sentirás increíblemente pequeño, y lo que antes te impresionaba y te resultaba inevitable admirar ya no logra hacerlo. A nivel espiritual nos conviene estimar nuestra propia grandeza al punto de que quede eclipsada por la gloria divina. Aún así, esto es lo que me entristece: no siempre vivo con el rascacielos de la santidad de Dios delante de mis ojos. No siempre miro todo en la vida desde las alturas de esa perspectiva. Y cuando eso sucede, no solo hago otras cosas que parecen más grandes y más impresionantes de lo que son realmente, sino que me resultan llamativas cosas que no son santas.

Mi oración por ti y por mí es que, cuando se trata de la santidad de Dios, nuestra perspectiva sea la de aquella mañana en Dubai de pie junto al Burj Khalifa divisando desde sus alturas todo lo demás abajo. Me sentí agradecido por el privilegio de aquella experiencia en el Burj Khalifa; cuánto más privilegiado debería sentirme porque por la gracia no solo he visto la santa gloria de Dios, sino que tengo un vínculo eterno con el Dios santo. Mi oración es que nuestro asombro ante las alturas de la santidad de Dios no sean una experiencia momentánea o esporádica, seguida de olvido en un corazón distante. Mi oración por ti y por mí es que esta verdad pueda asirse de nosotros y nunca soltarnos, que nos dé la perspectiva justa de todo lo demás y ponga en el lugar que le corresponde todo aquello que alguna vez acaparó nuestra atención. Que Dios en su misericordia haga esta obra en ti y en mí.

6

La santidad de Dios
en la vida diaria

¿QUÉ SIGNIFICA VIVIR cada día reconociendo constantemente la santidad de Dios en las situaciones que vives y en los lugares que ocupas? ¿Cómo permitir que esta doctrina defina las áreas importantes de tu vida como las amistades, la carrera, el matrimonio, la crianza de los hijos, la sexualidad, las finanzas, la vida civil, la educación, el ocio, el entretenimiento y la vida eclesial? ¿Qué significa permitir que esta verdad cautive tu corazón y configure así tus anhelos más profundos, tus motivaciones más influyentes, la manera en que tomas decisiones, las cosas que dices y las acciones que emprendes? ¿Cómo se extrae esta verdad de los pasillos de las facultades teológicas a tu vida privada con todos sus sucesos? Lo que presento a continuación es una lista inicial. Mi oración es que despierte en ti un deseo de entender lo que significaría en la práctica llevar esta asombrosa verdad a cada aspecto de tu vida.

1. La santidad de Dios debe ser el eje del sentido de tu vida. Ya seas amo de casa, ejecutivo, pastor, plomero, granjero, diseñador o profesor, en cualquier caso, eres teólogo. Constantemente tienes conversaciones contigo mismo acerca de lo que es verdadero y lo que es falso. Eres portador de presupuestos y conclusiones teológicas que, seas o no consciente de ellos, se convierten en la base de las decisiones que tomas y las acciones que emprendes. Todo el tiempo todas las personas en todas partes viven de manera teológica. No me refiero aquí a tu vida religiosa más formal. Hablo de la realidad de que tu manera de vivir tu vida está dictada por aquello que has concluido que es verdad. La santidad de Dios debe ser el eje de lo que has concluido como verdad; de lo contrario, no entenderás correctamente el universo ni tu propia vida, y no vivirás de la manera en la que fuiste diseñado para vivir.

Lo que cautivó al profeta Isaías debe cautivarte a ti también:

En el año que murió el rey Uzías vi yo al Señor sentado sobre un trono alto y sublime, y sus faldas llenaban el templo. Por encima de él había serafines; cada uno tenía seis alas; con dos cubrían sus rostros, con dos cubrían sus pies, y con dos volaban. Y el uno al otro daba voces, diciendo: Santo, santo, santo, Jehová de los ejércitos; toda la tierra está llena de su gloria (Is. 6:1-3).

Esta escena extraordinaria, con su gloria inestimable, debe ser el eje de tu comprensión de todas las cosas. De lo contrario, es imposible entender correctamente la vida. Todo lo bueno que fue creado ha existido porque en el trono del universo está sentado Alguien que es santo en todos los sentidos y todo el tiempo. Tu sentido de identidad, de significado y de propósito, las metas para tu vida, lo que anhelas para tus seres queridos, la forma en que usas tu energía, tu tiempo y tu dinero, el sentido que tienes del bien y del mal, tus mecanismos de toma de decisiones, el uso que das a tus dones y capacidades, y el lugar donde buscas paz y descanso deben estar conectados a esta declaración: "¡Santo, santo, santo, Jehová de los ejércitos; toda la tierra está llena de su gloria!".

La santidad de Dios debería asustarte y a la vez darte descanso. Debería a la vez maravillarte y estructurar tu manera de pensar acerca de las cosas. Debería revelar los rincones oscuros de tu vida al tiempo que te conduce a la luz y a la esperanza de vida. Debería dejarte pasmado de asombro y admiración, y marcar la vía por donde transita tu vida. Debería confrontarte con la distancia que te separa de Dios, al tiempo que pone en ti el deseo de acercarte a Él. Aunque la santidad de Dios deja en evidencia tu debilidad moral, debe también llevarte a correr a su gracia. La santidad de Dios debería sacar a la luz todas las pseudoglorias, que pelean por tener el primer lugar en tu corazón a la vez que te muestra la única gloria que es verdaderamente gloriosa para anclar en ella tu vida. La santidad de Dios es tu luz en las tinieblas, tu GPS cuando te sientes perdido, tu consuelo frente a los males de este mundo caído, el recordatorio constante de quién eres y qué necesitas, y el lugar al que corres cuando todos los demás han resultado inútiles. Es imposible exagerar la importancia del hecho de que Dios es santo, santo, santo. Él es tan santo que la tierra entera está llena hasta rebosar de la incomparable gloria de su santidad.

Sin embargo, hay un problema que tú y yo enfrentamos todos los días a toda hora. La cultura que nos rodea, junto con los sistemas e instituciones de esa cultura, han abandonado la categoría de la santidad. Cuando se niega que existe este Dios santo no se percibe en absoluto la necesidad de santidad alguna. Nunca oirás a políticos, educadores, personas de influencia en las redes sociales, críticos culturales o figuras del entretenimiento mencionar esta categoría. Para ellos es algo que carece de sentido y de función. Las personas que escriben los dramas que vemos en los medios no tienen en cuenta esta categoría como algo que influya en sus escritos, en su manera de pensar acerca del bien y el mal o en la manera de presentar el carácter moral de un personaje. Como cultura nos hemos apartado de lo *santo*. *Lo santo* no está en nuestra definición de sentido y de propósito. *Lo santo* no forma parte de nuestra idea de éxito. *Lo santo* no se considera algo que defina tu matrimonio ni guíe la crianza de tus hijos. *Lo santo* nunca se menciona cuando las personas hablan acerca de sus planes profesionales. *Lo santo* se considera un concepto religioso anticuado con poco significado práctico, al que se aferra una minoría cada vez más escasa. Casi todo el mundo quiere justicia, misericordia, paz, perdón y amor, pero estas cosas solo pueden estar presentes en nuestra vida si Aquel que tiene todo bajo control es santo. ¿Por qué? Porque, a pesar de que hayamos abandonado esta verdad, Dios ha puesto en todos nosotros un anhelo por aquello que solo la santidad puede producir. Sin embargo, basta mirar y oír lo que se dice por todas partes para darte cuenta de que, en la práctica, *lo santo* simplemente no importa y que para muchos ni siquiera existe.

Gran parte de lo que lees, oyes, miras y aquello con lo que interactúas como ciudadano de este mundo presente no reforzará el carácter esencial de esta doctrina. Y, cuanto más influya tu cultura en tu modo de pensar, menos propósito práctico y funcional tendrá *lo santo* en tu vida. Es posible creer en la santidad de Dios y, aun así, en la cotidianidad vivir en "impiedad". Puede que esta verdad no se traduzca en una manera de pensar que llegue a permear todo en tu vida. Por ejemplo, es posible incluir la santidad de Dios en tu estructura teológica y, al tiempo, olvidar que esa es la razón por la cual las instrucciones de Dios para tu matrimonio son imprescindibles. Es posible que profeses creer esta verdad y, al mismo tiempo, olvides que la crianza es primordialmente la tarea de representar al Dios santo en las vidas de tus hijos. Es posible que aceptes mentalmente esta verdad y, al mismo tiempo, pases por alto en la práctica que la santidad es lo que protege tu sexualidad y te mantiene puro. Es posible que aceptes esta verdad en tu intelecto y, a la vez, no te quebrante el hecho de ver que la mayoría de tus conocidos nada sepan de la gloria de este Dios santo, y vivan como rebeldes contra su voluntad y su gloria. Es posible que cantes de la santidad de Dios en un culto de adoración y, al mismo tiempo, haya una desconexión en el trato que das a tus hijos en el auto de regreso a casa. Es posible que estudies la santidad de Dios y luego sucumbas a la ansiedad que olvida al Señor de señores que tiene el control de la situación y es bueno en todos los sentidos.

A pesar de que es imposible captar la gloria de la santidad de Dios dentro de los límites del lenguaje humano, esta doctrina es todo menos esotérica y mística. Es una doctrina práctica en intensidad y en expansión. La santidad de Dios cambia tu manera de comprenderlo todo y, por ende, cambia tu manera de vivir con cada cosa y de relacionarte con cada cosa. He aquí el pensamiento más importante que puedas llegar a contemplar: *el Señor es, y Él es santo.*

¿Cómo se traduce a la práctica vivir conforme a esta realidad en cada área de mi vida? Lo que queda de este capítulo abordará esta cuestión vital.

2. La santidad de Dios provee el único medio fiable de conocernos a nosotros mismos. Volvamos a Isaías 6 y tomemos nota de la respuesta de Isaías a la impresionante visión de la gloriosa gloria de Dios.

Y los quiciales de las puertas se estremecieron con la voz del que clamaba, y la casa se llenó de humo. Entonces dije: ¡Ay de mí! que soy muerto; porque siendo hombre inmundo de labios, y habitando en medio de pueblo que tiene labios inmundos, han visto mis ojos al Rey, Jehová de los ejércitos (Is. 6:4-5).

La respuesta de Isaías es sorprendente. Se apodera de él un sentimiento de fatalidad. No pasa a opinar acerca de cuán increíble es la escena ni habla acerca de lo maravilloso que es para él poder verla. No, su reacción inmediata es de miedo sobrecogedor. No es una reacción emocional que exagera lo catastrófico. Es una visión clara de quién es él y de su necesidad personal. La confesión de Isaías tiene su origen en Génesis 1 y Génesis 3. Una visión clara de uno mismo debe empezar en Génesis 1. Dios nos creó para vivir en una relación con Él de continua sumisión, obediencia y adoración. Entendemos que fuimos hechos para vivir para una gloria mayor que la nuestra. Nuestra relación con Dios, el hecho de que somos portadores de su imagen y estamos llamados a vivir para su gloria, nos separa de todo lo demás que Él ha creado.

Sin embargo, una visión clara del yo debe incluir también la tragedia de Génesis 3. En vez de vivir con Dios y para Dios, Adán y Eva optaron por la ilusión seductora de la autonomía y la autosuficiencia que el engañador les vendió y desobedecieron el mandato de Dios. Cuando observas que Adán y Eva sintieron vergüenza el uno del otro y se escondieron de Dios con temor, sabes que ha sucedido algo horrible y de proporciones cósmicas. El pecado estalló en el mundo que Dios había creado, despedazó la hermosa paz del huerto y no solo separó a las personas de su Creador, sino que los dejó, a causa de su desobediencia, bajo condenación.

Solo cuando estés delante de la majestuosa grandeza de la santidad de Dios vas a saber quién eres. La santidad divina y la identidad humana están ligadas de manera indisociable. Si no te expones a la gloriosa gloria de la santidad de Dios te verás a ti mismo como más justo, más sabio y más fuerte de lo que eres, de lo que fuiste o de lo que serás jamás. Vivirás como si no hubiera Dios y, en caso contrario, igual no lo necesitarías en realidad. Solo la santidad de Dios que llena toda la tierra puede llenar tu corazón y cautivar la imaginación de tu mente para que puedas comprender la gravedad de tu impiedad y clamar siendo consciente de la gravedad de tu propia necesidad.

"Hombre inmundo de labios" es una forma interesante de resumir la depravación del pecado. Solo podrías ser santo delante de Dios si fueras capaz de decir: "Nunca he dicho a nadie, en ningún lugar, en ningún momento, algo que esté mal a los ojos de Dios" (véase Stg. 3). Tú y yo no necesitamos mayor evidencia de la profundidad de nuestro pecado que lo que sale de nuestra boca. Nuestro lenguaje es la evidencia constante de por qué merecemos la ira de Dios y somos salvos de ella solo por la gracia expiatoria de Jesús.

La mayoría de las personas han querido ignorar el hecho moral supremo del universo, la santidad de Dios, y se contentan con vivir con una evaluación personal de "aceptabilidad". Carecen del sentido de su corrupción moral personal, no tienen temor de Dios y no sienten necesidad alguna del rescate de su gracia. Comen una y otra vez el fruto prohibido y sienten muy poca vergüenza y temor. Creen que son capaces de ser lo que deberían ser y de hacer lo que deberían hacer en su vida sin el rescate, el perdón y la ayuda divinos. A pesar de que son seres espirituales, no tienen una espiritualidad intencional en su manera de vivir. Dios no ocupa lugar alguno en sus pensamientos y su santidad no solo no ejerce una influencia determinante en su vida, sino que no recibe reconocimiento alguno.

Así estaríamos todos si no fuera por la gracia de Dios que abre nuestros ojos, expone nuestro corazón, redarguye nuestra conciencia, nos perdona y nos reviste de poder. Por la gracia hemos visto su santidad que ha revelado lo que somos y lo que necesitamos. Con todo, Él no nos ha dejado a nuestra suerte. En nuestra miseria nos han recibido las misericordias justificadoras del Salvador. Padres, no se limiten a hablarles a sus hijos acerca de la gracia de Dios; abran también sus ojos enceguecidos a su santidad. Si ellos no entienden la mala noticia de su condenación, las buenas noticias de la gracia de Dios no van a significar nada para ellos. Esposos y esposas, si quieren evaluar la verdadera salud de su matrimonio, expónganlo a la santidad de Dios. Si quieren evaluar la condición moral de su sexualidad, de sus finanzas, de sus pensamientos, de sus deseos y motivaciones, pónganlos a la luz escrutadora de la santidad de Dios. Nunca saldrás de la vasta gloria de la santidad de Dios con una evaluación de "aceptable" en ningún área de tu vida.

Es totalmente cierto que tú y yo nos conoceremos de manera más completa y exacta cuando nos pongamos bajo la luz de la gloria de Aquel que es completamente santo en todos los sentidos y todo el tiempo.

3. La santidad de Dios nos confronta con la pecaminosidad del pecado. El pecado es engañoso. Esto significa que el pecado no solo te enceguece, sino que también se presenta como algo menos que pecaminoso. El pecado no siempre nos parece pecaminoso. Muchas veces parece más hermoso y placentero que peligroso y destructivo. Cuando comes tu tercera rebanada de pastel de chocolate en un momento de glotonería, lo que sientes no es destrucción y peligro, sino el sabor intenso y rico del chocolate envuelto en una suave crema batida. El placer del momento domina tu sentido de pecaminosidad del momento. Cuando estás en tu teléfono arruinando la reputación de alguien, en ese momento no piensas en la transgresión moral, sino que te dejas llevar más bien por la picazón de difundir un chisme sucio. Cuando codicias a una mujer que hace fila en Starbucks, te dejas llevar por las fantasías de poseer su belleza física para darte placer; no piensas en la horrenda transgresión moral del momento. El poder seductor de la tentación está en distraernos con placer para que no veamos el peligro moral del pecado.

Asimismo, el pecado no siempre nos parece tan pecaminoso después de haberlo cometido. Incluso cuando nuestra conciencia se inquieta un poco por transgredir los límites morales de Dios, callamos nuestra conciencia con argumentos para expiar nuestra propia culpa. Participamos en nuestro propio engaño esforzándonos por convencernos a nosotros mismos de que el mal que hicimos no era tan malo al fin de cuentas. Repasamos los hechos y escribimos una nueva versión del momento para hacernos parecer más justos de lo que fuimos. De ahí salimos sintiéndonos bien respecto a aquello que para Dios no solo está mal, sino que invalida su santidad. Maquillamos el chisme en el teléfono como una petición de oración, la lujuria como el aprecio de la belleza creativa de Dios, y el postre de más como una trivialidad.

Nos encontramos en peligro moral cuando somos capaces de minimizar o negar la pecaminosidad inexcusable del pecado. Quisiera mencionar aquí algo que merece una reflexión y una explicación. La pecaminosidad del pecado radica en su *verticalidad*. Lo que es más pecaminoso acerca del pecado no es la multitud de efectos horizontales negativos. Sí, el pecado te lastima y lastima a las personas que te rodean. Causa estragos en el gobierno y en las instituciones donde vivimos y de los que dependemos. Deja su huella y su rastro de destrucción por dondequiera que va. Con todo, tú y yo solo entenderemos la abominable pecaminosidad del pecado cuando entendamos que cada pecado es un pecado contra un Dios santo. En su confesión desgarradora de adulterio, David acierta en sus palabras: "Contra ti, contra ti solo he pecado, y he hecho lo malo delante de tus ojos; para que seas reconocido justo en tu palabra, y tenido por puro en tu juicio" (Sal. 51:4). Cada vez que yo peco, tomo las riendas de mi propia vida, desconozco la existencia de Dios y doy la espalda a su señorío santo. Cada pecado deja de lado la santidad de Dios y su mandato de ser como Él. Cada pecado repudia su autoridad, su santidad y su llamado moral. Es moralmente imposible que un pecado sea solo horizontal.

Cada pecado es un pecado contra Dios mismo. Cada acto de impiedad es una rebelión contra su santidad y, cada vez que yo me esfuerzo por hacer parecer mi pecado menos pecaminoso, lo traiciono a Él. La desobediencia de un hijo es más que un acto de irrespeto contra Dios; es rebelión contra Dios y su norma de santidad. Cabe aclarar a los padres que sus hijos no saben esto. La falta de amor matrimonial no es una simple transgresión en la relación entre un esposo y una esposa, sino que también deshonra a un Dios santo. Solo tendremos corazones que se quebrantan por el pecado cuando reconozcamos su verticalidad. Solo cuando estamos como Isaías en presencia del Dios santo en el trono y nos deslumbra su santidad veremos nuestro pecado como es realmente. Ante la santidad de Dios, el pecado nunca puede verse como algo menos que pecaminoso.

¿Qué hacer frente a esta realidad? Yo sugiero que busques un lugar donde puedas estar a solas, apagar tus pantallas, aislarte del ruido y la distracción, ponerte de rodillas y abrir tu corazón a la pecaminosidad de tu pecado. Hazlo ahora mismo si es posible. Confiesa que minimizas el pecado, que aprendes a vivir con él e incluso a volverte su amigo. Confiesa que lo ocultas, lo niegas y lo justificas. Confiesa que gran parte de la tristeza que te produce tu pecado obedece a su mal fruto horizontal y no al hecho de que profana la existencia y el carácter de tu Creador. Deja que la pecaminosidad del pecado te redarguya y llora. Llora por tu actitud despreocupada frente a él, llora por su poder enceguecedor, llora por la influencia que tiene sobre las personas a tu alrededor, pero sobre todo llora porque cada vez que pecas traicionas a tu Señor santo.

Me temo que, en nuestra obsesión por entretenernos con distracciones, en la que cualquier cosa es preferible a la meditación silenciosa y no hay lugar para la reflexión personal, hemos olvidado cómo lamentarnos. Amamos la pasividad continua del piloto automático del entretenimiento incesante. Parece que nos diera miedo estar a solas con nuestra alma expuesta delante de nuestro Dios. Ni siquiera podemos esperar en un semáforo sin mirar una vez más nuestras pequeñas pantallas de bolsillo para tener la luz distractora alumbrando nuestra cara. Nos encanta pasar nuestro tiempo viendo aquello que nos impide ver lo que necesitamos ver con tanta urgencia. Entre tanto, lo que nos sucede es peor que estar distraídos; es estar anestesiados, embotados y engañados para creer que nuestra condición es aceptable. A la luz de la santidad de Dios, "aceptable" no es una categoría de evaluación humana con la que debamos conformarnos. Necesitamos temporadas en las que nos desconectamos, apagamos lo que nos distrae, tomamos distancia y nos sentamos en la presencia de nuestro Dios santo con ojos abiertos y corazones dispuestos a inclinarse delante de Él y lamentar. Es cuando lloras en presencia de un Dios santo que aciertas. Solo entonces, frente a la monstruosidad vertical de tu pecado, implorarás la gracia que es tu única esperanza en esta vida y en la venidera.

Permíteme repetirlo: nuestro problema, lo sepamos o no, es que el pecado no siempre nos parece pecaminoso. Nuestra capacidad para minimizar o negar la gravedad de nuestra iniquidad y la fealdad de nuestras transgresiones es un desastre moral personal. Nuestra voluntad de ser ciegos nunca termina bien. La santidad empieza con el deseo de vernos con una claridad y una precisión que lleven a una convicción de corazón, y esa claridad solo viene cuando estamos delante del trono de nuestro

Dios santo. Recuerda que no puedes confesar lo que no lamentas, no puedes lamentar lo que no has visto y no puedes arrepentirte de lo que no has confesado. Clama pidiendo ojos para ver y un corazón para llorar, y, cuando llores, es mi deseo que experimentes el gozo de descubrir las nuevas misericordias.

4. La santidad de Dios es la búsqueda suprema para nuestra vida. ¿Para qué vives? ¿Qué quieres en la vida? ¿Cuál es la motivación que te lleva a hacer lo que haces? ¿Qué te da un sentido inconmovible de propósito? ¿Qué te impulsa a trabajar, a persistir y a seguir adelante? ¿Qué es lo más valioso en tu vida? ¿Cuál es la razón principal que motiva todo lo que haces? ¿Por qué haces lo que haces y de la manera en que lo haces? ¿Por qué haces lo que haces como amigo, estudiante, trabajador, jefe, padre, cónyuge, vecino, ciudadano o miembro del cuerpo de Cristo? ¿Qué persigues en esta vida?

Otro pasaje apunta a la importancia de la verdad de la santidad de Dios. El contexto de este pasaje plantea su importancia práctica.

El apóstol Pedro se dirige a personas que sufren por su fe. Sin embargo, lo asombroso de la carta de Pedro es que no es principalmente una carta de consuelo, sino que está llena de solicitudes para los creyentes expatriados de la dispersión. Pedro establece lo que significa vivir como creyente en el evangelio del Señor Jesucristo sin importar lo que se enfrente ni los poderes humanos que tengan el control. En su carta, Pedro ya ha señalado la esencia de lo que significa vivir a la luz del evangelio en este mundo caído entre el "ya" y el "todavía no".

Por tanto, ceñid los lomos de vuestro entendimiento, sed sobrios, y esperad por completo en la gracia que se os traerá cuando Jesucristo sea manifestado; como hijos obedientes, no os conforméis a los deseos que antes teníais estando en vuestra ignorancia; sino, como aquel que os llamó es santo, sed también vosotros santos en toda vuestra manera de vivir; porque escrito está: Sed santos, porque yo soy santo. Y si invocáis por Padre a aquel que sin acepción de personas juzga según la obra de cada uno, conducíos en temor todo el tiempo de vuestra peregrinación; sabiendo que fuisteis rescatados de vuestra vana manera de vivir, la cual recibisteis de vuestros padres, no con cosas corruptibles, como oro o plata, sino con la sangre preciosa de Cristo, como de un cordero sin mancha y sin contaminación (1 P. 1:13-19).

En vez de vivir como quien está controlado por las pasiones egocéntricas de tu vida pasada, Pedro dice que estás llamado no solo a obedecer al Señor, sino a ser santo como Él es santo. Este llamado debe ser tu valor supremo, tu compromiso constante, la búsqueda primordial de tu vida. Pedro se atreve incluso a llamar a los creyentes a hacer lo que es imposible a menos que sean rescatados y reciban el poder de la gracia del Dios santo a quien están llamados a imitar. Entre tu conversión y tu llegada a tu hogar celestial, el enfoque de la obra redentora de Dios es la transformación personal radical. Por tanto, cuando buscas ser santo como Dios es santo, te comprometes a hacer del propósito *de Dios tu* propósito.

Es importante entender que hemos sido salvos no solo para el cielo, sino también para la santidad. No podemos desatender el llamado de Dios ni permitirnos vivir por debajo de su norma. En la gloria de su santidad, Él es la norma para todo lo que pensamos, deseamos, decimos y hacemos. Mi temor es que, en nuestro mundo obsesionado con el placer, donde la comodidad reina y la felicidad personal temporal es la definición de la buena vida, esta búsqueda suprema se pierda en medio del bullicio interminable de nuestros antojos por la próxima diversión. Las dichas humanas más elevadas se encuentran cuando aceptamos seriamente el llamado de Dios a una vida comprometida con la santidad y cuando ese compromiso se aplica a las situaciones y a las relaciones de nuestra vida diaria. Sin embargo, esta confianza se pierde. Por ejemplo, la mejor definición bíblica de un buen matrimonio es cuando un esposo y una esposa están comprometidos a responder el uno al otro, en palabras y en acciones, de un modo que es santo a los ojos de Dios. Si la meta del matrimonio fuera la comodidad, no tendría sentido poner a una persona imperfecta junto a otra persona imperfecta en una relación tan completa. Antes bien, el esfuerzo del matrimonio es una de las herramientas divinas más eficientes para transformarnos en un pueblo santo; ese es el llamado de Dios que solo es posible con el poder de su gracia.

Las buenas calificaciones, la habilidad deportiva, el ingreso a una universidad prestigiosa y una carrera exitosa no son metas suficientemente elevadas para la crianza de tus hijos. Educar hijos con buenos modales que no te avergüencen en público no es un propósito suficiente para tus labores de crianza. He aquí tu meta de crianza: que tú seas un instrumento en las manos de Dios para criar hijos que sujeten sus vidas a Él, descansen en su gracia y se comprometan a vivir de maneras que Él considera santas.

De igual modo, tu vida sexual tiene una meta que es más profunda que el logro de la satisfacción mutua en la pareja. En este caso, también la meta más elevada de la sexualidad no es el placer humano, sino que nuestro Dios santo se agrade en cada acto de índole sexual al que dediquemos nuestros pensamientos, deseos y cuerpos. Dios también tiene un propósito para tu dinero que va más allá de la provisión diaria. Tu dinero es uno de los asuntos principales donde rindes tu vida a su llamado santo.

Ahora bien, las implicaciones prácticas de este llamado a la santidad son imposibles para cada uno de nosotros. Yo no tengo la capacidad de transformar mi propio corazón. No tengo la habilidad independiente para escapar al pecado que todavía vive en mí. No tengo el poder autónomo para controlar mis pensamientos y deseos. Tengo tanta aptitud para ser santo a la manera de Dios como la tengo para saltar hasta alcanzar la punta del rascacielos Empire State. Así pues, este llamado elevado y santo es un argumento que no solo confirma nuestra urgente necesidad de la gracia aquí y ahora, sino también el hecho humillante de que nunca nos graduaremos de la gracia. Hasta el último día de nuestra existencia buscaremos alcanzar la santidad e imploraremos la gracia que es lo único que nos da el poder para producir santidad en nosotros. Es mi oración que amemos ser santos a los ojos de Dios más de lo que amamos todos los placeres egocéntricos que nos tientan a entregar nuestro amor en cualquier otra parte. Que podamos deleitarnos en las bendiciones que se desprenden de adoptar el propósito de Dios para nosotros como el propósito de nuestro corazón.

5. La gloria de la santidad de Dios nos impulsa a entregarnos a su misión de gracia redentora. Cuando se ve confrontado con la gloria de la santidad de Dios y al desastre de su propio pecado, Isaías responde no solo con una confesión, sino también con la disposición a entregarse a la misión de Dios: "Después oí la voz del Señor, que decía: ¿A quién enviaré, y quién irá por nosotros? Entonces respondí yo: Heme aquí, envíame a mí. Y dijo: Anda, y di a este pueblo: Oíd bien, y no entendáis; ved por cierto, mas no comprendáis" (Is. 6:8-9). Isaías no duda. Su respuesta no incluye condiciones, añadidos ni peros. No interpone excusas ni negociaciones. La santidad de Dios y la tragedia del pecado deberían provocar en nosotros una actitud: disposición.

Existe otra área de tu vida que debería caracterizarse por el llanto y el gozo. ¿Cómo es posible leer la narrativa bíblica del poder destructivo del pecado, saber que nos ha separado de Dios y que termina en muerte, y no llorar? Considera cómo el pecado tuerce, pervierte y complica todo en tu vida y todo a tu alrededor. Considera su sendero continuo de destrucción. Considera su seducción maligna. Considera que el pecado es el mentiroso por excelencia, que promete una y otra vez sin cesar lo que es incapaz de cumplir. Considera esto y lamenta.

Por otro lado, también tienes motivos para gozarte. Porque Dios ama la gloria de su propia santidad y tiene un corazón tierno para con quienes ha hecho a su imagen, Él no deja que el pecado gane. Él no dejará que el pecado se salga con la suya. Así que en su justicia, acompañada de misericordia, Él abrió un camino para conceder el perdón, a fin de que los pecadores vivan en una relación con Él y el pecado sea derrotado. Su celo santo para derramar su gracia redentora es la realidad más hermosa que existe en el universo. Nada debería producirnos más gozo que esto. Debemos regocijarnos de que hay un Dios de santidad en el trono del universo y porque Él ha abierto un camino para que también nosotros seamos santos delante de sus ojos.

Esta combinación de llanto y regocijo nos lleva a entregar nuestras vidas a su servicio. Esto significa que sea cual sea el lugar donde estemos, las circunstancias que vivamos o las personas con quien estemos, busquemos maneras de ser embajadores de su misión de gracia. Lamentablemente, la iglesia es en muchos sentidos un gigante dormido. Imagina los resultados que se lograrían si cada creyente se comprometiera con la misión de Dios de gracia redentora. No obstante, con frecuencia la iglesia está más llena de consumidores que de participantes, personas cuyo compromiso con la iglesia se limita a un culto de adoración formal el domingo, un puñado de dinero cuando se pasa el plato de las ofrendas y momentos esporádicos de ministerio de corta duración. Muchos somos ajenos a la disposición de Isaías. Vemos nuestras vidas como algo que nos pertenece y estamos dispuestos a dar a Dios migajas de vez en cuando. No me refiero aquí al ministerio vocacional, sino más bien a que cada uno de nosotros está llamado a formar parte de la misión de Dios, sin importar cuáles dones o llamados hayamos recibido de Él.

Que podamos ser embajadores de este Dios santo, nosotros tristes oficiantes dedicados a su misión de gracia redentora. Que el lamento y el gozo me entremezclen de tal modo que seamos impulsados a llevar el mensaje de la tragedia del pecado y el triunfo de la gracia dondequiera que vamos. Que la respuesta de nuestro corazón sea: "Heme aquí, envíame a mí".

6. La santidad de Dios es la razón por la cual nunca dejaremos de necesitar su gracia. La escena en la sala del trono, donde la gloria de la santidad de Dios que llena la tierra se encuentra con la fealdad del pecado, demuestra que tú y yo nunca dejaremos de necesitar la gracia de Dios. La escena nos confronta con la distancia abismal que existe entre Dios e Isaías. Si no fuera por el perdón de Dios, la escena sería irremediablemente penosa. Sin embargo, no es desalentadora porque sabemos que la gracia que perdona también nos da el poder que necesitamos. La gracia que justifica también santifica. La gracia que convence también rescata. La gracia que nos libera del poder del pecado no descansará hasta que hayamos sido librados también de su presencia.

Con todo, la tarea es inmensa y, cuanto más te acercas al Señor, más consciente serás de tu falta de santidad. La gracia de este Dios santo no toma gente dependiente y la hace independiente, sino que más bien toma gente independiente y produce en ellos una dependencia más profunda y más dispuesta. Si estamos llamados a ser santos como Dios es santo, nuestra necesidad de la gracia nunca va a terminar. Recuerda que la gloria de la santidad de Dios radica en que Él es santo en todo lo que Él es, Él es santo en todos los sentidos y todo el tiempo. Estoy agradecido porque he crecido en la gracia. Estoy agradecido porque hay áreas de pecado que han sido derrotadas en mi vida. Estoy agradecido cada día porque, gracias al celo de la gracia de Dios, no soy el hombre que fui antes. Aun así, estoy lejos, muy lejos de ser santo en todo los sentidos y todo el tiempo. Hoy soy más consciente de mi pecado que cuando lo confesé por primera vez. Me consuela saber que hay evidencia bíblica de que no estoy solo. Considera estas palabras del apóstol Pablo: "Palabra fiel y digna de ser recibida por todos: que Cristo Jesús vino al mundo para salvar a los pecadores, de los cuales yo soy el primero. Pero por esto fui recibido a misericordia, para que Jesucristo mostrase en mí el primero toda su clemencia, para ejemplo de los que habrían de creer en él para vida eterna" (1 Ti. 1:15-16).

Es importante entender lo que Pablo quiere decir con estas humildes palabras de autoevaluación. No lo malentiendas; en este pasaje, Pablo no solo lamenta su vida pasada. Se expresa en tiempo presente, por lo que habla acerca de ser un ejemplo del prodigio de la paciencia constante de la gracia redentora de Dios. Como ves, cuanto más vives en la presencia de la santidad de Dios, más consciencia adquieres de la profundidad y del alcance de tu pecado, más dependes de la gracia de Dios y más te maravilla su paciencia.

Es evidente que, la primera vez que venimos a Cristo, somos conscientes de nuestro pecado. De lo contrario, no habríamos acudido a Él. No obstante, los pecados que por lo general confesamos al principio son los más evidentes de nuestra condición previa a la conversión. Por otro lado, cuanto más vivimos a la luz de la santidad de Dios, más nos volvemos conscientes de los sutiles pecados engañosos del corazón, de las molestas idolatrías y de las áreas en las que nos falta un carácter piadoso. A medida que caminamos con el Señor nos volvemos más y más conscientes de los laberintos del pecado que se abre camino en cada área de nuestra vida. Simplemente no puedes exponerte a la luz escrutadora de la gloria de la santidad de Dios con un corazón abierto y salir de ahí sintiéndote orgulloso de ti mismo. Cuanto más brille esta luz sobre ti, más fuerte se hará tu clamor por la gracia. No puedes estar delante de su trono santo y pensar que espiritualmente has llegado a la meta. Y eso es bueno.

7. Todos anhelamos un mundo gobernado por un Dios santo. Todo el mundo de alguna manera desea que las cosas sean mejor de lo que son ahora. Todos queremos vivir en un mundo donde la justicia sea algo real y se administre con equidad. Todos queremos que la violencia termine en nuestras calles y en nuestros hogares. Todos anhelamos vivir en un mundo donde ningún ser humano sea capturado y usado para los deseos egoístas de otro ser humano. Todos creemos que sería maravilloso que la corrupción gubernamental llegara a su fin. Todos lamentamos el maltrato infantil, la denigración de las mujeres y el racismo de cualquier tipo. Todos deseamos que nadie muera de hambre y que la presencia constante de la guerra termine. Queremos que la enfermedad no cobre más vidas. Los detalles de nuestros anhelos difieren, pero todos anhelamos algo mejor. De algún modo todos anhelamos un mundo que sea justo, pacífico, amoroso, seguro y gobernado con rectitud. Todos anhelamos un "shalom", es decir, que todo esté en su lugar y haga lo que dispuso el Creador.

Este anhelo está presente en el corazón de cada persona porque fuimos hechos para vivir en un mundo que estaba en orden y bajo el gobierno de alguien que es santo en todos los sentidos y todo el tiempo. Puesto que Él es siempre santo y bueno, estaba garantizado que viviríamos en un mundo pacífico y seguro. Aunque el pecado rompió el cristal de paz, nuestro anhelo sigue ahí, y lo que anhelamos solo es posible si el que tiene el control de todo es santo y bueno.

Parece contradictorio, pero es cierto: las personas más impías tienen lugares en su vida donde piden a gritos un reinado santo. Los seres humanos fueron creados para encontrar su seguridad diaria en la existencia y en el gobierno de Aquel que es gloriosamente santo en todo. Puede que las personas nieguen la existencia de Dios, profanen lo que Él designó para ser santo y repudien sus mandamientos santos, pero con todo y eso, siguen anhelando aquellas cosas que solo su santa voluntad y su santo reinado pueden ofrecer.

Si un día mil personas mirando sus notificaciones en las redes sociales vieran la muerte de un niño indefenso a manos de un padre maltratador, todas se indignarían, todas se enojarían y cada una de ellas desearía que tal cosa nunca volviera a pasar. Esto revela que todos desearían que el gobierno santo de Dios interviniera. Un clamor por justicia es un clamor por un Dios santo. Un clamor por paz es un clamor por un Dios santo. Un clamor por seguridad es un clamor por un Dios santo. Un clamor para que cada ser humano sea tratado con valor y dignidad es un clamor por un Dios santo. Puede que niegues a Dios, pero en momentos de sufrimiento y dolor implorarás lo que solo su santa presencia y gobierno son capaces de producir. Es vital que recordemos que la santidad de Dios es esencial para el bienestar emocional, físico y espiritual de cada ser humano, ya sea que lo reconozcamos o no.

8. El significado y el propósito verdaderos se encuentran en la santidad de Dios. Debemos considerar el conflicto que existe entre nuestro propósito para nuestra vida y el propósito santo de Dios para nosotros. Piensa por un momento en la historia que Dios ha escrito para ti y para mí. Por gracia, Dios nos llamó y nos acercó a Él. Estamos unidos a Él para siempre como sus hijos adoptados y como beneficiarios de su amor y gracia inconmovibles. Él con amor suple nuestras necesidades, controla lo que no podemos controlar y nos guía con sabiduría y poder divinos. Nos regala su iglesia, el cuerpo de Cristo, donde encontramos verdadera comunidad, donde el discipulado florece y podemos ser partícipes de su misión. Él nos da su Espíritu para aconsejarnos, convencernos y revestirnos de poder. Él nos regala su Palabra para que podamos conocerlo, conocernos a nosotros mismos, conocer el pecado, conocer la gracia y conocer su designio acerca de cómo hemos de vivir.

Todo esto es maravilloso y hermoso, pero hay una cosa que nuestro Señor ha decidido no hacer. Cuando venimos a Él en confesión y en fe, Él no nos da un boleto inmediato para salir de este mundo terriblemente caído, desbaratado y disfuncional que falla en operar como Él se lo propuso. No, entre nuestra conversión y nuestra llegada al hogar celestial, nuestro domicilio es el mismo que antes de conocerlo. Ahora bien, detente y piensa en esto. Si la intención de Dios fuera ejercer su poder para que tu vida fuera predecible, cómoda y fácil, no tendría sentido dejarte en este mundo imperfecto como una persona imperfecta en continua relación con gente imperfecta. En vez de ser una receta para la comodidad, esta es una receta para la desilusión, el sufrimiento, el dolor, la ira, la debilidad, el desconcierto y la añoranza. ¿Por qué planearía Dios esto para nosotros?

La respuesta es que este domicilio presente no fue concebido como nuestro destino final. Este nunca será el paraíso que nuestros corazones anhelan. Ningún área de tu vida resultará ser un paraíso para ti, sin importar cuánto te empeñes en hacerlo realidad. Esto significa que todo en tu vida sirve para un propósito más elevado que tu placer y disfrute momentáneos.

Dios ha planeado usar tu matrimonio para algo que va más allá de la definición que ustedes como pareja tienen de felicidad. Él se propone usar tu trabajo para algo más que la provisión financiera y el éxito. Él tiene un propósito mayor para tus amistades que solo tener más gente en tu vida con quienes te sientes cómodo. Él quiere más de tus proyectos educativos que los logros académicos y los diplomas. Todo esto es enredado y difícil porque Dios te ha puesto en un lugar desordenado. Sin embargo, el desorden cumple el propósito de sacarte de tu confianza en ti mismo, de tu egocentrismo y de tu amor por el mundo para alcanzar una mayor dependencia de Él. Pero eso no es todo lo que busca.

Dios se propone que el desorden de esta era y de este lugar sea transformador. Cada área sirve para prepararte para lo que está por venir, es decir, como herramienta de un apetito y un crecimiento espirituales cada vez mayores. Dios usa todas las dificultades de la vida en este mundo caído para cumplir el objetivo más elevado que es posible alcanzar para ti y en ti, a saber, que poco a poco llegues a ser santo como Él es santo. Conforme esto sucede, te preparas más y más para tu hogar definitivo donde la santidad es la norma eterna. Es allí donde se encuentran el significado y el propósito supremos. Dios usa incluso las situaciones más difíciles para producir los resultados más maravillosos. Yo no vivo en un mundo impersonal e irracional donde las cosas malas suceden sin razón y sin un resultado positivo. No tengo que vivir con la desesperanza de lo que pareciera ser un constante sinsentido y despropósito cuando enfrento los fallos inesperados y aparentemente improductivos de la gente y las circunstancias. No, este mundo está bajo el gobierno de Aquel que no solo es todopoderoso en poder sino también santo en todos los sentidos, todo el tiempo. Y este Dios santo quiere para mí algo mejor de lo que yo jamás soñaría para mí mismo, y usa mi residencia presente para llevar a cabo ese propósito.

De modo que todo en mi vida está bendecido con sentido y propósito santos. Todo florece más de lo que habría sido posible sin su gobierno santo, su gracia santa y su propósito santo para mí como su hijo. Ninguna situación carece de sentido, ninguna circunstancia carece de propósito y ninguna prueba es vana. Ahora bien, en el día a día la vida no siempre parecerá funcionar de este modo, y el propósito de Dios no significa que mi vida esté exenta de sufrimiento y de dolor. Sin embargo, puedo tener la certeza de que Dios me está preparando y que el centro de esa preparación es este propósito: que poco a poco yo llegue a ser santo como Él es santo. El sentido absoluto se encuentra en la santidad de Dios. El sentido del ser humano se basa en la existencia y en el plan de un Dios que es gloriosamente santo en todo. Tu Señor nunca va a planear, gobernar ni dirigir tu vida de una manera que esté por debajo de lo perfectamente santo. Eso sí que debería ser motivo de descanso y de celebración para ti.

9. *La santidad es el propósito de todo estudio bíblico y teológico.* La razón fundamental por la cual los seres humanos tenemos capacidades racionales y comunicativas es para conocer a Dios y tener comunión con Él. Esto, sin embargo, tiene una dirección distinta cuando se trata de ejercitar tu mente para explorar y entender la extensa teología de las Escrituras. Examinemos un pasaje que, a mi modo de ver, "lo dice todo" acerca de entender el propósito del estudio de la Palabra de Dios, las doctrinas que revela y el conocimiento que produce.

> Porque como desciende de los cielos la lluvia y la nieve, y no vuelve allá, sino que riega la tierra, y la hace germinar y producir, y da semilla al que siembra, y pan al que come, así será mi palabra que sale de mi boca; no volverá a mí vacía, sino que hará lo que yo quiero, y será prosperada en aquello para que la envié… En lugar de la zarza crecerá ciprés, y en lugar de la ortiga crecerá arrayán; y será a Jehová por nombre, por señal eterna que nunca será raída (Is. 55:10-11, 13).

Esta promesa en Isaías ha sido atesorada por teólogos, predicadores, estudiantes de la Biblia y feligreses a lo largo de generaciones. Y ¿cuál es la promesa? Que la Palabra de Dios, bajo el poder del Espíritu de Dios y recibida por el pueblo de Dios, siempre cumplirá su propósito. Esto nos lleva al corazón de lo que trata este capítulo. Imagina que yo me acercara a ti y te dijera: "Siempre cumpliré mi propósito en mi relación contigo". ¿Cuál sería tu reacción? Desearías saber cuál es exactamente mi propósito para mi relación contigo. Cuando Dios te dice: "Mi Palabra siempre cumplirá su propósito", tu pregunta debería ser: "¿Cuál es el propósito de la Palabra de Dios?". Esta pregunta señala la esencia del propósito de Dios para todo estudio bíblico y teológico, ya sea al nivel más alto de erudición en un contexto académico o en el estudio bíblico diario de la persona promedio. ¿Para qué estudiar la Palabra de Dios? ¿Para qué estudiar teología? ¿Qué debería producir nuestro estudio?

La descripción gráfica de Isaías es increíblemente útil, pues describe plantas que son nutridas por la nieve y la lluvia. Como vimos en el capítulo 1 de este libro, si tengo una zarza que es alimentada por la nieve y la lluvia, ¿qué espero obtener? Espero obtener una zarza más grande. No me verás diciéndole a mi esposa: "Querida, si sigue lloviendo creo que nuestra zarza se convertirá en un ciprés". No espero que la zarza que crece en el patio trasero, después de ser rociada por la lluvia, se convierta en un arrayán. Sin embargo, esto es lo que sugiere la descripción gráfica de Isaías.

El profeta lleva su ilustración más allá de lo que sucede naturalmente en el mundo físico para señalar un punto de gran profundidad. El propósito de la Palabra de Dios es algo más profundo que la difusión de información bíblica y teológica. La meta es una transformación radical del corazón y de la vida. Dios se propone que la información sea transformadora. El conocimiento bíblico y teológico nunca han tenido como propósito ser fines en sí mismos, sino más bien medios que llevan a un fin. El fin es la santidad personal. Un Dios perfectamente santo nos obsequia su Palabra santa para que seamos rescatados del pecado del que éramos incapaces de escapar por nosotros mismos y para ser transformados a su semejanza. El llamado de Dios es: "Sed santos, porque yo soy santo" y su Palabra es la herramienta principal para crear en nosotros lo que Él nos ha llamado ser. Un Dios santo nos concede su Palabra para que, a través de ella, lleguemos a ser como Él: santos. El crecimiento gradual en la piedad (santidad) es la meta de Dios para el estudio bíblico y teológico para todos los que lo hacen y dondequiera que lo hagan.

• • •

Este breve estudio de la santidad de Dios debería dejarnos a la vez *llorando* y *gozosos*. Si estás delante del trono de nuestro Dios que es perfectamente santo, tendrás motivos para ambos. Estoy convencido de que esta es la razón por la cual estamos llamados a ambas respuestas en las Escrituras y por qué ambas son parte importante de una vida espiritual saludable. La Palabra de Dios nos llama a lamentar y realmente declara que hay bendición para quienes lo hacen (Mt. 5:4). ¿Cómo podrías estar delante de la santidad de Dios y no llorar por la condición de tu propio corazón y el pecado que hay por doquier en el mundo? La Palabra de Dios también nos llama a regocijarnos (1 Ts. 5:16-18). Cuando contemplamos la santidad de Dios tenemos motivos para regocijarnos. ¿Cuán inconmovible es tu gozo cuando te levantas cada día sabiendo que tu mundo está bajo el gobierno de Aquel que es perfectamente santo en todos los sentidos, todo el tiempo, y que este Dios santo es tu Padre por la gracia?

¡Así que llora! Tu Señor es santo. ¡No dejes de gozarte! Tu Señor es santo. Vive la vida de un triste festejador. Lamenta las formas en las que te has alejado del objetivo santo que Dios se ha propuesto para ti. Al mismo tiempo, gózate en las posibilidades que ahora tienes para ser lo que jamás habrías podido soñar si este Dios santo no te hubiera encontrado con su gracia que transforma la vida y el corazón. Que tus lágrimas se entremezclen con gozo hasta que estés al otro lado con Él y seas como Él por siempre y para siempre.

7

La doctrina de la soberanía de Dios

DIOS DESDE LA ETERNIDAD, por el consejo sabio y santo de su propia voluntad, de manera libre e inmutable ordenó todo lo que sucede. Aun así, Dios ni es el autor del pecado ni vulnera la voluntad de sus criaturas; tampoco desaparece la libertad de segundas causas, sino que más bien se establece. Aunque Dios sabe todo lo que sucederá o puede acontecer, Él no ha decretado los acontecimientos porque los previó como algo que fuera a acontecer.

Dios, el Creador de todas las cosas, sostiene, dirige y gobierna a todas las criaturas, acciones y cosas, desde la más grande hasta la más pequeña, por su providencia sabia y santa, según su presciencia infalible y el consejo libre e inmutable de su propia voluntad, para alabanza de la gloria de su sabiduría, poder, justicia, bondad y misericordia. En su habitual providencia, Dios se sirve de medios, si bien es libre de prescindir de ellos, de obrar por encima de ellos o en contra de ellos según le place. Véanse Génesis 8:22; Números 23:19; Job 38:11; Salmos 135:6; Proverbios 16:33; Isaías 46:10-11; 55:10-11; Daniel 3:27; 4:34-35; Oseas 1:7; Mateo 10:29-31; Juan 19:11; Hechos 2:23; 4:27-28; 13:48; 15:18;

27:31, 44; Romanos 4:19-21; 9:11-18; Efesios 1:3-14; Hebreos 1:3; 6:17; Santiago 1:13; 1 Juan 1:5.[1]

Cómo entender la doctrina de la soberanía de Dios

Se trata de una de las primeras preguntas de los niños pequeños cuando aprenden a construir el lenguaje e intentan entender el mundo que les rodea, una pregunta que se vuelve a formular en la edad madura: *¿Por qué?* ¿Por qué sucede lo que sucede? ¿Por qué pasó esto? ¿Por qué no puedo...? ¿Por qué esta familia? ¿Por qué esta enfermedad? ¿Por qué esta ubicación? ¿Por qué esta situación? ¿Por qué permitiría Dios...? ¿Cómo podría un Dios bueno dejar que esto suceda? ¿Está Dios realmente a cargo de todo? ¿Por qué Dios no me detuvo? ¿Por qué? Es una de las preguntas más profundas y prácticas que alguien puede plantearse. ¿Estamos nosotros y nuestro mundo bajo control? ¿Es Dios soberano?

Me resultaría imposible enumerar las obras que se han escrito acerca de este tema y con toda seguridad vendrán más, precisamente porque la manera como respondes a esta pregunta define tu manera de interpretar tu mundo, dirige tu forma de vivir y determina la naturaleza de tu esperanza y paz de corazón: ¿Qué significa lo que la Biblia enseña acerca de que Dios es soberano? Significa que Dios tiene el control absoluto de su mundo y de todo lo que sucede, y que lo hace sin vacíos, sin límites, sin interferencias y sin obstáculos a su gobierno. Significa que solo Dios determina todo lo que va a suceder y gobierna los medios por los cuales sucede cada cosa. Significa que Dios nunca tiene preguntas, nunca se sorprende, nunca se frustra, nunca duda, nunca lo sobrecoge el misterio, nunca desea lo que podría ser y no es, nunca mira en retrospectiva con remordimiento, nunca se ilusiona, nunca espera, nunca se siente indefenso, nada hay que no pueda resolver y nunca queda confundido. Nadie puede arrinconar a Dios. Nadie lo puede presionar a hacer nada. No existe autoridad sobre Él a quien deba rendirle cuentas. Él hace lo que quiere, decide lo que quiere y obra como quiere. Decir que Dios es

---

1   Paráfrasis del autor de la doctrina de la soberanía de Dios como aparece en apartes de la Confesión de Fe de Westminster, cap. 3.

soberano es afirmar simplemente que Dios es Dios y que no hay nadie como Él.

Todo aquello que en el mundo es ordenado y estable, como el paso de las estaciones, el día y la noche, la marea alta y baja, la infancia y la vejez, son el resultado del gobierno soberano de Dios sobre este mundo. Él decide cómo su mundo opera y luego gobierna sobre las operaciones que ha decidido establecer. Todo lo que en el mundo pareciera desordenado y caótico es también el resultado del gobierno soberano de Dios sobre su mundo. Su sabiduría no siempre nos parece sabia. Lo que a nuestro parecer sería mejor no es lo "mejor" que Él ha dispuesto para nosotros. Lo que pareciera trágicamente fuera de control está bajo su control cuidadoso y constante. Entender que vivimos en un mundo bajo el gobierno inquebrantable e inmutable de Dios cambia por completo la manera como pensamos acerca de nosotros mismos, de nuestro mundo y de la vida misma.

Hay dos aspectos de la soberanía de Dios: sus *decretos* y su *providencia*. Un decreto es una decisión o una orden emitida por una autoridad. Los decretos de Dios son su plan eterno. Dios ha decidido lo que ha de acontecer. Según su propia voluntad y para su propia gloria, Él ha dispuesto todo lo que va a pasar. Puesto que Dios es infinito en poder y en sabiduría, sus decretos son eternos e inmutables. Lo que Dios decreta que va a suceder, sucederá.

El segundo aspecto de la soberanía de Dios es su providencia. Dios no se limita a decretar lo que va a suceder para luego sentarse pasivamente sobre este mundo. Dios es un participante activo en este mundo. Él gobierna, sustenta, ejecuta y controla. Dios no solo decreta lo que ha de ser, sino que gobierna de manera activa los procesos mediante los cuales habrá de ser. Dios está en contacto permanente con el universo que ha creado. Él no ha puesto el mundo en movimiento para luego marcharse; no, el movimiento del universo es el resultado de su continuo control que dirige y sustenta todo. Él gobierna desde las cosas más trascendentales en el universo hasta las más pequeñas e imperceptibles. Dios es el actor supremo en el escenario del universo, reinando sobre todo lo que Él ha hecho. Dios es soberano; es decir, Él decreta lo que ha de ser. Dios es soberano; Él gobierna lo que ha hecho.

Seis ventanas bíblicas a la soberanía de Dios

Las Escrituras nos muestran la soberanía de Dios en acción. La vemos en colores muy vivos a través de las situaciones, los lugares y las relaciones que describe su Palabra. Veremos brevemente seis pasajes, cada uno de los cuales nos ofrece una ventana diferente al gobierno soberano de Dios. Mi oración es que esto despierte en ti un asombro que redunde en adoración sincera y en rendición de tu vida.

1. La liberación de los israelitas de Egipto (Éx. 7–12). Si has tenido dudas acerca del gobierno de Dios sobre este mundo y su voluntad para desatar su poder y autoridad por el bien de su pueblo, este pasaje las disipará. Durante cuatrocientos años, el pueblo escogido de Dios fue esclavo en Egipto. Dios, en la ternura de su corazón, oyó el clamor de su pueblo y se dispuso a liberarlos. El principio de Éxodo 7 nos ofrece una ventana a la absoluta soberanía de Dios, quien anuncia que hará tres cosas: liberará a su pueblo de la esclavitud, lo hará mediante grandes juicios sobre Egipto y con ello demostrará que solo Él es el Señor.

Observa que no hay nada tentativo en la declaración de Dios. Él no necesita pedirle permiso a nadie. No hay cuestionamientos acerca de si tiene o no derecho a pronunciar tal declaración o si será capaz de ejecutarla. Él es Señor. Él puede hacer lo que quiere, cuando quiere y con quien quiere, y nadie puede detenerlo.

Cuando Dios declaró que iba a demostrar a los egipcios que solo Él era soberano, hablaba en serio. Él iba a exhibir a los ojos de los egipcios y de sus hijos el control absoluto que tiene sobre los elementos físicos de la creación y la manera en que funcionan. Él los obligará a hacer aquello para lo cual no fueron diseñados. Con ello, demostrará que el mundo físico opera bajo su mandato soberano. Cada plaga fue el asalto directo contra los "dioses" de Egipto. Dios usó la liberación de su pueblo de la esclavitud para mostrar la dilatada y majestuosa gloria de su soberanía, no solo para los egipcios y los israelitas, sino para cada generación siguiente que leyera esa historia en su Palabra.

Él es el Señor, el Soberano. El mundo que creó con su enorme despliegue de elementos hace lo que Él ordena. Él no le rinde cuentas a nadie y no tiene debilidades. Su autoridad y poder no conocen límites. Él usa su poder y su autoridad cuando lo desea y con quien lo desea. Él despliega la gloria de su soberanía para su propia gloria. Él es Señor. Por tanto, la esperanza de su pueblo es siempre Él. Es su gobierno sobre todas las cosas y su gobierno a favor de los suyos lo que les da descanso y valor. Nadie puede cuestionar ni frenar lo que Él decide hacer. La liberación de Egipto es un momento de "Yo soy el Señor" en el que Él manifiesta toda su soberanía. Maravíllate. Adora. Ese es tu Señor.

2. Daniel y Nabucodonosor (Dn. 4–5). Sea lo que sea que pienses acerca de política y elecciones, necesitas esta ventana a la soberanía de Dios para comprender lo que parece en ocasiones no tener sentido. Proverbios 21:1 dice: "Como los repartimientos de las aguas, así está el corazón del rey en la mano de Jehová; a todo lo que quiere lo inclina". El Salmo 22:28 dice: "Porque de Jehová es el reino, y él regirá las naciones". Daniel 2:21 dice: "Él muda los tiempos y las edades; quita reyes, y pone reyes".

Detrás de lo que parece ser el caos del gobierno humano, el ascenso y la caída de líderes, y las frustraciones y temores que estos pueden producir en nosotros, permanece un Señor soberano que gobierna los tiempos y las fases de la historia, que pone "reyes" y los quita. Ninguna autoridad humana tiene la suprema autoridad. Cada líder humano tiene una soberanía limitada por tiempo limitado. Cada autoridad humana existe y continúa bajo la autoridad de Dios. Por ejemplo, un conocido estudio de caso es el relato histórico de Nabucodonosor. El rey Nabucodonosor se había autodeclarado la máxima autoridad, estaba obsesionado con su propia gloria y exigió la adoración y el servicio que solo le corresponden a Dios mismo. Entonces el Rey de reyes y el Señor de señores se levantó para demostrarle a Nabucodonosor y a las generaciones siguientes quién era verdaderamente soberano. Nabucodonosor no tardaría en aprender que, al mandato de Dios, él podía quedar desvalido y humillado en un instante. Aprendería que hay alguien que gobierna los asuntos del cielo y de la tierra, que traza el curso de la historia y quien hace levantar y caer los reinos de la tierra.

Debes recordar la imagen de Dios cuando llevó a Nabucodonosor del palacio al pastizal cada vez que te sientas tentado a perder la esperanza, a dejar de orar y a transigir en elecciones políticas y en lo que respecta al gobierno de presidentes, congresistas, gobernadores y alcaldes. Como aprendió Nabucodonosor, ningún líder humano tiene poder autónomo.

Ningún líder humano es la autoridad suprema. Ningún líder humano ostenta un gobierno independiente. Hay uno solo que es el Rey sobre todos los reyes; Él dictamina líderes y, con ello, traza el curso de la historia. Solo el Señor es soberano.

3. Jonás. Quizá te preguntes por qué la Biblia incluye una historia más bien extraña acerca de un profeta fugitivo y un pez. Aunque su libro se incluye entre los profetas, prácticamente no hay profecías en Jonás. ¿Por qué esta historia de cuarenta y ocho versículos está en la Biblia? Estoy convencido de que es porque Jonás nos ofrece una cosmovisión bíblica completa en una sola publicación, al mejor estilo de Facebook. En esta narrativa te presentan a un Dios de asombroso poder y gloria que gobierna este mundo, un mundo que está terriblemente resquebrajado por el pecado; además, la realidad de que fuimos hechos para vivir para algo más grande que nosotros mismos, y la presencia y el poder de la gracia incesante de Dios.

Una de las maravillas de la gloria de Dios, como la presenta la historia de Jonás, es la especificidad del gobierno soberano de Dios sobre su creación. Cuando Jonás huye de Dios, Dios "hizo levantar un gran viento en el mar, y hubo en el mar una tempestad" (Jon. 1:4). Presta atención a la descripción gráfica del pasaje. Dios toma un montón de viento y lo lanza a la ubicación exacta del barco que Jonás usaba para escapar. Dios hace que el mar se alborote al punto que los marineros expertos se aterrorizan. Dios lo hizo. No permitas que el cinismo científico moderno estreche tu mente aquí. Es cierto que Dios es soberano del viento y las olas. ¿Quieres entender el alcance de su gobierno activo sobre todo lo que existe? Los vientos y las olas obedecen su mandato. Él puede lanzar las fuerzas de la naturaleza a quien le place, donde le place y cuando le place. Él es Señor.

Sin embargo, su gobierno sobre su creación es aun más específico de lo que la narración ha descrito hasta ahora. Jonás 1:17 dice: "Jehová *tenía preparado un gran pez* que tragase a Jonás". Detente a pensar y a imaginar lo que el pasaje dice. Los animales, en este caso un pez, viven bajo el gobierno soberano de Dios y responden a él. Los peces obedecen su mandato. Debo señalar aquí que esta historia nunca se presenta como una alegoría ni una parábola, sino como historia. Si lo que encontramos en el libro de Jonás como historia no sucedió realmente, ¿cómo podríamos confiar en la veracidad de cualquier historia de la Palabra de Dios?

Hubo realmente un pez que realmente obedeció al mandato de Dios y que realmente se tragó a Jonás y que realmente lo vomitó en la playa. Dios prepara animales para que cumplan su mandato. Él es el Señor. Sin embargo, la narrativa de la especificidad de la soberanía de Dios sobre su creación se vuelve aun más específica en Jonás. Después de predicar en Nínive, Jonás se sienta en las afueras de la ciudad enfadado, de modo que Dios decide poner en evidencia su corazón a través de una lección objetiva: "Dios preparó un gusano, el cual hirió la calabacera [que le proveía sombra a Jonás]" (Jon. 4:7). ¡Aun los gusanos obedecen el mandato de Dios! ¡Gusanos! Él es Señor de todo, aun de las criaturas que se arrastran y viven debajo de la tierra. Él es Señor de todo lo que creó. Él ordena y la naturaleza obedece.

En la historia de Jonás, Dios no se puso nada más a sacar pecho para mostrarnos lo que es capaz de hacer. En efecto, Él nos muestra la asombrosa gloria de su gobierno soberano, pero hay algo que debemos ver. Hay algo increíblemente alentador y esperanzador acerca de la manera en la que Dios emplea su gobierno. Él desata su poder y su reinado como una herramienta de su gracia. La tormenta es una herramienta de su gracia, el pez es una herramienta de su gracia y el gusano es una herramienta de su gracia. Dios está buscando a Jonás e, incluso después que él huya y se enfade, al final Dios persiste en buscar el corazón de Jonás. Dios emplea su gobierno soberano de la creación para redimir a los suyos, y esas son buenas noticias.

4. *Los pajarillos (Mt. 10:29-30)*. "¿No se venden dos pajarillos por un cuarto? Con todo, ni uno de ellos cae a tierra sin vuestro Padre. Pues aun vuestros cabellos están todos contados". ¿Existe algo más normal e incidental que la muerte de un pajarillo? A simple vista, el hecho de que los pájaros mueran pareciera ser nada más el ciclo normal de la naturaleza. De hecho, a raíz de la intriga que me produjo este pasaje, investigué en Google cuántos pájaros mueren al día en los Estados Unidos y me sorprendió el número: ¡trece millones setecientos mil! Eso quiere decir que son cinco billones al año. Ahora, prepárate para quedar boquiabierto. Jesús declara que ninguno, ni uno solo de ellos cae a tierra

sin que Dios intervenga. Es importante señalar que Jesús no dice "sin que vuestro Padre *lo sepa*". Lo que Él dice es mucho más fuerte. Él dice: "sin vuestro Padre", lo cual denota su gobierno, su autoridad causal. Es una imagen impresionante de la detallada intensidad del gobierno soberano de Dios en su creación.

No obstante, hay algo más que sencillamente no puedes pasar por alto en este pasaje. Jesús identifica a este soberano como "vuestro Padre". Con esto se pone fin a la visión distante e impersonal de la autoridad de Dios y su poder sobre su mundo. Es nuestro *Padre* quien gobierna este mundo. Lo hace con la sabiduría y el cuidado protector de un padre por sus hijos. Lo hace con amor y gracia en su corazón. Él siempre hará lo que es mejor, aun si sus hijos son incapaces de ver que es lo mejor. Él es un Padre y, por el bien de sus hijos, no abandonará su autoridad ni cederá su control a ningún otro, y no descansará.

Si no estás lo suficientemente animado ya, Jesús declara un aspecto más del reinado del Padre. Él dice: "Pues aun vuestros cabellos están todos contados". Dios se involucra de manera tan íntima en los sucesos de las vidas de sus hijos que lleva cuentas del número de cabellos en su cabeza. Abre tu mente, deja que se expanda tu imaginación y resiste el impulso de descartar esto como algo posible. Di a tu corazón: "Este es mi Dios y, por la gracia, Él es mi Padre".

5. La conversión de los gentiles (Hch. 13:13-52). Pablo y Bernabé están en Antioquía de Pisidia. Después de predicar en la sinagoga el día de reposo, la multitud llenó las calles y la gente les rogaba que predicaran de nuevo en el día de reposo. Seguramente se difundió la noticia acerca del poder y la originalidad de su mensaje porque la ciudad entera se congrega para escucharlos el sábado siguiente. Los judíos se sienten amenazados por el tamaño y la receptividad de la multitud, de modo que hacen su mejor esfuerzo por refutar a estos predicadores del evangelio. Pablo y Bernabé no se amedrentan y continúan predicando con claridad y denuedo.

Después de explicar el contexto de la historia, Lucas interpone su resumen de lo sucedido. Su resumen es una explicación brillante, breve y teológicamente rica de cómo opera el gobierno de Dios sobre sus criaturas. "Los gentiles, oyendo esto, se regocijaban y glorificaban la palabra del Señor, y creyeron todos los que estaban ordenados para vida eterna" (Hch. 13:48). No basta con decir que Dios escogió a estas personas para que creyeran, porque Lucas dice más que esto. Dios también decretó que Pablo y Bernabé estuvieran allí, que predicaran públicamente un mensaje claro del evangelio, que el mensaje fuera oído por estos gentiles y que ellos lo recibieran de buena gana y con alegría. Dios no solo fue soberano en estos resultados, sino también en cada aspecto del proceso que produjo los resultados.

Dios gobierna su mundo de tal modo que no vulnera la verdadera importancia y validez de los agentes secundarios. ¿Qué significa esto? Significa que Dios establece lo que ha decretado sin jamás reducirnos a una condición de robots. Lo que nosotros *pensamos* es real y sustancial. Lo que nosotros *decimos* tiene significado y propósito. Nuestras elecciones son válidas. Nuestros pensamientos, deseos, acciones, decisiones, experiencias, relaciones y ubicación geográfica son medios a través de los cuales Dios lleva a cabo lo que ha decretado. Por consiguiente, nunca podemos decir que ya que Dios ha decretado todo lo que sucede y gobierna sobre todas las cosas todo el tiempo, lo que hacemos y decimos es irrelevante. Él gobierna su mundo de tal modo que nuestras decisiones son válidas y nuestras acciones importantes. Él es soberano en los medios y en los fines.

6. Pablo en Atenas (Hch. 16:16-33). Pablo está en el areópago predicando. Está debatiendo con filósofos que, a pesar de ser "religiosos", estaban convencidos de que Dios era incognoscible. Pablo les muestra de manera poderosa y clara quién es Dios: "Y de una sangre ha hecho todo el linaje de los hombres, para que habiten sobre toda la faz de la tierra; y les ha prefijado el orden de los tiempos, y los límites de su habitación; para que busquen a Dios, si en alguna manera, palpando, puedan hallarle, aunque ciertamente no está lejos de cada uno de nosotros" (Hch. 17:26-27). Permíteme expresar en mis propias palabras lo que dice Pablo. Dios no solo nos creó a todos y cada uno de nosotros, sino que también determinó la duración exacta de nuestra vida y los lugares particulares en los cuales viviríamos. Pablo dice que Dios hizo esto con el propósito de que Él no estuviera lejos de nosotros y así, en cualquier momento, pudiéramos tener acceso a Él y tocarlo.

La descripción que hace Pablo de la soberanía de Dios me infunde un gran consuelo y gozo. Hay un amor infinito y una gracia tierna en la manera en la que Dios gobierna este mundo. Muchas veces pensamos en la soberanía de Dios como una de sus cualidades trascendentes, pero Pablo predica la teología de soberanía inmanente, que Dios es soberanamente cercano a todos y cada uno de nosotros todo el tiempo. Él no está separado de nuestro mundo. Él no es distante ni está escondido. Su gobierno garantiza que está cerca y esa es una de las mejores noticias que podríamos recibir jamás.

. . .

La teología de la soberanía de Dios te conduce siempre a Jesús. Dios ejerció su gobierno soberano para escribir la historia más maravillosa que se haya escrito jamás. Él orquestó cada situación, cada lugar, cada persona y cada familia que fue necesaria para que la historia humana se encaminara a la venida de Jesús. Él decretó los pactos de los patriarcas, la liberación de su pueblo de la esclavitud, la entrega de su ley y su sistema sacrificial, la ocupación de la tierra prometida, el ascenso y la caída de reyes y reinos, la preservación del linaje de Judá y la preparación de todos los detalles necesarios para la venida de Jesús.

Él decretó el nacimiento en Belén, la elección y la comisión de los discípulos, la oposición de los fariseos y la transigencia de Pilato, todo para que el Hijo fuera el sacrificio final en la cruz. Él eligió aquel sepulcro prestado y se dispuso a desocuparlo con prontitud. Dios decretó las apariciones posteriores a la resurrección y la ascensión de Jesús a la diestra del Padre. Él decretó el nacimiento y la expansión de su iglesia y la proclamación del evangelio por el mundo. Él decretó y presidió la escritura y preservación de su Palabra. Él decretó la predicación continua del evangelio hasta que llegara a tus oídos y produjera fe en tu corazón. Él decretó que tu historia quedara entretejida en la gloriosa historia de Jesús y Él decretó la participación de cada individuo y circunstancia para que eso pasara. Su soberanía le dio al mundo a Jesús y su gobierno te llevó a su Hijo. Él es Señor sobre la historia que te ha dado a Jesús y que no solo aseguró tu destino, sino que aseguró una vida en Él y con Él hasta entonces.

8

La soberanía de Dios
en la vida diaria

EN UN MUNDO QUE PARECIERA estar fuera de control, donde te sobrevienen dificultades, igual que a tus seres queridos y a los desconocidos, es difícil aferrarse a la realidad de que Aquel que es perfecto en todo tiene el control absoluto del mundo. En muchos sentidos, la soberanía de Dios pareciera contradecir la lógica. En lugar de parecer que somos gobernados, más bien pareciera que miles de veces al día hacemos elecciones libres. Parece que algunas cosas simplemente sucedieran sin injerencia alguna de control. Y parece que las cosas malas sucedieran sin interrupción ni restricción. Entonces, ¿qué significa creer y vivir a la luz de la verdad del control soberano de Dios sobre todo, en todo momento y en todas partes? Veamos cómo funciona la soberanía de Dios en la vida cotidiana.

Ten cuidado con la manera de interpretar tu mundo

La teología es más que una manera organizada de entender las verdades reveladas en las páginas de las Escrituras. La teología es algo que se vive. Las verdades de las Escrituras sirven de medio para dar sentido a tu vida, a tus relaciones y a tu mundo. Ellas guían tus elecciones y las acciones que emprendes. No puedes dar un sentido correcto a tu vida y a tu mundo, a las cosas que enfrentas cada día, si no incluyes la soberanía de Dios en tu forma de entender lo que existe.

Como un ser creado a imagen de Dios, tú eres una persona que crea sentido. Eres un ser racional, lo cual significa que tienes incorporado el deseo de saber, de entender y de librarte de aquello que no tiene sentido para ti. Esto significa que vives la vida no conforme a los hechos de tu experiencia, sino a tu interpretación particular de los hechos. También significa que eres la persona más influyente en tu propia vida porque hablas contigo mismo más que cualquier otra persona. Tus conversaciones contigo mismo cada día son de una importancia vital porque estructuran tu manera de vivir.

Si realmente crees que tu mundo no está fuera de control ni está guiado por el destino o el cambio, sino que más bien está bajo el cuidadoso control de Alguien que es la definición de poder, sabiduría y amor, entonces vivirás con paz de corazón, una confianza y una esperanza que de otra manera no podrías encontrar. Piensa en cuán diferente se vería la vida si tú creyeras realmente que no hay situación, ubicación geográfica ni relación que pueda existir y que no sea gobernada por el Rey Cristo. Piensa en cuán diferente son tu actitud y tus emociones cuando crees que no estás atrapado en un ciclo incesante de historia repetida, sino que estamos en un mundo donde Dios obra de forma paulatina su plan perfecto y predeterminado.

Gran parte de nuestra ansiedad, preocupación, temor y desánimo del día a día son el resultado de pensar que, cuando las cosas están fuera de *nuestro* control, están fuera *de* control. No obstante, la Biblia nos dice que, si quieres entender correctamente lo que sucede horizontalmente, primero tienes que mirar verticalmente. Permíteme sugerir una herramienta que se deriva de la práctica de la teología de la soberanía de Dios en la vida diaria. Desarrollé esta herramienta para ayudar a las personas a entender y a vivir a la luz de las implicaciones prácticas de la soberanía de Dios en la vida diaria.

Imagina que he puesto frente a ti una hoja de papel con un pequeño círculo dentro de un círculo mucho más grande. Llamaremos al círculo interior *el círculo de la responsabilidad* y, al círculo exterior, *el círculo de la preocupación*. El círculo de la responsabilidad representa cosas que Dios te ha encomendado y que no puedes delegar a nadie más. Son tus deberes diarios que Dios te ha asignado, tu llamado, por así decirlo. La única respuesta adecuada a este círculo interior es obedecer de forma fiel y diligente, confiando en que Dios da la gracia que nos capacita para llevarlo a cabo.

Por otro lado, hay muchas cosas en la vida que, aunque llaman tu atención, cautivan tu mente y pesan en tu corazón, no son tu responsabilidad o están por fuera de tu capacidad de acción. Estas cosas corresponden al círculo exterior, el círculo de la preocupación. La única manera adecuada de responder a estas preocupaciones es entregárselas al Señor que gobierna sobre todas ellas para su gloria y para tu bien supremo. Puedes hacer esto porque la Biblia te enseña que las cosas que están fuera de *tu* control no están fuera *de* control, gracias al plan decretado por Dios para todas las cosas y a su gobierno activo sobre todas las cosas.

A fin de vivir conforme al llamado de Dios para ti es preciso discernir qué cosas en tu vida corresponden a cada círculo. Por ejemplo, si tienes hijos, estás llamado a criarlos en disciplina y amonestación del Señor, pero no tienes poder alguno para producir fe en sus corazones. Por supuesto, esta sería una preocupación, una carga pesada en tu corazón, pero debes entender que tú no puedes producir fe. Si malentiendes esto, vas a hacer cosas que no te corresponde hacer como padre o madre. Una madre me dijo una vez: "Aunque sea lo último que yo haga, ¡haré que mis hijos crean!". Yo de inmediato pensé: "Me alegra no ser hijo suyo". Cuando los padres tratan de forzar la fe en un hijo, aplastan el espíritu del hijo y lo alejan aún más.

Si pones cosas en el círculo interior que en realidad corresponden a Dios, serás dominante y controlador y tu vida estará marcada por la ansiedad y el temor. Dios no nos ha entregado una simple lista de responsabilidades que debemos cumplir, sino que también ha corrido la cortina de los cielos para revelarnos su trono soberano. Lo ha hecho así para que seamos buenos administradores de las pocas cosas que Él ha puesto bajo nuestro control, al tiempo que descansamos en la certeza de que las cosas que están fuera de nuestro control y que todavía nos preocupan, están bajo el control soberano de Dios. La pregunta para ti es: "¿Entiendes con claridad las cosas en tu vida que Dios te ha llamado hacer y las cosas que Él desea que tú le confíes?".

Creer en la soberanía de Dios produce humildad y gozo

Es humillante detenerse a considerar los límites de nuestra soberanía. Debemos estar dispuestos a reconocer que hay muy pocas cosas que podemos controlar. Me cuesta trabajo controlar las llaves de mi auto, mi teléfono portátil y mis audífonos. La teología de la soberanía de Dios debería infundirnos humildad. Considera lo que dice Santiago acerca de esto.

> ¡Vamos ahora! los que decís: Hoy y mañana iremos a tal ciudad, y estaremos allá un año, y traficaremos, y ganaremos; cuando no sabéis lo que será mañana. Porque ¿qué es vuestra vida? Ciertamente es neblina que se aparece por un poco de tiempo, y luego se desvanece. En lugar de lo cual deberíais decir: Si el Señor quiere, viviremos y haremos esto o aquello (Stg. 4:13-15).

Es tentador actuar como si tuviéramos más control de lo que en realidad tenemos. Es tentador atribuirnos el mérito por cosas que nunca habríamos logrado por nosotros mismos. Es tentador pensar que podemos hacer funcionar la vida conforme a nuestros planes. Es tentador enorgullecernos de nosotros mismos en áreas en las que solo deberíamos alabar a Dios. El hecho es que no tenemos idea de lo que el día de mañana traerá, porque no planeamos ni controlamos el mañana; solo Dios lo hace. La enseñanza de las Escrituras acerca de la soberanía de Dios debería infundirnos humildad. Como puedes ver, una buena teología bíblica no solo define quién es Dios, sino que también redefine quiénes somos como hijos de Dios. La soberanía de Dios nos enseña que no somos actores independientes en el escenario de la vida, sino que más bien dependemos constantemente de Aquel que ha planeado y decreta diariamente todo en nuestra vida.

Piensa por ejemplo en una carrera lucrativa. Sin importar cuán duro hayas trabajado o cuán bien hayas administrado tus dones, no es posible para ti controlar todos los factores económicos ni todas las personas y variables que tu compañía haya tenido que manejar para volverte exitoso. Pienso en mi matrimonio de varias décadas con Luella. ¿Cómo podrían una joven de Cuba y un joven de Ohio terminar en el mismo lugar al mismo tiempo a menos que nuestra historia fuera orquestada por una persona de extraordinaria soberanía? Sí, nosotros hemos trabajado con diligencia en nuestro matrimonio, pero ha habido un catálogo casi ilimitado de variables que han tenido que alinearse para que nosotros tuviéramos una relación y lográramos un matrimonio saludable. Si olvidas la soberanía de Dios tendrás la inclinación a atribuirte el mérito por cosas que nunca habrías logrado, producido o controlado tú solo. Y, cuando te llevas el crédito por lo que no habrías podido hacer por tu propia cuenta, le robas la gloria al que merece reconocimiento.

Esto es lo que quiero señalar. La soberanía de Dios es profundamente humillante. Un corazón humilde es un corazón que adora. Un corazón humilde es un corazón agradecido. Un corazón humilde es un corazón obediente. Un corazón humilde es un corazón servicial y amoroso. Cuando llevas en tu corazón la soberanía de Dios producirá una cosecha de buen fruto en tu vida.

Lo cierto es que la soberanía de Dios también debería producir en nosotros un gozo que simplemente es inquebrantable. Pocas cosas producen mayor consuelo y gozo que saber que tu mundo no es un lugar donde reina el azar impersonal y el caos, sino que está bajo un gobierno esmerado y que quien lo gobierna es tu Padre por la gracia. Dondequiera que vayas, tu Padre gobierna. Sea lo que sea que enfrentes en tu vida, tu Padre gobierna. Cuando oras, tu Padre que gobierna también escucha. En su asombrosa gracia, Él desata su poder y autoridad para tu bien. Si esto no produce gozo en ti es difícil imaginar qué podría lograrlo.

He padecido mucha enfermedad física y dolor en los últimos años. Aunque ahora me encuentro estable, tendré que lidiar con la enfermedad y con un cuerpo débil hasta que muera. Los momentos de mayor sufrimiento estuvieron marcados por un profundo gozo e inalterable. No, yo no estaba celebrando mi dolor, pero sabía que en esos momentos clamaba a Aquel que era soberano en medio de cada prueba que estaba experimentando. Yo sabía que cuando clamaba: "Señor, ayúdame, Señor, ayúdame", mi Padre soberano me escuchaba y tenía tanto la voluntad como el poder para responderme. No puedo imaginar cómo sería atravesar esos momentos sin tener alguien a quién clamar que además tenga el poder de responderme.

Confío en que no tenga que soportar ese dolor otra vez, pero estoy agradecido porque esos momentos estuvieron acompañados del gozo de saber que mi Padre es el Rey de reyes y el Señor de señores.

La única respuesta apropiada a la soberanía de Dios es la rendición

Visitemos uno de los momentos más destacados en la narrativa de la redención. Son sucesos de gran intensidad dramática, como una película. La vida espiritual del pueblo de Dios se había corrompido por causa de la adoración a Baal. La cultura tenía esquizofrenia cultural; el pueblo le rendía homenaje a Baal al tiempo que "adoraba" a Dios. Dios levanta a Elías para confrontar este escándalo moral. El desafío de Elías para Israel fue consignado y se puede aplicar a cualquiera de nosotros: "¿Hasta cuándo claudicaréis vosotros entre dos pensamientos? Si Jehová es Dios, seguidle; y si Baal, id en pos de él" (1 R. 18:21). Elías decidió convocar a los profetas de Baal a una competencia que demostrara quién era el verdadero Dios. El monte Carmelo fue el escenario de este duelo espiritual. Los cuatrocientos cincuenta profetas de Baal construyeron su altar, pusieron sobre él su sacrificio, gritaron, danzaron y se cortaron el cuerpo durante varias horas y nada sucedió. Nada. Silencio absoluto.

Elías construyó un altar, puso sobre él el sacrificio, lo roció con litros de agua y luego elevó una sencilla oración. Esa oración terminó con estas palabras: "Respóndeme, Jehová, respóndeme, para que conozca este pueblo que tú, oh Jehová, eres el Dios, y que tú vuelves a ti el corazón de ellos" (1 R. 18:37). De inmediato descendió fuego del cielo y consumió no solo el sacrificio, sino las piedras del altar y toda el agua que se había rociado allí. Esto sucedió porque Aquel a quien Elías oró es el Señor soberano del cielo y de la tierra. Él rige los elementos del mundo que Él hizo y ejerce su poder para el bien de su pueblo. Solo Él es Señor sobre todo. Caso cerrado. Fin de la discusión.

La respuesta de Elías al gobierno soberano del Señor es: "Si Jehová es Dios, seguidle" (1 R. 18:21). La única respuesta apropiada a la verdad de la soberanía de Dios es la rendición total, es decir, ofrecer todo lo que eres y todo lo que tienes a Él. La rendición es el epicentro de la guerra espiritual que brama en y alrededor de nosotros. Es posible ser sutilmente falsos de la misma forma que los israelitas eran abiertamente falsos.

Tal vez profeses creer en la soberanía de Dios y, a la vez, consientas varias formas de idolatría que controlan tu matrimonio, tu trabajo, tu crianza, tu identidad y tu vida espiritual. ¿En qué áreas te ves tentado a intercambiar la adoración y el servicio al Creador por la creación? ¿Qué persona, lugar o cosa ejerce la clase de control sobre tu corazón que solo tu Señor debería tener? ¿Gobierna el Señor tus pensamientos, deseos, elecciones, palabras y acciones? Si el Señor es Dios, síguele. Creer en la soberanía de Dios cuando esta creencia no produce una entrega dispuesta a Él no constituye fe bíblica.

El misterio y la confusión seguirán

Puesto que tú y yo no estamos al tanto del consejo secreto de Dios ni Él nos revela el porvenir, siempre enfrentaremos confusión, misterio e incertidumbre. Creer en la soberanía de Dios no hace que desaparezcan estas experiencias de tu vida. He aquí el problema. Dios nos ha dado capacidades intelectuales y conceptuales y, por consiguiente, vamos a desear saber, vamos a ansiar que la vida tenga sentido y vamos a querer comprender. No nos gusta estar confundidos, no nos gusta la incertidumbre y no nos gusta vivir con misterios sin resolver.

Sin embargo, todos debemos estar dispuestos a aceptar que hay una línea divisoria entre la criatura y el Creador que somos incapaces de traspasar. Hay cosas que Dios no nos ha dicho y que nunca nos dirá. Esto significa que hay cosas que nunca comprenderemos por completo. Habrá misterios en nuestra vida que nos desconcierten y que seremos incapaces de resolver. El hecho de que Dios no nos diga todo lo que nos gustaría saber es una señal de su amor comprensivo de Padre.

Cuando nuestros hijos eran pequeños y entendían muy poco de la vida y sus peligros, a veces tenía que decirles "no" cuando sabía que no tenían la capacidad de entender "por qué". Se enojaban y preguntaban: "Papi, ¿por qué?". Y yo le decía: "Papá quisiera ayudarte a entender por qué, pero si te dijera por qué, aun así no entenderías. ¿Papá te ama? ¿Quiere lo bueno para ti? ¿Quiere protegerte? Entonces confía en tu papá. Anda por el pasillo y di para ti mismo: 'No sé por qué papi me dijo no, pero sé que mi papi me ama'".

Piensa en eso por un momento. Los hijos no experimentan descanso cuando saben todo lo que quieren, sino cuando confían en sus padres que entienden de qué se trata. El descanso no viene por entender las cosas, sino por confiar en la existencia, el poder, la autoridad, la sabiduría y el amor de Aquel que gobierna sobre todas las cosas que tú desearías poder comprender. El descanso en el corazón es siempre una experiencia personal. La paz en el alma es una cuestión de relaciones. El hecho de que Dios no haya abierto la puerta a los detalles de su plan soberano para nosotros es una muestra de su amor por nosotros. Él nos protege de lo que seríamos incapaces de procesar con nuestras mentes limitadas y corazones débiles. Todo padre o madre que ama a sus hijos obra de la misma manera. Si estás batallando con tus finanzas, proteges a tus hijos de esa carga alarmante porque los amas. Si estás experimentando dificultades en tu matrimonio, no te desahogas con tus hijos porque los amas. Los padres amorosos se reservan muchas cosas que no revelan a sus hijos, precisamente porque ellos no serían capaces de soportar el peso de conocerlas.

La manera de Dios de responder a nuestro deseo de conocer y de entender no es dándonos respuestas, sino dándose a sí mismo. Él nos revela su existencia, su gobierno, su sabiduría, su fidelidad y su amor para que podamos experimentar paz y descanso de corazón aun cuando enfrentamos misterios dolorosos. Y, cuanto más llegamos a conocerlo y a entender el carácter de su cuidado amoroso, más profundo se vuelve nuestro descanso. Así que anda hoy por el pasillo de tu vida y di: "Hay muchas cosas que no entiendo, pero sé que mi Padre tiene todo bajo control. Sé que Él es sabio y bueno y sé que me ama". Necesitarás repetirte esto muchas veces, porque habrá nuevos misterios, otros sucesos que parecerán no tener sentido y que harán sufrir tu corazón, porque Dios es Dios y tú no. En última instancia, el descanso no es saber, sino confiar. Preguntarte a ti mismo por qué sucedió algo no siempre te dará descanso, pero sí recordarte a ti mismo quién está al mando de lo que sucede.

El control de Dios no siembre es obvio

Aquí vemos el problema práctico que enfrenta todo aquel que toma en serio la teología de la Palabra de Dios. Lo que es verdad no siempre es obvio. Por eso es importante basar tu manera de vivir no en tu interpretación de lo que sucede a tu alrededor o en el mundo en general, sino de lo que Dios te ha revelado acerca de su carácter y su plan. La Biblia nos declara que Dios controla de manera constante y activa el mundo que creó, el curso de la historia y las personas que hizo a su imagen. Sin embargo, con frecuencia parece que tu mundo no estuviera bajo ninguna clase de control justo y sabio. Cada día experimentas alguna medida de caos en tu hogar y tu iPad te presenta todo lo que está mal y fuera de control por todo el mundo. No parece que alguien estuviera al mando, es decir, nadie a quien te interese adorar.

Este ha sido el problema para los creyentes en cada generación. ¿Pareció que el mundo egipcio estaba bajo el control divino a los ojos de los esclavos israelitas? ¿Pareció que Dios tenía el control cuando Israel fue gobernado por reyes malvados o cuando Jerusalén y el templo fueron destruidos? ¿Pareció que Dios tenía el control cuando Roma gobernó con mano dura? ¿Parece que Dios tenga el control cuando las fuerzas de la naturaleza se desenfrenan matando a miles, cuando la corrupción política aplasta la libertad o cuando la enfermedad acaba con millones de vidas? ¿Parece que Dios tenga el control cuando buscas seguirle y experimentas sufrimiento, mientras que tu vecino incrédulo pareciera disfrutar de una buena vida? Cuando el racismo, la violencia y la guerra parecen no tener fin es difícil contemplar estos acontecimientos en el marco del gobierno de Dios de una manera lógica. Lo que Dios declara que es verdad muchas veces dista de ser obvio en la experiencia directa.

Esta es la tensión en la que todos vivimos. El autor de Hebreos, hablando acerca del señorío de Jesucristo, sugiere dicha tensión: "Porque en cuanto le sujetó todas las cosas, nada dejó que no sea sujeto a él; pero todavía no vemos que todas las cosas le sean sujetas" (He. 2:8). Tu teología de la soberanía de Dios no se desarrolla mediante la observación horizontal, sino a través de la fe vertical. Entre el "ya" y el "todavía no", el mundo no opera en apariencia bajo la clase de control divino completo que será evidente en los nuevos cielos y la nueva tierra. Esto significa que confiar en la autorrevelación de Dios en su Palabra aquí y ahora es infinitamente más seguro que tu capacidad para observar, interpretar y sacar conclusiones. No puedes basar tu confianza en la precisión, la fiabilidad y la veracidad de lo que Dios ha dicho acerca de quién es Él y lo que Él hace en tus propias observaciones acerca del mundo que te rodea. Esta es la conclusión: puedes descansar con confianza en la soberanía de Dios precisamente porque Dios ha repetido claramente en su Palabra que es soberano. Esto nos exige estar dispuestos a vivir con la tensión de no siempre poder ver con nuestros ojos y entender con nuestra mente lo que Dios ha declarado que es verdad acerca de Él.

Se nos ha dado la capacidad de observar y de interpretar, pero si estas habilidades fueran lo único que necesitáramos como padres, cónyuges, estudiantes, vecinos, trabajadores, ciudadanos o miembros del cuerpo de Cristo, Dios no habría guiado ni preservado su Palabra autorreveladora para entregárnosla. Lo que Dios declara acerca de Él mismo es verdad aun en aquellos momentos en los que su control soberano dista mucho de parecer evidente.

La verdad de la soberanía de Dios (Ro. 8:28-29)

No podría hablar acerca del significado de vivir en la práctica conforme a la verdad de la soberanía de Dios sin examinar uno de los pasajes más malinterpretados del Nuevo Testamento. La mala interpretación de este pasaje ha generado en muchos creyentes sinceros expectativas poco realistas de Dios y, como resultado, una lucha con la desilusión y la duda. En el pasaje en cuestión, Pablo hace una importante aplicación de la soberanía de Dios a la vida y la esperanza de cada creyente. El problema es que no es la aplicación que muchos *piensan* que él hace. Muchas veces he oído que recomiendan este pasaje a quien sufre o enfrenta dificultades con la intención de infundirle esperanza, con el desafortunado efecto contrario.

El pasaje al que me refiero es Romanos 8:28: "Y sabemos que a los que aman a Dios, todas las cosas les ayudan a bien, esto es, a los que conforme a su propósito son llamados". Cuando se saca este pasaje de su contexto pareciera afirmar que para un hijo de Dios todo termina bien. Muchos cristianos toman este pasaje en el sentido de que las dificultades de su vida tarde o temprano tendrán un final feliz. Los cristianos bienintencionados dicen con frecuencia a quien enfrenta una lucha: "No te des por vencido, todas las cosas te ayudan a bien".

A esto lo llamo *teología del final feliz*. Es la creencia de que Dios ha prometido a sus hijos un buen término a las cosas malas que enfrentan, y se ha extendido en la iglesia.

Examinemos el contexto del pasaje. Desde Romanos 8:18, Pablo aborda el tema del sufrimiento que todos vamos a enfrentar porque vivimos en un mundo resquebrajado por el pecado que gime y espera su redención. Lo que sigue es un tratado acerca de la gracia de Dios entre el "ya" y el "todavía no". Pablo quiere que sus lectores entiendan que nada que ellos enfrenten puede detener la marcha del plan redentor de Dios ni separarlos de su amor.

Observa cómo los versículos después de Romanos 8:28 tienen como propósito reforzar este tema: "Porque a los que antes conoció, también los predestinó para que fuesen hechos conformes a la imagen de su Hijo, para que él sea el primogénito entre muchos hermanos. Y a los que predestinó, a estos también llamó; y a los que llamó, a estos también justificó; y a los que justificó, a estos también glorificó" (Ro. 8:29-30). Estos versículos explican el "bien" que se promete en el versículo 28. No es un bien situacional. No es un bien relacional. No es un bien financiero. No es una buena ubicación geográfica. No es la promesa de una familia feliz, un buen matrimonio, una carrera exitosa, una iglesia maravillosa, salud física o una jubilación holgada.

El "bien" prometido en este pasaje es el tipo más maravilloso de bien con el que alguien pueda ser bendecido jamás. Es mejor que cualquier cosa que podamos ganar, merecer o esperar. Es el bien de la gracia rescatadora, perdonadora, transformadora y liberadora de Dios. Nada puede detener su obra de gracia en las vidas de quienes Él ha escogido. Él completará lo que ha empezado. Su gracia prevalecerá pase lo que pase. Según las palabras de aliento de Pablo, lo que Dios te da es infinitamente mejor que el final feliz que tú esperas. Lo que Él te ofrece en medio de tu sufrimiento y tu lucha es Él mismo. Él está en ti, contigo y está a favor tuyo, y sigue entregándote el regalo por excelencia: su gracia redentora.

Sí, Dios promete ejercer su autoridad y poder soberanos para tu bien.
Él, en efecto, saca el bien de las cosas malas que acontecen, pero no finales
felices circunstanciales; Él promete el bien de su gracia incesante e invencible. Tú puedes celebrar la soberanía de Dios no porque te garantice una
vida feliz y cómoda, sino porque te conecta con Él y con el prodigio de
su amor inseparable y su gracia incontenible. El problema con la comprensión equivocada de Romanos 8:28 no es que te ofrezca más de lo
que Dios ha prometido. No, lo triste y trágico de esta malinterpretación
es que te ofrece mucho menos. Es mi anhelo que conforme seguimos
viviendo en la incomodidad de este mundo que gime podamos recla-
mar la verdadera gloria de la promesa de Romanos 8:28.

La soberanía de Dios es un motivo para levantarte en la mañana

Muchos vivimos momentos en los que nos cuesta levantarnos de la cama
en la mañana. Te despiertas con la mente desbordada de preocupaciones
que tenías desde la noche anterior. Te preocupas por la horrible conversación que tuviste con tu esposo, por tu hijo adolescente que al parecer se
está descarriando, por el trabajo que perdiste y el pago de la renta que
se avecina o el examen médico que salió positivo. Tal vez te despiertes ya
cansado en tu cuerpo y en tu corazón. Quizá te despiertes con remordimiento por decisiones que has tomado y que no puedes deshacer. Quizá
seas un pastor y te despiertas a la realidad de que el ministerio es mucho
más difícil de lo que pensaste. Quizá el nuevo día te recuerde que eres
viejo y no el joven que fuiste alguna vez.

A muchos nos resulta difícil despertarnos con expectativa y gozo
porque las dificultades de la vida han entrado por nuestra puerta y
parecieran no marcharse. Esconderte para escapar de la realidad es un
intento vano. Quejarse y andar de mal genio no te hace ningún bien y
seguramente tampoco ayuda a los que tienes cerca. Sin embargo, en esos
precisos momentos es cuando la teología de la soberanía de Dios es tan
provechosa, alentadora y restauradora.

Esta verdad te recuerda que sin importar qué pruebas puedas enfrentar en un día dado, te despiertas a un mundo que está bajo un control
sabio y justo. Esta doctrina te recuerda que Aquel que tiene el mando
es tu Padre. Él gobierna tu vida con el cuidado amoroso de un padre.

Y, puesto que Él es soberano sobre los detalles de tu vida, Él está cerca, tan cerca que está a tu alcance. La Biblia nos dice que "cercano está Jehová a los quebrantados de corazón; y salva a los contritos de espíritu" (Sal. 34:18) y Él es quien tiene el control. La soberanía de Dios significa que nunca te despiertas a un mundo en el que estás solo en medio de tus circunstancias y abandonado a tu propia sabiduría y a tus propias fuerzas.

Con todo, la verdad de la soberanía de Dios te ofrece algo más cuando despiertas a un nuevo día. Tienes la paz y la seguridad de saber que la situación que vives no durará para siempre. Tienes un destino que es seguro. Dios no te abandonará, no se cansará, no vivirá enojado contigo ni se apartará de ti. Te llevará por su gracia hasta que llegues a tu hogar eterno donde no habrá pecado, enfermedad ni sufrimiento. Y, cuando mires en retrospectiva desde la eternidad, aquello que te pareció insoportable e implacable te parecerá un soplo.

La soberanía de Dios te da una razón para levantarte por la mañana y ser otra vez un padre o madre amoroso, ser otra vez un cónyuge fiel, trabajar otra vez con gozo, reconciliar otra vez aquella relación, sufrir otra vez con valentía y esperanza, dar otra vez con generosidad y hacer todo otra vez el día siguiente. No estás solo. Tu mundo está gobernado por tu Padre y estás de camino a un lugar más maravilloso de lo que podrías imaginar. Y, hasta que llegues allí, tu Padre camina contigo y te da la gracia que necesitas para enfrentar este día y todos los días que vienen.

Todos queremos ser soberanos

Nos frustramos con facilidad porque carecemos del poder para hacer que las cosas funcionen según nuestros deseos. Esta es la causa de gran parte de nuestra angustia interna, a nivel relacional y situacional. Es la razón por la cual nos enojamos con otros conductores o con la persona que está frente a nosotros en la fila del supermercado con un carrito lleno de artículos. Es la razón por la cual a veces las vacaciones nos decepcionan o reaccionamos con impaciencia frente a nuestros parientes o amigos. En lo profundo de nuestro corazón hay un deseo de que el mundo se conforme a nuestro plan soberano y de que los demás acaten nuestras órdenes.

Cuando volvemos a Génesis 3 y analizamos el relato de la tentación y la desobediencia de Adán y Eva, nos damos cuenta de que lo que los atrajo no fue el fruto hermoso, provocativo y codiciable. No, el fruto fue el medio para alcanzar un fin mucho más atractivo: "Seréis como Dios". Lo que ellos perseguían era la soberanía propia, independiente, autosuficiente y autónoma. Querían una vida que no les exigiera depender del gobierno de su Creador ni someterse a Él. La horrenda mentira de la serpiente fue que la soberanía humana era posible. A la raíz de todo pecado está el deseo de ser como Dios, de poseer lo que Dios posee y de ser capaz de hacer lo que solo Dios puede hacer. Queremos reinar sobre las cosas que no tenemos capacidad de gobernar. Nos enojamos cuando se hace la voluntad de Dios en las relaciones y en las situaciones que vivimos porque preferiríamos más bien que se hiciera nuestra voluntad.

Esposo, tú te enojas porque tu esposa no hace tu voluntad. Esposa, tú desearías tener mayor control sobre tu esposo. Padres, con frecuencia ustedes se sienten frustrados con sus hijos y usan palabras y acciones indebidas con ellos porque, aunque tienen el deber de educarlos, ustedes no tienen el control sobre su conducta. Nos impacientamos con nuestras iglesias y nos preguntamos si deberíamos más bien buscar otra alternativa porque la iglesia no es lo que sería si nosotros estuviéramos al mando. Nos desanimamos en nuestros lugares de trabajo porque Dios nos pone en situaciones que nosotros evitaríamos si fuéramos nosotros los directores de nuestro trabajo.

Uno de los temas de este libro es la sana doctrina bíblica que no solo define quién es Dios, sino que también redefine quiénes somos como hijos suyos. A veces la forma en que la buena teología nos define es alentadora y esperanzadora. No obstante, a veces descubre las tinieblas que hay en nuestro corazón. La buena teología siempre consuela y confronta. La buena teología debe producir en nosotros celebración y congoja. La buena teología revelará aquellas áreas en las que somos propensos a vivir en conflicto con nuestro Señor y, por ende, en las que nos falta amor por las personas con quienes vivimos y trabajamos. Si niegas tu deseo de ser soberano y dejas que anide en tu corazón, te resultará difícil rendir tu vida al Único que es soberano.

Es vital que reconozcamos no solo las áreas en las que queremos usurpar el gobierno que solo le pertenece a Dios, sino también la cosecha de malos frutos que esto produce. ¿En qué areas de tu vida asoma su horrenda cabeza el deseo de ser soberano? ¿Qué pecado queda evidenciado en tus palabras y acciones cuando cedes a ese deseo? A todos nos conviene incluir esta petición en nuestra oración diaria: "Padre, confieso que muchas veces deseo tener el gobierno tuyo sobre otras personas y sobre las cosas. Dame hoy la gracia para resistir esos deseos y para entregarte mi vida, mi prójimo y todo lo que me rodea. Confieso mi pecado contra ti y contra los demás y descanso en tu perdón". Termina tu tiempo de oración expresando tu gratitud por ser librado de la carga de la soberanía y porque Aquel que está sentado en el trono es tu Padre.

La soberanía de Dios garantiza la confiabilidad de las promesas de Dios

Si estás agradecido por las promesas de Dios y por la gracia rescatadora, protectora, proveedora y transformadora que ellas te ofrecen, debes celebrar cada día de tu vida la soberanía de Dios. Si las promesas de Dios te motivan, te dan aliento y te llenan de esperanza, deberías encontrar gozo en el gobierno eterno e inmutable de Dios. Si en momentos de debilidad, desánimo, ansiedad o temor echas mano de las promesas de Dios y te aferras a ellas con vehemencia, deberías estar agradecido porque Dios está sentado en el trono del universo y controla todo con poder y autoridad sin medida.

Como padre o madre, esposo o esposa, trabajador o estudiante, joven o viejo, rico o pobre, en las buenas o en las malas, es imposible depender de las promesas de Dios cuando, al mismo tiempo, no encuentras gozo en su gobierno. Déjame explicarte por qué. La confiabilidad de las promesas de Dios es directamente proporcional al alcance de su gobierno. Solo es posible garantizar el cumplimiento de algo que se ha prometido en situaciones y lugares donde se tiene el control. Te aseguro que yo haré lo que he prometido en mi casa porque tengo una medida de control allí, pero no puedo ofrecerte la misma garantía en la casa de mi vecino donde no ejerzo control alguno.

Nunca tienes que cuestionar la capacidad de Dios para cumplir lo que te ha prometido porque Él tiene un control imbatible sobre cada situación, lugar y relación donde esas promesas tienen que cumplirse. Dado que nunca estás en un lugar que escape a su control, nunca estarás en un lugar donde lo que Él te ha prometido no logre alcanzarte. Él gobierna en cada situación donde sus promesas han de cumplirse en nosotros. Él gobierna. Sus promesas son confiables y seguras.

La soberanía de Dios te infunde una esperanza real cuando oras

Hay quienes afirman que, si Dios tiene el control completo de todo, no hay razón para orar. Él controla el principio, el medio y el final de todo. Lo que Él quiere sucederá. Según esta idea, si yo oro a alguien que ya ha resuelto lo que hará, entonces ¿qué sentido tiene orar? Sin embargo, la Biblia nunca nos lleva a pensar de esta manera. La Biblia nos ordena orar. La Biblia nos invita a orar. Jesús nos presenta un modelo para orar. La Biblia nos relata historias acerca de cómo Dios respondió las oraciones de su pueblo. Santiago dice que la oración del justo "puede mucho" (Stg. 5:16). Tú simplemente no puedes leer tu Biblia y concluir que la oración es una actividad religiosa vacía y sin sentido.

Así pues, ¿cómo nos presenta la Biblia un Dios que ostenta el control absoluto de todo y, al mismo tiempo, nos llama a ser fieles en la oración? Recuerda lo que ya se ha dicho acerca de nuestra iniciativa y la soberanía de Dios. Dios no solo determina el fin (el resultado final) sino también el medio (todas las acciones, reacciones y respuestas que producen el resultado final) para llegar a ese fin. Y una de las maneras en que Dios ha elegido llevar a cabo lo que ha planeado es por medio de las oraciones fieles de sus hijos. Tus oraciones no están por fuera de su plan soberano, sino que más bien son parte crucial del cumplimiento de su plan soberano para este mundo. Tus oraciones son parte esencial del gobierno soberano de Dios.

El gobierno incontestable de Dios sobre todo, lejos de desalentar la oración, es tu esperanza y tu motivación cuando oras. No oras a alguien que carece de poder y autoridad. No oras a alguien que tiene límites en su capacidad. Todos hemos experimentado la frustración de acudir con una necesidad a alguien que tiene el deseo de ayudarnos, pero carece de la autoridad o la capacidad para hacerlo. Es grato que las personas quieran ayudarnos, pero eso no cambia la situación en la que nos encontramos.

Este no es el caso cuando presentas tus necesidades a tu Padre celestial. Él no solo te ama con un amor eterno, te concede nuevas misericordias y te prodiga su gracia, sino que también controla todo lo que te preocupa, te agobia y podría derrotarte. No hay nada que puedas enfrentar que esté por fuera del alcance de su autoridad o poder. Y Él ha prometido desatar su poder para tu bien. En vez de ser motivo de desánimo en la oración, la soberanía de Dios nos da razones para orar y para esperar resultados cuando oramos.

He escrito este capítulo con un corazón fatigado y abrumado. El mundo ha enfrentado una pandemia global que ha detenido la economía mundial, ha causado un sufrimiento incalculable y ha costado la vida a 106.000 personas solo en los Estados Unidos. Las ciudades estadounidenses se han convertido en cavernas abandonadas y vacías. Por más de dos meses las iglesias no han podido congregarse y hay incertidumbre acerca de cuándo podrán volver a hacerlo con seguridad. Para completar el triste panorama, todos supimos recientemente de la grabación con teléfono celular que muestra cómo George Floyd, un hombre de raza negra, murió bajo el peso de un policía que lo aplastó con su rodilla por el cuello durante más de ocho minutos. El horror de este asesinato provocó protestas en todas las principales ciudades estadounidenses. Las protestas pacíficas se volvieron violentas y por todo el país hubo destrucción en los distritos comerciales. La violencia llegó muy cerca del lugar donde vivimos en el centro de la ciudad de Filadelfia. Hemos vivido noches de mucho temor y oración por nuestra seguridad y por nuestra ciudad. Entretanto, presenciamos una pandemia, una recesión económica generalizada y tensiones raciales que se desarrollan y convergen en una gran tormenta de caos social. Si en mi vida ha habido un momento en el que el mundo parece estar fuera de control es este preciso momento en el que escribo.

Si sientes algún afecto en tu corazón y el compromiso de amar a tu prójimo como a ti mismo, serías incapaz de ver el vídeo del asesinato de George Floyd sin la indignación justa de un corazón quebrantado. ¿Cómo podrías pensar en los estragos que ha producido esta pandemia en el mundo y no sentir ganas de llorar? Mi corazón ha estado apesadumbrado, quebrantado y cansado. En estos momentos, la gran pregunta es qué hacer cuando estás cansado y angustiado. ¿Qué debes hacer cuando pareciera que tu corazón no puede soportar más cargas? En esos momentos ¿deberías salir corriendo? Como David, yo corro al "templo" para contemplar la belleza de mi Señor una vez más. Y, cuando lo contemplo, recuerdo de qué se trata este capítulo: sin importar cómo se vean las cosas allá afuera en la realidad, Él es Señor sobre cada situación que me confunde y angustia, y es Señor en cada lugar. Yo descanso en la convicción de que aquello que yo no entiendo, Él lo planea y entiende a la perfección. Encuentro paz en saber que aquello que yo nunca lograría manejar, Él lo gobierna.

No, el dolor de la vida en este mundo resquebrajado por el pecado no va a desaparecer, y yo volveré a enfrentar momentos sombríos, pero puedo ser libre de cualquier pánico porque hay Alguien que tiene el control y Él es perfectamente sabio y bueno.

Tanto en los tiempos de holgura como de dificultad es glorioso saber que Dios gobierna y nosotros no. Es alentador saber que sin importar cuán caótico y confuso parezca, nuestro mundo no está fuera de control, sino que está bajo el señorío sabio y diligente del Señor Todopoderoso. Es reconfortante saber que Aquel que gobierna todo, en todo momento, es nuestro Padre por la gracia. Nos consuela saber que, puesto que Él gobierna, nada puede detener el curso de su gracia que produce vida y derrota el pecado. Es bueno saber que hay un Rey superior cuyo trono está muy por encima de los reyes imperfectos de esta tierra. Se nos quita un gran peso de encima saber que podemos confiar a su reinado sabio nuestras grandes preocupaciones por aquello que no somos capaces de cambiar. Es bueno recordar que tu salud mental no depende de tu comprensión de todas las cosas, sino de confiar en Aquel que las comprende todas desde antes del principio y más allá de todo destino. Es saludable espiritualmente despertarse cada mañana y adorar a Dios como soberano.

No se me ocurre una mejor manera de terminar este capítulo que con las palabras actuales de un himno antiguo. Mientras las lees, escucha el coro de santos que por siglos han entonado estas palabras que han avivado en ellos su esperanza y su valentía.

> Lo que hace Dios, Él lo hace bien,
> es sabio y es clemente;

en mi congoja y aflicción
me cuida tiernamente.
Dios obrará: Él cambiará
mis lágrimas en gozo;
mi Padre es bondadoso.

Lo que hace Dios, Él lo hace bien,
jamás ha de engañarme.
Por sendas de justicia y bien,
en paz Él ha de guiarme.
En mi dolor mi Salvador
me infundirá consuelo,
ahuyentará mi duelo.

Lo que hace Dios, Él lo hace bien,
pues aunque sepa amarga
la copa puesta frente a mí,
no tardará en beberla.
Le confiaré, le esperaré,
un día claramente
veré que obró fielmente.

Lo que hace Dios, Él lo hace bien,
¡verdad inconmovible!
Angustia, muerte, privación,
dolor indescriptible.
En bien y en mal me cuida igual,
según su santa voluntad
repose mi alma en su bondad.[1]

---

1   "Whatever My God Ordains Is Right", letra original de Samuel Rodigast 1676, trad. Catherine Winkworth 1863. Música y letra alternativa Mark Altrogge copyright © 2007 Sovereign Grace Praise (BMI) (adm. en CapitolCMGPublishing.com). Todos los derechos reservados. Usado con permiso. Traducción al español: M. R. Piñero de Pelletier (2015). Publicado en el "Cofre de Himnos" de la Conferencia de Pastores 2017, Iglesia Bautista North Bergen, NJ.

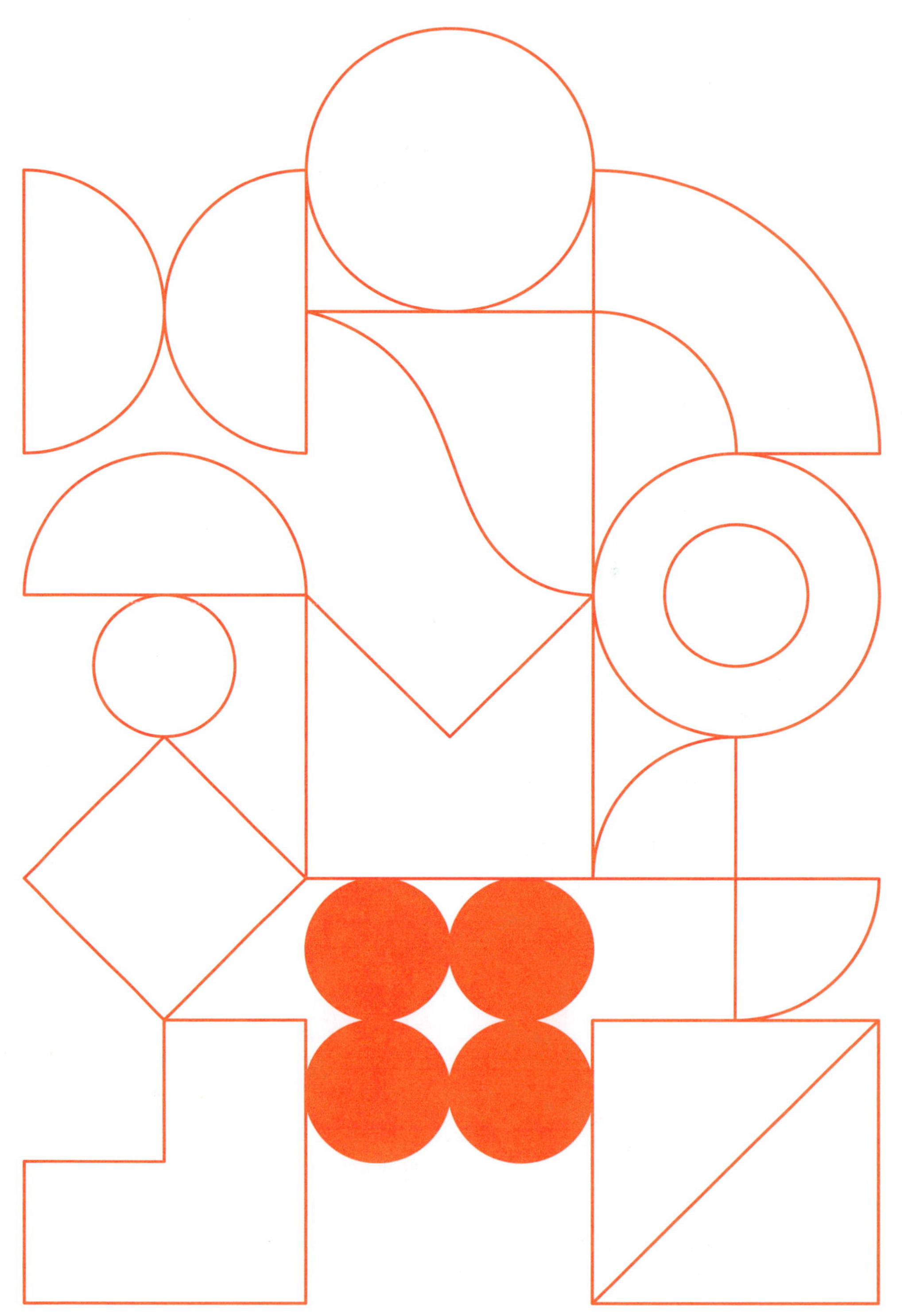

9

La doctrina de la omnipotencia de Dios

DIOS ES OMNIPOTENTE, todopoderoso. Él puede hacer, sin esfuerzo alguno, todo lo que quiere en todo momento y en cualquier lugar donde Él elija manifestar su poder. Esta es la definición suprema de poder. Esto significa que Dios es absoluta y completamente único en poder. Nada existe en el cielo o en la tierra que se compare con Dios en poder. El poder de Dios no tiene límites. No hay nada que Dios no pueda hacer, conforme a su santa voluntad y deseo, y nada puede impedir o detener el ejercicio de Dios de su poder. Véanse Génesis 17:1; 18:14; Números 11:23; Job 24:22; 41–42; Salmos 24:8; 115:3; 145:1-3; Isaías 14:24-27; 44:6-8; 45:5-18; Jeremías 32:17; Zacarías 8:6; Mateo 19:6; Marcos 14:36; Lucas 1:37; Efesios 3:20-21; Apocalipsis 1:8.

Cómo entender la doctrina de la omnipotencia de Dios

La sustancia de mi vida como escritor radica en el poder de las palabras. Las palabras pueden expandir tu visión. Las palabras pueden estimular y fortalecer tu imaginación. Las palabras pueden darte la vista en lugares donde has sido ciego. Las palabras pueden ayudarte a entender cosas que están más allá de los límites de tu propia experiencia. Las palabras advierten, confrontan y consuelan. Las palabras pueden disipar el temor e infundir esperanza. Las palabras pueden humillarte o enorgullecerte. Las palabras tienen poder. Amo las palabras. Trabajo con ellas cada día. Definitivamente soy culpable de pensar demasiado y de hablar demasiado. Quienes me conocen no me consideran un hombre que sufra de escasez de palabras. Sin embargo, al escribir este capítulo me veo confrontado a los límites de mi vocabulario y de mi capacidad como escritor.

El tema que voy a tratar aquí es de una gloria tan colosal que desafía toda descripción y comparación. Lo que nos disponemos a considerar pertenece a una galaxia que está más allá de todo lo que hayamos considerado o experimentado jamás.

Un sábado en la tarde, mi hijo, que trabaja como comentarista deportivo, me envió un mensaje de texto para invitarme a sintonizar uno de los canales de deporte porque estaba sucediendo algo asombroso. Lo que observé en la hora siguiente fue algo impresionante. Nunca había visto algo parecido. De hecho, no sabía que tal cosa existiera. Incluso, después de verlo con mis ojos, me preguntaba si en realidad lo había visto. Cuando sintonicé el canal, un reportero dijo que un concursante estaba a punto de levantar 501 kilos de peso. Yo sabía que eso era increíblemente pesado, pero no sabía con exactitud cuánto. De modo que hice una búsqueda rápida en Google y quedé asombrado al constatar que 501 kilos equivalían a 1.104 libras. Eso me parecía imposible. Aunque el levantador de pesas era enorme, podía imaginar ese peso destrozando una de sus rodillas, arrancándole un brazo o estallando una vena en su cabeza.

Debo admitir que me puse un poco nervioso cuando subió a la plataforma y se paró frente a la barra. De repente empezó a darse golpes en el pecho y a gritar y, luego, tomando fuerzas, se inclinó y levantó ese enorme peso durante el tiempo reglamentario. En seguida se oyeron gritos y ovaciones de celebración para reconocer el logro sin precedentes de ese deportista. Me quedé sentado, agradecido de que sus rodillas estuvieran intactas y ninguno de sus brazos hubiera quedado tirado en el piso. Mi hijo y yo nos enviamos mensajes de texto para comentar lo increíble que había sido aquello.

Lo que vi esa tarde fue extraordinario. No sé si volveré a ver algo parecido, ya que había sido más fuerza humana de lo que yo creí que existiera. Este hombre tenía poder y lo sabía. Los 501 kilos que colgaban de la barra no lo asustaron ni lo intimidaron en absoluto. Él sabía que pertenecía a una categoría diferente al resto de mortales. Él quería que las cámaras grabaran el suceso porque sabía que iba a levantar ese peso y a salir de ahí victorioso e ileso. Fue una convergencia de poder y de confianza, y fue extraordinario. Sin embargo, poder levantar ese peso también requirió esfuerzo, un esfuerzo implacable.

Mientras pensaba en este capítulo, que es una reflexión acerca de la omnipotencia de Dios, pensaba también en aquella tarde cuando vi al levantador de pesas. No obstante, esta vez el asombro había languidecido. Lo que yo había observado no era el hombre más fuerte del mundo, sino un hombre limitado por la debilidad humana. Él tenía mucho poder, pero nunca sería todopoderoso. Él podía entrenar más y levantar más peso, pero nunca sería omnipotente. Él no logró lo que logró simplemente por el deseo de hacerlo. Había entrenado hora tras hora, día tras día, mes tras mes y año tras año. Había entrenado para vencer su propia debilidad y desarrollar su fuerza. Había investigado y estudiado. Había aprendido de otros deportistas. Había escuchado el consejo de fisiólogos del deporte. Tuvo que someterse a la disciplina que le impusieron los dietistas deportivos. Los psicólogos deportivos tuvieron que enseñarle técnicas para vencer su temor. Tuvo que aprender la técnica del levantamiento de pesas. Tuvo que pasar años desarrollando su masa muscular. Durante años había acumulado logros, levantando pesas cada vez mayores hasta que por fin fue capaz de pararse frente a 501 kilos con la confianza de poder levantarlos. Tuvo que hacer todo esto porque, aunque no pareciera ni actuara como tal, él es como cualquier mortal, un ser humano débil y limitado.

Cuando se trata de considerar el poder ilimitado de Dios, tropezamos con el hecho de que todo en nuestro campo experiencial es limitado. Lo más poderoso que conocemos es limitado en poder. Incluso cuando te impresiona el poder de algo, te impresiona porque ha rebasado la frontera de los límites esperados. Cuando pensamos en poder, es normal que pensemos en poder limitado. Si alguien se creyera capaz de hacer absolutamente todo pensaríamos de inmediato que es absurdamente arrogante, que está tristemente engañado o trágicamente desquiciado.

Volvemos a ver aquí la línea que separa a la criatura del Creador. Todo lo que existe del lado de la criatura es limitado en poder. Ninguna persona tiene el poder para hacer todo lo que quisiera. Ningún animal tiene poder ilimitado. Todo lo que se encuentra a este lado de la línea de separación entre la criatura y el Creador adolece de debilidad, incapacidad y límites. Dios es absolutamente único en poder. Es incomparable. No existen categorías para clasificarlo. No hay analogías posibles para Él. Decir que Dios es omnipotente es decir que Dios es Dios. Pensar en el poder de Dios siempre nos llevará a la antigua pregunta retórica: "¿Qué Dios es como nuestro Dios?".

Sin embargo, tiene valor el hecho de meditar en lo que significa creer que hay alguien sentado en el trono del universo y tiene el poder para hacer todo lo que quiere, sin mediar capacidad ni esfuerzo. Quiero considerar dos cosas en las Escrituras que definen y nos explican la clase de poder que es el poder de Dios: el *poder de la creación* y el *poder de la resurrección*.

El capítulo 12 de este libro tratará en forma detallada la doctrina de la creación, pero, para nuestros propósitos, en este capítulo quiero examinar la creación como un despliegue público del poder ilimitado de Dios. Si eres creyente en la Biblia ya sabes y crees que Dios hizo este mundo a partir de la nada. Llegó a existir por el poder de su voluntad y de su palabra. Tengo, al respecto, dos inquietudes. Primero, que muchas veces no dedicamos tiempo a examinar lo que profesamos creer y, por ende, somos indiferentes a la totalidad de la gloria de lo que creemos. Segundo, temo que las verdades asombrosas como la omnipotencia de Dios se conviertan en asuntos cotidianos de nuestro bosquejo teológico y, por ende, dejen de conmovernos como lo hacían antes. Nuestras vidas se conforman y se encaminan según aquello que logra mantenernos asombrados. Puesto que hemos sido programados para responder con asombro, siempre habrá algo que despierte esa capacidad de asombro de nuestro corazón, y aquello que ha cautivado nuestro corazón tiene, en un sentido funcional, control sobre nosotros. Si no es por otra razón, estudiar la teología de la Palabra de Dios es importante porque es una de las herramientas primordiales que Dios usa para rescatar y enderezar nuestros corazones.

Es asombroso leer el primer capítulo de Génesis y ver cómo Dios crea los diferentes elementos y criaturas de nuestro mundo con su palabra. "Sea la luz", y hubo luz. ¿Qué? "Produzca la tierra hierba verde", y fue así. ¿Estás prestando atención? "Produzcan las aguas seres vivientes, y aves que vuelen sobre la tierra, en la abierta expansión de los cielos", y vio Dios que era bueno. ¡Asombroso! Que el asombro inunde nuestros corazones.

Medita conmigo por un momento. En toda tu vida tú no has creado cosa alguna con tu sola palabra, y nunca lo harás. Ramos de flores, pan y muebles no son cosas que aparezcan de la nada porque emitas una orden con tu boca. ¿Qué clase de poder supone el hecho de hablar y con ello generar físicamente cosas con su belleza distintiva y el diseño perfecto para cumplir su propósito en el lugar que ocupan en el orden de la creación?

Da rienda suelta a tu imaginación y mira el momento en el que Dios tomó un puñado de polvo del suelo, sopló vida en ese polvo y creó a un ser humano adulto vivo que respira, piensa y es capaz de relacionarse: Adán. Vemos que el polvo se convierte en un ser humano que funciona plenamente, con todo lo que esto significa a nivel físico y espiritual, ¡y todo con nada más que una exhalación divina! Es lo imposible hecho posible. No existen analogías para ese momento. Es un caso aparte de las maravillas singulares del poder sin igual de Dios. Él imparte vida al polvo con su aliento; no hay nadie como Él. He aquí una de las más elevadas definiciones de poder: el poder para soplar vida en lo que no tenía vida.

Cuando tu corazón se llene de asombro, permíteme hacer una distinción importante. Los seres humanos somos creativos, pero no tenemos el poder para crear. Todo lo que "creamos" comienza con alguna materia prima. Incluso los microbiólogos que afirman que pueden generar vida en una placa de Petri, siempre empiezan el proceso con la mezcla de sustancias químicas. En realidad no han creado nada; simplemente han manipulado sustancias creadas para generar algo nuevo. Son muy hábiles y creativos desde el punto de vista científico, pero sería deshonesto de su parte declarar que tienen el poder para crear. Hay pocas definiciones mejores del poder ilimitado de Dios que el poder para crear un mundo sin usar ningún tipo de materia prima.

Nada bueno pasa cuando perdemos de vista la forma en que la creación define para nosotros el poder todopoderoso de Dios. Por eso Dios dedica tiempo a explicarle amorosamente a Job la diferencia entre lo que significa ser el Creador y lo que significa ser una criatura. Cuando lo hace, alcanzamos a vislumbrar el proceso de Dios ejerciendo su poder como Creador. Las descripciones tienen como propósito dejarnos asombrados e inspirar humildad en nuestro corazón, y por eso han quedado consignadas para nosotros.

En los últimos capítulos de Job, Dios intenta sacar a Job de su pena, la clase de pena que lo hace ensimismarse y centrarse solo en él mismo. Dios lo hace llevando a Job por un recorrido extraordinario del cosmos suficiente como para transformar el corazón. Con todo, el enfoque de este recorrido no es la gloria del cosmos, sino el Dios de asombroso poder que lo creó y que lo ordena con su mandato. En Job 38–39 encontramos algunas de las descripciones gráficas más impresionantes, hermosas e imaginativas que se hayan escrito. Es preciso ese tipo de texto para captar siquiera una fracción del poder creativo del Señor Todopoderoso de un modo que nos permita apreciar al menos una pizca de su gloria.

> ¿Dónde estabas tú cuando yo fundaba la tierra?
> Házmelo saber, si tienes inteligencia.
> ¿Quién ordenó sus medidas, si lo sabes?
> ¿O quién extendió sobre ella cordel?
> ¿Sobre qué están fundadas sus bases?
> ¿O quién puso su piedra angular,
> Cuando alababan todas las estrellas del alba,
> Y se regocijaban todos los hijos de Dios?
>
> ¿Quién encerró con puertas el mar,
> Cuando se derramaba saliéndose de su seno,
> Cuando puse yo nubes por vestidura suya,
> Y por su faja oscuridad,
> Y establecí sobre él mi decreto,
> Le puse puertas y cerrojo,
> Y dije: Hasta aquí llegarás, y no pasarás adelante,
> Y ahí parará el orgullo de tus olas? (Job 38:4-11).

La pregunta "¿Dónde estabas tú?" tiene como propósito humillar a Job. Busca confrontarlo con la diferencia abismal que existe entre él y Dios. Busca confrontarlo con su debilidad. Dios le permite a Job ver que todo en el universo existe y se sostiene por una cosa: el poder de Dios. Es un poder que nunca pondera su capacidad. Es un poder que nunca requiere esfuerzo alguno. Es un poder que no carece de conocimiento ni entendimiento. Es un poder que nunca necesita instrucción ni pedir permiso. Es un poder que no tiene obstáculo ni rival. Es un poder gloriosamente autónomo y autosuficiente.

> ¿Alzarás tú a las nubes tu voz,
> Para que te cubra muchedumbre de aguas?
> ¿Enviarás tú los relámpagos, para que ellos vayan?
> ¿Y te dirán ellos: Henos aquí?
> ¿Quién puso la sabiduría en el corazón?
> ¿O quién dio al espíritu inteligencia?
> ¿Quién puso por cuenta los cielos con sabiduría?
> Y los odres de los cielos, ¿quién los hace inclinar,
> Cuando el polvo se ha convertido en dureza,
> Y los terrones se han pegado unos con otros?
>
> ¿Cazarás tú la presa para el león?
> ¿Saciarás el hambre de los leoncillos,
> Cuando están echados en las cuevas,
> O se están en sus guaridas para acechar?
> ¿Quién prepara al cuervo su alimento,
> Cuando sus polluelos claman a Dios,
> Y andan errantes por falta de comida? (Job 38:34-41).

Las preguntas de este pasaje acerca de si Job puede hacer lo que Dios hace son completamente retóricas. Buscan trazar una línea gruesa entre la criatura y el Creador en tinta de color rojo fluorescente. "Job, ¿puedes hacer lo que yo hago? Job, ¿tienes como yo el poder sobre todo lo que existe?". La única respuesta racional es: "No, mi medida de poder se encuentra a un universo de distancia del poder que tú ostentas. Solo tú,

Señor, tienes el poder para crear todo lo que existe, ponerlo en el lugar que le corresponde, hacerlo funcionar en coordinación con otras criaturas y mantener todo en armonía para que el cosmos no se precipite a un caos sin remedio. Solo tú eres todopoderoso".

El argumento desde la creación es claro e incontrovertible: no existe un poder como el poder omnipotente de Dios. Decir que Dios tiene el poder para crear y controlar su universo y todo lo que hay en él es afirmar simplemente que Dios es Dios. No existe ningún otro como Él. El poder para crear con su sola palabra es la forma suprema de poder.

Sin embargo, hay una segunda manera en que la Biblia describe el poder todopoderoso de Dios. La Biblia nos dice que el poder de Dios no solo es un poder creador, sino también un poder resurrector. Y, cuanto más nos acercamos a examinar y entender el poder de la resurrección, más nos inspira a quedarnos en el silencio humilde de la reverencia y el asombro.

Todos estamos acostumbrados al carácter terminante de la muerte. Desde pequeños aprendemos que cuando algo o alguien muere es el fin y no hay nada que pueda hacerse al respecto. Estás loco o engañado si niegas que algo muerto está muerto o si intentas vencer la muerte después que ha ocurrido. Todos hemos aprendido que debemos aceptar la muerte porque no tenemos poder alguno sobre ella. Por consiguiente, la muerte es realmente el mayor enemigo. No solo no podemos derrotarla, sino que tampoco podemos escapar de ella. Vivimos en un mundo donde las cosas vivas se dirigen hacia su muerte y nada podemos hacer para evitarlo.

La muerte, por tanto, nos hace sentir débiles e incapaces. La muerte nos confronta con la pequeñez de nuestro poder. La muerte pareciera ser el enemigo invencible. Nos alejamos derrotados cada vez porque, sin importar cuánto poder podamos tener, no tenemos poder alguno sobre la muerte. Ninguno.

Mis dos hijos mayores enfrentaron esta realidad cuando tenían apenas tres y cinco años. Vivíamos en Scranton, Pennsylvania, en un vecindario con muchos árboles y pájaros. Un día, caminando por el patio, mis hijos encontraron un pájaro que estaba enfermo o herido, y me preguntaron si podíamos ayudarlo. Conseguí una caja, la recubrí de tela y puse al pájaro en su interior. Mientras ellos estaban sentados observando al pájaro y yo estaba pensando en qué haría después, el pájaro murió. Mis hijos vieron que no se movía y me preguntaron qué pasaba. Me tocó la ingrata labor de informarles que el pájaro había muerto. Ellos me miraron con tristeza y frustración, pero entendieron. La muerte es definitiva, es el fin. Aun a temprana edad, ellos supieron instintivamente que no había nada que yo pudiera hacer. La muerte se había llevado al pájaro y me había vencido.

No tenemos que fantasear acerca de cómo sería conquistar la muerte, porque la Biblia nos muestra cómo es y nos dice cuán importante es esto. El apóstol Pablo arguye que este poder de la resurrección, el poder que devuelve la vida a los muertos, ocupa un lugar central en la fe bíblica (véase 1 Co. 15). Si no hay resurrección, Jesús no se levantó de los muertos, y si Jesús no se levantó de los muertos, nuestro pecado no ha sido derrotado y nuestra fe carece de valor. El poder único de Dios sobre la resurrección no es un aspecto más de nuestro bosquejo teológico, sino el corazón mismo que nos imparte nueva vida y esperanza futura. El cristianismo es una religión de resurrección. La gracia de Dios es el poder de la resurrección.

Medita conmigo en la magnificencia de la resurrección de Jesús. Él estuvo en el sepulcro lo suficiente como para ser certificado como muerto. Muerto. Resucitar después de la muerte significaba que las sinapsis de su cerebro de repente empezaran a encenderse, que las cargas eléctricas se desplazaran a lo largo de su sistema nervioso, que los músculos de su corazón empezaran a bombear, que sangre fresca recorriera sus venas, que sus músculos de repente se volvieran suaves y flexibles, que sus órganos se activaran y funcionaran en armonía con los demás, que sus ojos se humectaran y pudieran enfocar, que pudiera respirar, oler, gustar y sentir. Que recuperara su equilibrio y sentido de orientación, su capacidad de relacionarse y comunicarse. Que sus pensamientos y deseos, planes y propósitos de repente volvieran a estar presentes. Esta es nada más una lista limitada de lo que tuvo que suceder en un instante para que Jesús pudiera ponerse de pie, doblar sus lienzos del entierro y salir caminando vivo de esa tumba.

Esto es lo que significa ser todopoderoso: Ningún esfuerzo fue necesario para que Cristo resucitara de los muertos. No hubo deliberación alguna acerca de su posibilidad o imposibilidad. En ningún momento hubo un solo instante de incertidumbre en la mente de Dios. No se contempló un plan B. La resurrección era el plan y Dios tenía el poder porque Dios es Dios. Ser todopoderoso significa que ni siquiera la muerte tiene el poder para vencerte. Ser omnipotente significa que levantar a los muertos está dentro del campo de acción de tu capacidad. El poder de la resurrección señala que tu poder es único y sin par. El poder para resucitar es la forma suprema de poder. Tener el poder de la resurrección significa que la cosa creada más poderosa es extremadamente pequeña y extremadamente débil comparada contigo. Ser omnipotente significa que no hay nada ni nadie como tú. La resurrección es un dedo que señala a la omnipotencia de Dios. Solo el Dios Todopoderoso tiene el poder para dar vida a lo que estuvo muerto.

Encontramos muchas demostraciones del poder de Dios en las Escrituras, pero muchas veces su descripción se queda corta en mostrarnos la magnitud completa del poder de Dios. Lo más cercano que encontramos del poder de Dios y nos consuela es su capacidad de crear y su capacidad de resucitar. Tanto la creación como la resurrección trazan la línea entre la criatura y el Creador que es imposible de traspasar. Él crea, Él resucita, Él es omnipotente, ¡ese es tu Dios! Tú eres su hijo por la gracia. Él desata su poder por tu bien. Sí, en tu propia incapacidad te tropezarás con un muro, pero tu Señor no conoce muros. Hay esperanza para el desvalido, porque, tiernamente, Dios responde a tu debilidad con su fuerza.

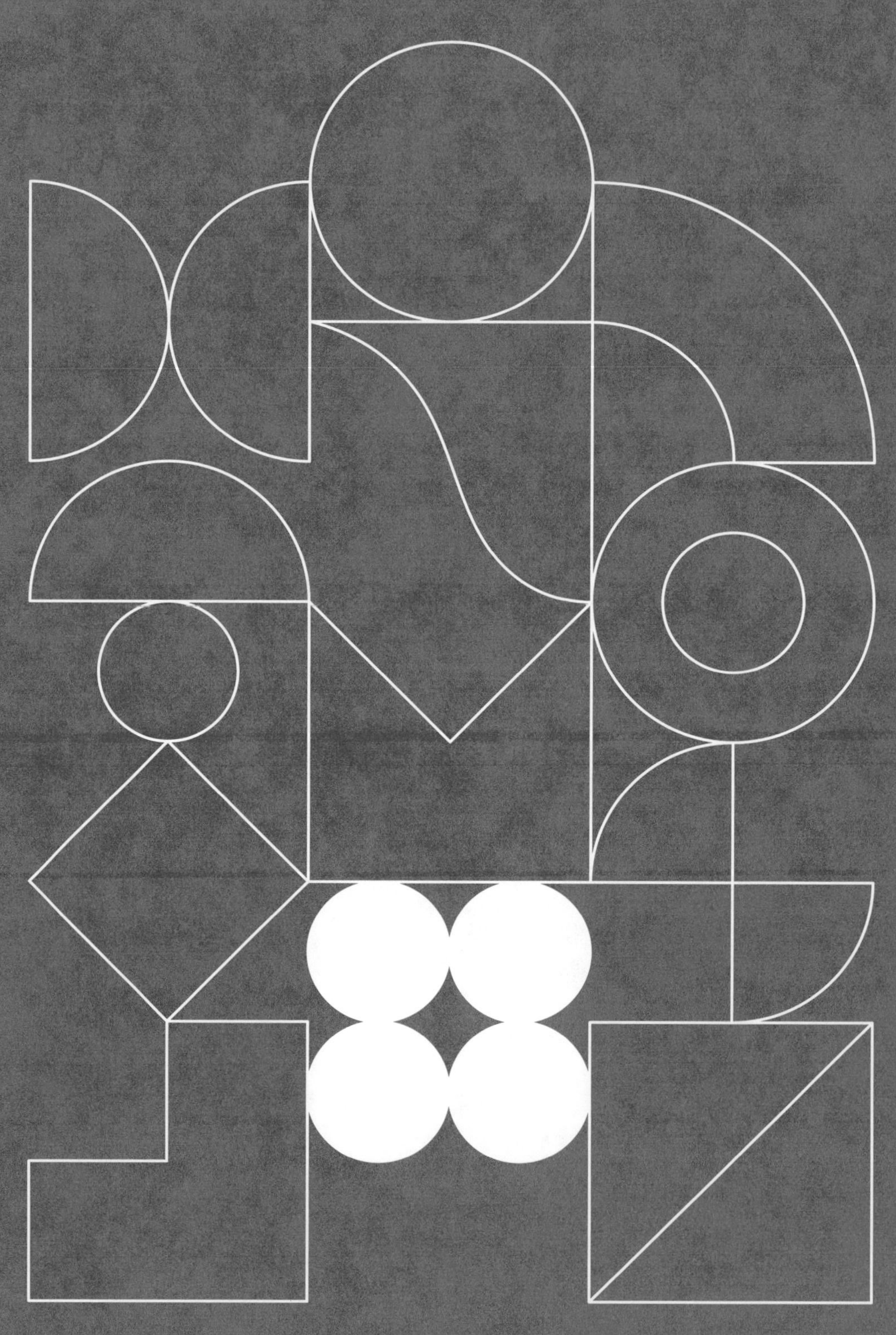

10

La omnipotencia de Dios en la vida diaria

DÉBORA NUNCA SE IMAGINÓ que la crianza fuera tan difícil. Era agotadora y desalentadora. Cada día parecía una lucha con su incapacidad para lograr que sus hijos desearan hacer lo correcto. Ella había leído todos los mejores libros cristianos sobre crianza, pero aun así luchaba con su incapacidad. En ocasiones era para ella una carga demasiado pesada de sobrellevar.

Timoteo era un genio de la informática; aunque era exitoso y un gran experto, vivía frustrado. Cuanto más desarrollaba su negocio más sentía que su trabajo se veía afectado negativamente por fuerzas que estaban fuera de su control. Ya fueran las decisiones de los políticos, una recesión económica o un acontecimiento meteorológico, Timoteo siempre tenía que enfrentar desastres que él no había causado. A pesar de todo su éxito, Timoteo tenía momentos en los que se sentía impotente.

Raúl aceptó el llamado a ser pastor de una iglesia que había existido por más de cien años. Los días de gloria de aquella congregación habían quedado en el pasado y era necesario revivificarla. A Raúl le emocionaba la idea de que su iglesia fuera de nuevo un faro del evangelio que brillara en su comunidad. Sin embargo, al cabo de poco tiempo se estrelló con un muro de ideas y actitudes respecto a la iglesia que estaban profundamente arraigadas en las personas. Raúl nunca antes había enfrentado en su ministerio una resistencia semejante. Nunca había visto a tantas personas alejarse de un ministerio que estuviera bajo su liderazgo. Sabía que la visión que él sostenía era la correcta, y sabía que la había comunicado bien, pero no tenía el poder para alcanzar el interior de las personas y cambiar sus corazones y sus mentes. Como pastor, Raúl nunca antes se había sentido más impotente.

Entre el "ya" y el "todavía no" en este mundo desfigurado por el pecado, la impotencia es una experiencia humana universal. Algunos la experimentan como debilidad física, otros como una disfunción en las relaciones. Algunos son plenamente conscientes del caos cultural, mientras que otros se sienten más impotentes frente a la crianza de los hijos o al matrimonio. Sentimos impotencia en el lugar de trabajo, en la vida eclesial o con los amigos y la familia extendida. Algunos la experimentan cuando intentan encarar el pasado y otros cuando temen el futuro. De algún modo, todos anhelamos un cambio que no podemos crear o el control que nunca vamos a tener. A todos nos entristecen cosas y vivimos experiencias que no podemos alterar, y todos nos sentimos llamados a hacer cosas que parecieran exceder nuestra capacidad individual.

Por tanto, es vital que todos entendamos el consuelo y el llamado que pueden encontrarse cuando aplicamos la verdad del poder ilimitado de Dios a las situaciones, las relaciones y los lugares de nuestra cotidianidad. Aunque la lista que presento a continuación no es exhaustiva, estas siete verdades te ayudarán a empezar a entender lo provechoso que es vivir a la luz de la omnipotencia de Dios.

1. Todos nos sentimos tentados a dudar del poder de Dios. Ya sea para la provisión material de nuestras necesidades, la obra en los corazones de nuestros hijos, la restauración de nuestro matrimonio, la protección de la seducción de las tentaciones, la salud del liderazgo de la iglesia o las oportunidades para tener conversaciones difíciles pero urgentes, a todos nos cuesta a veces confiar nuestras necesidades al cuidado de nuestro Señor Todopoderoso. Ahora bien, permíteme aclarar con vehemencia que la confianza en el poder de Dios no es algo pasivo. No es sentarse a esperar que Dios intervenga. Creer que Dios está siempre activo, que desata su poder sin límites por causa de sus hijos y por el bien de ellos nos lleva a lanzarnos con valentía y esperanza a enfrentar situaciones que, bajo otras circunstancias, nos habrían paralizado o habríamos evitado. No estás solo en esa lucha.

Sara y Abraham habían apostado su vida entera a una sola promesa de Dios: tendrían un hijo y, por medio de él, todas las naciones de la tierra serían benditas. No obstante, ahora eran ancianos y Sara había dejado muy atrás sus años fértiles. La idea de que la promesa de Dios se hiciera realidad le causaba risa. Entonces Jehová dijo a Abraham: "¿Por qué se ha reído Sara diciendo: ¿Será cierto que he de dar a luz siendo ya vieja? ¿Hay para Dios alguna cosa difícil?" (Gn. 18:13-14). El problema de Sara no fue que ella pensara en su propio poder, sino que no lograba creer en el poder de Dios y cómo aplicarlo a sus hijos del pacto.

Después de varias generaciones bajo esclavitud, Dios oyó el clamor de sus hijos en Egipto y acudió a liberarlos. Envió a Moisés para que comunicara a los israelitas su promesa de liberarlos de su cautividad. Pensarás que ellos se llenaron de alegría, pero no fue así. "De esta manera habló Moisés a los hijos de Israel; pero ellos no escuchaban a Moisés a causa de la congoja de espíritu, y de la dura servidumbre" (Éx. 6:9). Dos factores impedían que Israel tuviera esperanza en el poder de Dios. El primero era su situación. Habían sido esclavos por tanto tiempo y la experiencia había sido tan dura para ellos que habían perdido la esperanza de que su situación cambiara. El segundo era sus corazones. Cuando las Escrituras hablan de su congoja de espíritu se refieren a que los israelitas estaban tan descorazonados que eran incapaces de experimentar la más mínima esperanza. Algunos de ustedes han estado en situaciones difíciles por tanto tiempo que han abandonado cualquier esperanza de que las cosas puedan cambiar o cambien. Algunos de ustedes tienen el espíritu quebrantado. Algunos están tan desanimados que ni siquiera pueden reunir ya las fuerzas para orar. Les ruego que sigan leyendo. Resístanse a dejar que su teología se convierta en una abstracción sin sentido. Peleen para no permitir que las vicisitudes de este mundo caído aplasten su corazón y la capacidad que tiene de albergar esperanza. Dios oye el clamor de ustedes. Él sabe cuál es su situación y ha dispuesto la provisión más extraordinaria para ustedes. Sigan leyendo.

Una cosa es creer en el poder omnipotente de Dios y otra muy distinta practicar lo que se cree en las situaciones, relaciones y lugares de la vida cotidiana. Si no logras confiar en que Dios ejerce su poder ilimitado a favor tuyo, evitarás enfrentar situaciones que, según tus cálculos, están por fuera del alcance de tu poder personal. O intentarás lograr cosas que están por fuera de tu capacidad. Cuando se trata del poder de Dios, las Escrituras contienen maravillosas palabras de aliento para todos los hijos de Dios. Ser hijo de Dios significa que ya no estás a merced de los recursos limitados de tu propio poder. Sin importar lo que estés enfrentando, esto es lo que tienes que recordar: Dios obra poderosamente a favor tuyo y te reviste de poder, un poder que es divino. Medita en estas palabras de ánimo del apóstol Pablo:

> … para que sepáis cuál es… la supereminente grandeza de su poder para con nosotros los que creemos, según la operación del poder de su fuerza, la cual operó en Cristo, resucitándole de los muertos y sentándole a su diestra en los lugares celestiales, sobre todo principado y autoridad y poder y señorío, y sobre todo nombre que se nombra, no solo en este siglo, sino también en el venidero; y sometió todas las cosas bajo sus pies, y lo dio por cabeza sobre todas las cosas a la iglesia, la cual es su cuerpo, la plenitud de Aquel que todo lo llena en todo (Ef. 1:18-23).

Efesios 1:15-23 es una oración para que los creyentes conozcan la esperanza por la cual han sido salvos. Todos nos aferramos a algún tipo de esperanza. Algunos batallamos porque hemos esperado en las cosas equivocadas y algunos prácticamente hemos abandonado toda esperanza. Pablo sabe que los destinatarios de su carta enfrentarían luchas como nosotros. De modo que ora para que los creyentes de la iglesia de Éfeso entiendan la tremenda esperanza que les pertenece ahora como hijos de Dios. También pienso que muchos de nosotros vivimos sumidos en el desaliento y la ansiedad. Si te fijas en la situación actual verás que muchos tenemos un problema de desesperanza.

¿Cuál es, entonces, esta esperanza por la que Pablo ora y su aplicación práctica a las circunstancias duras y desalentadoras que enfrentamos en nuestra vida diaria? *La esperanza de cada creyente es el poder de la resurrección en el aquí y ahora.* El mismo poder mediante el cual recibió vida el cuerpo de Cristo es tuyo ahora como hijo de Dios. Pablo quiere que sepas que el poder de Dios no es un concepto teológico abstracto, sino tu esperanza en este mismo instante, sin importar quién seas y qué tipo de situación enfrentes. Sí, tú, que lees estas páginas en este momento, tú has sido bendecido aquí mismo, ahora mismo con el mismo poder que levantó a Cristo de los muertos. Es el poder supremo y está por encima de cualquier cosa que enfrentes en o fuera de ti.

Tú no tienes el poder para hacer que tus hijos deseen hacer lo correcto, pero Dios sí. Tú no tienes el poder para cambiar a tu jefe, pero Dios sí. Tú no tienes el poder para armar de valor tu corazón derrotado, pero Dios sí. Tú no tienes el poder para producir una dulce paz en tu matrimonio, pero Dios sí. Tú no tienes el poder para reconciliar esa relación, pero Dios sí. Y si tú crees que Él está contigo y por ti y en ti con poder, entonces vivirás con esperanza y actuarás con valentía en aquellas situaciones en las que acostumbrabas a darte por vencido y abandonar la esperanza.

Pablo también quiere que sepas que Dios no solo te ofrece su poder, sino que también gobierna con poder a favor tuyo. Él ejerce su poder ilimitado para dictaminar lo que tú no puedes dictaminar, de tal modo que tengas todo lo que necesitas. Cuando te falta poder no significa que no lo tengas, porque a Dios nunca le falta poder y Él nunca abandona su compromiso de desatar el poder de su presencia y de su reinado a favor tuyo. Aunque te sientas débil, nunca mengua la resolución de Dios de ejercer su poder para que tú tengas todo lo necesario en las situaciones de tu vida diaria.

¿En qué te has sentido tentado a darte por vencido? ¿En qué has renunciado a hacer el bien al que Dios te llama porque pareciera no producir resultados? ¿En qué has permitido que tu debilidad determine tus reacciones frente a la vida más que el poder de la resurrección que es tuyo ahora mismo como hijo de Dios?

2. Es vital que el poder de Dios se convierta en tu forma principal de interpretar tu mundo y tu identidad como hijo suyo. Todos estamos bajo la influencia de algo que es prácticamente ineludible. Esta influencia está en todo lo que miras a través del servicio de transmisión de vídeo de tu preferencia. Está en la escuela pública de tus hijos o en la universidad secular a la que asistes. Está presente en los intercambios constantes de Twitter. Está detrás de la cosmovisión de cientos y cientos de políticos que toman decisiones que afectan nuestras vidas. Esta influencia es la visión de la vida que sostienen la mayoría de los líderes de la esfera corporativa e industrial. Si tienes un teléfono móvil, un iPad o una computadora portátil, estos aparatos te bombardean constantemente. Y esta influencia es una negación absoluta de todo lo que este libro y este capítulo presentan.

¿Cuál es esta realidad inevitablemente influyente de la que hablo? La respuesta es el *naturalismo científico*. Recuerda que uno de los ejes de este libro es el hecho de que tú estás continuamente interpretando y tratando de entender lo que ha sucedido y lo que sucede a tu alrededor. El sentido que le encuentras a los sucesos es lo que luego determina tus decisiones y tus acciones. Además, te asignas a ti mismo algún tipo de identidad. Tu sentido de identidad luego moldea la manera como actúas, reaccionas y respondes. De ahí que sea indispensable ser consciente de que una cosmovisión bíblica cuyo centro absoluto es un Dios omnipotente que gobierna en poder y en gloria, está ausente en la conversación cultural que se transmite en tu casa y se comunica a tu corazón día a día.

También debemos ser conscientes de que la cosmovisión bíblica no solo está ausente, sino que ha sido reemplazada por una concepción totalmente opuesta de comprender la vida. La visión de la vida que predomina hoy afirma que todo en la vida tiene una explicación científica o natural. Esta es la visión de la vida que enseñan las escuelas públicas a nuestros hijos desde pequeños. El naturalismo científico es la base de lo que se enseña a los estudiantes en las universidades seculares o estatales, sin importar cuál sea la disciplina o campo de estudio. Si pasas un par de horas cada noche para relajarte y mirar la última comedia del momento, un drama, un documental o un programa de telerrealidad, el naturalismo científico es la filosofía de vida de la gran mayoría de personas que escriben, dirigen y producen la programación que consumes.

Según el Salmo 14, esta visión no es una simple alternativa; es absoluta y completa necedad. Un necio ve el mundo al revés y patas arriba. Un necio se enorgullece de su entendimiento de las cosas, al tiempo que falla en reconocer que ha desatendido lo más importante que puede entenderse. Un necio afirma ser racional, al tiempo que niega la realidad. La necedad nunca te llevará a nada bueno. La necedad nunca producirá cosas buenas en tu vida. La necedad no solo será destructiva, sino que al final llevará a la muerte. Deberíamos temer oír las voces de los necios. Observa lo que dice el apóstol Pablo en 1 Corintios 1:

Porque la palabra de la cruz es locura a los que se pierden; pero a los que se salvan, esto es, a nosotros, es poder de Dios. Pues está escrito:

Destruiré la sabiduría de los sabios,
Y desecharé el entendimiento de los entendidos.

¿Dónde está el sabio? ¿Dónde está el escriba? ¿Dónde está el disputador de este siglo? ¿No ha enloquecido Dios la sabiduría del mundo? Pues ya que en la sabiduría de Dios, el mundo no conoció a Dios mediante la sabiduría, agradó a Dios salvar a los creyentes por la locura de la predicación. Porque los judíos piden señales, y los griegos buscan sabiduría; pero nosotros predicamos a Cristo crucificado, para los judíos ciertamente tropezadero, y para los gentiles locura; mas para los llamados, así judíos como griegos, Cristo poder de Dios, y sabiduría de Dios. Porque lo insensato de Dios es más sabio que los hombres, y lo débil de Dios es más fuerte que los hombres (1 Co. 1:18-25).

Este pasaje nos exhorta a preguntarnos constantemente: "¿Estoy escuchando la 'sabiduría' de quién?". En la cotidianidad, ¿quién o qué moldea tu manera de pensar acerca de la vida? La Biblia declara que tu esperanza en la vida y en la muerte es el poder de Dios. Él gobierna con poder a favor tuyo y como hijo suyo te otorga poder. Cualquier otra manera de concebir tu mundo y tu identidad personal no solo es equivocada sino descabellada. A todos debería inquietarnos la profunda influencia del naturalismo científico sobre nosotros, pero en particular deberíamos inquietarnos por nuestros hijos. Necesitamos educar pequeños pensadores teológicos que aprendan desde temprana edad a interpretar quiénes son y dónde viven desde la perspectiva de un mundo gobernado por un Dios omnipotente. Pocos regalos que podamos ofrecer a nuestros hijos son más importantes que esto. ¿No sería triste que nuestros hijos, criados en hogares cristianos, crecieran para pensar y vivir como necios negando la realidad suprema que es el poder y la gloria de Dios?

3. Todos necesitamos entender el poder de Dios para vivir diariamente. Seguiré afirmando esto a lo largo de este libro: la teología no es simplemente algo que se piensa, sino ante todo una manera de vivir. Creer y no creer se convierten siempre en un estilo de vida, un resultado que se produce, ya sea de manera intencional y consciente o involuntaria e inadvertida. Tu vida es siempre un retrato de algún tipo de fe. La manera en que vives es siempre una expresión de alguna forma de esperanza. Tú y yo siempre buscamos aferrar nuestra vida a algún tipo de redentor. Lo mismo sucede con el poder de Dios. Esta verdad no solo define la extensa gloria de Dios, sino que también redefine tu identidad y a la vez tu potencial como hijo de Dios.

Ser cristiano significa que eres hijo de este Dios omnipotente. Significa que su poder no es solo una expresión de quién es Él, sino también ahora como hijo suyo es un regalo de su gracia. Quizá te hayas dado cuenta de que en tu trabajo es casi imposible amar a todos tus colegas. Por alguna razón, alguien en tu trabajo te fastidia y despierta en ti más desprecio que amor. Si tienes una familia extendida sabes que es difícil tener paz familiar duradera. Con frecuencia, las festividades o reuniones resultan en más heridas y divisiones que en unidad y amor más profundos. Si eres anciano sabes que es difícil ser feliz, agradecido y estar contento cuando enfrentas soledad, debilidad física y las dificultades propias de la edad avanzada.

Si eres madre o padre sabes que es difícil mostrarse siempre paciente, amable, bondadoso, comprensivo, amoroso y misericordioso cuando ejerces la autoridad que Dios te delegó sobre la vida de tus hijos. Si estás casado, sabes que hay días en los que es difícil amar a tu cónyuge con un amor paciente, sacrificado y perdonador. Si estás en la universidad, es difícil y cuesta defender tu fe en un lugar donde la gente la desprecia. Es difícil administrar bien tu dinero. Es difícil mantener tu corazón sexualmente puro en una cultura cada vez más invadida por la pornografía. En la ocupación y el agotamiento de la vida moderna es difícil ser fiel en buscar a Dios a solas en oración, adoración y lectura de la Biblia.

No basta con decir que la vida entre el "ya" de tu conversión y el "todavía no" de tu partida al hogar celestial es difícil. Esto es lo que necesitamos entender y estar dispuestos a confesar: la vida cristiana es imposible. Es imposible para mí, en mis propias fuerzas, vivir como Dios me ha llamado a vivir. Es imposible amar como he sido llamado a amar. Es imposible perdonar como he sido llamado a perdonar. Es imposible servir como he sido llamado a servir. Es imposible para mí guardar mi mente y refrenar mis deseos. Es imposible para mí controlar mi lengua o enderezar mis ojos furtivos. Abandonado a mi suerte, todas estas cosas son imposibles para mí, pero el glorioso mensaje del evangelio es que no he sido abandonado a mi suerte.

Lee con cuidado la frase siguiente que ilustra cuán asombrosa es en realidad la gracia de Dios. *Dios manifiesta su poder en nuestra debilidad.* Si realmente crees esto, no solo tendrás esperanza, sino que también cambiará la manera en que consideras y enfrentas las cosas difíciles de tu vida. Dios no nos salva y nos acepta en su familia para dejarnos solos con nuestros propios recursos para ser "santos como Él es santo" en nuestras fuerzas. De hecho, por su gracia, nuestra debilidad no es una maldición, sino que se convierte en la puerta de entrada a un poder mayor y a posibilidades sin precedentes en nuestra vida. Por eso Pablo dice: "Porque no nos ha dado Dios espíritu de cobardía, sino de poder, de amor y de dominio propio" (2 Ti. 1:7) y "Aquel que es poderoso para hacer todas las cosas mucho más abundantemente de lo que pedimos o entendemos, según el poder que actúa en nosotros" (Ef. 3:20). Las palabras exactas en este pasaje son muy importantes. El poder de este Dios omnipotente, un poder que es único e ilimitado, está ahora mismo *obrando* en el corazón de cada uno de sus hijos.

He aquí una definición de gracia para el aquí y el ahora. El poder de tu Padre Todopoderoso obra incluso cuando estás cansado, desanimado, desesperanzado y a punto de transigir o darte por vencido. El poder rescatador, protector y proveedor de tu Salvador nunca es pasivo ni descansa y jamás abandona la tarea. Nunca se da por vencido.

Ahora, si realmente crees esto, dejas de vivir bajo la tiranía de la ansiedad y la preocupación, dejas de vivir en temor y te niegas a abandonar la esperanza. Si realmente crees que el poder omnipotente de tu Señor obra en ti, afrontas lo que tienes por delante y que solías evitar, tomas la determinación de amar, te comprometes a perdonar y te levantas una vez más al día siguiente para volverlo a hacer. Lo haces no porque creas que tienes el poder, sino porque tu Redentor tiene poder más allá de tu capacidad de cálculo. Ya no estás limitado por tu debilidad, sino que eres libre para aprovechar el recurso más formidable de poder que el universo haya conocido jamás.

Cuando reconoces tu debilidad y confías en el poder de Dios, te unes a generaciones enteras de hijos de Dios. Los personajes de tu Biblia no son un salón de la fama de los fuertes de la tierra. No, cada hombre y cada mujer en las Escrituras, incluso aquellos que lograron grandes proezas, fueron como tú, un manojo de debilidades que recibieron por la gracia el don del poder de Dios. ¿En qué área de tu vida necesitas confesar debilidad y creer en el poder de Dios que obra en ti? ¿En qué área necesitas avanzar con un compromiso, valor y esperanza renovados?

4. Todos necesitamos abandonar nuestras fantasías de autonomía y auto-suficiencia. Volvamos al huerto de Edén y a la conversación que Adán y Eva tuvieron con la serpiente que cambió el mundo. Por lo general, pasamos por alto un detalle cuando pensamos en este horrible momento de engaño y tentación. La seducción de la serpiente incluye dos mentiras que todos acostumbramos a creer en algún momento, en algún lugar, de alguna manera. Observa el elemento esencial de la tentación de la serpiente y la respuesta de Eva:

Entonces la serpiente dijo a la mujer: No moriréis; sino que sabe Dios que el día que comáis de él, serán abiertos vuestros ojos, y *seréis como Dios*, sabiendo el bien y el mal. Y vio la mujer que el árbol era bueno para comer, y que era agradable a los ojos, y *árbol codiciable para alcanzar la sabiduría…* (Gn. 3:4-6).

¿Ves la carnada que puso la serpiente delante de Adán y Eva? "Seréis como Dios" y "árbol codiciable para alcanzar la sabiduría". Estas dos mentiras siguen seduciéndonos hasta el día de hoy. Implícitas en la tentación de la serpiente estaban las mentiras de *autonomía* y *autosuficiencia*. Dios es el único ser autónomo y autosuficiente en el universo. La autonomía afirma que eres un ser independiente con el derecho de hacer lo que se te antoja con tu vida.

La mentira de la autonomía es lo que hace difícil la crianza de los hijos. Esta mentira es lo que lleva a tus hijos a resistir tu autoridad; ellos no quieren que alguien les diga lo que tienen que hacer. La mentira de la autonomía también te hace pensar que puedes ejercer tu autoridad de padre o madre como te place. La mentira de la autonomía hace difícil para ti estar agradecido en el trabajo por un jefe que te dice qué hacer y cómo hacerlo. Todas las luchas con la autoridad se originan en esta mentira y, mientras que el pecado viva en nosotros, habrá momentos en los que somos tentados a ceder a él.

La mentira de la autosuficiencia te dice que cuentas con todo lo necesario para ser lo que debes ser y para hacer aquello para lo cual fuiste diseñado. Eva comió el fruto que era "codiciable para alcanzar la sabiduría". Ella buscó sabiduría independiente, es decir, una sabiduría que no necesita depender de Dios. Esta mentira es lo que explica nuestra dificultad para pedir instrucciones, para apreciar la guía de otros, para buscar consejo y para someternos a la instrucción. Al respecto, la teología de la omnipotencia de Dios es sumamente útil.

Dios nos revela una y otra vez que Él es Todopoderoso en poder precisamente porque nosotros no lo somos. Nunca fuimos creados para ser independientes. Incluso en un mundo perfecto y en una relación perfecta con Dios, Adán y Eva dependían de Él. No tenían el poder de una sabiduría ni de una fuerza independientes. El pecado añadió todo un catálogo de debilidades de corazón, de mente y de cuerpo a la natural dependencia de los seres humanos. El propósito de los límites fijados para quienes fueron hechos a la imagen de Dios fue llevarlos a Él en dependencia agradecida y sumisión gozosa.

Aparte de la ayuda divina, Adán y Eva no tenían el poder de la independencia para saber cómo vivir ni el poder para vivir como Dios había revelado que deberían.

Nadie sino Dios es autónomo y autosuficiente. Pensar y actuar de otra manera nunca produce nada bueno en tu vida. Esto quiere decir que la progresión de la gracia de Dios en tu vida no es de un estado de dependencia a independencia, sino de independencia a dependencia. A medida que creces en la gracia, te vuelves más maduro espiritualmente, tus ojos se abren más para ver tus debilidades y te vuelves más y más agradecido y dependiente de la gracia del poder de Dios que opera en tu interior. Puesto que estás más dispuesto a depender de Dios en humildad dejas de atribuirte el mérito por cosas que nunca habrías hecho ni logrado por ti solo. El evangelio de la debilidad humana y del poder divino no produce cristianos orgullosos de sus logros. Produce personas que no solo se humillan, sino que también son bondadosos y pacientes con las personas a su alrededor que son igualmente débiles.

Reconocer tu debilidad produce en ti una mayor dependencia de Dios, una mayor dependencia de Dios produce una mayor consciencia de su ayuda, y una mayor consciencia de su ayuda divina producirá un estilo de vida de gratitud humilde. El cristianismo alborotado, presumido, arrogante y excesivamente confiado simplemente no es el producto del evangelio de la debilidad humana y el poder divino. Es un falso evangelio que engaña a quienes lo predican y desalienta a quienes lo escuchan. Un cristiano maduro es confiado en la debilidad.

Esta es la esperanza del creyente maduro: "Él da esfuerzo al cansado, y multiplica las fuerzas al que no tiene ningunas" (Is. 40:29). Sin importar cuál máscara lleve puesta, el evangelio de la confianza en sí mismo no es el evangelio de la gracia del Señor Jesucristo.

5. Nuestro problema es con los límites de nuestra fe, no con el poder de Dios. Nuestro problema nunca es el alcance del poder de Dios ni la voluntad de Dios de ejercer ese poder para nuestro bien. Nuestro problema es que experimentamos momentos en la vida cuando pareciera que abandonamos nuestra mente teológica, que olvidamos quién es Dios y luego perdemos de vista quiénes somos como hijos suyos. Cuando esto sucede, los problemas de la vida se vuelven más grandes y nuestra percepción de nuestra capacidad para enfrentarlos se encoge. Tú nunca estás frente a una situación que supere el alcance del poder de Dios, y en ningún momento su poder para ti y dentro de ti está inactivo. Aún así, caemos en momentos de amnesia. Olvidamos quién es Dios, olvidamos lo que significa descansar en Él por la fe, perdemos motivación, esperanza y valor. En esos momentos cuando estamos desalentados y nos sentimos pequeños e incapaces, el poder de Dios y su voluntad de manifestar su poder a favor nuestro no son nuestro problema. Nuestro problema son los límites de *nuestra* capacidad o voluntad para descansar en ese poder hasta permitirle que transforme nuestra manera de vivir.

El Antiguo Testamento provee un ejemplo desafiante de lo que quiero decir. En 1 Samuel 17 encontramos al ejército de Israel en el valle de Ela enfrentando al ejército filisteo. El ejército israelita es el ejército del Dios Todopoderoso. Ningún ejército humano tiene el poder para derrotar a Dios. Él había prometido que entregaría esas naciones paganas en manos de sus hijos a fin de que pudieran poseer la tierra que les había prometido. Ellos tenían todas las razones para sentirse esperanzados y tener el valor para prepararse para la batalla.

El primer día de la batalla, un guerrero gigante llamado Goliat se burló de los soldados israelitas. Ellos, al ver el tamaño de este soldado filisteo y sus armas, y al oír el estruendo de su voz, de inmediato se replegaron en sus tiendas. Lo mismo sucedió durante cuarenta días. ¡Cuarenta días! Hay algo profundamente equivocado en su reacción. No se trataba de un duelo entre el poder humano y el poder humano de un gigante. El duelo era entre un débil y limitado gigante y el poder omnipotente de Dios. No hay duda alguna acerca de quién va a ganar. Simplemente no puedes conocer quién es Dios y quién eres tú como hijo suyo y replegarte en tu tienda atemorizado durante cuarenta días. La fe en el poder de Dios, que está con y a favor de Israel, no produce esa respuesta.

David aparece en la escena para entregar provisiones a sus hermanos. Él evalúa la escena y, en esencia, dice: "Yo pelearé contra ese guerrero gigante". ¿Está demente? ¿Es un arrogante que delira? ¿Acaso no entiende bien la amenaza? No, David nos dice lo que motiva su valor y su disposición a pelear: "Jehová, que me ha librado de las garras del león y de las garras del oso, él también me librará de la mano de este filisteo" (1 S. 17:37). David está diciendo que, como pastor, él vio el poder de Dios en acción. Él había experimentado el poder para hacer lo que por naturaleza le habría sido imposible porque el Señor Todopoderoso estaba con él y a favor de él.

De modo que David llega a ese valle sin armadura, con una simple honda en la mano y un puñado de piedras. Hace lo que nunca habría tenido el valor de hacer si no fuera por su fe en que Dios desataría su poder para protección y provisión de su pueblo Israel. Él sabe que la ecuación del enfrentamiento no es el pastor novato e insignificante y sin armas de guerra contra las armas poderosas de este enorme y poderoso guerrero. David sabe que su Dios de poder omnipotente irá con él hasta ese valle. Así que avanza con confianza y valentía y, en el poder de Dios, derrota al gigante y hace huir al ejército filisteo.

Cualquier soldado del ejército de Israel habría podido hacer lo que hizo David. Él no tenía más poder, habilidad ni mejores armas que los otros soldados. Lo que diferenciaba a David era su fe en Dios, el Dios en quien todos los soldados escondidos en sus tiendas también profesaban creer.

La vida en este mundo caído es dura. Suceden cosas inesperadas, indeseables, difíciles y dolorosas que te afectan. Te verás enredado y estarás preocupado por cosas que rebasan tu poder, tu autoridad y tu control. En esos momentos es vital echar mano de tu teología. Esas ocasiones son invitaciones para examinar tu vida y las dificultades que enfrentas no a través de la lente de tu poder y tu capacidad, sino a través de la lente de la presencia y omnipotencia de tu Señor. Su poder está obrando por ti y para ti, y Él no abandonará su obra hasta que hayas llegado al lugar donde no habrá más tribulación.

Necesitamos ver nuestros trabajos a través de la lente del poder de Dios. Necesitamos ver nuestro matrimonio, nuestra familia y nuestras amistades a través de la lente del poder de Dios. Necesitamos ver cada aspecto de nuestra vida, las dificultades, responsabilidades y oportunidades, a través de la lente del poder de Dios. Cuando nos esforzamos por tomar buenas decisiones necesitamos encomendar nuestra salud espiritual, física y mental al poder de Dios. Dios ha prometido desplegar su poder para que tengamos todo lo que necesitamos. Cuando se trata del poder de Dios, ¿vivimos realmente como si creyéramos lo que profesamos creer?

6. No siempre nos gustará la manera en que Dios utiliza su poder. Nuestro problema no es solo si creemos que Dios usará su poder para nuestro bien, sino si nos gustará cuando Él lo haga. Una de las batallas del pueblo de Dios siempre ha sido dudar de la bondad de Dios por la manera como Él elige utilizar su poder. Esta es una batalla para mí y estoy seguro de que lo es para ti también. Aunque Dios siempre está desplegando su poder, muchas veces nos sentimos inconformes con lo que Él hace o con lo que no hace. Hay ocasiones en las que el uso que hace Dios de su poder para nuestro bien no nos parece bien en absoluto. En poder, Dios nos conducirá por caminos difíciles, no porque esté enojado con nosotros, sino porque nos ama y el camino difícil es su gracia redentora. Creo que muchas veces cuando nos sentimos desilusionados y abrumados no es porque Dios no esté obrando, sino más bien porque no manifiesta su poder en nosotros según nuestra preferencia y deseo.

Números 11 relata una historia que ilustra con perspicacia cómo se batalla a veces con la forma en que Dios usa su poder que ha prometido desplegar para nuestro bien. Los hijos de Israel están en su peregrinaje de cuarenta años desde Egipto hacia la tierra prometida. Puesto que son nómadas, no pueden sembrar plantíos ni criar animales como lo harían si estuvieran establecidos en un lugar. Así que Dios, porque los ama y los ha adoptado como sus hijos, usa su poder para alimentarlos. Esta situación es una de las ilustraciones más hermosas de las Escrituras del despliegue del poder ilimitado de Dios para suplir las necesidades de sus hijos. Él, literalmente, hace que caiga del cielo un material comestible, similar al rocío de la mañana, de modo que los israelitas pudieran recogerlo, hornear con él para volverlo pan y saciar su hambre. Esta es una ilustración tan maravillosa del pacto de amor de Dios que Jesús adopta el nombre de "maná". Él es el pan que desciende del cielo para dar vida a su pueblo.

Con todo, la respuesta de los hijos de Dios a este despliegue amoroso de su poder omnipotente fue la siguiente:

> Y la gente extranjera que se mezcló con ellos tuvo un vivo deseo, y los hijos de Israel también volvieron a llorar y dijeron: ¡Quién nos diera a comer carne! Nos acordamos del pescado que comíamos en Egipto de balde, de los pepinos, los melones, los puerros, las cebollas y los ajos; y ahora nuestra alma se seca; pues nada sino este maná ven nuestros ojos.
>
> Y era el maná como semilla de culantro, y su color como color de bedelio. El pueblo se esparcía y lo recogía, y lo molía en molinos o lo majaba en morteros, y lo cocía en caldera o hacía de él tortas; su sabor era como sabor de aceite nuevo. Y cuando descendía el rocío sobre el campamento de noche, el maná descendía sobre él (Nm. 11:4-9).

El maná no proveía la cocina más interesante. Es evidente que no tenía mucho sabor porque se nos dice que cuando se cocían las tortas su sabor era como del aceite con que se preparaban. Con todo, esta comida aburrida era el resultado de un despliegue formidable del poder ilimitado de Dios cuyo propósito era suplir las necesidades físicas de sus hijos. Sin embargo, el pueblo de Israel no estaba agradecido. No les gustó el menú que Dios en su poder había provisto y se pusieron a llorar y a quejarse. Pero hicieron algo más que debes notar.

Por causa de su insatisfacción con la manera en que Dios desplegó su poder para proveerles alimento, ellos empezaron a soñar con regresar a Egipto, donde tenían frutas, verduras y especias. En nuestra insatisfacción con Dios, nuestra memoria puede ser aterradoramente selectiva. Si te fijas en la retahíla de quejas, Egipto suena más como un gran supermercado que como un lugar de duros trabajos, sufrimiento, esclavitud y muerte. El descontento distorsiona tu visión, te lleva a cuestionar la forma en que Dios emplea su poder a tu favor y te tienta a ansiar lo que no deberías ansiar, al tiempo que rechazas lo que debería despertar en ti gratitud.

Quisiera decir que yo siempre me alegro con la manera en que Dios demuestra su poder en mi vida. Desearía decir que solo hablo palabras de gratitud y nunca de queja. Desearía poder decir que nunca he cuestionado la sabiduría o el amor que motivan la manifestación del poder de Dios en mi vida. Yo también paso por momentos de descontento y, cuando eso sucede, me siento tentado a buscar satisfacción en otra parte. El drama de nuestra vida no es acerca del poder de Dios o su voluntad de manifestarlo para nuestro rescate, provisión, protección y transformación. No, el drama espiritual diario es acerca de si responderemos con gratitud o queja cuando experimentamos lo que su poder provee para nosotros y la dirección hacia la cual nos guía su poder. El pueblo de Dios no siempre ha estado conforme con la manera en que Dios elige manifestar su poder. ¿Y tú?

7. El poder de Dios es esencial en su cuidado paternal de nosotros. Desde el instante en que nuestros hijos llegaron al mundo y a nuestra familia, yo he vivido con un nuevo sentido de propósito. La crianza no siempre me pareció agobiante. De repente encabezó mi lista de valores algo que me motivaba más que la mayoría de las cosas en mi vida. Me mantuvo trabajando duro. Determinó mi manera de invertir mi dinero, mi energía, mis dones y mi tiempo. Estaba presente en mi mente desde que me despertaba hasta que me iba a dormir. No pocas veces fue la razón por la cual mi sueño era interrumpido. Aunque mis hijos sabían que yo los amaba, no entendían cuánto. Definitivamente no sabían en qué medida su existencia ocupaba mi corazón y era una motivación para mí.

El instante en que mis hijos llegaron a nuestra familia yo decidí emplear todo el poder que tuviera como padre para protegerlos y proveer lo que necesitaban. Mi poder no era exclusivo de mi paternidad ni era ilimitado, pero cualquiera fuera esa medida de poder, yo estaba comprometido a usarla para su beneficio presente y su bienestar permanente. Sí, yo busqué todas las maneras de comunicarles que los amaba con todo mi corazón, pero una de las formas en que practiqué ese amor fue usar mi medida de poder para brindarles seguridad y suplir sus necesidades diarias.

Una de las maneras más alentadoras en las que Dios se identifica a sí mismo en su Palabra y define nuestra relación con Él es la asombrosa declaración "Yo soy tu Padre". El Señor del cielo y de la tierra es mi Padre por la gracia. El que se sienta en el trono del universo con poder absoluto es mi Padre y yo soy su hijo. Parece imposible, parece demasiado bueno para ser verdad. La gracia me adoptó como miembro de su familia y, en virtud de esto, me volví objeto de su cuidado paternal. Esto es lo que quiero que entiendas. Una de las mejores maneras de entender la gloria del cuidado paternal de Dios por sus hijos es ver que Él demuestra su poder para protegernos y proveer lo que necesitamos. Escucha las palabras del Salmo 103:13. Si las crees, si las abrazas y si vives conforme a ellas, te transformarán a ti y tu manera de pensar acerca de todo en tu vida.

Como el padre se compadece de los hijos,
Se compadece Jehová de los que le temen (Sal. 103:13).

La palabra hebrea traducida aquí "se compadece" es específica y evocadora. *Rakjám* es un término familiar y amoroso, tierno e íntimo. El salmista podría haber usado otras palabras para referirse a "mostrar compasión", pero empleó esta por una razón. *Rakjám* es una palabra hebrea que está relacionada con la palabra *vientre*. Es el tipo de compasión que solo siente una madre por un hijo al que ha llevado en su propio vientre. Se usa para expresar la clase de amor íntimo, intenso y activo que sienten los padres por sus hijos y por nadie más. Es la razón por la cual una madre o un padre se levantan temprano en la mañana y se acuestan tarde en la noche, día tras día, por el bienestar de sus hijos. Es lo que motiva todos los cuidados paternales y maternales, desde cambiar pañales hasta las conversaciones difíciles con un adolescente y todos los sacrificios personales posibles. Vemos *rakjám* en la expresión singular del rostro de una madre cuando mira a su bebé amamantando o en la ternura de un padre cuando consuela y defiende a su hijo que sufre acoso escolar. La palabra *rakjám* plasma el amor que motiva cada acto de provisión, afecto y protección de los padres.

Esta bella palabra es la que emplea el salmista para decirte: "Así te ama tu Padre celestial". *Rakjám* es el motivo subyacente a la demostración del poder de Dios por ti, para ti y dentro de ti como hijo de Dios por la gracia. Tú eres precioso para Él. Él está comprometido a suplir cada una de tus necesidades. Él demuestra su poder con compasión, ternura y perdón paternales. Su poder se manifiesta en ti con un afecto paternal inagotable. Tu Padre celestial te ama y su poder es un instrumento de ese amor.

Ya seas padre o madre, estudiante, empleado, jefe, pastor, político, educador, hombre o mujer, anciano o joven, soltero o casado, sin importar qué enfrentes o cómo te sientas, estés donde estés, si eres un hijo de Dios jamás vivirás escaso de poder ni de amor. *La paternidad de Dios es donde convergen el amor ilimitado y el poder ilimitado.* El resultado es provisión, cuidado y protección continuos. Definitivamente esa es una razón para tener esperanza, rehusar darse por vencido y seguir haciendo el bien al cual Dios te ha llamado. Tu Padre celestial te ama y desata su poder para tu bien. El himno "Con qué paternal cariño" lo expresa mejor:

> ¡Con qué paternal cariño,
> Dios ampara a sus hijitos,
> como el cielo a las estrellas,
> como el nido al pajarito!

A los suyos viste y nutre,
en sus atrios enriquece,
de todo mal los salva
en fuertes brazos carga.

Vida o muerte nunca aparta,
a los hijos de sus Padre;
Él conoce sus tristezas,
y les muestra sus bondades.

Aunque diera o quitara,
no por eso desampara;
solo quiere a sus hijos,
conducir a vida eterna.[1]

Las palabras del apóstol Pablo a los corintios me parecen muy consoladoras y esperanzadoras. Me recuerdan que no estoy solo en mi lucha y, en cambio, mi Redentor omnipotente está allí presente y me ama.

Y para que la grandeza de las revelaciones no me exaltase desmedidamente, me fue dado un aguijón en mi carne, un mensajero de Satanás que me abofetee, para que no me enaltezca sobremanera; respecto a lo cual tres veces he rogado al Señor, que lo quite de mí. Y me ha dicho: Bástate mi gracia; porque mi poder se perfecciona en la debilidad. Por tanto, de buena gana me gloriaré más bien en mis debilidades, para que repose sobre mí el poder de Cristo. Por lo cual, por amor a Cristo me gozo en las debilidades, en afrentas, en necesidades, en persecuciones, en angustias; porque cuando soy débil, entonces soy fuerte (2 Co. 12:7-10).

Es hermoso ser librado del temor a la debilidad. Es maravilloso ser librado de la obligación de mostrarse fuerte. Es un regalo no volver a

---

1   Carolina V. Sandell Berg, "Children of the Heavenly Father", 1858; traducción al español, © Kenneth Mahler. Usada con permiso.

sentirte abrumado cada vez que enfrentas algo que excede tu capacidad o tus fuerzas. Es liberador saber que la debilidad no es una maldición, sino más bien el material mismo que Dios usa para producir en nosotros fortaleza verdadera. La verdadera fortaleza no proviene de sacar más músculo ni de esforzarse más. La verdadera fortaleza viene cuando ya no temes confesar tu incapacidad. La verdadera fortaleza no finge poder y oculta la debilidad. Reconocer la debilidad es la puerta de entrada a la verdadera fortaleza. Es cuando dejo de negar mi debilidad que empiezo a confiar en uno de los regalos más maravillosos de la gracia de Dios, su poder que obra en mí.

He aquí a lo que la teología de la omnipotencia de Dios debería llevarte. En respuesta a la debilidad, que francamente ninguno de nosotros puede negar, lo que Dios nos da es *a sí mismo*. Él es lo que necesitamos. Él viene a nosotros para morar dentro de nosotros y para desatar su poder en las áreas en las que somos débiles e incapacidades. La verdad del poder de Dios manifiesto en la creación y en la resurrección no es un concepto abstracto e impersonal. Es tu esperanza de cada día. El poder de la resurrección es tuyo ahora mismo.

Tus posibilidades no están restringidas por tu debilidad porque ya no eres tú quien vive (solo), sino Cristo (en poder omnipotente) quien vive en ti (Gá. 2:20).

Tu salvación no incluye únicamente el perdón pasado y una esperanza futura, sino también una nueva identidad y una nueva capacidad ahora mismo. Cada doctrina teológica que examinamos no solo te ayuda a conocer y a entender a Dios, sino que también define quién eres tú y lo que te pertenece como hijo de Dios. Esto es lo que eres: tú eres el hijo o la hija del ser más poderoso del universo. Él es tu Padre y Él manifiesta su poder con afecto y cuidado paternales. Esta es tu potencialidad: el poder de tu Padre omnipotente está ahora mismo operando en ti. No te han abandonado en el escenario de tu propio drama minúsculo. No te han dejado a tu suerte para que te las arregles con tus propios recursos diminutos. El Dios omnipotente se ha acercado, te ha adoptado como hijo, despliega su poder para tu bien y te bendice con poder en tu interior. Como todos los demás aspectos de la teología divina, la doctrina de la omnipotencia de Dios nos comunica sublime gracia.

Dios es omnipotente.

Él es nuestro Padre.

Su poder es nuestro por la gracia.

Tenemos esperanza.

11

La doctrina de la creación

AGRADÓ A DIOS el Padre, Hijo y Espíritu Santo en el principio crear de la nada cada cosa visible e invisible que existe y declarar que todo lo que había hecho era bueno en gran manera. Lo hizo a fin de manifestar para siempre y delante de todos su poder, sabiduría y bondad eternos.[1]

Cómo entender la doctrina de la creación

Es imposible, en una frase, un párrafo, un capítulo e incluso un libro entero hacer justicia al prodigio de la creación del mundo y de todo lo que contiene, la cual ocurrió una vez en la historia del universo. A todos nosotros nos toca trabajar duro para lograr hacer algo. Incluso cuando compramos un mueble de Ikea con todas las piezas correctamente diseñadas y un folleto de instrucciones, llegas al borde de la locura tratando de seguirlas y de ensamblar algo que refleje lo que pensaste que compraste en el almacén. Todos tus proyectos de bricolaje requieren concentración mental, habilidad manual y perseverancia. Nos cuesta hacer cosas, a pesar de que siempre empezamos con alguna materia

---

1   Paráfrasis del autor de la doctrina de la creación como aparece en apartes de la Confesión de Fe de Westminster, cap. 4.1.

prima, seguimos instrucciones y contamos con las herramientas necesarias. Con todo, tú y yo nunca hemos *creado* nada; no hacemos nada de la nada. C. S. Lewis lo expresó de este modo: "Este acto [la creación], como lo es para Dios, siempre será inconcebible para el hombre. Porque nosotros, aun nuestros poetas, músicos e inventores, nunca creamos en el sentido fundamental. Solo construimos. Siempre tenemos materiales a partir de los cuales construir".[2]

La verdad de la creación debería dejarnos pasmados, llenarnos de asombro y admiración, humillarnos y postrarnos de rodillas. Dios, con nada más aparte de su voluntad y su palabra (en sentido literal, no es una exageración), habló y el universo se hizo realidad. Piensa en galaxias gigantescas y en diminutas hormigas. Piensa en masas de agua en movimiento y en pozos de granito endurecido. Piensa en el cuerpo de un elefante y en las criaturas traslúcidas que nadan en los fosos más profundos del mar. Piensa en los árboles más altos y en los organismos microscópicos. Piensa en la tecnología del ojo humano y en el diseño intrincado de tu mano. Piensa en el sonido de las olas y en reacciones químicas. No leas Génesis 1 y 2 con una actitud mental aburrida. No dejes que la gloria deslumbrante de lo que describe el pasaje se te escape. Génesis 1 y 2 están escritos para dejarte sin aliento y, cuando esto no sucede, es porque no los has abordado correctamente. Génesis 1 y 2 están escritos para ponerte en tu lugar y dejar a Dios en el lugar que le corresponde en tu corazón y en tu vida. No hay nada abstracto, impersonal ni ajeno a tu vida en las palabras "En el principio creó Dios los cielos y la tierra". Estas palabras lo definen y lo explican todo. Te dan identidad y dignidad. Estas palabras definen el significado y el propósito de la vida. Aquí, en Génesis 1 y 2, se nos presenta todo cuanto existe. La narrativa bíblica empieza con Dios en el centro del escenario haciendo algo que es tan complejo que pasaremos el resto de la eternidad descifrándolo y tratando de captar plenamente su dilatada gloria.

Decir que Dios creó este universo y todo lo que hay en él equivale simplemente a decir que Dios es Dios. Él no tiene rival. Nadie y nada

---

2   C. S. Lewis, *Letters to Malcolm: Chiefly on Prayer* (1963; Nueva York: HarperOne, 2017), 97. Publicado en español por Rialp con el título *Si Dios no escuchase: Cartas a Malcolm*.

se compara a Él. Nadie puede afirmar que ostenta su poder y su autoridad. Nadie tiene una mente que pueda contener esta clase de sabiduría y conocimiento. Y, si alguien fuera capaz de ingeniar la creación de un mundo, con toda seguridad carecería del poder para hacer lo que ha ingeniado. Génesis 1 y 2 establecen una completa revolución. Si Dios creó el mundo, entonces todo se define por esa realidad y Él es digno de nuestra admiración, sumisión y obediencia constantes.

Sin embargo, la mayoría de nosotros tenemos un problema. Me temo que estamos tan familiarizados con la doctrina de la creación que ya no nos conmueve como solía hacerlo. Estar familiarizado con cualquier aspecto de la verdad de Dios es algo maravilloso. Significa que la gracia nos ha encontrado y que ha abierto nuestros corazones y nuestras mentes a verdades que Dios usa para rescatarnos, redimirnos y transformarnos. No obstante, es importante entender que la familiaridad con la verdad bíblica también puede ser peligrosa. Cuando nos topamos con algo que es familiar para nosotros, por lo general nuestra mente deja de pensar, nuestros ojos dejan de mirar y nuestro corazón deja de responder. Es triste cuando meditar en algo como la doctrina de la creación se convierte en un simple ejercicio intelectual y ya no llena nuestras mentes de asombro y nuestros corazones de adoración. ¿Cómo es posible ver las manos de Dios obrando, dando forma al mundo y poniendo a punto cada cosa en él, y pasar de largo con indiferencia sin conmoverse? He aquí el centro de tu realidad, el eje de tu espiritualidad y la esencia de tu humanidad. No podría existir algo más importante que lo que está escrito en Génesis 1 y 2. Minimizar su importancia y portento constituye el semillero de toda clase de idolatrías. Entendido debidamente, lo que está escrito en estos dos capítulos te conducirá a Dios, a ti mismo y, en última instancia, a la cruz del Hijo.

Abre tus ojos y tu corazón a la gloria que te rodea por doquier. Cada cosa gloriosa creada está diseñada por Dios como un dedo que señala su gloria. Necesitamos orar pidiendo la gracia de ver siempre al Dios glorioso tras la gloriosa realidad física que vemos, oímos, gustamos o palpamos. ¿Cómo podemos hervir agua, hacer puré de patatas o batir huevos sin ver la gloria de Dios? ¿Cómo podemos sostener a un bebé en nuestros brazos sin quedar admirados ante su Creador? ¿Cómo es posible que los tonos cambiantes de un atardecer no nos dejen deslumbrados por Dios? ¿Cómo es posible que los renacuajos en un arroyo no nos hagan reír en adoración? ¿Cómo es posible que el silbido del viento entre los árboles no se convierta en un himno de alabanza a Dios en nuestros corazones? Si podemos ver por doquier el despliegue de gloria que está delante de nuestros ojos y no vemos a Dios, somos seres humanos profundamente desfavorecidos con una necesidad urgente del rescate de la gracia de Dios que abra nuestros ojos e infunda vida a nuestro corazón.

Si eres cristiano, este es el epicentro de todo lo que profesas creer. Si Dios no creó este mundo y todo lo que hay en él, entonces cada elemento de teología e historia bíblicas se desploma. Entonces, Dios no es Dios, el mundo no es lo que Él ha dicho que es, y tú no eres lo que Él ha dicho que eres, y todo lo que pensaste que era verdad ahora es otra cosa. Si Dios no es lo que Él ha dicho que es, entonces ¿qué queda de su ley, de sus promesas, de su evangelio, de la esperanza de eternidad y de la fiabilidad de su gracia? La doctrina de la creación es fundamental; si la quitas, la casa entera de la teología de la Biblia se desploma. Y, si se desploma, no sabes quién es Dios, no sabes quién eres tú, no sabes qué es el mundo ni de qué se trata la vida. Estás perdido en un universo que no tiene centro. Fuerzas irracionales e impersonales interactúan entre sí y contigo. No hay tales cosas como sentido y propósito, bien y mal, lo moral y lo inmoral.

La buena teología bíblica es una teología basada en la creación. Es una teología que pone a Dios en el principio y en el centro. Es una teología orientada más por el asombro y la adoración que por la sistematización de verdades. "En el principio creó Dios los cielos y la tierra" es lo que determina nuestra posición frente a todas las demás verdades reveladas en la narrativa bíblica. La teología basada en la creación es una teología humilde; estamos administrando las cosas de Dios y lo hacemos con una actitud de adoración, maravillados por la gracia que nos permite administrar aquello que es sagrado.

Génesis 1 y 2 no buscan ser una descripción científica del proceso de la creación. Es evidente que no tenemos una descripción detallada de todo lo que sucedió cuando Dios creó su mundo y puso todo en su lugar. Por otro lado, los capítulos 1 y 2 de Génesis sí nos dejan registro de los hechos históricos fundamentales, pero de forma selectiva y poética. Ten en cuenta que no hay un solo registro de la creación, sino dos. Génesis 1 pone a Dios en el centro de la creación de este enorme cosmos. Génesis 2 presenta a Dios como el Creador de Adán y Eva, seres únicos en la creación porque son portadores de la imagen de Dios. En vez de ser un texto detallado de literatura científica, Génesis 1 y 2 contienen breves detalles difusos. Desde el punto de vista del estilo, Génesis 1 y 2 son más teológicos que científicos. Revelan el protagonismo, el poder y la autoridad de Dios sobre la creación, y la naturaleza y propósito de los seres humanos hechos a su imagen. Dios dispuso Génesis 1 y 2 para enfocar la atención del lector no en el proceso sino en su persona. Ambos capítulos buscan alentarnos a que todos nuestros pensamientos acerca de la vida, de nuestro mundo y de nosotros mismos se dirijan a Dios. En Génesis 1 y 2, Dios define la realidad de la siguiente forma: Dios se pone en el centro de todo y Él nos pone en una conexión única con Él. Ese debe ser el punto de partida de todo lo que entendemos acerca de la vida.

Así pues, ¿qué debemos extraer de la doctrina de la creación? ¿Cuál es el significado más profundo de este impresionante elemento de teología cristiana?

Propósito

Yo soy pintor de vocación. He pintado durante décadas. Tengo un estudio de arte a pocas calles de mi casa y trabajo allí en una obra hasta que está lista para ser exhibida en una galería. Pinto con un estilo particular y siempre con un propósito en mente. Nunca empiezo a pintar diciéndome a mí mismo: "Espero que esto se convierta en algo hermoso". Antes de empezar, visualizo lo que quiero que sea el producto final. Ya con una visión en mente, dispongo los pasos del proceso y junto las pinturas, los productos químicos y las herramientas que voy a necesitar para realizar mi visión. Me propongo crear algo hermoso que ayude a otros a ver algo con una perspectiva nueva y quiero que alguien desee comprarlo y exhibirlo en su hogar o lugar de trabajo. Cada obra que hago incluye un propósito.

Dios, el artista por excelencia, diseñó todo lo que hizo con un propósito en mente. Cada cosa está cuidadosamente diseñada para el propósito para el cual Dios la hizo. Dios diseñó a los seres humanos con un propósito en mente. Él sabía lo que quería que fuéramos, Él sabía cómo quería que viviéramos, Él sabía lo que quería que hiciéramos, Él sabía cómo quería que nos relacionáramos con los demás y con Él, y sabía cómo quería que interactuáramos con el resto de la creación. Esto significa que la meta final de nuestra vida no es trabajar para que un día por fin experimentemos nuestra definición de felicidad. La meta no es lograr que todo el mundo nos quiera. El propósito de tu vida no es el logro material, el éxito o la riqueza. El propósito definitivo no es adquirir poder y control. No es ser esbelto y atractivo. No es el reconocimiento público. No es llegar a amarte a ti mismo, pase lo que pase. La meta suprema no es un matrimonio feliz ni unos hijos responsables y exitosos.

No. Si hay un Creador no me corresponde a mí decidir de qué manera quiero invertir mi vida ni qué propósito quiero para mí. Como Creador, solo Dios tiene la capacidad y el derecho de decirme cómo vivir y cuál debe ser el propósito impulsor de todo en mi vida. Él me diseñó de una manera específica para un propósito específico. Esto significa que aceptar el propósito *de Dios* para mí como el propósito impulsor de mi vida debería ser mi mayor motivación y mi compromiso constante sin importar quién sea y dónde viva. La doctrina de la creación nos enseña que nosotros no buscamos un propósito en nosotros sino en nuestro Creador. Y el Creador nos ha enviado al mundo con un "manual del propietario", como el que viene con un auto nuevo. El manual de Dios, la Biblia, no solo establece el propósito de Dios para nosotros; también nos muestra lo que sucede cuando abandonamos el propósito de Dios para seguir el nuestro, y cómo Él nos rescata y nos restaura por medio del regalo y la gracia de su Hijo.

Propiedad

Cuando termino de pintar un cuadro, el cuadro me pertenece. Nadie cuestiona eso. Yo soy dueño de cada pintura que hay en mi estudio. Cada una de mis pinturas que cuelgan en una exhibición me pertenece hasta que alguien la compra. Es la lógica de la creación: el que hace algo es su propietario. Lo mismo sucede con la creación de Dios del mundo y de todo lo que hay en él. El universo físico le pertenece al Señor. Fue creado por Él y para Él. Romanos 11:36 dice: "Porque de él, y por él, y para él, son todas las cosas. A él sea la gloria por los siglos.

Amén" (Ro. 11:36). Dios es el legítimo dueño de todas las cosas. Tratar el mundo físico como si te perteneciera a ti y hacer con él lo que se te antoja nunca conduce a nada bueno. Los árboles, las flores, los ríos, los pájaros, los animales de todo tipo, el cielo, el aire, el viento y la lluvia, la arena y el mar, las montañas y los valles, las vacas del campo y el perro debajo de tu mesa, todo le pertenece al Señor. Es humillante entender que tú no eres dueño, sino un simple administrador temporal.

Mis padres se mudaron al sur de California y se convirtieron en administradores de un gran conjunto de apartamentos. No eran dueños de nada en ese lugar, ni siquiera del apartamento que habitaban. Sin embargo, estaban a cargo del trabajo de cuidar de la propiedad y de supervisar el buen uso que le dieran los inquilinos. Todo esto lo hicieron respetando los deseos expresos de los propietarios. Mis padres no podían tratar el lugar como suyo, no podían hacer lo que quisieran con ese lugar y definitivamente no podían tratar a los inquilinos como se les antojara. Habían sido contratados para administrar el conjunto de acuerdo con los planes, los propósitos y las reglas de los propietarios.

Debemos interactuar con el ambiente físico (plantas y animales, tierra, aire y agua) y administrarlo con el reconocimiento humilde de que no nos pertenece. Esto significa que somos los administradores residentes de un lugar que fue hecho por el Señor para su gloria y que es sostenido por su poder. Así que con humildad, gratitud y compromiso nos dedicamos a cuidar lo que le pertenece a otro, de tal modo que Él se complazca y reciba el mérito que le pertenece a Él y solo a Él. Nuestra mayordomía no se extiende únicamente a nuestro ambiente físico, sino también al prójimo. Estamos llamados a representar el amor y el cuidado de Dios de todos los que están hechos a su imagen. Como sus administradores residentes debemos tomar con seriedad nuestro llamado a representar los unos a los otros el amor, la justicia, la compasión, la misericordia, la protección y la provisión de Dios. Reconociendo que Dios es el propietario de todo lo que existe, nos disponemos a un estilo de vida de mayordomía hacia nuestro prójimo, no dando jamás la espalda al sufrimiento, sea cual sea, hasta que estemos en aquel lugar donde ya no habrá más.

El hecho de que Dios Creador es el dueño de todo constituye también un llamado a algo más. Es importante que cada mañana de tu vida te recuerdes a ti mismo que tú tampoco eres tu propio dueño. Toda clase de cosas tenebrosas e impías, toda clase de acciones egoístas y abusivas, mucho daño y destrucción, idolatría y adicción y un sinnúmero de finales tristes se producen cuando los seres humanos viven como dueños de sus propias vidas y como si pudieran hacer todo lo que les place. El abuso sexual es un problema de mayordomía. El maltrato emocional de tu cónyuge es un problema de mayordomía. El odio racial es un problema de mayordomía. La corrupción política es un problema de mayordomía. La codicia materialista es un problema de mayordomía. Comer hasta enfermarse es un problema de mayordomía. El adulterio es un problema de mayordomía. El robo y la violencia son problemas de mayordomía. El uso egoísta de tus recursos es un problema de mayordomía. El machismo, ya sea sutil o explícito, es un problema de mayordomía. La falta de atención a los desfavorecidos y oprimidos es un problema de mayordomía. Cada vez que tomas tu vida en tus propias manos y haces con ella, aunque sea por un momento, solo lo que te place, tienes un problema de mayordomía.

Esto es lo que la doctrina de la creación me dice. Yo no soy dueño de mi racionalidad, de mi espiritualidad, de mi personalidad, de mis emociones, de mi cuerpo, de mi psique, de mis dones ni de mi voluntad. Todo lo que soy, es decir, todo lo que funciona en conjunto para hacer de mí lo que *soy*, le pertenece al Señor. Yo debo administrar los diversos aspectos de mi cuerpo y de mi persona, reconociendo que todo le pertenece a Él y existe para su propósito. Una vida bien vivida se vive con el entendimiento de que tú no eres dueño de tu vida.

Vale la pena detenernos y reflexionar sobre el hecho de que vivir conforme al propósito de Dios y considerarlo a Él dueño de todo no es algo que nos resulte natural. No es natural abordar cada pensamiento, deseo, elección, palabra y acción recordando que no eres tu propio dueño. No es natural abordar tus responsabilidades y relaciones a la luz del propósito de Dios. Es natural moverte conforme a tus propios deseos y definir un buen día como un día en el que lograste aquello que te hace feliz.

La doctrina de la creación nos lleva a la gracia de Jesús. La doctrina de la creación, entendida debidamente, nos lleva a la cruz. Es allí donde encontramos el perdón por cada momento en el que olvidamos al Creador y cada acto de posesión egoísta de nuestro ser. Es allí donde puedo implorar ayuda para hacer lo que no viene de manera natural. Es allí donde soy rescatado de mí mismo y me ocupo en vivir para algo y para alguien que son inmensamente más grandes que yo. Es allí donde soy liberado de la carga de vivir para mi propia gloria y encontrar la libertad de vivir para la gloria de otro. Es allí donde me recuerdan mi realidad: "porque Dios es el que en vosotros produce así el querer como el hacer, por su buena voluntad" (Fil. 2:13). La doctrina de la creación me lleva a Jesús. Solo porque Él está conmigo, por mí y en mí voy a someterme a Dios como mi dueño y a vivir conforme a su propósito. Él no me dejará solo en mis luchas, sino que peleará por mí incluso cuando yo estoy demasiado cansado y desanimado para pelear.

Autoridad

Mis padres tenían autoridad y los inquilinos lo sabían. Ellos ejercieron cada día su autoridad en diversas formas. A veces su autoridad era bien recibida y en otras rechazada, pero ellos fueron fieles en usar su autoridad según era necesario. Lo que no tenían era autoridad autónoma. Ellos no tenían derecho a ejercer su autoridad como les placía, porque no eran los propietarios del conjunto residencial.

Esta es la dirección hacia la cual nos lleva la doctrina de la creación en lo que atañe a la autoridad. Puesto que Dios hizo el mundo y es su dueño, Él es la autoridad suprema sobre todo. Esto significa que no hay tal cosa como una autoridad humana independiente. Cualquiera que ostenta una posición de autoridad como ser humano tiene una autoridad representativa. Toda autoridad humana es una autoridad delegada; es decir, es designada para ser una representación visible de la autoridad de Dios. Pablo lo expresa de este modo: "Sométase toda persona a las autoridades superiores; porque no hay autoridad sino de parte de Dios, y las que hay, por Dios han sido establecidas" (Ro. 13:1).

Ya seas padre, cónyuge, maestro, jefe, político, gerente, juez, pastor o alguna figura de autoridad, Dios te ha puesto en esa posición para que actúes como un representante de su autoridad. No tienes el derecho a ejercer tu poder y a manejar tu posición como se te antoja. Cada expresión de autoridad humana debe ser una representación de los valores, los propósitos y el carácter de Dios. ¿No te parece que el hogar sería un lugar mucho más seguro y lleno de amor si los padres actuaran de ese modo? ¿No te parece que el aula funcionaría mejor si los maestros entendieran esto? ¿No te parece que el lugar de trabajo sería un lugar mucho más tranquilo y productivo si los jefes lideraran bajo este principio? ¿No te parece que el gobierno buscaría más el bien de sus ciudadanos si cada funcionario elegido se considerara un representante no solo de sus electores sino ante todo de Dios? Dios es la autoridad suprema. De toda otra autoridad, Él es el referente de carácter y propósito.

Es crucial recordar que aun el líder humano más poderoso con el gobierno más extendido y la mayor autoridad humana es al mismo tiempo una persona que vive bajo autoridad. Incluso el líder más poderoso está llamado a inclinarse ante el Rey supremo y a someterse de buen grado a su autoridad. No existe tal cosa como una autoridad humana que no le rinda cuentas a Dios. Así que podemos descansar, no porque las autoridades humanas que nos gobiernan sean buenas, amorosas y sabias, sino porque nuestro Señor Creador es la autoridad suprema y Él es santo en todo e ilimitado en amor.

Adoración

El asombroso, impresionante y fascinante relato de la creación, que es lo primero que encuentras al abrir tu Biblia, está allí por una razón. Tu Biblia está escrita de tal modo que encuentres de inmediato a Dios en toda la inmensidad de su gloria. Desde el principio ves a Dios haciendo algo que nunca verás repetido ni igualado. Aquel que existía antes del tiempo, antes de que existiera el universo físico, habla y todo lo que no era vino a ser. Con su palabra lo creó. Su glorioso poder, sabiduría y autoridad quedan evidentes en todo momento. Se destacan desde las primeras palabras de las Escrituras para que el lector las vea. Dios, grande, glorioso y poderosamente activo, domina la realidad. Frente a este increíble despliegue de grandeza incomparable es inevitable sentirse pequeño y débil.

Este despliegue sonoro y visual original de gloria multisensorial a todo color tiene el propósito de asombrarte, abrumarte y transformarte. Ha quedado registrado allí para despertar en ti la más significativa, íntima, profunda y formativa función humana: la adoración. El relato busca dirigirte a aquello para lo cual fuiste creado. Está escrito para llevarte al corazón de tu humanidad y descubrir allí tu verdadera identidad. Busca relegar a un segundo plano en tu corazón todas las demás cosas que te atraen, seducen y cautivan. Busca devolverte tu sensatez, llevarte al único lugar donde podrás encontrar vida real. Busca ponerte en tu lugar para que entiendas quién eres exactamente y qué debes hacer a cada momento. Las palabras están escritas para mostrar a Dios en tal grandeza que caigas de rodillas en asombro y adoración. Por otro lado, estas palabras buscan ayudarte a comprender tu identidad y tu lugar en este cosmos que este Dios admirable ha creado. El pasaje es más que un llamado a una actividad particular. Es mucho más profundo que eso. Este despliegue de gloria ha sido preservado para ti para que te apropies de tu identidad.

La adoración es mucho más que una actividad espiritual o religiosa. La adoración es tu identidad. Es aquello para lo cual fuiste creado. Génesis 1 y 2 nos presentan, en increíble gloria, al único que es digno del impulso adorador y de la capacidad de nuestros corazones para adorar. La adoración es lo que define todo lo que decimos y hacemos. La adoración esculpe nuestros deseos más profundos y dirige nuestras motivaciones más enérgicas.

Así pues, el despliegue de increíble poderío divino en la creación que tuvo lugar una sola vez en el mundo nos invita a ti y a mí no solo a encontrar a Dios, sino a encontrarnos, por fin, a nosotros mismos. Nos exige enfrentar a Dios. No hay escapatoria de la luz de su majestad. No hay manera de evitar la envergadura de su poder. El pasaje no nos deja escondite ni la opción de huir. Él es colosal, sin medida, imposible de eludir. La gloria de su majestad llena por completo el escenario que hemos considerado nuestro. Desde el principio, Él nos invita a conocerlo, a experimentar su grandeza, a entregarnos a la única ocupación que tiene sentido: adorar. No se trata de adoración como una parte religiosa de nuestra vida, sino adoración como la ofrenda de nuestra vida al único que puede introducirnos al lugar donde somos testigos de la gloriosa gloria de su gloria.

Humildad

La doctrina de la creación busca liberarnos de nuestro cautiverio de nosotros mismos. Se propone sacarnos de la prisión de nuestro propio egocentrismo. Génesis 1 y 2 nos recuerdan que no somos más que testigos de algo en lo cual no tuvimos parte. El mundo no empezó con nosotros y nosotros no lo empezamos. La gran narrativa del cosmos no empezó con nosotros. Lo más asombroso que haya sucedido jamás, sucedió sin nosotros. Si nos lo hubieran pedido, de ninguna manera habríamos podido hacer ni siquiera la fracción más minúscula de lo que el gran Creador hizo cuando creó todo con su palabra. Él estaba allí en su formidable grandeza y gloria antes de que el primer ser humano respirara por primera vez.

La doctrina de la creación me recuerda que yo no soy protagonista de todo cuanto existe. Dios no solo es el gran autor de la historia de la vida, sino también el actor principal, la gran estrella que rige el escenario y que exige nuestra atención. Todo proviene de Él, todo lo señala a Él y todo se dirige hacia Él. Él es el protagonista, Él recibe los honores y Él es quien se lleva todo el reconocimiento. Todo palidece ante la luz de su gloria. No hay debate de grandeza posible con Él. No existe nadie que pueda pretender seriamente igualarse a Él. Toda la creación se inclina ante su majestad.

Aquí es donde empieza el humillante proceso de la gracia. Cuando empiezas a reconocer que Dios es el protagonista y a confesar tu pequeñez y dependencia, empiezas a ser libre de los engaños peligrosos de tu propia majestad. Es allí donde empiezas a abandonar tu confianza en tu propia sabiduría y poder. Es allí donde dejas de escribir tu propia historia. Es allí donde empiezas a liberarte de tu obsesión con tu propia gloria y tu constante necesidad de tener la razón, de tener el control y de recibir aplausos. Es allí donde renuncias a escribir tus propias reglas y a dejar de pensar que eres lo bastante inteligente para planear tu propia vida. Es allí donde Dios, en amor y misericordia, te invita a confesar y a rendirte.

La grandiosa y maravillosa narrativa del evangelio, que es la esperanza de todos los que creen, no empieza con la llegada de Jesús al escenario humano. La gracia redentora fluye desde Génesis 1. El despliegue de la gloria de Dios rebosa al mismo tiempo que su misericordia. Él te llama a alejarte de la disfunción y del desastre de la propia gloria y a encontrar tu vida en rendición a Él. El amor divino te da la bienvenida a la demostración más gloriosa de majestad, a pesar de que nunca habrías podido pagar un boleto para verlo. El amor es lo que te confronta con Dios: grande, dominante e incomparable. En esa humillación, Él te extiende su gracia. Lo que está escrito en los relatos de la creación no es solo para su gloria, sino para tu bienestar eterno. La creación está expuesta delante de nuestros ojos porque la gracia redentora es el plan de Dios.

12

La creación en la vida diaria

SI LA FE NO ES simplemente algo que crees con tu mente sino también algo que determina tu manera de vivir, es importante considerar lo que significa vivir a la luz de la verdad de la doctrina de la creación. Vivir a la luz de esta verdad fundamental es mucho más que rechazar la teoría de la evolución. Esta verdad no solo nos exige tener una posición frente al origen de nuestro mundo. También afecta, en cierta manera, cada dimensión de nuestra vida diaria.

La doctrina de la creación nos llama a vivir como si no poseyéramos nada

Miremos de cerca el asunto de la propiedad.

Nuestra primera casa fue una pequeña vivienda que Luella y yo alquilamos en los recónditos terrenos de una mansión colonial en Carolina del Sur. Para una pareja recién casada era un excelente lugar para vivir. A cambio de un alquiler mínimo, yo me encargaba de la jardinería de la propiedad. Por todas partes había hermosos árboles antiguos, arbustos frondosos y flores. Cuando el sol brillaba entre el follaje de los árboles, el lugar dibujaba luces y sombras. La calma de ese lugar tranquilo solo se veía interrumpida por el canto de los pájaros. Los propietarios tenían otras casas, de modo que rara vez se encontraban allí. Aunque teníamos a nuestra disposición ese bello lugar, yo era muy consciente de que nada allí me pertenecía. Yo tenía derecho a disfrutarlo y me encargaba de cuidarlo, pero todo le pertenecía a alguien más.

Cuando Dios nos dice: "De Jehová es la tierra y su plenitud; el mundo, y los que en él habitan" (Sal. 24:1), lo dice en serio. La doctrina de la creación no habla únicamente de los orígenes, sino también de la manera de entender y abordar todo en tu vida. Vivimos en el mundo que le pertenece a Dios como posesiones de Dios que administran las cosas de Dios. Esta es una manera radicalmente diferente de vivir a la de la mayoría. De manera instintiva, las personas creen que su vida les pertenece y que las cosas en su vida no tienen un propósito más allá que darles felicidad. Sin embargo, Dios dice: "No, no solo el mundo entero me pertenece, sino que tú también me perteneces".

Creer en la doctrina de la creación es mucho más que tener la visión adecuada del origen del universo. Esta verdad te llama a entregar todo lo que eres y todo lo que tienes al Señor como dueño. Cuando lo haces todo cambia. Cuando Luella y yo vivimos en aquella casita rural, prácticamente todo lo que hacíamos estaba marcado por nuestro reconocimiento de que esa casa y todo lo que contenía le pertenecía a otro.

Piensa, por ejemplo, en la manera en que cambia la idea del matrimonio cuando crees que no eres tu propio dueño, ni de tu cónyuge ni de tu matrimonio. Lamentablemente, la mayoría de los matrimonios están impulsados por ese sentido de propiedad, lo cual genera casi todos los problemas matrimoniales. La mayoría de los hombres y de las mujeres jóvenes que desean casarse empiezan a buscar un compañero que les convenga y los haga felices. Se casan y empiezan a construir una vida juntos. El problema es que dos propietarios van a terminar estorbándose mutuamente. El hombre quiere que la mujer haga algo porque eso lo hace feliz, pero a ella no. O la mujer quiere que el hombre sea algo que él no es por naturaleza o no quiere ser. Estallan peleas por dinero, por la toma de decisiones, por el sexo, por las agendas, por la iglesia y más. El problema es que, sin importar lo que ellos creían acerca del origen del mundo, ambos llegaron al matrimonio considerando sus vidas como propiedad suya, pasando por alto un propósito más grande.

La Biblia deja muy claro que el matrimonio, instituido en la creación, le pertenece al Señor. Es para su propósito y para nuestro bien. Dios en su plan estableció que el matrimonio fuera el pilar fundamental de la cultura humana. Es el lugar donde los seres humanos expresan más plenamente la naturaleza comunitaria de su persona. Es la única relación en la vida, aparte de nuestra relación con Dios, en la que Él usa un lenguaje de pacto. El matrimonio también fue diseñado por Dios para ilustrar la relación entre Cristo y su novia, la iglesia. Está pensado como una representación física de realidades espirituales preciosas. Además, el matrimonio es una herramienta primordial que Dios usa para adelantar su obra constante de formarnos en la semejanza de su Hijo.

El significado y el propósito del matrimonio, por designio divino desde la creación, no es ante todo la felicidad humana. El matrimonio es una comunidad primordial, un cuadro del amor redentor y un instrumento de la gracia santificadora. Cuando te acoges al diseño divino adoptas una actitud hacia los altibajos que experimenta cada pareja y una manera de enfrentarlos que son completamente diferentes. El matrimonio se trata de aprender cómo manejar algo que le pertenece a Dios (el matrimonio) a la manera de Dios. Y cuando lo haces de esa manera te encaminas hacia un matrimonio perdurable y pleno, porque el creador del matrimonio sabe, en efecto, lo que más conviene. *¿En qué aspectos de tu matrimonio experimentas dificultades porque lo vives como si te perteneciera?*

Piensa en el dinero. Dios creó el dinero e hizo un mundo donde el dinero es una parte importante de la vida diaria. El dinero es tan importante que la Biblia habla con mucha frecuencia acerca de él. Estoy seguro de que la mayoría de los creyentes piensan que el dinero que ganan les pertenece, a excepción del pequeño porcentaje de dinero que Dios pide que le devuelvan. Sin embargo, reflexiona en lo que dice Pablo acerca del dinero que ganamos: "El que hurtaba, no hurte más, sino trabaje, haciendo con sus manos lo que es bueno, para que tenga qué compartir con el que padece necesidad" (Ef. 4:28). Podría esperarse que Pablo dijera: "Dejen de buscar su provisión robando y más bien consigan un trabajo para que puedan pagar lo que necesitan con la obra de sus manos". Es muy importante observar que esto no es lo que Pablo dice.

Pablo tenía una visión muy diferente acerca del dinero. Él entiende que nuestro dinero le pertenece al Señor y que nosotros lo administramos. Así pues, la pregunta importante es: "¿Qué quiere hacer el Creador con su dinero que yo tengo en mis manos?". La respuesta de Pablo a esta pregunta es sorprendente. El propósito principal de tu dinero no es proveer para tus necesidades. Tu Creador se ha comprometido a hacer eso. El propósito principal de tu dinero es la generosidad. Tu dinero te permite ser partícipe de la misión de generosidad de Dios sobre la tierra. La historia bíblica es una historia de generosidad que se resume en estas palabras: "Porque de tal manera amó Dios al mundo, que ha dado…". Sí, Dios usará tu trabajo para proveer para ti, pero Él quiere que el propósito impulsor de su dinero, que Él ha confiado a tu cuidado, se use para el propósito mayor de su reino. Por eso, Proverbios 3:9 dice: "Honra a Jehová con tus bienes, y con las primicias de todos tus frutos". Tu vida financiera da un giro radical cuando realmente crees que tu dinero no te pertenece. *¿En qué aspecto de tu vida la doctrina de la creación te llama a cambiar tu manera de pensar acerca de tu manejo del dinero?*

Para muchos, el sexo es un área de expectativas frustradas, heridas, desilusión, tentación y confusión. Yo estoy convencido de que la disfunción, la tentación, la angustia y la dificultad sexuales empiezan con la creencia de que nuestro cuerpo nos pertenece. Esto nos lleva a creer que el sexo nos pertenece para nuestra felicidad. Ahora bien, si es cierto que el sexo le pertenece al que lo hizo, entonces la meta suprema de mi sexualidad no es mi placer, sino el placer del Creador. Esta no es una visión teológica extraña del sexo; más bien es una perspectiva sumamente práctica.

Si yo creo que mi cuerpo y el sexo me pertenecen, entonces cuando estoy desnudo con otra persona, en la relación humana más íntima y expuesta, yo usaré el cuerpo de esa persona como una herramienta para mi propia satisfacción. En cambio, si creo que el sexo le pertenece al Creador del sexo, la persona con quien tengo sexo y la manera como respondo a mi pareja adquieren preeminencia. Si el sexo le pertenece al Señor, entonces yo no solamente quiero emoción y satisfacción sexual, sino que también quiero que Dios se complazca con todo lo que pienso, deseo, digo y hago con mi vida sexual, y quiero que mi pareja se sienta amada y cuidada del mismo modo que mi Creador me ama y me cuida a mí. Pensar que tu cuerpo te pertenece degenera en toda clase de disfunciones y pecados sexuales.

Podríamos extender esta conversación a cada área de nuestra vida, porque todo cambia cuando realmente crees que "de Jehová es la tierra y su plenitud". La doctrina de la creación te llama a vivir como si nada te perteneciera, ni siquiera tú mismo. Vivir bajo ese principio es lo que te proporciona las máximas alegrías en la vida porque vives conforme al diseño para el cual Dios te creó. *¿Qué clase de tentaciones y problemas sexuales ha causado el hecho de pensar que tu cuerpo te pertenece?*

La doctrina de la creación nos recuerda que la vida es una guerra por la gloria

Mientras conducía a casa desde la playa al atardecer quedé boquiabierto ante los colores del cielo en el ocaso. Las pinceladas de tonos rosado, amarillo, anaranjado y azul atravesaban el cielo como trazos del mejor pintor del mundo. Saqué mi teléfono portátil y empecé a tomar fotografías para publicar en Instagram. Acabábamos de comer deliciosamente en la terraza de un gran hotel antiguo y contemplábamos la belleza de los jardines circundantes. El océano, junto con el ritmo incesante de las olas, estaba a pocos pasos de distancia. Era un día maravilloso y nos dirigimos a casa dichosos y satisfechos.

Dios hizo de este mundo un lugar placentero y nos dotó de la capacidad de asimilar y de disfrutar esos placeres. Disfrutar de las glorias placenteras de la creación no es pecado. Lo que sí es pecado es dejarse dominar por el placer o por aquello que proporciona placer. Dado que Dios ha hecho gloriosa la creación y que, por causa de nuestro pecado tenemos corazones propensos a desviarse, la vida es una guerra por la gloria. Esta guerra inevitable se libra cada día en nuestros corazones. Todos somos tentados de alguna forma a adorar y a servir a algo en la creación física antes que a Aquel que lo creó. Nuestra vida siempre adquiere la forma de la gloria que ejerce control funcional sobre los pensamientos y los deseos de nuestro corazón.

Me parece útil la forma en que Juan describe esta lucha. Recordarás la historia de Jesús cuando alimentó a la multitud con el almuerzo de un niño. Después del milagro, las personas estaban tan impresionadas que quisieron coronar a Jesús como su rey. En apariencia, comprendían de qué se trataba porque, a fin de cuentas, eso es lo que Jesús había venido a ser. Sin embargo, en lugar de aprovechar ese momento inesperado, Jesús se esconde de la multitud y los deja confundidos. Cuando por fin lo encuentran, le preguntan cuándo había llegado y no entendían por qué había huido. La respuesta de Jesús es clave: "De cierto, de cierto os digo que me buscáis, no porque habéis visto las señales, sino porque comisteis el pan y os saciasteis" (Jn. 6:26). En esencia, Jesús dice que a pesar de que comieron pan, no vieron las señales. El pan que comieron era la señal de algo mucho más necesario y satisfactorio. Lo mismo es cierto acerca de este mundo increíblemente hermoso que Dios creó. El mundo es una señal que apunta a algo más glorioso y más satisfactorio que lo que Dios se propuso que fuera este mundo creado.

Si fueras a tomar unas vacaciones con tu familia sería una locura detenerse en la señal que indica tu destino a kilómetros de distancia, desocupar el auto y esperar que la señal cumpla con las expectativas de lo que el destino final tiene para ofrecer. Tu familia pensaría que has perdido la cabeza y perderían toda esperanza de pasar un buen tiempo en familia. Ahora bien, la señal cumple una función muy importante. Su finalidad es señalarte la dirección hacia la cual quieres ir. Una señal es algo importante, pero no es la realidad de ese algo a lo que apunta, por lo que no debe ser tu destino final.

Quizás esta ilustración no es tan tonta como parece. En nuestra vida diaria nos detenemos una y otra vez en la señal, exigiéndole que haga por nosotros aquello que nunca fue su finalidad. El resultado es toda clase de desilusiones, adicciones y quebrantamientos en nuestro interior y a nuestro alrededor. Somos tentados a esperar que la creación satisfaga lo que solo el Creador puede satisfacer. Nos alejamos de ahí decepcionados y pasamos a instalarnos en la siguiente señal junto al camino.

Una señal te indica algo, pero no es ese algo. Pasaje tras pasaje la Biblia nos dice que una de las funciones principales del mundo creado es señalarnos al Creador. Cada gloria del mundo físico está hecha para señalarte la gloria de Aquel que la hizo. Fuimos hechos por el Señor y para el Señor, de modo que ninguna cosa creada satisfará jamás la necesidad más profunda de nuestro corazón. Esperar que la comida satisfaga tu corazón terminará en obesidad y problemas de salud. Esperar que el sexo satisfaga tu corazón anhelante terminará en obsesión y desviaciones. Esperar que tu esposo o esposa satisfaga tu corazón te convierte en una persona exigente, crítica e inconforme. Esperar que las cosas materiales satisfagan tu corazón te llevará a hacer compras y acumular bienes sin parar mientras te hundes en deudas. Esperar que la salud física satisfaga tu corazón definitivamente resultará en decepción cuando la enfermedad y la vejez se interpongan. Esperar que tu trabajo satisfaga tu corazón te convertirá en un adicto al trabajo, con todos los problemas que esto puede acarrear en las relaciones. El punto es este: la tierra nunca será tu Salvador.

Tú y yo fuimos creados por Dios y para Dios. En amor, Él nos puso en un mundo hermoso, para que, dondequiera que miremos, veamos su gloria y recordemos que la vida solo puede hallarse en Él. No obstante, en la idolatría del pecado, buscamos la vida en otras partes, esperando que alguna cosa creada haga por nosotros lo que solo el Creador puede hacer. Nada bueno resulta de poner en nuestros corazones la creación en el lugar que solo pertenece al Creador. Nada bueno ocurre cuando en nuestros corazones reemplazamos la gloria de Dios por la gloria creada. Debes saber que en este lado de la eternidad hay una guerra por la gloria que sigue librándose en tu corazón. Es una guerra por el control de tus pensamientos, tus deseos, tus palabras y tus acciones. Esta gloria determinará la manera en que inviertes tu tiempo, tu energía y tu dinero. Determinará la manera en que te relacionas con las personas en tu vida. Determinará la manera en que concibes y ejecutas tu trabajo. Determinará tu actitud hacia tus posesiones. Todo en tu vida está determinado por alguna clase de gloria. ¿Te regirás por la gloria de Dios o por la gloria de la creación? Pocas preguntas en la vida son más importantes que esta.

Dios sabía que esta guerra por la gloria solo podía ganarse de una manera. Por ello organizó un plan de rescate. Este plan está plasmado en estas bellas palabras.

Y aquel Verbo fue hecho carne, y habitó entre nosotros (y vimos su gloria, gloria como del unigénito del Padre), lleno de gracia y de verdad. Juan dio testimonio de él, y clamó diciendo: Este es de quien yo decía: El que viene después de mí, es antes de mí; porque era primero que yo. Porque de su plenitud tomamos todos, y gracia sobre gracia. Pues la ley por medio de Moisés fue dada, pero la gracia y la verdad vinieron por medio de Jesucristo (Jn. 1:14-17).

¡Qué plan tan extraordinario! Jesús se vistió de la gloria creada para poder revelarnos la gloria divina como nunca antes la habíamos visto. Lo hizo para que viéramos y ansiáramos su plenitud, la gracia sobre gracia que todos necesitamos y que el mundo creado nunca podía darnos y nunca nos dará. Corre a Él. No solo tiene para ofrecerte una vida que satisface, sino también el poder y la voluntad de protegerte del dominio de otras glorias en tu corazón.

Nunca dejes de hacerte la mejor y más práctica pregunta

Reconocer a Dios como el Creador del cielo y de la tierra y de todo lo que hay en ellos nos obliga a plantearnos una pregunta. Es quizás la mejor pregunta y la más práctica que podrías formularte aquí y ahora, entre el momento de tu conversión y tu llegada a la presencia de Jesús. Esta es la pregunta: *¿Cuál es el propósito de Dios con _______?* Hacerte esta pregunta te recuerda tu lugar en el mundo. Ya no eres el diseñador ni el artífice supremo. Eres el producto de la obra de Dios. Así que debes preguntarte constantemente: ¿Para qué fui hecho y cuál es la razón por la cual existen todas estas cosas en mi vida? Puesto que Dios es lleno de gracia, bondadoso y sabio, Él responde una y otra vez esta pregunta en su Palabra, conduciendo asuntos particulares con sabiduría y claridad divinas. Aunque ya hemos tratado brevemente el tema del propósito, quiero desglosarlo de manera más específica y práctica. Permíteme darte un ejemplo de la importancia formativa de hacerse esta pregunta acerca del propósito.

El dolor es una de las realidades más difíciles que enfrentamos. A veces parece aleatorio e inesperado. Puesto que el dolor siempre resulta ser, en cierto modo, transformador, ya sea para bien o para mal, y puesto que tu experiencia de dolor nunca es neutral, es importante preguntarse: "¿Cuál es el propósito de Dios con mis sufrimientos?". Esta pregunta, que todos se formulan en algún momento en su vida, no tiene que ser un misterio descorazonador porque la Biblia ofrece respuestas claras y directas.

Dios creó nuestro cuerpo con la capacidad de iniciar y de comunicar dolor. Dios también creó nuestras emociones para experimentar y evaluar el dolor. La capacidad de experimentar dolor (táctil, nervioso, racional, emocional, etc.) fue programada en los seres humanos antes de que existiera el sufrimiento. Hay propósito en el hecho que Dios nos haya dotado de la capacidad para experimentar dolor.

En primer lugar, cumple una función *protectora*. En tu cuerpo, el dolor alerta que algo anda mal. El dolor avisa que algo está roto o enfermo y requiere atención. El dolor emocional también es una alerta; me indica que algo en mí o alrededor de mí está dañado o roto y requiere ayuda. El dolor de una conciencia culpable es también algo bueno, porque me lleve a enfrentar mi pecado y a buscar el perdón de Dios y su gracia que me reviste de poder.

El dolor también tiene una función *transformadora*. Las Escrituras muestran claramente que Dios se sirve de la dificultad y de los sucesos dolorosos en la vida para descubrir, madurar y transformar nuestro corazón (Ro. 5:1-5; Stg. 1:2-4; 1 P. 1:3-9). Dios toma lo que pareciera malo y lo convierte en algo que redime. Dios ha elegido dejarnos por ahora en este mundo donde el dolor es una realidad para todos, no porque nos haya olvidado ni sea indiferente, sino porque sigue haciendo su obra en nosotros.

El dolor también nos permite *volvernos aptos*. Segunda de Corintios 1:4 dice que Dios usa nuestro sufrimiento para capacitarnos a fin de llevar a otros el mismo consuelo del evangelio que nosotros recibimos en nuestro momento de aflicción. Sufrimos no solo para nuestro propio crecimiento y bien redentor, sino también para volvernos aptos para llevar el consuelo del evangelio a quienes nos rodean y padecen experiencias dolorosas en este mundo caído.

Dios sabía en qué dirección iba la historia del mundo, de modo que puso en nosotros la capacidad de reconocer y sentir dolor. Por duro que sea el dolor, la capacidad de sentirlo ha sido creada por Dios con un buen propósito. Esto no significa que esté mal pedir sanidad por algún dolor físico ni alivio por alguna situación dolorosa. Significa que debemos rechazar la idea de que el dolor es una señal de que Dios nos ha olvidado o nos ha dado la espalda. No debemos pensar que el dolor es una realidad caprichosa e impersonal, desligada por completo del propósito sabio y amoroso de Dios. Dios creó mi capacidad para experimentar dolor con un propósito en mente.

Dios creó *todo* con un propósito en mente. Si voy a un taller armado de tablas, herramientas de carpintería, equipos, pegante y acabados, no empiezo a serruchar y a martillar diciéndome: "Espero que esto se convierta en algo". No, sino que entro en mi taller con un propósito en mente. Todo lo que hago en mi taller se hace con el fin de fabricar algo que haga aquello que me propuse cuando empecé el proyecto.

Dado que Dios realmente hizo este mundo y todo lo que hay en él, yo debo preguntarme continuamente cuál es el propósito de Dios para cada cosa en mi vida. ¿Puedes responder las siguientes preguntas para que encaminen tus elecciones, decisiones, palabras y acciones?

¿Cuál es el propósito de Dios para...

...mi esposo o esposa?
...mis bienes materiales?
...mis hijos?
...mi capacidad de pensar?
...mis emociones?
...mi cuerpo?
...mi capacidad de comunicarme?
...mis relaciones?
...mis dotes naturales?
...mi etnia?
...mi género?
...mi casa?
...mi iglesia?
...mis recursos económicos?
...mi sexualidad?
...mi espiritualidad
...el mundo físico que me rodea?
...mi __________ (llena el espacio en blanco)?

Si Dios creó todo en mi vida con un propósito, vivir a la luz de la doctrina de la creación significa hacer del propósito de Dios *mi* propósito en cada área de mi vida. Significa renunciar a mi voluntad a cambio de la voluntad de Dios, cambiar mi plan por el plan de Dios, cambiar mi propósito por su propósito. Ahora bien, esto no es algo que sucede de manera natural en nosotros, pero para ello contamos con la gracia rescatadora que nos da el poder para hacerlo.

Nosotros nos comprometemos a responder a las cosas, a usar las cosas y a interactuar con las cosas de un modo acorde con el propósito original del Creador para esas cosas, buscando siempre alinear nuestros propósitos comunes con los propósitos de nuestro Señor Creador.

Somos creados para cuidar el mundo que hizo Dios

Dios usó una palabra en particular después de crear a Adán y Eva, una palabra que debería saltar de la página cuando la leemos. Esta palabra parece esencial, no algo que fácilmente se pase por alto. Esta palabra es una orden, una descripción de funciones delegada a dos personas que todavía no entienden por completo quiénes son y cuál es su papel en este cosmos recién creado. Génesis 1:28 dice: "Dios los bendijo y les dijo: 'Sean fecundos y multiplíquense. Llenen la tierra y sométanla. Ejerzan dominio sobre los peces del mar, sobre las aves del cielo y sobre todo ser viviente que se mueve sobre la tierra'" (NBLA).

La palabra que debería detenernos y llamar nuestra atención es *dominio*. Adán y Eva no eran simplemente dos criaturas más entre las muchas que Dios había creado. No, ellos ocupaban un lugar exclusivo en la creación entera y desempeñaban en ella un papel importante. Estaban llamados a ejercer dominio sobre el resto de la creación. Tener dominio significa tener control, es decir, es una posición de liderazgo y de autoridad sobre algo. Considera Génesis 2:15: "Tomó, pues, Jehová Dios al hombre, y lo puso en el huerto de Edén, para que lo labrara y lo guardase". Aquí encontramos una descripción más específica de las responsabilidades de dominio de Adán y Eva. El Salmo 115:16 dice: "Los cielos son los cielos de Jehová; y ha dado la tierra a los hijos de los hombres". Estos pasajes delinean un cuadro del llamado único de los seres humanos a cuidar el mundo físico que Dios creó. Dios dice: "Yo los pongo en una posición ejecutiva sobre el mundo que acabo de crear para que lo controlen, lo llenen, lo trabajen y lo mantengan".

Tú y yo simplemente no podemos tomar seriamente la doctrina de la creación y tener una actitud pasiva o indiferente frente al bienestar físico de este mundo asombroso que Dios ha hecho y ha confiado a nuestro cuidado. El ecologismo no es una obsesión extraña de tendencia izquierdista y pseudopanteísta; no, es mi llamado y el tuyo. Nadie debería interesarse más por la condición del medio ambiente, su salud y su florecimiento que quienes creen en la doctrina de la creación. En vista de la comisión divina que siguió inmediatamente la creación, la pasividad de la iglesia con respecto al cuidado del planeta que el Creador nos confió es un escándalo.

Eso es lo que nos ha sucedido por cuenta de nuestro pecado. En vez de trabajar para cuidar y mantener la creación conforme al mandato divino de dominar, nuestra respuesta al mundo físico ha sido la de conquistar y utilizar. Hemos considerado el planeta como nuestro y solo para nuestro consumo, satisfacción y placer. Como resultado, las aguas que Dios creó se han contaminado, el suelo ha sido despojado de sus nutrientes naturales, los grandes bosques han sido talados y se han lanzado toxinas al aire. Se construyen grandes urbanizaciones ignorando por completo los efectos sobre plantas, aguas subterráneas y tierras cultivables. Las grandes fábricas bombean desperdicios en cuerpos de agua hasta que las formas de vida que dependen de esos ecosistemas enferman y mueren.

Además, el mundo a nuestro alrededor se desploma bajo el peso de nuestra insaciable ambición.

La doctrina de la creación no nos permite ser pasivos ni indiferentes a la condición del mundo físico. No nos da margen para que usemos y consumamos y luego nos alejemos indiferentes. Nuestro Creador nos ha encomendado el cuidado del ambiente físico que es nuestra vivienda. Él nos ha ordenado controlarla, llenarla, trabajarla y mantenerla. Mira a tu alrededor y verás que estamos experimentando los resultados lamentables de nuestro fracaso en cumplir nuestra misión. ¿Cómo es posible que el ecologismo se convierta en el trabajo de quienes no conocen a Dios ni lo reconocen como el Creador de todo lo que existe? ¿Por qué el pueblo de Dios no está al frente de estas preocupaciones? ¿Cómo es posible que casi a nivel mundial hayamos dado la espalda al claro mandato de Dios de dominar? ¿Por qué este mensaje de responsabilidad rara vez se predica o enseña? ¿Qué cambios tienen que suceder a fin de que vivamos nuestro llamado como guardianes de la creación que Dios ha designado?

La doctrina de la creación nos recuerda que la independencia no es nuestra meta

Lo ves en los niños pequeños que se resisten a que sus padres les digan lo que tienen que comer. Lo ves en la rebeldía de un adolescente. Lo ves en la reticencia de un esposo cuando su esposa lo confronta amorosamente. Lo ves en un anciano que aleja a sus seres queridos que intentan convencerlo de recibir ayuda. En cierta manera todos hemos caído en el engaño de creer en nuestra capacidad de vivir de manera independiente. Sin embargo, la doctrina de la creación deja en evidencia nuestra búsqueda de independencia como el engaño que es.

Cuando miras de cerca la creación de Adán y Eva, una cosa queda clara. Adán y Eva nada tienen de independientes. Observa lo que hace Dios justo después de crearlos. Habla con ellos. Ahí están, dos personas perfectas viviendo en un mundo perfecto en una relación perfecta con Dios, y aún así no tienen la menor idea de quiénes son ni de cómo se supone que deberían vivir. Por eso Dios empieza a comunicarles su sabiduría. El consejo sabio de Dios les comunica un significado y un propósito, una estructura para la relación entre ellos, la naturaleza de su relación con Él, una estructura moral para su vivir y una descripción del trabajo diario al cual deben dedicarse. Para poder vivir, Adán y Eva son absolutamente dependientes de una sabiduría profunda y práctica que está por fuera de ellos. Nuestra necesidad del contenido teológico, estructural y práctico de la verdad de Dios no es el resultado del pecado, sino el producto de ser humanos. Adán y Eva fueron creados con una necesidad de Dios y de aquello que solo Dios podía proveerles. Y su habilidad continuada para vivir conforme al designio para sus vidas dependería de su disposición a seguir viviendo en una relación de dependencia de su Creador.

Adán y Eva también fueron diseñados para vivir en comunidad interdependiente el uno del otro. Cuando Dios dijo que no era bueno que Adán viviera solo, su declaración no fue una respuesta a un reclamo de Adán por sentirse solo. Antes bien, la declaración de Dios reveló su comprensión de la persona que había creado. Él no había creado a un hombre que estuviera diseñado para vivir de manera independiente y que pudiera suplir por sí solo todo lo que necesitaba. No, sino que el ser humano solo estaría completo y sería plenamente funcional cuando viviera en comunidad con otro portador de la imagen divina. Adan y Eva fueron creados para vivir en una comunidad interdependiente el uno del otro. Sin esa comunidad, Adán y Eva no podrían ser lo que estaban diseñados para ser y no lograrían llevar a cabo la tarea que se les había encomendado.

La independencia humana es un engaño peligroso, pero el pecado vuelve atractivo lo que Dios dice que es peligroso. Así que todos somos tentados a creer en nuestra propia sabiduría, fortaleza y justicia independientes. Todos somos tentados a convencernos a nosotros mismos de que podemos hacer aquello que somos incapaces de hacer solos y todos somos tentados a apropiarnos del reconocimiento por cosas que nunca habríamos podido lograr ni producir por nuestros propios medios.

Observa cómo Pablo habla acerca de la gracia redentora en 2 Corintios. Él primero nos recuerda que el egoísmo es el ADN del pecado: "por todos murió, para que los que viven, ya no vivan para sí" (2 Co. 5:15). El pecado nos engaña para creer que una vida independiente y egocéntrica en realidad funciona. Luego, Pablo nos recuerda que el claro llamado del evangelio de Jesucristo es: "Reconciliaos con Dios" (2 Co. 5:20). El evangelio nos llama a abandonar nuestra independencia egocéntrica y engañosa para atraernos a una dependencia de Dios dispuesta, gozosa y en actitud de adoración, la clase de dependencia para la cual fueron creados Adán y Eva en el principio.

Pablo nos recuerda que la dirección de la gracia de Dios no es de la dependencia a la independencia, sino lo contrario. Cuanto más tiempo ha obrado la gracia en tu corazón, más temerás el aislamiento independiente y más dispuesto estarás a vivir una vida de dependencia vertical y horizontal. ¿Qué sucede en tu vida? En tu universidad, en tu trabajo, en tu matrimonio, con tus hijos, con tus vecinos, en tu iglesia, con tus amigos, en tus finanzas, en tu vida sexual, en momentos de ocio y entretenimiento o en momentos privados, ¿tomas tu vida en tus propias manos actuando de manera independiente de tu necesidad de la sabiduría de Dios y de su gracia protectora que te da el poder para hacer las cosas? ¿Eres accesible y humilde cuando tu cónyuge, tus hijos, tus amigos, un hermano o una hermana en el Señor buscan amorosamente señalarte una actitud o acción equivocada de tu parte? ¿Actúas como si no necesitaras ayuda?

Génesis 1 y 2 contiene las semillas de dos grandes mandamientos. Estos mandamientos que encaminan la vida no fueron creados por Jesús en Palestina, sino que fueron entretejidos en la realidad humana en el huerto de Edén. Los seres humanos fueron hechos para vivir en una comunidad de amor vertical y horizontal. Si alguien te preguntara cuál es el deseo profundo en el corazón de cada ser humano, no tendrías que pensar demasiado, porque la respuesta es obvia. Todas las personas desean ser amadas. ¿Qué hace que funcione una comunidad humana? La respuesta a esto también es obvia. Las comunidades funcionan cuando las personas en esa comunidad están comprometidas a amarse las unas a las otras del mismo modo que desean ser amadas. Sin embargo, solo quienes aman a Dios por encima de todo amarán a su prójimo como desean ser amados. Amar a Dios, amar al prójimo. Esa es la manera de vivir que Dios ha designado para sus preciosas criaturas.

La doctrina de la creación confronta nuestra independencia y nos llama a regresar a la vida dependiente que es la norma de Dios para quienes han sido creados a su imagen. Como siempre, la gracia de Dios provee el rescate, la protección, los recursos y el poder que necesitamos para resistir la tentación de tratar de hacer en nuestras fuerzas lo que solo seremos capaces de hacer en comunidad dispuesta con Dios y con nuestro prójimo.

La doctrina de la creación nos exige reconocer y aceptar nuestros límites

Todo lo que Dios creó fue creado con límites. Los peces no pueden vivir en una pradera y las ovejas no pueden vivir en un lago. Los elefantes son animales robustos, pero nunca verás a un elefante volar. Los vientos, el agua y la tierra fueron diseñados con propiedades físicas diferentes que ponen límites a sus funciones. Incluso un día tiene un número limitado de horas y una semana tiene un número limitado de días. Nunca habrá treinta y siete horas en un día ni quince días en una semana.

En el huerto de Edén el único ser ilimitado era el Señor Creador Todopoderoso. Adán y Eva fueron diseñados con límites de género, fuerza, sabiduría y talento. Todo ser humano tiene límites físicos y espirituales.

Una parte importante de la aplicación de la doctrina de la creación a tu vida diaria consiste en reconocer y vivir dentro de los límites que el Creador ha dispuesto para ti. Consideremos el ejemplo del tiempo.

Los límites de tiempo fijados por el Creador son claros en Génesis 1 y 2. Vemos la creación de la estructura de un día compuesto por la noche y la mañana. Vemos la creación de la estructura de una semana, seis días y un día de descanso. Esta es la estructura del tiempo a la que Dios ha limitado todo ser humano que ha vivido a lo largo de la historia. Todos nuestros compromisos, todos nuestros valores, todas nuestras responsabilidades y todas nuestras oportunidades deben vivirse dentro del marco de las limitaciones de tiempo que nuestro Creador sabio ha fijado para nosotros. No hay tiempo disponible por fuera de la estructura temporal que Dios ha creado.

Esto significa que no siempre la mejor elección ni la más piadosa es aceptar la siguiente oportunidad que se presente, sin importar cuán espiritual pueda parecer. Tienes que ser fiel a la familia, al trabajo y a la iglesia dentro de los límites de tiempo que Dios ha fijado para ti. Es posible que te excedas en un área de tu vida porque sigues aceptando compromisos, pero no puedes excederte más allá del marco de las 24 horas del día y los 7 días de la semana que Dios ha designado, porque no hay más tiempo por fuera de ese. El exceso de compromisos en un área de tu vida va a restringir tu compromiso en otras áreas de responsabilidad.

Tu compromiso con el ministerio del cuerpo de Cristo es tu deber, pero no puedes cumplirlo sin recordar tus límites de tiempo. Muchas personas que sirven en la iglesia siguen aceptando compromisos ministeriales y se convierten en padres o cónyuge ausentes. A veces, aceptar oportunidades de trabajo obstaculiza tu compromiso con tu propia salud espiritual y tu participación en el cuerpo de Cristo. En ocasiones, es sabio desde el punto de vista espiritual negarse a hacer algo de importancia y valor porque no puedes añadir más compromisos al tiempo limitado que tienes sin perjudicar otras cosas valiosas en tu vida. Génesis 1 y 2 nos llaman a poner en práctica los valores de nuestro Creador con una actitud humilde que reconoce los límites de tiempo que el Creador consideró mejores para nosotros.

La institución del día de reposo en Génesis 2 nos recuerda nuestros límites tanto físicos como espirituales. Necesitamos hacer una pausa de nuestras labores cotidianas normales para renovar nuestra salud física y espiritual porque ni la una ni la otra son ilimitadas. Dios no tiene límites de fuerza, pero nosotros sí. Dios no tiene límites de tiempo, pero nosotros sí. Dios no tiene límites en su sabiduría, pero nosotros sí. Dios no tiene límites en su control, pero nosotros sí. Dios no envejece, pero nosotros sí. Dios no tiene límites en su conocimiento, pero nosotros sí. Dios no tiene límites en su santidad, pero nosotros sí. Dios no tiene límites físicos, pero nosotros sí. Dios no tiene límites, pero nosotros tenemos muchos.

La doctrina de la creación es un llamado a apartarnos de nuestros delirios de grandeza para aceptar, con gozo y disciplina, los límites que el Creador, en la presciencia de su sabiduría y la protección de su amor, ha fijado para nosotros. Todos nuestros límites están diseñados por Él para acercarnos a Él y para que lleguemos a apoyarnos en Él con humildad, dependencia, gratitud, obediencia y adoración. Nuestros límites encogen nuestra gloria al tiempo que declaran la gloria ilimitada de la majestad de nuestro Hacedor.

Una comprensión adecuada de la doctrina de la creación nos guía a la cruz

Cuando lees y meditas en la majestad del Creador y en la belleza del mundo que creó, presencias un *"shalom"* en acción. La palabra *shalom* significa mucho más que paz. Es una palabra que denota un orden universal que lo abarca todo. *Shalom* significa que todo está en el lugar debido, haciendo exactamente lo que debería hacer. *Shalom* es cuando todo funciona en armonía con todo lo demás. *Shalom* es cada instrumento de la orquesta perfectamente afinado y tocando en una armonía colectiva que hace que cada instrumento suene mejor en el conjunto de instrumentos que solo. *Shalom* es cada sistema y órgano del cuerpo humano, libre de enfermedad o disfunción, trabajando en sincronía perfecta con todos los demás órganos y sistemas. Es un estado de perfecta salud y funcionalidad. *Shalom* es algo hermoso y glorioso. Dios creó un universo en estado de *shalom*, uno que solo podía ser creado por un Dios de majestuosa perfección, poder y sabiduría.

Sin embargo, no hace falta ver muy lejos ni vivir muchos años, ni tener mucho conocimiento para darse cuenta de que el *shalom* que Dios creó ha sido resquebrajado por el pecado. Cuando miramos en retrospectiva el mundo espectacular que Dios hizo y que no conocía pecado, deberíamos llorar ante el quebrantamiento que vemos por doquier. Sí, todavía hay belleza que podemos contemplar, pero este mundo es un mundo roto que simplemente no funciona como su Creador lo dispuso. En Romanos 8, Pablo dice que el mundo en el que vivimos gime. Gime bajo el peso de su propio quebrantamiento. Incluso el mundo físico a nuestro alrededor clama redención (Ro. 8:18-25).

Sí, existe realmente una línea directa entre el hermoso *shalom* del huerto y esa cruel cruz sobre el monte en las afueras de la ciudad. Esta línea ha sido trazada cuidadosamente a lo largo de la historia por un Redentor que se propone restaurar el *shalom*. Él hará todo nuevo. Y la forma en que lo hará es enviando a su Hijo por nosotros a vivir la vida justa y perfecta que nosotros nunca podríamos vivir; y a morir, pagando el precio de los pecados que hemos cometido; y a resucitar, venciendo el pecado y la muerte. Su vida, su muerte y su resurrección nos garantizan el regreso al *shalom*. Nos garantizan que habrá un día en el que seremos seres perfeccionados que viven en una relación perfecta con Dios en un lugar donde todo está en el lugar que le corresponde y funciona en perfecta unidad con todo lo demás. Que vivamos con la esperanza de aquel día a la vista.

* * *

La doctrina de la creación no trata solamente acerca de los orígenes, sino también de quiénes somos y de cómo estamos diseñados para vivir aquí y ahora. La doctrina de la creación nos invita a reconciliarnos con el Dios para el cual fuimos creados y a esperar la restauración de todo lo que se perdió cuando el pecado resquebrajó el maravilloso *shalom* que Él había creado. Quiero terminar este capítulo con las palabras del Salmo 65 que fueron escritas en alabanza a nuestro Señor Creador.

Con tremendas cosas nos responderás tú en justicia,
Oh Dios de nuestra salvación,

Esperanza de todos los términos de la tierra,
Y de los más remotos confines del mar.
Tú, el que afirma los montes con su poder,
Ceñido de valentía;
El que sosiega el estruendo de los mares, el estruendo de sus ondas,
Y el alboroto de las naciones.
Por tanto, los habitantes de los fines de la tierra temen de tus
      maravillas.
Tú haces alegrar las salidas de la mañana y de la tarde.

Visitas la tierra, y la riegas;
En gran manera la enriqueces;
Con el río de Dios, lleno de aguas,
Preparas el grano de ellos, cuando así la dispones.
Haces que se empapen sus surcos,
Haces descender sus canales;
La ablandas con lluvias,
Bendices sus renuevos.
Tú coronas el año con tus bienes,
Y tus nubes destilan grosura.
Destilan sobre los pastizales del desierto,
Y los collados se ciñen de alegría.
Se visten de manadas los llanos,
Y los valles se cubren de grano;
Dan voces de júbilo, y aun cantan (Sal. 65:5-13).

13

La doctrina de la imagen de Dios en el hombre

DESPUÉS QUE DIOS CREÓ todas las demás criaturas, creó al ser humano, varón y hembra. Los diseñó con capacidad de raciocinio y un alma mortal, y los dotó de conocimiento, piedad y verdadera santidad, conforme a su propia imagen. Adán y Eva tenían la ley de Dios escrita en sus corazones y fueron creados con la capacidad para cumplirla, pero también con la opción de transgredirla. Tenían la libertad de ejercer su propia voluntad, la cual estaba sujeta al cambio. Además de la ley que estaba escrita en sus corazones, Dios les dio el mandamiento de no comer del árbol de la ciencia del bien y del mal. Mientras obedecían este mandamiento, ellos eran felices en su comunión con Dios. Véanse Génesis 1:26-27; 2:7; 3:6; 5:3; 9:6; Eclesiastés 7:29; Hechos 17:26-28; Romanos 2:14-15; 8:29; 1 Corintios 11:7; 2 Corintios 3:18; Efesios 4:23-34; Colosenses 3:10; Santiago 3:9.[1]

---

1 Paráfrasis del autor de la doctrina de la imagen de Dios en el hombre como aparece en apartes de la Confesión de Fe de Westminster, cap. 4.2.

Cómo entender la doctrina de la imagen de Dios en el hombre

Luella y yo habíamos estado esperando el día en que recibiríamos a nuestra pequeña niña. Aunque nos la habían asignado al nacer, tuvimos que esperar cuatro largos meses para por fin tenerla en nuestros brazos. En el aeropuerto nos habían reservado una sala junto a la puerta de embarque. Nunca olvidaré el momento en que vi al asistente social encargado de nuestro caso caminando por el vestíbulo con nuestra pequeña de cara al frente, de tal modo que nosotros pudiéramos verla a ella y ella a nosotros. El asistente social se acercó a mí, puso ese diminuto ser humano en mis brazos y se alejó. Fue un momento sobrecogedor. Acababan de entregarme a un ser humano viviente y real. La imagen de Dios había sido puesta en mis manos para yo amarla, nutrirla, instruirla, guiarla, suplir sus necesidades y protegerla. Le dije cuánto la amaba, al tiempo que lágrimas corrían por mi rostro. Quedé admirado cuando comprendí lo único que era aquel ser pequeñito en contraste con el resto de la creación. Saboreé el momento sagrado mientras sostenía en mis brazos a una bebé dependiente e indefensa, rebosante de dignidad, importancia y valor porque tenía el sello de la imagen misma de Dios. Mis manos temblaban y mi corazón batallaba por asimilar tal experiencia.

Ahora, lo que estoy a punto de escribir puede parecerte ridículo, pero el punto que quiero señalar es importante. En casa tuvimos muchas mascotas, desde geckos tokay hasta terriers Jack Russell. Siempre fue una experiencia increíble cuando traíamos un nuevo animal a casa. Era divertido formar el vínculo con la nueva mascota y verla crecer, pero esas experiencias fueron completamente diferentes a ese momento increíble que viví en el aeropuerto. No hace falta que alguien nos diga que ese momento fue una experiencia sin precedentes, misteriosa, gloriosa y sagrada. La naturaleza única de esa personita hecha a imagen de Dios inundó nuestra mente y cautivó nuestras emociones.

"Como Dios" es una declaración asombrosa. "Hecho a su imagen" es un anuncio profundo. Sin embargo, eso es precisamente lo que declara Dios tan pronto crea a Adán y a Eva. Con esas palabras, Él define su identidad y la absoluta singularidad de su relación con Él. Adán y Eva no son simplemente parte del amplio catálogo de criaturas que Dios hizo. Ellos están por encima, son especiales y son bautizados con una dignidad que los separa de todo lo demás. Nunca debemos olvidar esta definición fundamental de lo que son los seres humanos. Con estas palabras, Dios designa el valor intrínseco de las personas. Este valor nunca se gana y nunca puede ser quitado. Ser humano es tener dignidad y valor porque se es portador de la imagen misma de Dios.

El valor humano no se logra por el éxito ni el logro. No es el producto de tu raza. El valor humano no es el resultado de la adquisición de riqueza económica, poder, autoridad o control. No es un asunto de cuán esbelto o atractivo seas. El valor de un ser humano no tiene que ver con habilidad intelectual, deportiva o artística. No es un asunto de personalidad o talento. Cuando pensamos que el valor humano se gana por medio de uno de estos factores, vienen los problemas. Cuando olvidamos la dignidad de cada ser humano portador de la imagen de Dios terminamos haciéndonos los unos a los otros aquello que nunca deberíamos hacer. Y debemos recordar siempre que el odio contra un portador de la imagen de Dios es odio contra Él, que la violencia contra un portador de su imagen es violencia contra Él, y que deshonrar a alguien hecho a la imagen de Dios es deshonrar al Hacedor.

Tanto el líder más poderoso como la persona más insignificante del mundo están hechos a imagen de Dios. Los hombres y las mujeres, los niños y las niñas son por igual portadores de la imagen de Dios. El deportista de alto rendimiento y la anciana frágil son iguales en que son hechos a imagen de Dios. El adolescente rebelde, el joven universitario sobresaliente y el acomplejado estudiante de escuela intermedia son igualmente portadores de la imagen de Dios. Los racistas y los activistas de derechos humanos tienen en común esta misma identidad fundamental. El médico y el paciente, el trabajador y el jefe, el vagabundo y el rico, el pastor y su congregación, el gobierno oficial y el ciudadano común, el habitante parisino y el niño nacido en los Andes, todos ellos llevan la imagen de Dios grabada en ellos para siempre. Mira el rostro de cualquier persona en cualquier lugar y en cualquier momento, y recuerda que lo único que sabes con absoluta certeza es que él o ella llevan el sello de la imagen de Dios. Todo lo que piensas acerca de las personas y de la manera en que te relacionas con ellas debe conformarse a la declaración de Dios: *Hecho a mi imagen*.

Estas palabras, "hecho a imagen de Dios", establecen la definición fundamental de quiénes somos. La historia de la humanidad y todo lo que estaba destinada a ser y hacer empieza con esas palabras. Ellas condensan la identidad humana, el significado y el propósito humanos, la definición acerca de cómo deben funcionar los seres humanos y son como un dedo que señala el destino humano. Estas palabras condensan la narrativa de la humanidad. Contienen la identidad humana, universal e inexorable. El Creador la puso como un sello sobre cada ser humano. Por su buena y sabia voluntad, esto es lo que Dios quiso que fuéramos. Todos los otros marcadores de identidad son secundarios. "Como Dios". No existe ninguna declaración más fundamental que puedas hacer acerca de cada ser humano que haya vivido.

Sin embargo, hay un problema. En lo que respecta a la imagen de Dios, tenemos una declaración sin una definición clara. Después de esta extraordinaria declaración de identidad, Dios no añade la explicación: "Y esto es exactamente lo que quiero decir con que están hechos a mi imagen". Por consiguiente, debemos mirar los otros pasajes donde aparece este término; tenemos que escudriñar los lugares donde las Escrituras hablan acerca de quiénes somos y lo que estamos llamados a hacer, de tal modo que podamos descifrar lo que significa esta increíble declaración acerca de nuestra identidad. A continuación presento seis palabras que ayudan a delinear lo que significa ser hecho a imagen de Dios.

Relaciones

La mayoría de las personas que solo me conocen como escritor o como orador en una plataforma no saben que soy tímido por naturaleza. Cuando Luella y yo vamos a una fiesta, en diez minutos ella es la mejor amiga de todos los presentes, mientras que yo me quedo en algún rincón ansiando que nadie me hable. Puede que eso sea una exageración, pero es una muestra de lo diferentes que somos en lo concerniente a la vida social. Con todo, debo afrontar el hecho de que Dios no me diseñó para vivir una vida independiente y aislada. No hace falta ir demasiado lejos para ver que las relaciones son un aspecto esencial de la forma en que el Creador diseñó perfectamente a los seres humanos. Lo vemos desde el principio cuando Dios dijo que creó a Adán y a Eva a su imagen, a su semejanza. Dios es el ser social por excelencia. No me refiero a que Dios necesite relacionarse con nosotros, porque Él es autosuficiente y nada necesita por fuera de sí mismo. Lo que quiero decir es que Dios *es* una comunidad. Padre, Hijo y Espíritu Santo viven en una relación de comunión perfecta entre sí. En su oración por sus seguidores en Juan 17:20-23, Jesús nos revela que la unidad y la comunión de la Trinidad son la norma brillante y resplandeciente para la unidad que Él quiere para su pueblo. Él ora: "La gloria que me diste, yo les he dado, para que sean uno, así como nosotros somos uno" (Jn. 17:22).

Así pues, ser hecho a imagen de Dios significa indudablemente que fuimos hechos para la vida en comunidad. Fuimos hechos para vivir voluntariamente en una relación dependiente con Dios y con los demás. En las palabras "hecho a imagen de Dios" encontramos las semillas de los dos grandes mandamientos. Solo puedo reflejar la imagen que el Creador ha grabado en mí cuando amo a Dios por sobre todo lo demás y a mi prójimo como a mí mismo.

Seamos honestos: El pecado hace que esto no nos resulte natural. *Somos* seres sociales, pero nos dedicamos a vivir en torno a nosotros mismos. En lugar de adorar a Dios, nos ponemos en la posición de Dios y, en lugar de amar a las personas, las usamos para obtener aquellas cosas que amamos. Todos hacemos esto de algún modo u otro. Es la vida al revés, la vida patas arriba que es la definición de la insensatez del pecado.

La naturaleza relacional de la imagen de Dios nos anuncia nuestra necesidad del evangelio de la gracia de Jesús. Si hemos de vivir en una comunidad armoniosa y de adoración con Dios *y* en comunidad amorosa y sacrificada con nuestro prójimo, tenemos que ser rescatados y facultados por la gracia de Dios una y otra vez, hasta que nos encontremos en un lugar donde el pecado y la división no existan más.

La doctrina de la imagen de Dios en el hombre ubica las relaciones en un lugar preeminente dentro de su diseño para nosotros. Esto significa que el éxito en la vida no se mide por la dimensión de tus logros, tu poder, tu fama, tu dinero o tus posesiones. El éxito no consiste en una educación privilegiada, un trabajo excelente, una casa increíble, unas vacaciones inolvidables y una jubilación jugosa. Creo que muchos de los que nos declaramos seguidores de Jesús nos hemos creído la definición mundana de éxito. Nosotros también perseguimos esos mismos sueños y los transmitimos a nuestros hijos. Entre tanto, nuestras familias están destrozadas, muchos nos sentimos terriblemente solos, somos más consumidores que participantes activos de lo que nuestras iglesias tienen para ofrecer y vivimos con la ansiedad constante de que se nos escapen los sueños de éxito material del aquí y el ahora.

Vivir como si creyeras realmente que fuiste hecho a imagen de Dios exige vivir una vida de amor vertical y horizontal. Por eso Pablo escribió estas palabras:

> Si yo hablase lenguas humanas y angélicas, y no tengo amor, vengo a ser como metal que resuena, o címbalo que retiñe. Y si tuviese profecía, y entendiese todos los misterios y toda ciencia, y si tuviese toda la fe, de tal manera que trasladase los montes, y no tengo amor, nada soy. Y si repartiese todos mis bienes para dar de comer a los pobres, y si entregase mi cuerpo para ser quemado, y no tengo amor, de nada me sirve.
>
> El amor es sufrido, es benigno; el amor no tiene envidia, el amor no es jactancioso, no se envanece; no hace nada indebido, no busca lo suyo, no se irrita, no guarda rencor; no se goza de la injusticia, mas se goza de la verdad. Todo lo sufre, todo lo cree, todo lo espera, todo lo soporta.
>
> El amor nunca deja de ser; pero las profecías se acabarán, y cesarán las lenguas, y la ciencia acabará. Porque en parte conocemos, y en parte profetizamos; mas cuando venga lo perfecto, entonces lo que es en parte se acabará. Cuando yo era niño, hablaba como niño, pensaba como niño, juzgaba como niño; mas cuando ya fui hombre, dejé lo que era de niño. Ahora vemos por espejo, oscuramente; mas entonces veremos cara a cara. Ahora conozco en parte; pero entonces conoceré como fui conocido. Y ahora permanecen la fe, la esperanza y el amor, estos tres; pero el mayor de ellos es el amor (1 Co. 13).

¿Diría tu esposo o esposa que las relaciones basadas en el amor son de gran valor para ti?

¿Lo dirían tus hijos?

¿Lo dirían tus amigos?

¿Lo diría tu equipo ministerial?

¿Lo dirían tus vecinos?

¿Lo diría tu jefe?

¿Lo dirían tus colegas de trabajo?

¿Lo dirían tus compañeros de estudio?

¿Lo dirían tus colegas?

¿Lo dirían tus padres?

¿Lo diría tu familia extendida?

¿Lo dirían las personas que te sirven en la tienda o en el restaurante de tu localidad?

Cada aspecto del diseño de Dios es también un llamado. Dios se propuso crearnos como seres sociales, por lo que tomar su diseño seriamente significa adoptar su propósito para nosotros como el propósito de nuestra vida. Fuimos diseñados para ser como Dios, es decir, para vivir en comunidades de unidad y amor. Espero que podamos confesar nuestro egoísmo y buscar la gracia que necesitamos para hacerlo.

Moral

Adán y Eva también fueron hechos a imagen de Dios en verdadera (perfecta) justicia y santidad. Esto es algo extraordinario. Es tan ajeno a nuestro campo de experiencia que nos resulta difícil expandir nuestra imaginación lo suficiente para concebir lo que significa. Somos personas imperfectas, para nada perfectas, y vivimos con y alrededor de personas imperfectas. Vivimos con ideas contradictorias, deseos fluctuantes, opiniones cambiantes y motivaciones mixtas. No siempre pensamos, deseamos o elegimos lo correcto. Aquello que es correcto no siempre nos resulta atractivo y lo incorrecto a veces nos parece hermoso. El pecado sigue anidando en nuestro corazón y es el semillero de un catálogo completo de idolatrías destructoras. Puede que miremos a alguien y digamos: "Ella es realmente una buena mujer" o "él es un gran hombre", pero de nadie podemos decir "es perfecto".

Hasta que se rebelaron contra el mandato sabio y amoroso de Dios, Adán y Eva fueron como Dios, perfectos en justicia y santidad. Parte de esta condición es el hecho de que los seres humanos fueron creados por Dios como seres morales en cuyos corazones está escrita la ley de Dios.

Esto significa que ellos estaban orientados instintivamente a normas de lo bueno y lo malo. Operaban con una conciencia moral. La perfección humana quedó hecha polvo en el momento de rebelión en el huerto, pero persiste la conciencia moral innata. Quizá te preguntes: "¿Dónde? Por dondequiera que se mire la moral está muerta".

Permíteme darte un ejemplo. Digamos que haces compras en un centro comercial lleno de gente y delante de ti hay una anciana con un bastón que camina con dificultad. Imagina que un niño sale de repente de entre la multitud, hace caer a la anciana, le arrebata su bolso y sale corriendo. Todas las personas de esa multitud estarían pensando exactamente lo mismo: "Lo que ese niño le hizo a la anciana está mal". Algunas correrían a perseguirlo y otras buscarían la manera de ayudar y consolar a la anciana. Lo que opera en ese momento es la conciencia moral diseñada por Dios. No, no es perfecta, pero sigue ahí presente.

Todo el mundo piensa en términos de bien y mal, y vive conforme a algún tipo de código moral. Cada ser humano se somete a alguna clase de ley moral. Todo el mundo tiene una serie de reglas que rigen su vida y todo el mundo aplica a los demás una serie de reglas. Cada ser humano funciona moralmente; el punto en el que diferimos es el origen de la norma moral a la cual sometemos nuestra vida. Nadie piensa que todo esté bien y que nada esté mal. Pocas personas viven sin remordimientos y pocas personas se niegan a reconocer alguna falta. Somos seres morales.

Aquí es donde nos lleva la naturaleza moral de la imagen de Dios en el hombre. Es triste vivir en un mundo donde la perfección moral ha sido hecha añicos, aunque la inclinación moral persiste. Esto significa que sometemos nuestra vida y nuestro juicio de los demás a reglas de nuestra propia invención. Significa que las reglas por las cuales rige su vida la mayoría de las personas están completamente desconectadas de la sabiduría perfectamente santa del Creador. Sí, habrá momentos como el del centro comercial cuando la conciencia moral opera de manera correcta, pero no nos irá bien si menospreciamos la ley de Dios, eliminamos el concepto de pecado de nuestro vocabulario y escribimos nuestras propias leyes. Aquí estamos de nuevo, viendo cómo la doctrina de la imagen de Dios en el hombre, al igual que todas las demás doctrinas que hemos examinado, nos señala la cruz de Jesús. Jesús obedeció perfectamente la ley en nuestro lugar, pagó el castigo por nuestro pecado y compró en la cruz un nuevo corazón y una mente renovada para nosotros. Su gracia nos capacita para obedecer y su obra nos garantiza que un día seremos como Él y viviremos con Él en justicia y santidad perfectas para siempre. Lo que en nosotros está resquebrajado ahora, por la gracia será restaurado.

Espiritualidad

Aquella mañana en la que nos entregaron a nuestra hija, de apenas cuatro meses de edad, quedamos abrumados por el asombro de nuestra enorme responsabilidad y por las emociones que experimentamos. Sin embargo, nuestro asombro y nuestro llanto no sucedieron porque recibiéramos un cuerpo en nuestros brazos, por hermoso y especial que fuera, como si nuestro deber consistiera únicamente en cuidar de una entidad física. Por supuesto, el cuidado físico era importante para nosotros, pero lo que realmente nos dejó asombrados fue que Dios nos hubiera llamado a cuidar del alma de esa personita, un ser espiritual que fue hecho a imagen de Dios. No, no en términos religiosos ni moralizadores, sino más bien que ella, en su esencia, era como Dios, un ser espiritual.

Dios diseñó a esta criaturita con la capacidad de conocerlo, de relacionarse con Él, de amarlo, de hablarle y de adorarlo. Estas capacidades marcaban la separación entre Adán y Eva y el resto de la creación, como era el caso de nuestra pequeña niña que sostenía en mis brazos. Ella fue hecha para Dios, fue hecha para vivir con Dios, fue hecha para escuchar a Dios, fue hecha para obedecer a Dios y fue hecha para ofrecer su corazón a Dios en asombro, admiración y adoración. La espiritualidad humana es el eje central de los seres humanos, de la razón por la cual fueron hechos y de lo que debería motivar su manera de vivir. Los seres humanos fueron diseñados con un catálogo de capacidades espirituales. La habilidad para pensar, la capacidad de dar y recibir comunicación a través del lenguaje, la capacidad de sentir un abanico de emociones que van desde el amor hasta el odio y todos los matices posibles, y la motivación para adorar son todas diseñadas por Dios porque los seres humanos fueron hechos para "vivir y movernos y ser" en Él (véase Hch. 17:28).

En este sentido, cada ser humano es religioso porque todos estamos hechos a imagen de Dios y programados con capacidades para relacionarnos con Dios, de modo que siempre nos entregaremos en adoración a Dios o adoraremos algo que Dios ha hecho. Todo ser humano busca a Dios, aunque la mayoría no lo saben. Gran parte de la desilusión, la frustración, el enojo y la desesperanza de las personas existen porque esperamos que algo haga por nosotros lo que solo Dios puede hacer. Dado que somos seres espirituales, asignamos el título "dios" a las cosas que no son Dios. Dado que somos adoradores, siempre aferraremos nuestras esperanzas y sueños a algo. Al estar dotados de imaginación, contemplamos vidas posibles y calculamos si este "dios" no va a fallarnos. Los hijos hacen esto, los esposos y las esposas lo hacen, los estudiantes lo hacen, el trabajador por horas lo hace, los profesionales lo hacen, los pastores lo hacen y cada persona a la que pastorean lo hace. Todos estamos en una búsqueda espiritual que le dé sentido a nuestra vida. Nadie está exento.

Cuando está desconectada de Dios, nuestra espiritualidad nos conduce a varias formas de desvarío funcional. Pasamos de un dios a otro y vamos de desilusión en desilusión, aferrados a alguna cosa creada con la esperanza de que esta vez sí haga por nosotros lo que nunca podrá hacer. Imponemos a los demás expectativas a la medida de Dios y caemos despedazados bajo su peso. Guardamos la esperanza de que la creación haga por nosotros lo que simplemente no puede hacer y que nos ofrezca lo que solo Dios puede darnos.

Las más profundas, hermosas y misteriosas capacidades humanas fueron dadas para que podamos tener comunión con Dios y adorarlo. Fueron diseñadas para la comunicación y de ese modo permitirnos hablar con Dios. Recibimos habilidades racionales e interpretativas para poder reflexionar en lo que Dios nos ha dicho y ponerlo en práctica en nuestra vida diaria. Nos fueron dadas emociones para poder experimentar el gozo de amar a Dios y de ser amados por Él, y de odiar lo que Dios odia. Fuimos creados con la capacidad de adorar para que nuestros corazones busquen al Señor en gratitud, admiración y alabanza. Todas estas capacidades son nuestras porque, al ser creados a imagen de Dios, somos seres espirituales con la aptitud de vivir nuestra existencia en pos de Él.

Cuando estas capacidades están desligadas de Dios pueden tornarse sombrías y volverse peligrosas. Lamentablemente, en nuestro pecado muchas veces usamos estas capacidades para manipular, seducir y oprimir a otros. Las usamos para planear cómo desobedecer a Dios y encubrir nuestros actos. Las usamos para menospreciar a otros y engrandecernos a nosotros mismos. El uso indebido de estas capacidades espirituales es por sí solo un argumento a favor de la necesidad de la encarnación, la cruz y la resurrección de Jesucristo.

Esposo, mira a tu esposa y que sepas que sus capacidades comunicativas, interpretativas y emocionales no fueron dadas primordialmente para que ella pudiera conocerte y amarte, sino para que ella pudiera conocer y amar a Dios. No puedes actuar como si esas capacidades te pertenecieran. De hecho, la manera más elevada y pura de expresar la profundidad de tu amor por ella es esforzarte para que ella ahonde su gratitud y afecto por Aquel que la creó. Sí, ella debe amarte, pero la meta final del matrimonio no es el amor humano mutuamente satisfactorio. No, la meta del matrimonio es estimular un amor cada vez más profundo por Dios y la adoración a Él. Esposa, a ti te diría exactamente lo mismo. Y lo mismo es cierto respecto a la amistad.

Padres, sus hijos no deben ser vistos como trofeos en potencia para exhibir el éxito de ustedes. Sus hijos son los trofeos de Dios. Ellos no existen para validar su identidad, para hacerlos sentir bien consigo mismos ni para promover su reputación delante de los demás. Sus hijos son hechos por Dios para vivir sus vidas en pos de Él. Todo lo que ustedes hacen en la crianza debe tener como finalidad conducir a sus hijos a Dios como el centro de su motivación primordial y el objeto de su más profundo amor.

No podemos considerar nuestras capacidades emocionales, racionales y comunicativas como simples medios para obtener relaciones humanas satisfactorias. Las buenas relaciones humanas son posibles gracias a estas capacidades y son una bendición, pero el objetivo divino es que sean medios para un fin. El fin es la comunión con Dios en gozo, gratitud y adoración.

Representación

Lee con atención lo que dice Génesis 1:26: "Entonces dijo Dios: Hagamos al hombre a nuestra imagen, conforme a nuestra semejanza; y señoree…". La definición más inmediata y clara de lo que significa ser hecho a imagen de Dios es "señorear". Ser hecho a imagen de Dios es ser hecho para señorear. Puesto que Dios es el diseñador y comunica el propósito de su diseño, sabemos que los seres humanos no fueron hechos para un señorío independiente. La escena que describe el pasaje no muestra a Adán y Eva decidiendo que les gustaría ejercer cierto poder sobre el resto de la creación. No. Dios dice: "Así es como los he diseñado y para esto los he creado y esto es lo que quiero que hagan".

La capacidad, el deseo y el llamado a señorear de la humanidad está ligado a Dios de manera inextricable. Es un señorío que viene de Él, que está diseñado para ejecutarse por medio de Él y que debe cumplirse en obediencia a Él. Esto significa que señorear como portadores de la imagen de Dios es representar el corazón y la voluntad de Dios sobre la tierra. El designio de Dios es hacer visible su reinado invisible cuando sus valores divinos modelan la manera en que los hombres y las mujeres se relacionan con Él, los unos con los otros y con el resto de la creación. Esto significa, pues, que nuestra capacidad para señorear de un modo agradable a nuestro Creador depende de una vida de sumisión y adoración a Él.

No somos simplemente parte de la creación. Hemos sido diseñados para desempeñar un papel único de liderazgo. En cada área de la vida humana estamos llamados a señorear de tal modo que representemos la existencia y los valores de Aquel que nos creó y nos ha delegado una misión. Podría escribirse un libro entero acerca de cómo este mandato en la creación busca definir y modelar la forma en que nos relacionamos los unos con los otros, fundamos instituciones, enfrentamos problemas y administramos el resto de la creación. Dios no nos diseñó para estar en una relación de consumo con el resto de la creación, sino más bien para vivir con un sentido constante de nuestras responsabilidades como mayordomos. Nuestro propósito no es sacar provecho de la creación y marcharnos, sino señorear y cuidar de lo que Dios ha hecho.

Puesto que todos tenemos el sello de la imagen de Dios, todos tenemos la misma misión. Ahora bien, tengo algo qué confesar. Yo no me levanto cada mañana y me pregunto cómo podría representar el corazón, la historia y el plan de Dios en las situaciones, lugares y relaciones de mi cotidianidad. Sin embargo, siento en mí la urgencia de todo lo que es importante para mí, ya sean las labores que quiero llevar a cabo, los planes que quisiera concluir o los placeres que me gustaría disfrutar. Es fácil olvidar que Dios ha puesto en mí un sello de "agente". Eso es lo que soy y esa es la vida a la que estoy llamado y, por ello, vivo con la necesidad permanente de su gracia rescatadora que me reviste de poder. Tengo la impresión de que te sucede lo mismo.

Daño

Aun con todos los estragos que causa el pecado en la comunidad humana y a pesar de que cada aspecto de nuestra humanidad ha sido afectado por el mal, la imagen de su semejanza que Dios grabó en nosotros no ha sido destruida. No existe un solo ser humano viviente que respire, sin importar cuán noble o depravado sea, que no porte esa imagen. Ningún aspecto de nuestro porte de su imagen funciona como Dios se lo propuso. Todo ha sido torcido y tergiversado por el pecado. Aunque las personas aún tienen conciencia moral, no aman la ley de Dios y cada cual vive como si fuera su propia ley. Todavía tenemos la asombrosa capacidad de pensar e interpretar, pero hemos abandonado la revelación de Dios como la norma a través de la cual entendemos y sopesamos todo en nuestra vida. Todavía somos seres espirituales que viven en función del corazón, pero ya no ofrecemos la adoración de nuestro corazón a Dios. Todavía tenemos capacidades de representación, pero no vivimos como embajadores del Rey porque nos hemos nombrado a nosotros mismos como reyes. Todavía tenemos la capacidad emocional de amar y odiar, pero está desligada de su esencia, el amor de Dios. Se puede ver el sello de la gloria de Dios en nosotros, pero su reflejo ha sido ensombrecido por la suciedad y el deterioro del pecado.

Cuando pusieron a nuestra hija en nuestros brazos en el aeropuerto nos sobrevino la sensación de gloria de esta pequeña. No existe otra gloria bajo el cielo como la gloria de un ser humano. Observa a un niño, observa su desarrollo a lo largo de los años y asómbrate frente a la imagen de Dios grabada en él. Observa a una pareja de enamorados y fíjate en la profundidad de su vínculo y mira la semejanza de Dios. Mira a través de los ojos de un artista cuando empieza a aplicar pintura al lienzo creando belleza con cada pincelada y mira la imagen de Dios. Observa al vagabundo que estira su mano pidiendo monedas y mira la gloria de Dios grabada en él. Observa a la anciana elegante que se desplaza lentamente por la calle con su caminador y mira la semejanza de Dios. Observa los ojos del mesero en tu restaurante favorito y mira la semejanza de Dios. Observa al ladrón esposado en la corte de justicia mientras espera su sentencia y mira a un hombre que lleva puesta la imagen de su Creador.

La imagen puede estar estropeada, desteñida, manchada y dañada, pero sigue ahí. Cada persona que ha vivido porta esa dignidad, ese valor, esa importancia. No es algo que se gane; el Señor mismo la grabó en cada ser humano. El pecado no tiene el poder de borrarla. Es la identidad fundamental de cada ser humano, cada uno hecho a imagen de Dios.

Sin embargo, debemos lamentar el daño que ha sufrido su gloria en nosotros, siendo conscientes de que la gloria de la humanidad es la gloria de Dios. Cada ser humano debería ser una ventana transparente, clara y limpia de la deslumbrante gloria del Creador. Cada aspecto glorioso de la humanidad debería señalarnos al Señor de gloria perfecta. Pero el daño ha sido hecho. A veces el daño parece tan grande que la semejanza de Dios apenas se asoma difusamente. Y así, como cada doctrina, la doctrina de la imagen de Dios en el hombre nos lleva a clamar por la gracia redentora, restauradora, sanadora y liberadora. Realmente necesitamos ser creados de nuevo en Cristo Jesús. Realmente gemimos esperando el día en el que al fin seamos restaurados por completo a una vida nueva. Y debemos ser prontos en agradecer que por la gracia redentora seamos renovados día a día. Con gracia sobre gracia, Dios restaura poco a poco la gloria de otrora. Y, mientras esperamos la renovación final, nos consagramos a la obra del evangelio, anhelando que cada portador estropeado de la imagen divina reciba la misma gracia que ahora opera en nosotros.

14

La imagen de Dios en el hombre en la vida diaria

MUCHOS DE NUESTROS CONFLICTOS interpersonales y gran parte de la tristeza que producen ocurren porque hemos perdido de vista lo que significa vivir y relacionarse con otros como personas hechas a imagen de Dios. Desde el acoso escolar hasta el acoso por Internet y los actos violentos inhumanos, la comunidad humana no va a operar como Dios quiso a menos que reconozcamos qué clase de seres se propuso Él que fuéramos. Cuando miras el rostro de otra persona y ves el rostro de Dios, tu comportamiento hacia esa persona cambia. Podrían escribirse muchos libros acerca de la aplicación de esta verdad, pero vamos a considerar solo algunos puntos.

Identidad

Todos asignamos alguna clase de identidad a nosotros mismos y a los demás. Esto nos ayuda a encontrarle sentido a la vida. Pocas preguntas son más determinantes en la vida aparte de "¿quién soy?" y "¿quién eres?". La manera en que respondes a estas preguntas determinará tu forma de pensar, de actuar y de reaccionar a todo y a todos a tu alrededor sin importar dónde te encuentres. Sin embargo, me temo que, cuando se trata de identidad, la mayoría de nosotros se equivoca.

Desde su temprana infancia, Josué estaba convencido de que no importaba y no valía. Lo transfirieron de un hogar de paso al otro y nunca estaba seguro acerca de por qué dejaba uno y llegaba a otro. No tenía idea de quién era su madre biológica y mucho menos de su padre. En la mayoría de los hogares de paso fue tratado de manera diferente a los otros niños de la familia y en muchos hogares sufrió algún tipo de maltrato. Sus dificultades de aprendizaje reforzaron su experiencia como niño diferente, su impresión de ser un estorbo y de no ser importante. Al estar convencido de que era un marginado, vivió como tal. La historia de Josué es demasiado complicada y trágica para relatarla aquí completa, pero todo en su vida habría sido diferente si él hubiera aprendido el significado del valor que imparten las palabras "hecho a imagen de Dios".

Samuel estaba decidido a salir adelante a toda costa. Sus padres habían sido pobres y Samuel se negaba a serlo también. Era buen deportista y había recibido una beca de estudios para la universidad. Estudió con gran ahínco y sobresalió tanto en lo deportivo como en lo académico. La graduación no fue tan importante para Samuel aparte del hecho de que era un paso necesario para hacer lo que realmente quería: ganar dinero. El éxito material era lo que Samuel esperaba que le diera una identidad. Él lo quería todo: una casa grande, autos ostentosos, membresías a clubes, vacaciones de lujo y una esposa bonita. Estaba resuelto a que nada iba a detenerlo.

Samuel, en efecto, se casó y tuvo hijos, pero nunca se sintió satisfecho. Ningún éxito fue suficiente. El éxito material como identidad es un amo cruel que nunca cumple lo que promete. Aunque era muy exitoso en los negocios, Samuel tenía una desastrosa vida personal. Su esposa al final lo abandonó y, cuando sus hijos crecieron, tenían poco tiempo para dedicarle a su padre.

Mirando otro montón de ropa sucia, Sara se preguntaba: "¿Esto es lo que soy?". Ella había sido buena estudiante en la universidad y tenía un futuro brillante. Parecía que Timoteo completaba el sueño. Después de casarse recién graduada, Sara trabajó durante un tiempo, pero luego vinieron los hijos. Uno, dos, tres y luego cuatro. Cuatro hijos menores de seis años y el trabajo era interminable. Cada mañana a duras penas salía de la cama, aún agotada del día anterior. No tenía tiempo para ocuparse de ella misma porque uno de los niños necesitaba siempre algún tipo de ayuda. Detestaba mirarse en el espejo y no experimentaba mucha alegría en los deberes monótonos de su cotidianidad. Miraba a las hermosas mujeres de la televisión y sentía que ella no era valiosa.

Julia no recuerda el año exacto, pero sabe que era muy joven cuando salió del consultorio del pediatra con su mamá para anunciarle que quería ser médico. "Médico" era la identidad que impulsó la dedicación y la concentración de Julia a lo largo de sus años escolares. Fue la razón por la cual eligió la universidad a la que asistió y la razón por la cual decidió especializarse en biología. Con el máximo promedio de calificaciones, Julia logró ingresar a la escuela de medicina de su elección y, al cabo de unos años, pudo obtener una residencia en oncología pediátrica. Cada mañana, Julia se llenaba de orgullo cuando se ponía la bata blanca con su nombre y su especialización inscritas en ella. ¡Era médico!

Al cabo de cinco años de práctica médica, el entusiasmo por esa identidad se había disipado. Las largas horas de trabajo y el agotamiento que experimentaba cuando no estaba en el hospital dejaron a Julia sin amigos aparte de sus colegas médicos. Tenía relaciones distantes con la iglesia y los años de dedicación a su formación la habían alejado de su familia. Julia había estado demasiado concentrada como para tener tiempo para las relaciones amorosas. Estaba cansada de llegar a casa cansada y sola. Era médico, pero esa identidad ya no la satisfacía como antes. La medicina no era su problema, sino lo que ella esperó que la medicina hiciera por ella.

Aunque sus vidas son muy diferentes, Josué, Samuel, Sara y Julia cometieron el mismo error. Buscaron su valía personal en el plano horizontal. Josué concluyó, a partir de la manera en que fue tratado, que no valía como persona. Samuel estaba convencido de que el éxito material le daría valor. Sara pensó que una vida de servicio doméstico le había arrebatado su valor. Y el valor que Julia pensó que la medicina le daría se había desvanecido. Todos habían hecho lo mismo. Buscaron el valor, la importancia y la dignidad humanos donde nunca podrían ser hallados.

Es vital entender que un sentido estable de identidad, junto con el valor y la dignidad humanos solo pueden hallarse verticalmente. Sabrás quién eres cuando mires primero la creación y en seguida la cruz. (Hablaré acerca de la identidad y la cruz en otro capítulo más adelante). Los padres, los hijos, los esposos y las esposas, los estudiantes, los empresarios, los empleados, los vecinos, los ciudadanos, los pastores, los políticos, los educadores y los miembros del cuerpo de Cristo deben tener una teología sólida acerca de la persona. El fundamento de una teología bíblica de la persona humana se encuentra en estas palabras: "Hagamos al hombre a nuestra imagen, conforme a nuestra semejanza" (Gn. 1:26).

Olvidar el valor y la dignidad que imparten estas palabras nos obligará a buscar en otras partes, no solo la manera de entender nuestra identidad sino nuestro sentido de valía y dignidad. Tus relaciones, la manera en que las personas reaccionan frente a ti y te tratan, nunca son un terreno estable para la identidad. El propósito de tu trabajo o tu carrera profesional no sirven para darte identidad y valor. Si eres padre o madre, buscar en tus hijos tu identidad nunca funciona. Es una carga insoportable que pones sobre los hombros de tus hijos. La belleza física y la destreza deportiva no te darán un sentido duradero de identidad. El éxito como fuente de tu identidad requiere más y más éxito. Nunca tienes lo suficiente para descansar tu corazón. La riqueza material y las posesiones no funcionan como marcadores de identidad. Sin importar cuán grande sea tu montón de bienes, cuando se convierte en la fuente de tu identidad, bastante nunca será bastante. Ninguna de esas cosas basta para impartir un sentido de valía personal.

El valor, la singularidad, la importancia y la inviolabilidad de cada persona que ha vivido a todo lo largo de la historia se encuentran únicamente en las palabras: "Hagamos al hombre a nuestra imagen, conforme a nuestra semejanza". Esto significa que ningún ser humano, sin importar quién sea, debería ser desvalorizado, profanado, vulnerado, oprimido, mortificado, abandonado, rechazado ni destruido, porque cada persona lleva la imagen del Creador.

Si eres un empresario, no debes considerar a tus empleados como simples artefactos necesarios para tu éxito. Si eres un empleado, no debes considerar a tus colegas de trabajo como objetos que se interponen en tu progreso. Si eres político, no puedes permitirte ver a tus electores como poco más que un escalón para lograr poder político. Si eres pastor, nunca deberías considerar a las personas bajo tu cuidado como medios para obtener protagonismo y éxito ministerial. Si eres padre o madre, no puedes reducir a tus hijos a molestias que interfieren con tu semana por lo demás agradable. Si eres entrenador, los deportistas a los que lideras deben ser considerados como más que fichas del juego para lograr una buena temporada. Nadie debe tratar a otro ser humano como un objeto. Nadie debe cuestionar el valor de otra persona solo porque es diferente.

Mira el rostro de cualquier persona y verás el rostro de Dios. La dignidad humana es algo sagrado. El valor de una persona no es algo que se alcance. La importancia de un ser humano no es algo que algunos concedan y otros nieguen al otro. No puedes comprar tu valor por medio de tus logros, relaciones o apariencia. Tienes valor porque eres hecho a imagen de Dios. Una definición estable de identidad y un sentido de identidad solo se encuentran en las manos del Creador que toma polvo y sopla para infundir su imagen en Adán y en Eva y en nosotros como descendencia suya.

Esto significa que cualquier acto de deshonra contra otra persona es un acto de deshonra contra Dios. La violencia contra un portador de la imagen de Dios es violencia contra Dios mismo. Rechazar a cualquier ser humano es rechazar a Dios. Maltratar a otra persona es rebeldía contra Dios. Tratar a un ser humano como objeto en un momento dado constituye una violación contra el plan, la obra y el carácter de Dios. Por eso, David confesó acertadamente que su posesión y su agresión sexual contra Betsabé fueron pecados contra Dios (ver Sal. 51). Tomar a un portador de la imagen divina y abusar de él es actuar de manera pecaminosa contra el diseño y la gloria de Dios.

Muchos problemas de la cultura humana son el resultado de la despersonalización del individuo. Nada bueno trae olvidar o negar el valor sagrado de una persona que le ha impartido el Creador. Él impartió dignidad. Él asignó valor. Él creó la importancia. Él diseñó la singularidad humana. Él nos ha llamado a entendernos a nosotros mismos y a tratar a otros con la dignidad y el valor que ya les han sido asignados por mandato de su Creador. Hacer cualquier cosa contraria a esto equivale a deshonrarlo a Él y acarrea una lista interminable de desastres culturales y carnicería humana.

Debemos recordar que la historia de cada ser humano no empieza en su nacimiento en algún lugar como hijo de alguien. No, la historia de cada ser humano empieza en el diseño santo y trascendental del Creador que graba su semejanza en todos y cada uno. Si tratas de comprender la historia de las personas sin recordar sus raíces en las palabras del Creador en el huerto de Edén, vas a malentender quiénes son y de qué se trata su vida. Leer la narrativa de cualquier ser humano sin la narrativa del Génesis es como leer una gran novela y saltarse el capítulo explicativo más importante. No hay manera de entender apropiadamente el libro.

Todos debemos elegir con cuidado a quién le permitimos contar nuestra historia y la historia de las personas que nos rodean. El primer capítulo de la historia humana pasa del polvo a la semejanza divina. Desconocer el primer capítulo conduce inevitablemente a desvalorizar a las personas y a rebelarse contra los mandamientos de Dios acerca de cómo debemos ver y tratar a otros. Quienes tomamos la Biblia seriamente podemos y debemos ser ejemplares en esto.

Justicia

Es imposible leer la Biblia sin verse confrontado con el corazón de Dios en lo que atañe a la justicia. De hecho, podría decirse que la narrativa bíblica es una historia acerca de la justicia. Encontrarás en la nota al pie de esta página una pequeña recopilación de pasajes acerca de la justicia de Dios.[1] No es de ninguna manera una lista exhaustiva, pero estos versículos representan un tema bíblico significativo. No solo la justicia es cercana al corazón de Dios, sino que Dios ordena que la justicia debe ocupar también un lugar importante en nuestro corazón. Por consiguiente, es esencial que entendamos la raíz de este prominente tema bíblico y el plan que traza para nuestro concepto y nuestro trato del prójimo.

La justicia no tiene sus raíces en la ley humana, si bien la ley humana debería regular e impartir justicia con honestidad. La justicia ni siquiera tienes sus orígenes en la ley de Dios que fue dada en el monte Sinaí. La justicia para todo ser humano fue instituida en el huerto de Edén

---

1   Salmos 9:7; 10:17-18; 25:8-10; 33:5; 36:5-6; 82:3-4; 89:14; 103:6; 146:5-9; Proverbios 18:5; 21:3; 29:26; Isaías 1:16-17; 9:7; 56:1; 58:6-10; 61; Jeremías 22:3; Ezequiel 18:27; Oseas 12:6; Amos 5:24; Miqueas 6:8; Zacarías 7:9; Mateo 12:18; 23:23.

cuando Dios tiñe cada ser humano de su semejanza. Lo sabemos por lo que dice Génesis 9:6: "El que derramare sangre de hombre, por el hombre su sangre será derramada; porque a imagen de Dios es hecho el hombre". El asesinato es la máxima injusticia porque las personas no son animales, sino portadoras de la imagen de Dios mismo. Cualquier atentado contra la dignidad de un ser humano es un ataque contra Dios mismo.

Cuando estudiamos los pasajes acerca de la justicia en las Escrituras nos vemos confrontados con la promesa de que un día la justicia perfecta volverá a reinar. Sin embargo, esos pasajes acerca de la justicia también nos confrontan con el plan de Dios para nosotros. Su plan es hacer visible su justicia invisible enviando personas que lleven justicia a quienes sufren injusticia. Pero hay más. La justicia no solo es una obra bíblica; también es una obra del evangelio.

La historia del evangelio no es solo una historia de la gracia, sino también una historia de la justicia. En la cruz de Jesucristo, la gracia y la justicia de Dios se besan.

Vemos esto en Miqueas 6:8:

Oh hombre, él te ha declarado lo que es bueno, y qué pide Jehová de ti: solamente hacer justicia, y amar misericordia, y humillarte ante tu Dios.

¿Qué pide Dios de todos sus hijos? Justicia, misericordia y humildad. De todas las cualidades de carácter en las Escrituras, ¿por qué escogió Dios estas tres? La respuesta es que la *justicia*, la *misericordia* y la *humildad* sintetizan la narrativa entera de la redención. Dios miró este mundo marcado por el pecado y el flagelo de la crueldad de las personas de unas contra las otras y decidió, con ira justa, que ejecutaría su *justicia* y remendaría el mal causado por el pecado a los portadores de su imagen. Lo haría, no desatando su ira sobre la humanidad, sino derramando su *misericordia*. A fin de que su misericordia no comprometiera su justicia, tenía que haber un sustituto perfectamente justo, alguien que fuera el sacrificio perfectamente aceptable por el pecado. Así que Jesús se *humilló* y se hizo obediente hasta la muerte en la cruz. El plan redentor de Dios, plasmado en estas tres palabras desafiantes, es su misión para nosotros entre el "ya" del pecado en el huerto de Edén y el "todavía no" de los nuevos cielos y la nueva tierra.

Estamos llamados a ser embajadores no solo de las misericordias salvadoras de Dios, sino también de su justicia que endereza lo torcido y vence la opresión. No se puede tener gracia sin justicia y no se puede tener justicia sin gracia; la narrativa redentora lo deja perfectamente claro. Aun así, al parecer muchos creyentes no lo entienden. Quizá nos comprometamos a ser representantes de las misericordias salvadoras, pero no pareciera que sintamos el mismo entusiasmo por llevar la justicia del corazón de Dios dondequiera que hay injusticia.

Permíteme relatar mi propia experiencia. Durante muchos años, mi declaración de misión personal ha sido "conectar el poder transformador de Jesucristo a la vida diaria". Mi objetivo con mi ministerio de escritura y enseñanza es mirar todo a través de la lente de la narrativa del evangelio de Génesis a Apocalipsis. Cuando hago esto con temas como el sexo, el dinero, la crianza de los hijos, la mediana edad, el matrimonio, la comunicación, la consejería, el liderazgo y otros, las personas responden con gratitud. Sin embargo, cuando hago lo mismo con el tema de la injusticia racial, las personas se enojan conmigo. He sido llamado socialista y marxista. Me han acusado de abandonar el evangelio. Una persona respondió diciendo: "Adiós, Paul Tripp".

Con frecuencia, cuando hablo del tema de la injusticia racial recibo algún tipo de cuestionamiento como: "¿qué del aborto?", "¿qué del tráfico de personas?", "¿qué de los disturbios violentos?". Por supuesto que todos estos asuntos son pecado a los ojos de Dios, y el pueblo de Dios debería pronunciarse y actuar contra todos ellos. Sin embargo, estos cuestionamientos parecieran un mecanismo de defensa que busca socavar o negar la cuestión de la justicia. Si yo publicara un vídeo acerca de los horrores del adulterio, no creo que la gente respondiera con cuestionamientos como "¿y qué del robo?" o "¿qué del falso testimonio?". ¿Qué hay con el tema de la injusticia racial que despierta reacciones tan defensivas y a menudo airadas? Si Dios es generoso tanto en gracia como en justicia, ¿no deberíamos serlo nosotros también?

Esto me lleva a cuestionarme si quizás hemos caído en el mismo error de los fariseos. Escucha las palabras de Cristo: "¡Ay de vosotros, escribas y fariseos, hipócritas! porque diezmáis la menta y el eneldo y el comino, y dejáis lo más importante de la ley: la justicia, la misericordia y la fe. Esto era necesario hacer, sin dejar de hacer aquello" (Mt. 23:23). No es algún activista que pelea por la justicia el que declara la justicia, la misericordia y la fe "cuestiones importantes de la ley". No, es nuestro Rey Salvador quien emite este juicio de valor.

En el sistema de valores de Dios, la justicia ocupa un lugar destacado. Trabajar para que reciba justicia alguien que padece injusticia de cualquier tipo (racial, política, sexual, etc.) es parte de nuestro llamado. Las Escrituras no nos llaman solo a "predicar el evangelio". Nos llaman a predicar incansablemente el evangelio al tiempo que trabajamos incansablemente como sus agentes de misericordia y de justicia. No podemos quedarnos callados cuando algún portador de su imagen es denigrado, oprimido, desvalorizado o padece injusticia sistemática. Puesto que todo ser humano es un portador de la imagen divina, cada acto de injusticia es un pecado contra el honor y la autoridad de Dios.

Un día, el *shalom* volverá a la tierra y la justicia perfecta reinará sin fin. Nunca más habrá deshumanización, opresión, maltrato, ultraje ni racismo. La justicia perfecta será la norma en las vidas y en las relaciones de todos. Mientras esperamos anhelantes aquel día, no lo hacemos de manera pasiva. Antes bien, nuestra espera es un llamado a la acción. Esperamos como embajadores tomando los valores de nuestro Rey y representando su justicia santa y su corazón misericordioso dondequiera que se necesita. Hacer menos que esto es desatender un aspecto crucial de nuestro llamado en el evangelio.

Charles Spurgeon resume el llamado de la iglesia a la justicia:

La iglesia que no existe para rescatar del paganismo, para combatir el error, para evidenciar la falsedad, la iglesia que no existe para ponerse del lado del pobre, denunciar la injusticia y sustentar la justicia es una iglesia que no tiene derecho a ser. Tu razón de ser, oh iglesia, no eres tú misma, como no lo fue Cristo de sí mismo.[2]

---

2 Charles Spurgeon, *Spurgeon's Sermons on the Death and Resurrection of Jesus* (Peabody, MA: Hendrickson, 2004), 294.

Las mujeres

Difícilmente puedes abrir tu computadora, ver Netflix, ir al cine o consumir música popular sin encontrar la deshumanización, la negación y la explotación sexual de las mujeres en nuestra cultura. Nuestra sociedad conecta el valor de una mujer con su belleza o la considera solo como un objeto para el placer sexual; la degradación de las portadoras de la imagen divina está por todas partes. ¿Por qué presionan a las cantantes famosas a vestirse de manera provocativa? ¿Por qué está diseñada la moda para exhibir y no para cubrir el cuerpo de la mujer? ¿Por qué es tan común que las mujeres sean acosadas sexualmente en el lugar de trabajo? ¿Por qué se aprecian los senos de las mujeres más que su cerebro?

Los medios masivos de comunicación oprimen a las mujeres con normas de belleza que literalmente requieren cirugía para ser alcanzadas. ¿Qué tanto nos hemos apartado de la dignidad de las mujeres como portadoras de la imagen de Dios mismo? En lo que atañe al valor, la dignidad, la importancia y la singularidad humana de la huella de Dios, hombres y mujeres son iguales. Escucha de nuevo estas palabras: "Y creó Dios al hombre a su imagen, a imagen de Dios lo creó; varón y hembra los creó" (Gn. 1:27). Rebajar a una mujer a la forma de su cuerpo, deshonrarla, ultrajarla, tratarla como un objeto o negar el valor de sus capacidades y de sus aportes como quienes administran la creación y son portadoras de la imagen divina no solo constituyen afrentas contra ella, sino contra Dios mismo.

Desearía poder decir que el problema de la desvalorización de la genialidad con sello divino de las mujeres solo existe por fuera de la iglesia, pero no es así. Ahora bien, sí creo que Dios ha asignado papeles diferentes a hombres y a mujeres en su iglesia. Creo que las Escrituras dejan en claro que el papel de pastor y anciano corresponde, por designio divino, a los hombres. Sin embargo, estoy convencido de que hemos infravalorado e infrautilizado los dones esenciales de las mujeres que Dios les ha dado. La Biblia no enseña que el papel principal de las mujeres es el hogar. La Biblia no enseña que la espiritualidad de una mujer se desprende de la de su marido. La Biblia no enseña que la vida de una mujer solo está completa cuando se casa. La Biblia no prohíbe a una mujer educarse y tener una carrera exitosa. La Biblia no prohíbe a las mujeres liderar en esferas políticas, educativas y empresariales.

Permíteme darte dos ejemplos de cómo estas verdades están conectadas con la vida y la salud del cuerpo de Cristo. Una mujer en nuestra iglesia es una profesora de historia afroamericana en una universidad local. Ella no solo es historiadora, sino teóloga, y Dios la ha usado para ayudar a nuestra iglesia a reflexionar y a tratar las cuestiones relacionadas con la raza. Puesto que sus dones son valorados, ella ha dado un aporte esencial a la salud de nuestra iglesia en tiempos convulsionados. La combinación de su saber histórico y su conocimiento del evangelio constituyen un regalo de Dios para nuestra iglesia, aunque es importante señalar que su capacidad tuvo que ser reconocida por el liderazgo y comunicada a fin de que nuestra congregación se beneficiara y fuera bendecida por ello.

Hace algunos años fui miembro del equipo de pastores y ancianos de una iglesia en las afueras de Filadelfia. Una vez al año teníamos un retiro de ancianos junto con nuestras esposas. Comíamos juntos y hacíamos actividades juntos. Sin embargo, cuando llegaba el momento de tratar los asuntos de la iglesia, los hombres iban a una habitación mientras las mujeres iban a otra donde hablaban acerca de la crianza y recetas. A mi querida esposa Luella eso le parecía a la vez extraño e incómodo. Ella me recordó que cada una de las sabias y piadosas damas tenía una experiencia eclesial diferente de la de los ancianos y que sería provechoso oírlas. Ella no estaba pidiendo posiciones de anciano para las mujeres, sino que los dones y las experiencias de las mujeres fueran valoradas y expresadas.

Así que un sábado en la mañana, después del desayuno, las mujeres acompañaron a los hombres en una conversación acerca de la iglesia. Fue una de las conversaciones más importantes y reveladoras que los ancianos habíamos tenido hasta entonces. Aprendimos cosas acerca de nosotros mismos y de la vida, de la cultura y el ministerio de nuestra iglesia que nunca habríamos conocido de otra manera. Conforme las mujeres expresaban en amor su punto de vista, algunas de nuestras debilidades y fallas quedaron al descubierto. Empezamos a ver a estas mujeres no solo como esposas y madres, sino también como dotadas portadoras de la imagen divina, creadas por Él como colaboradoras esenciales en la vida y la salud de su iglesia. A partir de esa experiencia, en cada retiro agendamos un tiempo para incluir a nuestras esposas en la conversación.

Una mujer que acude a su pastor con una preocupación acerca de asuntos en la iglesia, con preguntas acerca de un sermón o con inquietudes acerca de las actitudes o las decisiones del liderazgo no debe ser ignorada, criticada, rechazada ni silenciada. Una mujer que no se ha casado o que ha seguido una carrera profesional no debería ser juzgada. Las mujeres casadas no deben ser consideradas como accesorios de sus esposos, sino como miembros que aportan al cuerpo de Cristo que simplemente son, además, personas casadas. Las mujeres no viven su experiencia dentro del cuerpo de Cristo del mismo modo que los hombres. Las mujeres ven cosas que los hombres no ven. Las mujeres comunican la verdad de manera diferente a los hombres. Un cuerpo de Cristo es más saludable cuando las mujeres son estimadas y sus dones altamente apreciados, no solo en el hogar sino también en la iglesia. La iglesia necesita mujeres teólogas altamente preparadas. La iglesia necesita apoyar a las mujeres dotadas para la comunicación del evangelio. En lo que respecta al mensaje del evangelio, necesitamos incentivar que más mujeres escriban. Hacer menos que esto constituye una falla en el trato a las mujeres con la honra que les fue impartida en la creación.

Una de las maneras en que se puede incentivar una cultura que valora la importancia crucial de los dones femeninos en el cuerpo de Cristo es subrayar el papel protagónico que desempeñaron las mujeres en la ejecución del plan de redención de Dios en las Escrituras. Un recorrido por la historia bíblica evidencia que la obra de Dios no es exclusiva del dominio masculino, sino el llamado por igual de hombres y mujeres como representantes. Sara, Rebeca, María (o Miriam, la hermana de Moisés), Rahab, Débora, Rut, Ana (la madre de Samuel), Ester, Ana (la profetisa), María, Elisabet, María Magdalena y Febe son algunas mujeres que Dios usó para avanzar su plan de redención. Tanto hombres *como* mujeres están llamados a ser discípulos de Cristo, sus instrumentos, sus representantes y sus mensajeros.

Deberíamos enseñar esta historia a nuestros niños y a nuestras niñas. Queremos formar niños que se conviertan en hombres que valoran la presencia y los dones de las mujeres en el cuerpo de Cristo, y queremos formar niñas que tengan claro su llamado y la necesidad de perfeccionar los dones que Dios les ha dado.

La teología de la imagen de Dios en todos los seres humanos debería influir radicalmente nuestra forma de ver y de tratar a las mujeres, co-portadoras de la imagen de Dios por designio divino. Esta teología nos advierte contra una actitud que denigre a las mujeres y las trate como objetos, y nos llama a honrarlas como quienes portan la semejanza misma de la persona divina. Nos llama a honrar sus dones, a escuchar sus vivencias particulares y a capacitarlas para la obra como agentes de Dios en el mundo y como miembros esenciales de su iglesia. Escucha lo que dice Spurgeon:

> No podemos decir a las mujeres: "Váyanse a casa, no hay ninguna obra para ustedes en el servicio del Señor". Todo lo contrario. Rogamos que Marta y María, Lidia y Dorcas y toda la hermandad de mujeres elegidas, jóvenes y ancianas, ricas y pobres, instruyan a otros como Dios las instruyó a ellas. Jóvenes y jovencitas, ancianos y ancianas, sí, y niños y niñas que aman al Señor, todos deberían hablar bien de Jesús y dar a conocer su salvación día tras día[3].

Respeto

Entender que la imagen de Dios ha sido grabada en cada uno de nosotros no solo estructura nuestra comprensión fundamental de quiénes somos, sino que sirve para definir la manera en que nos vemos, convivimos, reacciona-mos y respondemos los unos a los otros. Los mandamientos bíblicos de amarnos los unos a los otros, de tratar a todos con honor y de nunca pagar mal por mal, nacen del suelo de la verdad de la imagen de Dios en el ser humano. Estamos llamados a mirar el rostro de nuestro enemigo, incluso en el rostro de alguien que de otra manera nos desagradaría, y ver en esa persona la imagen de Dios mismo. Solo cuando hacemos esto nos trataremos los unos a los otros con el amor, el respeto, la honra y la bondad a la cual hemos sido llamados.

Vivimos un momento cultural en el que el respeto ha sido reemplaz-ado por el ultraje. Queda muy poca amabilidad en nuestra cultura.

---

3   Charles Spurgeon, "All At It", sermón 2044, 16 de septiembre de 1888, *Christian Classics Ethereal Library*, www.ccel.org.

Reaccionamos a las personas con quienes disentimos con las respuestas y acusaciones más hostiles. En muchos casos pareciera que no nos contentamos con disentir con aquellas personas que a nuestro modo de ver están equivocadas, sino que además queremos causarles algún daño o borrarlas de alguna manera. Parece que hemos perdido la capacidad de tener conversaciones civilizadas donde se expresan ideas con dignidad, mesura y respeto. Parece que consideramos válido no solo criticar las palabras de las personas, sino también juzgar sus motivos. Somos demasiado prontos para hablar y demasiado prontos para reaccionar con enojo. Esto dificulta en gran manera y, en algunos casos, hace prácticamente imposible la comunicación pública, privada, cultural y eclesial.

Es equivocado reducir a las personas a una serie de ideas, creencias, filosofías, posiciones políticas, teologías o constructos sociales. Es equivocado despersonalizar a los individuos con quienes estamos en desacuerdo, al olvidar que detrás de la opinión existe un ser hecho a la santa imagen de Dios. No podemos permitirnos reducir a una persona a una serie de frases en una página que nos pueden parecer desagradables, sin consideración por el daño que nuestra respuesta pueda causar, daño no contra la posición expresada en una página, sino contra la persona que expresa la opinión.

Desearía poder decir que este problema solo existe en la cultura y no en la iglesia, pero no es así. Cada día me entristece leer mi *feed* de Twitter y ver el intercambio de respuestas hostiles, crueles, acusadoras, escarnecedoras, furiosas e irrespetuosas entre hermanos y hermanas en Cristo. A menudo pareciera que quienes comentan disfrutan la oportunidad de unirse y aplastar a alguien. Esta clase de atropello es completamente ajeno al llamado de Dios a ser amables, a amar también al enemigo, a hacer bien a todos, especialmente a los de la familia de Dios.

Nunca estamos obligados a elegir entre la teología y el amor. Estamos llamados a hablar la verdad en amor (Ef. 4:15). El amor que ha abandonado la verdad deja de ser amor y la verdad que no se habla en amor pierde su pureza, porque se ve alterada y tergiversada por otros intereses. La buena teología nunca produce atropellos de enojo, arrogancia, abuso, irrespeto ni perjuicio. La teología que no produce un amor bondadoso, paciente y respetuoso está por debajo de la norma de Dios acerca de cómo debería manejarse su verdad y lo que debería producir. La teología fiel a la Biblia y sus buenos resultados se basan en estas palabras de Dios: "Hagamos al hombre a nuestra imagen".

No podemos afirmar que creemos en la teología de la imagen de Dios en el hombre sin poner en práctica, en nuestra manera de vivir y de tratarnos, el mandato de los pasajes siguientes.

La blanda respuesta quita la ira;
Mas la palabra áspera hace subir el furor (Pr. 15:1).

Cuando cayere tu enemigo, no te regocijes,
Y cuando tropezare, no se alegre tu corazón (Pr. 24:17).

Oísteis que fue dicho: Amarás a tu prójimo, y aborrecerás a tu enemigo. Pero yo os digo: Amad a vuestros enemigos, bendecid a los que os maldicen, haced bien a los que os aborrecen, y orad por los que os ultrajan y os persiguen; para que seáis hijos de vuestro Padre que está en los cielos, que hace salir su sol sobre malos y buenos, y que hace llover sobre justos e injustos. Porque si amáis a los que os aman, ¿qué recompensa tendréis? ¿No hacen también lo mismo los publicanos? Y si saludáis a vuestros hermanos solamente, ¿qué hacéis de más? ¿No hacen también así los gentiles? Sed, pues, vosotros perfectos, como vuestro Padre que está en los cielos es perfecto (Mt. 5:43-48).

Bendecid a los que os persiguen; bendecid, y no maldigáis. Gozaos con los que se gozan; llorad con los que lloran. Unánimes entre vosotros; no altivos, sino asociándoos con los humildes. No seáis sabios en vuestra propia opinión. No paguéis a nadie mal por mal; procurad lo bueno delante de todos los hombres. Si es posible, en cuanto dependa de vosotros, estad en paz con todos los hombres. No os venguéis vosotros mismos, amados míos, sino dejad lugar a la ira de Dios; porque escrito está: Mía es la venganza, yo pagaré, dice el Señor. Así que, si tu enemigo tuviere hambre, dale de comer; si tuviere sed, dale de beber; pues haciendo esto, ascuas de fuego amontonarás sobre su cabeza. No seas vencido de lo malo, sino vence con el bien el mal (Ro. 12:14-21).

Así que, según tengamos oportunidad, hagamos bien a todos, y mayormente a los de la familia de la fe (Gá. 6:10).

Airaos, pero no pequéis; no se ponga el sol sobre vuestro enojo (Ef. 4:26).

Ninguna palabra corrompida salga de vuestra boca, sino la que sea buena para la necesaria edificación, a fin de dar gracia a los oyentes (Ef. 4:29).

Vuestra gentileza sea conocida de todos los hombres. El Señor está cerca (Fil. 4:5).

Recuérdales que se sujeten a los gobernantes y autoridades, que obedezcan, que estén dispuestos a toda buena obra. Que a nadie difamen, que no sean pendencieros, sino amables, mostrando toda mansedumbre para con todos los hombres (Tit. 3:1-2).

Por esto, mis amados hermanos, todo hombre sea pronto para oír, tardo para hablar, tardo para airarse; porque la ira del hombre no obra la justicia de Dios (Stg. 1:19-20).

Quien [Jesús] cuando le maldecían, no respondía con maldición; cuando padecía, no amenazaba, sino encomendaba la causa al que juzga justamente (1 P. 2:23).

No devolviendo mal por mal, ni maldición por maldición, sino por el contrario, bendiciendo, sabiendo que fuisteis llamados para que heredaseis bendición (1 P. 3:9).

Padres, cuando enseñen a sus hijos cómo tratarlos a ustedes y cómo tratar a sus hermanos, amigos y otras personas en esta cultura no se limiten a decirles que lo hagan porque ustedes lo dicen. Enséñenles desde temprano acerca de la identidad, la dignidad y el valor intrínsecos de cada persona por el hecho de ser hecha a imagen de Dios. Enséñenles teología. Aunque al principio no lo van a entender, empezarán a conformar una visión de las cosas que definirá la manera en que interpretan la vida, toman decisiones y eligen vivir. Asegúrense de que una buena teología sea el fundamento de su visión de la vida. La imagen de Dios en el hombre es un elemento a la vez crítico y útil de esa teología.

Estudiantes, la verdad de la imagen de Dios en el hombre te muestra cómo tratar a otros con quienes estás en desacuerdo en tu escuela o universidad. Jefes, esta verdad les señala cómo cuidar de quienes están bajo su cargo. Trabajadores, he aquí la directiva acerca de cómo responder a sus jefes y tratar a sus colegas. Líderes cívicos, este es el parámetro para saber cómo tratar a quienes pertenecen a otros bandos. Esposos y esposas, esta es la instrucción acerca de cómo manejar el conflicto en su matrimonio. Pastores, he aquí el llamado acerca de cómo manejar las diferencias teológicas y relativas a la misión en sus iglesias. Por último, a todos nos conviene recordar que detrás de una publicación en las redes sociales existe alguien que fue formado por Dios para llevar su semejanza.

Jesús

Cada punto de teología de las Escrituras, entendido correctamente, nos conduce a la cruz de Jesucristo. Ahora bien, puede que pienses: "Paul, ¿cómo pasas del 'hagamos al hombre a nuestra imagen' a la cruz de Cristo?". La respuesta es que la imagen de Dios se expresa más poderosamente y se demuestra más plenamente en el Hijo de Dios, el Hijo del Hombre, Jesucristo. Sobre la tierra y en la carne, Jesús se levanta como el supremo portador de la imagen divina. En Él, la imagen no está deformada ni dañada en absoluto. En Él vemos la imagen de Dios perfectamente expresada en cada decisión, en cada palabra, en cada pensamiento, en cada deseo y en cada aspecto de su carácter, todo justo e inmaculado. Esta es una verdad extraordinaria, esencial y transformadora que vale la pena admirar.

Leer los Evangelios debería llenarnos de emoción cuando vemos y oímos en ellos a Jesús, porque en Jesús vemos lo que nosotros, por la gracia, seremos algún día. El carácter mismo de la vida de Jesús es una profecía de lo que Dios nos tiene reservado como sus hijos. Llegará un día en el que no solo estaremos con Él para siempre, sino que seremos hechos como Él, con la imagen de Dios completamente restaurada, viviendo para siempre en nosotros en una expresión perfecta. Jesús encarnado vive delante de nosotros como nuestra esperanza eterna. No existe una mejor imagen de Dios tal y como debía existir, antes de que el pecado entrara al mundo de manera trágica, aparte de la imagen que han consignado para nosotros los Evangelios.

Tenemos la tendencia a hacer hincapié en el hecho de que Jesús, siendo el Hijo de Dios, nos revela quién es Dios. Jesús dijo: "El que me ha visto a mí, ha visto al Padre" (Jn. 14:9). Es correcto examinar la gloria de Dios que nos amó lo suficiente para enviar al Hijo para revelarse mejor a nosotros. Sin embargo, también es importante reconocer que Él no solo era Dios; Jesús también era plenamente hombre. Y, como hombre, Jesús llegó a ser la expresión más completa de lo que es la imagen de Dios en el hombre cuando no está estropeada por el pecado. Qué asombroso poder observar todas las características de un portador de la imagen en alguien que posee una perfección inmaculada.

Contemplar la imagen de Dios en su máxima expresión en el Mesías hombre, Jesús, debería llenarnos de entusiasmo y esperanza. Él es la viva representación de lo que seremos un día, cuando la carga del pecado haya sido quitada por completo y la imagen de Dios se exprese en nosotros plenamente, en todos los sentidos y todo el tiempo. Observar la expresión perfecta de la imagen de Dios en un hombre en la persona misma de Jesús debería quebrantar nuestro corazón. Debería hacernos llorar por el daño que el pecado ha causado. Es algo que cuestiona tu propia vida y todo a tu alrededor: en lo que concierne a la imagen de Dios grabada en nosotros, las cosas no son como deberían.

Entonces, ¿cómo superamos la tristeza del momento presente para participar de la celebración de lo que será? Una vez más, Jesús es la respuesta. Él viene no solo como el supremo portador de la imagen divina, sino también como nuestro sustituto. En su justicia perfecta, Jesús colma la medida de la norma santa de Dios en maneras que nosotros jamás podríamos. En nuestro lugar y a nuestro favor, Jesús satisface plenamente las exigencias de la ley de Dios y, porque lo hace, puede ser el Cordero perfecto del sacrificio. En su muerte, Jesús pagó la pena por nuestros pecados para que pudiéramos ser perdonados por el Padre, ser adoptados en su familia, ser llenos de su Espíritu y ser transformados paulatinamente en la semejanza del Hijo.

A través de la vida, la muerte y la resurrección de Jesús, el supremo portador de la imagen divina, Dios empieza el proceso de restaurar su imagen en todos aquellos que creen. La obra de Jesús a nuestro favor es una promesa y una garantía de que un día la imagen de Dios en nosotros será restaurada plenamente. Vendrá el día en que, por la gracia de Dios, seremos más plenamente humanos de lo que hemos sido jamás.

Hasta que llegue ese día lo seguimos por la fe, oramos por la gracia para vivir como Jesús vivió, clamamos la gracia que nos redarguye, nos rescata y nos transforma, y ponemos nuestros ojos en el portador de imagen por excelencia, profundamente convencidos de que la obra de restauración de aquella imagen será terminada algún día y seremos como Él para siempre.

Sí, es cierto que cada punto de la teología de la Palabra de Dios te lleva a Jesús, la vida de Jesús te lleva a su cruz y resurrección, y su cruz y resurrección te llevan a aferrarte a la esperanza en esta vida y al gozo frente a la expectativa de la venidera.

15

La doctrina del pecado

NUESTROS PRIMEROS PADRES, siendo seducidos por las mentiras sutiles y seductoras de Satanás, pecaron al comer del fruto que Dios les había prohibido. Por cuenta de este pecado, cayeron de la justicia original y comunión con Dios y, como resultado, quedaron muertos en sus pecados y completamente corrompidos en cada facultad y en cada parte de su alma y de su cuerpo.

Puesto que Adán es la raíz de la humanidad, la culpa de su pecado fue imputada y la misma muerte en el pecado y su naturaleza corrompida fueron transmitidas a todos sus descendientes por generación ordinaria.

Desde esta corrupción original somos totalmente renuentes, incapaces y antagónicos a todo lo que es bueno, y estamos completamente inclinados a todo lo que es malo. De esta corrupción original procede toda transgresión real.

En esta vida, esta corrupción de la naturaleza persiste en aquellos que han sido regenerados por la gracia de Dios. Aunque ha sido perdonada y crucificada por medio de Jesucristo, esta corrupción de la naturaleza y de todas las maneras como se expresa son en verdad y propiamente pecado.

Cada pecado, tanto original como presente, es una transgresión de la justa ley de Dios y contrario a ella. Cada pecado por naturaleza trae culpa sobre el pecador, dejándolo destinado a la ira de Dios y a la maldición de la ley. Está, por tanto, sujeto a muerte con sus miserias espirituales, temporales y eternas. Véanse Génesis 2:16-17; 3:12-13; 6:5; Job 14:4; Salmos 51:1-5; Eclesiastés 7:20; Jeremías 13:23; 17:9; Ezequiel 14:1-5; Mateo 5:28; 15:19; Lucas 6:43-45; Romanos 1:28-32; 3:9, 23; 5:12-19; 6:20; 7:18-23; 8:7; 1 Corintios 6:9-10; 15:21-22, 45-49; 2 Corintios 11:3; Gálatas 5:19-21; Efesios 2:1-3; Colosenses 1:21; 3:5; 1 Tesalonicenses 1:10; Tito 1:15; Hebreos 2:14-15; Santiago 1:14-15; 4:17; 1 Juan 1:8.[1]

Cómo entender la doctrina del pecado

La verdad bíblica que ahora consideramos se ubica en el epicentro de la doctrina cristiana. Junto con la existencia de Dios es un punto clave de una cosmovisión cristiana. Si no crees que existe tal cosa como pecado tal y como lo describe la Biblia, entonces no ves la necesidad de la ley moral de Dios, de la sabiduría de las Escrituras, de la dependencia de Dios, de la gracia rescatadora del Redentor, del ministerio de la iglesia o de la viva esperanza de la eternidad. En lo que respecta al drama humano, en realidad hay dos grupos de personas: los que depositan sus esperanzas en los sistemas humanos de redención y los que consideran que la esperanza humana requiere un Redentor.

Uno de los resultados lamentables del pecado es que el pecador promedio siente poca conciencia, entendimiento o culpa, si acaso, del pecado. En nuestra cultura o en la mente colectiva, el pecado ha dejado de existir como categoría. No se considera una herramienta que explique las motivaciones o el comportamiento de la gente. El concepto de pecado no se enseña en las clases de filosofía ni de psicología de tu universidad local. El pecado no es una categoría que defina nuestra visión del cumplimiento de la ley. La verdad de la pecaminosidad humana no influye en la manera de pensar de las personas acerca de la injusticia racial, el totalitarismo o el abuso. Por regla general, la doctrina del pecado no se usa para ayudar a los consejeros a comprender las dificultades del matrimonio y la crianza de los hijos. El pecado no se entiende como la fuerza detrás de

---

1   Paráfrasis del autor de la doctrina del pecado como aparece en apartes de la Confesión de Fe de Westminster, cap. 6.

la invasión pornográfica en los medios masivos de comunicación. Pocas personas consideran que la corrupción en la política y el gobierno estén relacionadas en absoluto con el pecado. Cuando el pecado constituye una categoría que se ha desechado, es necesario explicar de otra manera las tragedias humanas.

Si no crees en la tragedia y en la universalidad del pecado, creerás que los seres humanos tienen el poder para reparar a los seres humanos. De ese modo, pones tu esperanza en la educación, en la política, en la filosofía, en la psicología, en la medicina, entre muchas otras. Todas estas áreas son beneficiosas, pero no tienen poder alguno para rescatarnos de las tinieblas, el engaño, la destrucción y la muerte que el pecado arrojó sobre todos nosotros. Por el contrario, si crees que el más profundo problema de todo ser humano es el pecado y si crees que ningún ser humano es capaz de librarse de él, entonces sabes que juntos no podemos salvarnos a nosotros mismos. Si existe tal cosa como pecado en el corazón de cada persona, entonces nuestra única esperanza es la intervención divina.

El clamor de todos frente al quebrantamiento, el peligro, la desilusión, las dificultades y las injusticias de la vida en este mundo marcado por el pecado es en realidad un clamor por Dios y su gracia redentora, rescatadora y restauradora, ya sea que la persona que clama lo sepa o no. La doctrina del pecado nos dice que la esperanza de la humanidad nunca será hecha realidad por sus propios medios, sino que solo vendrá por medio de la intervención de la gracia de Dios. Esta verdad realmente es una de las grandes líneas divisorias. Si lo crees, transformará de manera radical tu visión de ti mismo y de lo que necesitas, tu manera de pensar acerca del significado y el propósito de la vida, tu visión del bien y del mal, tu perspectiva acerca de lo que es verdadero y falso, dónde buscar consuelo y fortaleza, qué es importante para ti y qué no, y dónde encontrar esperanza verdadera, firme y duradera. Si el pecado es el cáncer fatal, entonces no hay cura posible aparte de la intervención de las misericordias de la gracia redentora. Si el pecado es el problema, Dios es nuestra única esperanza.

A la luz de lo anterior, es muy importante que entendamos a qué nos referimos cuando afirmamos que creemos en la doctrina del pecado. Cuando releía la declaración introductoria de este capítulo que define la doctrina del pecado, me sobrevino una profunda tristeza. El horror incalculable de la tragedia del pecado me dejó asombrado. Viví momentos de depresión espiritual cuando pensé en la destrucción completa de la justicia humana y de la comunión con Dios. Es como si viera el horrible vídeo y oyera los espantosos sonidos del desplome del *shalom*. El pecado es la bomba letal que deja destrucción a su paso. El pecado es la peor pandemia que infecta a todos y enferma a todos. El pecado es la maldición absoluta que sentencia a todos a muerte. El pecado es el mayor engaño que no cesa de repetir mentiras y de hacer promesas que no puede cumplir. El pecado es la interrupción definitiva que cambia la historia humana para siempre.

Nos deja sin aliento pensar que la elección egoísta, idólatra y rebelde de Adán y Eva en el huerto haya traído maldición sobre cada ser humano que vendría después de ellos; sí, tú y yo también. El desastre es no solo que Adán y Eva fueran castigados por su pecado, sino que también, por causa del pecado, se convirtieran en personas completamente diferentes. Al dejar de ser perfectamente justos en palabra, en pensamiento y en obra, ahora eran corrompidos en todo. Al no ser más amantes de Dios y de su ley, Adán y Eva ahora eran ajenos a Dios y les atraía lo que es malo a los ojos de Dios. Todo esto fue transmitido a sus hijos y a los hijos de sus hijos y a cada generación subsiguiente. El pecado es el drama desgarrador y trágico de la historia humana. El pecado fracturó el *shalom* y seguimos lidiando con los horrendos resultados hasta hoy.

A fin de entender plenamente el desastre del pecado y sus implicaciones para todos nosotros, es importante examinar el primer pecado en el huerto de Edén.

Pero la serpiente era astuta, más que todos los animales del campo que Jehová Dios había hecho; la cual dijo a la mujer: ¿Conque Dios os ha dicho: No comáis de todo árbol del huerto? Y la mujer respondió a la serpiente: Del fruto de los árboles del huerto podemos comer; pero del fruto del árbol que está en medio del huerto dijo Dios: No comeréis de él, ni le tocaréis, para que no muráis. Entonces la serpiente dijo a la mujer: No moriréis; sino que sabe Dios que el día que comáis de él, serán abiertos vuestros ojos, y seréis como Dios, sabiendo el bien y el mal. Y vio la mujer que el árbol era bueno para comer, y que era agradable a los ojos, y árbol codiciable para alcanzar la sabiduría; y tomó de su fruto, y comió; y dio también a su marido, el cual comió así como ella. Entonces fueron abiertos los ojos de ambos, y conocieron que estaban desnudos; entonces cosieron hojas de higuera, y se hicieron delantales (Gn. 3:1-7).

Para entender la desobediencia de Adán y Eva en el huerto y cómo nos ayuda a entender la naturaleza del pecado nos enfocaremos en dos cosas. Primero, tienes que entender el discurso engañoso de Satanás: "Sabe Dios que el día que comáis de él, serán abiertos vuestros ojos, y seréis como Dios, sabiendo el bien y el mal". Satanás no tienta a Eva con un menú mejor de lo que Dios les había provisto. La tienta con *autonomía* y *autosuficiencia*. Su discurso es "pueden ser como Dios". Dios es el único ser que ha existido siempre y que es verdaderamente autónomo y autosuficiente. Su existencia es suya para hacer lo que le place. No existe ley alguna por encima de Dios y Él no tiene que rendirle cuentas a nadie. También es completamente autosuficiente y se basta a sí mismo. Dios no necesita nada y de nadie necesita recibir ayuda. Él sabe todo sin jamás haber sido enseñado y puede hacer todo sin entrenamiento ni ayuda. El hecho es que el discurso que Satanás presenta a Eva en realidad define quién es Dios y lo que es imposible para un ser humano. La atracción es mucho más que un fruto suculento; es la autonomía y la autosuficiencia que son exclusivas de Dios.

También es importante entender lo que sedujo a Eva: "Y vio la mujer que el árbol era bueno para comer, y que era agradable a los ojos, y árbol codiciable para alcanzar la sabiduría; y tomó de su fruto, y comió". El anzuelo seductor que atrapó a Eva no fue el hecho de que se tratara del fruto más hermoso que ella hubiera visto, a pesar de que fuera atractivo. No. La frase "árbol codiciable para alcanzar la sabiduría" demuestra lo que cautivó a Eva. Hay que prestar atención a esta frase. ¿Por qué tendría Eva ansias de sabiduría cuando gozaba de una relación perfecta con la persona que era y es la fuente suprema de todo lo que es sabio? ¿Por qué no le bastó la sabiduría de Dios?

Lo que atrajo a Eva no fue solo sabiduría, sino *una sabiduría autónoma*, es decir, una sabiduría que no precisaba de una dependencia y de una sumisión a Dios. El único ser que ha existido jamás que es independientemente sabio es Dios. Solo Él nunca ha necesitado un maestro, un consejero, un mentor o un guía. Él sabe todo acerca de todo. El Creador sabe cómo su creación debe operar y cómo las criaturas hechas a su imagen están diseñadas para vivir. Él es la fuente suprema de sabiduría. Eva quiere la posición de Dios. Ella no quiere depender de Dios; ella quiere ser Él. En ese momento, Eva se impone como el centro de su mundo y hace que su vida entera gire en torno a ella. Cuando leo este relato de la caída y lo que atrajo a Eva en ese momento desastroso, recuerdo las palabras de Pablo en 2 Corintios 5:15: "y por todos murió, para que los que viven, ya no vivan para sí, sino para aquel que murió y resucitó por ellos". En ese momento en el huerto, Eva vive para sí misma y, por consiguiente, desobedece a Dios y come lo que Él ha prohibido.

Lo que nos dice Pablo en 2 Corintios 5:15 es que el ADN del pecado es el egoísmo. El pecado realmente hace que la vida se centre por completo en el yo. El pecado encoge mi mundo al tamaño de mis deseos, de mis necesidades y de mis sentimientos. Eugene Peterson dice que el pecado nos lleva a reemplazar la santa Trinidad con una nueva trinidad: "Las tres personas del Padre, el Hijo y el Espíritu Santo son reemplazadas por una trinidad individualizada y personal de mis santos deseos, mis santas necesidades y mis santos sentimientos".[2] El pecado se concentra y se enfoca en el yo, engrandece al yo y es egoísta en el sentido más real de la palabra. Por causa del pecado queremos nuestra propia manera de hacer las cosas, queremos escribir nuestras propias reglas y no queremos nada que se interponga en nuestro camino ni nadie que nos diga qué hacer. El pecado nos convierte a todos en ladrones de gloria y nos lleva a desear aquello que por derecho le pertenece solo a Dios.

El ídolo del yo es la idolatría extrema. Es el ídolo del cual se desprende cualquier otra forma de idolatría. Si te adoras a ti mismo vas a cambiar la adoración y el servicio a Dios por la adoración y el servicio a las cosas creadas. Si te adoras a ti mismo, te inclinarás delante de los ídolos de la comodidad y del placer. Si te adoras a ti mismo, tu corazón

---

2   Eugene Peterson, *Eat This Book: A Conversation in the Art of Spiritual Reading* (Grand Rapids, MI: Eerdmans, 2006), 31.

será gobernado por un deseo de poder y control. Si te adoras a ti mismo ansiarás la alabanza de los demás. La base de toda forma de disfunción humana es el ídolo del yo. Cada pecado es idólatrico; nos pone en el trono de Dios, nos lleva a reinar sobre nuestra propia vida y a hacer lo que se nos antoja. Por ello convenía que David confesara a Dios: "Contra ti, contra ti solo he pecado, y he hecho lo malo delante de tus ojos" (Sal. 51:4).

En este momento en el huerto, Eva adora por primera vez algo aparte de Dios. No, lo que reemplaza a Dios como el centro de la adoración de Eva no es la sabiduría. Lo que reemplaza a Dios en la adoración del corazón de Eva es Eva misma. El amor al yo reemplaza el amor por Dios y, como resultado, Eva se rebela contra el mandato claro, sabio y amoroso de Dios, por lo que come lo que está prohibido. Cuando el amor del yo reemplaza el amor por Dios, el resultado es una infinidad de males posibles. Por eso, Pablo dice que Jesús vino no primordialmente a rescatarnos del mal que está por fuera de nosotros. No. Él vino para rescatarnos de nosotros mismos, es decir, para librarnos del mal en nuestro interior. Si yo soy el ídolo que me tiene cautivo, no hay escapatoria para mí. Puedo huir de situaciones, lugares y relaciones, pero no puedo huir de mí mismo. Si el pecado es idolátrico, la única esperanza para mí es un Salvador poderoso que tiene la voluntad y el poder para liberarme del cautiverio de mí mismo.

Quisiera retomar la confesión de David en el Salmo 51, porque en su confesión encontramos una de las mejores definiciones de la Biblia del pecado y de lo que produce. Esta definición fundamental de pecado se expresa en tres sugestivas palabras:

Ten piedad de mí, oh Dios, conforme a tu misericordia;
Conforme a la multitud de tus piedades borra mis rebeliones.
Lávame más y más de mi maldad,
Y límpiame de mi pecado.

Porque yo reconozco mis rebeliones,
Y mi pecado está siempre delante de mí (Sal. 51:1-3).

En su expresión de dolor por su pecado, David usa tres palabras que captan la naturaleza de esta cosa llamada pecado: *rebeliones*, *maldad* y *pecado*. Cada palabra encierra un matiz particular que busca reforzar nuestra comprensión de lo que es y de lo que hace el pecado. Empecemos con la palabra *maldad*. Maldad es impureza moral. Esta palabra nos advierte el hecho de que el pecado es más profundo que el simple comportamiento externo. Sí, el pecado resulta en acciones que son malas a los ojos de Dios, pero el pecado no empieza con la conducta. El pecado es una condición, un estado inevitable del ser que nos lleva a rebelarnos contra la autoridad de Dios y a quebrantar su ley.

Observa las palabras de David que aparecen más adelante en su confesión: "He aquí, en maldad he sido formado, y en pecado me concibió mi madre" (Sal. 51:5). David confiesa que su problema no es solo que él hiciera algo pecaminoso, sino ante todo que él *es* un pecador. Ahora bien, presta mucha atención a lo que voy a decir a continuación. David no tiene un problema con el pecado solo cuando hace algo malo, porque el pecado es parte de su naturaleza misma. El pecado era una parte tan natural de David cuando vino a este mundo como lo era el hecho de ser biológicamente masculino. Él no era un hombre porque a veces hiciera cosas masculinas. No, él hace cosas que solo puede hacer un hombre porque él es, por naturaleza, un hombre. David confiesa que el pecado es una condición que Él heredó al nacer. Es tan parte de su constitución espiritual como las características físicas que heredó de sus padres y que son parte de su constitución física.

Considera las palabras de Jeremías: "¿Mudará el etíope su piel, y el leopardo sus manchas? Así también, ¿podréis vosotros hacer bien, estando habituados a hacer mal?" (Jer. 13:23). Este pasaje presenta con vehemencia lo que implica declarar que el pecado no es simple mal comportamiento, sino que el mal comportamiento existe porque el pecado es parte de nuestra naturaleza humana. No puedo huir de mi pecado, que es parte de mi propia constitución humana, más de lo que un etíope puede cambiar su hermosa piel negra que Dios diseñó para él. Es simplemente tan imposible para quienes somos pecadores (maldad) por naturaleza volvernos buenos a los ojos de Dios (sin la intervención divina) como lo es para un leopardo decidir que ya no quiere tener manchas. Puedes afeitarlo hasta no dejar un solo pelo y volvería a crecerle un nuevo pelaje con manchas. Las manchas son parte constitutiva de la naturaleza de ese animal, por lo que es inútil buscar liberarse de ellas. Lo mismo sucede con la tragedia del pecado. No es simplemente lo que hacemos; es lo que somos.

Acabo de describir una situación *imposible*. De eso se trata precisamente este concepto bíblico de pecado como nuestra naturaleza. No tenemos poder alguno para manejar, controlar, minimizar o escapar de nuestro pecado porque no es solamente lo que hacemos a veces, sino lo que somos. Sin embargo, cuando se trata de la condición del pecado, la desesperanza frente a lo imposible no es más que la puerta a la esperanza. Si hemos de buscar y celebrar la gracia rescatadora, perdonadora, transformadora y liberadora de Dios por medio de su Hijo Jesús, tenemos que abandonar cualquier esperanza en nuestra propia capacidad de derrotar el pecado. Puede que por un breve tiempo logremos controlar cierto comportamiento, pero no tenemos el poder para limpiarnos de la maldad que es parte de nuestra naturaleza. No somos seres que, a pesar de pecar de vez en cuando, tengan el poder de autorrenovarse y autorreformarse. No. *Somos* pecadores y estamos irremediablemente atrapados en nuestra maldad si no fuera por la intervención de la asombrosa gracia del amor redentor de Dios en nuestra vida.

Otra palabra explicativa del pecado es *rebelión*. Rebelarse es transgredir de manera consciente y deliberada los límites que una autoridad ha establecido. Cuando nos rebelamos, transgredimos un área que Dios nunca nos asignó. Imagina que cuando buscas un espacio para estacionar en una concurrida calle de la ciudad ves uno disponible, pero también una señal de "prohibido estacionar". Cuando a pesar de la advertencia te estacionas allí, has transgredido. La palabra *transgresión* nos señala la arbitraria rebelión del pecado. El pecado es un rechazo de la autoridad de Dios y de su ley, es ponerte como tu propia autoridad y escribir tus propias leyes. La transgresión es escoger desobedecer a Dios porque hay algo más importante para mí que amar, servir y obedecer a Dios.

Lo que esto significa es que el pecado es mucho más que infringir una serie abstracta de reglas que Dios nos ha comunicado. El pecado es la ruptura en la relación con Dios que en seguida nos lleva a quebrantar sus mandamientos. El pecado es una transgresión relacional que siempre produce una transgresión moral. Si amas a Dios por encima de todo guardarás sus mandamientos. Piensa en los Diez Mandamientos. Los tres primeros hablan acerca de honrar y adorar a Dios. El hecho es que, si no guardas los primeros tres mandamientos, no tendrás ninguna posibilidad de guardar los otros siete. La Biblia habla de transgresión no solo como una rebelión contra el código moral, sino como una rebelión contra Dios mismo. De hecho, una de las formas en que la Biblia nos ayuda a entender la seriedad de nuestra rebelión es calificarla de adulterio espiritual. Considera las fuertes y punzantes palabras de Dios a través del profeta Jeremías cuando confronta a Israel con su pecado.

> Me dijo Jehová en días del rey Josías: ¿Has visto lo que ha hecho la rebelde Israel? Ella se va sobre todo monte alto y debajo de todo árbol frondoso, y allí fornica. Y dije: Después de hacer todo esto, se volverá a mí; pero no se volvió, y lo vio su hermana la rebelde Judá. Ella vio que por haber fornicado la rebelde Israel, yo la había despedido y dado carta de repudio; pero no tuvo temor la rebelde Judá su hermana, sino que también fue ella y fornicó. Y sucedió que por juzgar ella cosa liviana su fornicación, la tierra fue contaminada, y adulteró con la piedra y con el leño. Con todo esto, su hermana la rebelde Judá no se volvió a mí de todo corazón, sino fingidamente, dice Jehová (Jer. 3:6-10).

Este pasaje es crudo y duro de leer. Cada pecado es un acto de infidelidad vertical. El pecado es adulterio al nivel más profundo del corazón. Fuimos creados para vivir en una relación de amor comprometido y perpetuo con nuestro Creador que defina todo lo que pensamos, deseamos, elegimos, decimos y hacemos. El pecado es abandonar nuestra lealtad a Dios y ofrecer la más profunda lealtad de nuestro corazón a otros amantes. Esto se capta muy bien en 1 Juan 2:15: "No améis al mundo, ni las cosas que están en el mundo. Si alguno ama al mundo, el amor del Padre no está en él". Nuestros corazones siempre son gobernados y nuestra vida está influida por aquello que amamos. Y cabe decir que el adulterio espiritual no es simplemente amar cosas malas. No, aun el amor a las cosas buenas se vuelve algo malo cuando estas gobiernan el corazón.

La transgresión es profundamente inmoral no solo porque de manera voluntaria pasamos por encima de los límites de la ley de Dios, sino sobre todo porque entregamos el amor de nuestro corazón a algo que no es Dios y, al hacerlo, terminamos desobedeciendo sus mandamientos. La transgresión no es solo rebelión legal, sino también infidelidad moral al nivel más profundo que existe. La cruda descripción de Jeremías de la infidelidad de Israel hacia Dios (adulterio espiritual) lo deja muy en claro. Tristemente, este espíritu de infidelidad vive en el corazón de cada pecador. Todos somos culpables de transgresión moral. todos somos adúlteros espirituales. Ninguno de nosotros ha sido perfectamente fiel a Dios. Todos hemos ido en pos de otros amantes. Todos nos hemos regalado nuestro corazón de alguna manera. Todos hemos traspasado los límites de la ley de Dios, porque hay algo que amamos más que a Él.

Los cargos de Dios contra Israel también recaen sobre nosotros y nos declaran culpables delante de Él. Quizá porque nuestros ojos cedan a la pornografía. Quizá porque engañemos con nuestros impuestos. Quizá sea esa amargura y falta de perdón en nuestro matrimonio. Quizá sean patrones de glotonería. Tal vez sea una sutil animosidad racial. Quizás sean la codicia y el materialismo. Quizás sea el hábito de murmurar de otros. Quizás sea la adoración al éxito que ha dejado un legado de destrucción a nuestro paso. Ninguno de nosotros puede afirmar que no es transgresor, que nunca ha sido infiel a Dios o a su ley moral. La esperanza para ninguno de nosotros estará jamás en nuestros antecedentes, sino únicamente en la gracia de Aquel que, por causa de nosotros, fue perfectamente fiel en todo. Su justicia y su perdón son nuestra única esperanza.

La última palabra que emplea David para referirse al pecado en la confesión del Salmo 51 es la palabra misma *pecado*. Una definición común de pecado es "errar el blanco". Es la imagen de un arquero que apunta a un blanco y cada vez falla a la derecha o a la izquierda. Creo que una manera mejor y más bíblica de definir el pecado es que cada flecha que lanza el arquero erra el blanco. Tiradas junto al blanco hay cientos de flechas que representan cientos de intentos fallidos, intentos fallidos por alcanzar la norma esperada. En algún momento se hace evidente que el arquero, sin importar cuán dedicado o hábil sea, nunca va a lanzar una flecha que dé al blanco. Es irremediablemente incapaz de hacer lo que intenta lograr. El blanco excede su habilidad y escapa su voluntad. Está frente a una norma que no puede alcanzar. Es sencillamente incapaz.

El apóstol Pablo lo expresa de la siguiente forma: "por cuanto todos pecaron, y están destituidos de la gloria de Dios" (Ro. 3:23). La palabra *pecado* señala nuestra debilidad moral y nuestra incapacidad de vivir a la altura de la norma santa de Dios. La condición del pecado nos vuelve incapaces de amar a Dios de la manera en que deberíamos y de vivir conforme a lo que Él nos ha ordenado. El pecado no solo se trata de que no *queramos* hacer lo correcto (rebelión), sino que no *podemos* hacer lo correcto (incapacidad). Puesto que el efecto del pecado sobre nosotros afecta todo, hemos perdido nuestra capacidad de vivir como Dios ha dispuesto que vivamos. El efecto generalizado del pecado no significa que somos tan malos como podríamos ser, sino más bien que el daño causado por el pecado afecta cada área de nuestro ser y de nuestra persona. El pecado nos ha dejado cojos y paralíticos. El pecado nos ha dejado ciegos y sordos. El pecado nos ha dejado irracionales e insensatos. El pecado nos ha dejado enfermos y moribundos. No tenemos el poder para socorrernos a nosotros mismos. No podemos revertir el daño del pecado. Somos incapaces como el paralítico que languidecía junto al estanque de Betsaida que había pasado allí treinta y ocho años. Él no tenía esperanza alguna de levantarse aparte de la intervención divina. Si Jesús no le hubiera dicho: "Levántate, toma tu lecho, y anda", él habría languidecido en su camilla por muchos años más (Jn. 5:1-15). Del mismo modo que él necesitaba con urgencia la gracia de la sanidad física, nosotros necesitamos la gracia de la sanidad espiritual. Por causa del pecado estamos mal. Hemos quedado débiles moralmente y somos incapaces de ser lo que deberíamos ser y de hacer aquello para lo cual fuimos creados.

• • •

Acabo de escribir la realidad más triste que pueda expresarse sobre el papel. Mi corazón está apesadumbrado. El pecado nos deja impuros, condenados e inhabilitados. No solamente somos débiles, sino culpables. No solamente somos incapaces, sino renuentes. No solamente somos flojos, sino adúlteros. El pecado es el drama desgarrador de la humanidad. Si la historia bíblica terminara ahí, sería la historia más triste que se haya escrito. Ninguna maldición que haya caído sobre la humanidad es peor que la maldición del pecado. Lo que hemos expuesto aquí es lo peor que podría suceder.

Sin embargo, lo peor no es el capítulo final de la historia bíblica. Frente a la peor realidad posible, la Biblia nos presenta la mejor realidad posible. El Dios-Hombre, Jesucristo, entra en escena. Vino como el segundo Adán para hacer, a favor nuestro, lo que el primer Adán fue incapaz de hacer. Fue perfectamente fiel a Dios. Obedeció perfectamente a Dios en todo. Cargó nuestra culpa y pagó nuestra condena. Derrotó el pecado y la muerte. Dio vida a los muertos. Él es nuestra justicia y nuestra redención. Él nos reviste de poder por su gracia. Él es la única respuesta al horror del pecado. Él es la única roca de esperanza para los pecadores. Hay salvación para los pecadores. Lo peor que pudo suceder no es el capítulo final, y eso es digno de celebrarse ahora y por siempre.

16

El pecado en la vida diaria

EL PECADO ESTÁ por dondequiera que mires, tergiversando y distorsionando las cosas buenas que Dios creó. No hace falta un análisis profundo para constatar el daño que ha causado en ti y en todo lo que te rodea. El pecado nos lleva a inquietarnos por los problemas que vemos en los demás y a la vez minimizar los que hay en nosotros. Produce en ti un enojo despreciable y egoísta, mientras que a veces te da la razón para indignarte. Su presencia se traduce en tentaciones por doquier y en nuestra propensión a su incesante atracción. Hace que los jóvenes se rebelen y descarríen. Corrompe nuestras instituciones, provoca agitación social, incita la guerra entre naciones y divide familias e iglesias. Promueve la falsedad y le otorga poder de seducción a la insensatez. Nos acompañará hasta que suene la última trompeta toque la primera nota de nuestra liberación. Quedaremos marcados por la lucha y agotados cuando estallemos en un gozo que nunca antes hemos experimentado. Sí, el pecado es verdaderamente la peor enfermedad de la humanidad; su dilema oscuro y su maldición son deplorables.

Imagina lo fácil que sería el matrimonio si no existiera tal cosa como el pecado. Imagina la dicha de la unidad, la comprensión y el amor inmaculados. Imagina vivir en esta unión permanente sin motivos ambivalentes, sin inclinación a la infidelidad y sin conflictos egoístas. Imagina que el sexo nunca fuera egoísta o impuro. Imagina que el dinero nunca sedujera y nunca fuera un campo de batalla. Imagina que el matrimonio nunca se volviera confuso y violento. Imagina que la familia extendida nunca encendiera conflictos de lealtad. Imagina década tras década de un amor que no conoce pecado.

Piensa lo que sería guiar a tus hijos a la madurez sin que se interpusiera el pecado. Imagina que ningún niño fuera maltratado jamás. Imagina que fueras paciente y amable con tus hijos todo el tiempo. Imagina que tus hijos tuvieran siempre un corazón para obedecer, desear lo bueno y vivir libres de la tentación de su propia rebeldía. Imagina la absoluta cooperación, el servicio y el amor mutuos en la familia. Imagina lo que sería experimentar perfecta paz con las decisiones que toman tus hijos. Imagina que nunca temieras lo que hacen por fuera de la casa. Imagina que el enojo y la rebelión nunca interfirieran en tu relación de amor con tus hijos.

Imagina una amistad libre de conflictos. Imagina que nunca haya disputas inútiles, celos egoístas ni exigencias de quien se cree que tiene privilegios. Imagina cómo sería estar siempre dispuesto a servir y a dar. Imagina que nadie se ofendiera por asuntos insignificantes ni hubiera malentendidos que se interpongan. Imagina lo que sería nunca tener que confesar, perdonar, restaurar y reconciliar.

Imagina que tu trabajo o carrera nunca se vieran afectados por el pecado. Imagina que cada jefe estuviera motivado por el amor a cada trabajador y un compromiso con su bienestar. Imagina que tu lugar de trabajo estuviera libre de competencia egoísta, traición, celos, engaño y robo. Imagina un ambiente de trabajo en el que las personas fueran más importantes que el dinero, el amor fuera más valorado que el éxito, y las decisiones se tomaran con motivaciones puras. Imagina que nunca temieras ir a trabajar, que tu carrera no te dejara exhausto emocionalmente y que nunca desearas por fin hacer algo diferente a ese empleo por el que te pagan. Imagina que el trabajo fuera siempre un lugar de paz y gozo.

Imagina que no existiera tal cosa como un gobierno corrupto. Imagina que todos los políticos fueran honestos, confiables y altruistas. Imagina que cada funcionario público amara más a las personas que el poder. Imagina que cada ciudadano se sintiera atendido, protegido y viviera sin temor. Imagina que no existieran escándalos nacionales, ciudadanos con malas intenciones ni violencia. Imagina que cada esfera gubernamental fuera manejada por personas que siempre hacen lo correcto y lo bueno.

Imagina un mundo libre de pandemias, pobreza, enfermedad y hambruna. Imagina un mundo sin campos de refugiados, sin ciudades asoladas por la guerra, sin huérfanos. Imagina un mundo sin guerra, sin tensiones nucleares ni amenazas terroristas. Imagina un mundo en paz en todas partes y todo el tiempo. Imagina un mundo sin hostilidades étnicas y sin odios raciales, un mundo sin sistemas de injusticia. Imagina que se respeta a cada persona como portadora de la imagen de Dios. Imagina que a ningún bebé se le arrebatara la vida antes de nacer. Imagina que no existieran dictadores, células anárquicas o conmoción internacional. Imagina aulas en todo el mundo que solo enseñaran lo que es verdadero e impartieran a sus estudiantes lo que es sabio. Imagina que todo lo que Dios creó, cada planta, animal, masa de tierra y de agua fueran administrados con cuidado y de tal modo que honraran al Creador. Imagina que hubiera cooperación global por el bien de la creación y el bienestar de todos los seres creados a imagen de Dios.

Imagina que los medios de comunicación siempre comunicaran lo que es verdadero y hermoso todo el tiempo. Imagina que cada tecnología que se desarrolla se usara para el bien de la tierra y para el progreso de los seres humanos. Imagina que todas las personas amaran a Dios por encima de todo y amaran a su prójimo como a sí mismos. Imagina que hubiera paz y armonía en todas partes todo el tiempo. Imagina que no se mencionara ni se creyera jamás falsedad. Imagina un *shalom* ininterrumpido y eterno. Imagina nuestro mundo sin pecado.

Examina tu propia vida, examina tu propio corazón y examina tu propio historial. ¿Cómo sería tu historia, cómo sería tu vida y cómo serían tus relaciones si no estuvieran manchadas y tergiversadas por el pecado? Imagina que hicieras todo con un corazón puro que ama y adora a Dios. Imagina que nunca estuvieras enojado sin razón. Imagina que nunca dijeras una palabra que no estuviera motivada por el amor y un deseo de dar gracia al oyente. Imagina que nunca quisieras ser el centro de atención. Imagina que nunca te sintieras atraído por aquello que traspasa los límites divinos. Imagina que siempre amaras lo que es verdadero y siempre hablaras la verdad. Imagina que vivieras sin temor, desilusión y desaliento. Imagina que nunca tuvieras el corazón roto. Imagina que nunca hicieras algo para herir o lastimar a otra persona. Imagina que fueras siempre un siervo gozoso de Dios y de los demás. Imagina que tu vida fuera una crónica continua de justicia. Imagina una vida sin pecado.

Me temo que estamos tan acostumbrados a un mundo manchado por el pecado como parte integral de nuestra cotidianidad, que perdemos de vista el hecho de que ha alterado todo en nuestras vidas. Me temo que nos hemos acostumbrado al horror con el que vivimos a diario. Me temo que hemos olvidado que el pecado complica todo en nuestra vida y es más peligroso de lo que Dios desearía que fuera. Me temo que lo que debería inquietarnos profundamente no nos inquieta en lo más mínimo. Me temo que lo que nunca debió suceder se ha convertido en lo que esperamos que suceda. Me temo que las cosas que deberían alertarnos y romper nuestro corazón son tan rutinarias que apenas sí logran llamar nuestra atención. Me temo que aprendemos a convivir con aquello que deberíamos lamentar y aborrecer. Me temo que la presencia del pecado en nosotros y alrededor de nosotros nos resulta tan familiar que ya no nos asusta ni entristece como debería.

Pasamos por alto o minimizamos los horribles resultados del pecado y, cuando se convierten en una parte más de nuestra vida, desvalorizamos el rescate de la gracia reconciliadora de Dios y nuestros corazones dejan de anhelar ese lugar donde el pecado ya no existe más. Cuando el daño causado por el pecado te quebranta, nada te parece más hermoso que el amor redentor de Dios. Cuando reconoces y confiesas el daño que el pecado ha causado en tu vida, nada te parece más maravilloso que el poder rescatador de la gracia divina. Cuando vives consciente del daño y del peligro del pecado, te sientes profundamente agradecido por la presencia, las promesas y el poder de Jesús tu Salvador. Cuando vives con los ojos abiertos a la destrucción del pecado, deseas ser un instrumento de Dios para traer justicia, misericordia y compasión a quienes sufren las consecuencias del pecado. Simplemente no puedes minimizar el pecado sin despreciar la gracia de Dios y tu llamado a ser un instrumento de esa gracia en las manos del Redentor.

Por tanto, es indispensable que reflexionemos acerca de la doctrina del pecado en nuestra vida diaria. No puedo examinar aquí todas las implicaciones de esta verdad bíblica. Hacerlo precisaría un libro completo. Sin embargo, presentaré algunas verdades que todo aquel que cree lo que dice la Biblia acerca del pecado debería tener presentes en su vida diaria.

El pecado es un problema del corazón

La esperanza para los pecadores solo se encuentra en la persona y en la obra del Redentor, Jesucristo, porque el pecado no es un problema de comportamiento, sino un problema del corazón. Si nuestro problema fuera simplemente que hacemos cosas incorrectas, varios sistemas para el manejo, el control y la modificación del comportamiento podrían ayudarnos a tratarlo. Pero si el pecado es, en efecto, un problema del corazón, el cambio duradero en el comportamiento de una persona va a pasar siempre por la vía del corazón.

Lamentablemente, muchos padres cristianos carecen de una teología bíblica acerca del pecado, por lo que reducen la crianza cristiana a un cuidadoso sistema de manejo y control del comportamiento de sus hijos. Su crianza es un sistema diario de reglas, juicios y castigos. Sin saberlo, han puesto su esperanza en un sistema que contradice el evangelio que profesan atesorar. El evangelio nos dice que, si la ley tuviera el poder para rescatar y transformar nuestros corazones, Jesús no habría tenido que venir al mundo. El evangelio nos dice que, si tuviéramos en nosotros mismos el poder para guardar la ley de Dios, la vida justa y la muerte expiatoria de Jesús no habrían sido necesarias. La ley sacará a la luz el pecado de tus hijos, la ley les dará parámetros para vivir, pero no tiene el poder para cambiar la esencia y el carácter de sus corazones. Solo la gracia de Jesús tiene el poder para hacerlo. Padres, si la amenaza adecuada, un mayor volumen en la voz y una mayor exigencia en el cumplimiento de las normas fueran lo único que necesitaran sus hijos, la narrativa del evangelio no habría sido necesaria.

Lo mismo es cierto acerca del matrimonio. Muchos matrimonios cristianos se rigen por la ley. Se guían por un ciclo de reglas, expectativas, desilusiones y castigo. Los esposos y las esposas ponen la esperanza de cambio para su matrimonio en reglas y consecuencias. Las esposas se adscriben el poder de cambiar a sus esposos y los esposos hacen lo mismo con sus esposas. Sin embargo, una teología bíblica del pecado y la redención nos dice que ningún ser humano tiene el poder para cambiar a otro, y que el cambio en el corazón y en la vida de una persona es siempre el resultado de la intervención de la gracia divina. Un matrimonio que se basa en la gracia no es permisivo, porque la gracia nunca llama, a lo malo, bueno. Antes bien, es tratar el mal que existe en el matrimonio con la intención de ser un instrumento de la gracia rescatadora y transformadora de Dios en la vida de tu cónyuge. No puedes tomar la doctrina del pecado seriamente y creer que lo único que necesita tu matrimonio es el conjunto adecuado de reglas.

Así pues, la teología del pecado siempre exige una teología del corazón. Observa de nuevo la confesión de David en el Salmo 51.

> He aquí, tú amas la verdad en lo íntimo,
> Y en lo secreto me has hecho comprender sabiduría.
> Purifícame con hisopo, y seré limpio;
> Lávame, y seré más blanco que la nieve.
> Hazme oír gozo y alegría,
> Y se recrearán los huesos que has abatido.
> Esconde tu rostro de mis pecados,
> Y borra todas mis maldades.
>
> Crea en mí, oh Dios, un corazón limpio,
> Y renueva un espíritu recto dentro de mí (Sal. 51:6-10).

David es incapaz de confesar su pecado sin hablar de su corazón, porque él entiende que allí es donde radica su problema con el pecado: en los pensamientos y en los deseos de su corazón. Por consiguiente, David ruega por una limpieza de corazón, siendo consciente de que allí se origina el problema. David entiende que su comportamiento solo puede ir hasta donde su corazón ya ha ido. Su lucha con el pecado no es el resultado de su ambiente ni de la cercanía de Betsabé ni del exceso de su poder como rey. No, esta confesión viene de un hombre que sabe que cometió las bajezas que cometió no por cuenta de algo externo a él, sino por lo que estaba en su interior.

Por eso también la viva promesa dorada del nuevo pacto es un nuevo corazón; el corazón de piedra es quitado y en su lugar recibimos un corazón de carne. La descripción gráfica es muy útil. Un nuevo corazón no significa un corazón perfecto, pero sí un corazón que puede *renovarse.* Si tengo una piedra en mis manos y la exprimo con todas mis fuerzas, nada sucede porque es dura y resistente al cambio. Por el contrario, un objeto de carne es maleable y puedo darle la forma que yo quiera. La promesa del nuevo pacto es un cambio de corazón sin el cual no es posible triunfar sobre el pecado.

Jesús señaló la importancia del pecado en el corazón en su enseñanza más extensa, el Sermón del Monte: "Oísteis que fue dicho: No cometerás adulterio. Pero yo os digo que cualquiera que mira a una mujer para codiciarla, ya adulteró con ella en su corazón. Por tanto, si tu ojo derecho te es ocasión de caer, sácalo, y échalo de ti; pues mejor te es que se pierda uno de tus miembros, y no que todo tu cuerpo sea echado al infierno" (Mt. 5:27-29). Observa que, en lo que respecta al pecado de adulterio, Jesús levanta la valla moral no en la frontera del comportamiento, sino en el corazón. El acto físico del adulterio siempre es el resultado del adulterio del corazón. Los pecados del comportamiento son siempre el resultado de los pecados del corazón. No puedes dejar que tu corazón traspase las vallas de Dios y esperar que tus acciones se queden dentro de los límites que ellas trazan.

Considera algunos pasajes bíblicos, entre muchos otros, que nos recuerdan el lugar central del corazón en lo concerniente a nuestra batalla con el pecado.

Y vio Jehová que la maldad de los hombres era mucha en la tierra, y que todo designio de los pensamientos del corazón de ellos era de continuo solamente el mal (Gn. 6:5).

¿Quién podrá decir: Yo he limpiado mi corazón,
Limpio estoy de mi pecado? (Pr. 20:9).

Pero yo os digo que cualquiera que mira a una mujer para codiciarla,
ya adulteró con ella en su corazón (Mt. 5:28).

Pero lo que sale de la boca, del corazón sale; y esto contamina al hombre. Porque del corazón salen los malos pensamientos, los homicidios, los adulterios, las fornicaciones, los hurtos, los falsos testimonios, las blasfemias (Mt. 15:18-19).

Pero decía, que lo que del hombre sale, eso contamina al hombre. Porque de dentro, del corazón de los hombres, salen los malos pensamientos, los adulterios, las fornicaciones, los homicidios, los hurtos, las avaricias, las maldades, el engaño, la lascivia, la envidia, la maledicencia, la soberbia, la insensatez. Todas estas maldades de dentro salen, y contaminan al hombre (Mr. 7:20-23).

No es buen árbol el que da malos frutos, ni árbol malo el que da buen fruto. Porque cada árbol se conoce por su fruto; pues no se cosechan higos de los espinos, ni de las zarzas se vendimian uvas. El hombre bueno, del buen tesoro de su corazón saca lo bueno; y el hombre malo, del mal tesoro de su corazón saca lo malo; porque de la abundancia del corazón habla la boca (Lc. 6:43-45).

Cuando alguno es tentado, no diga que es tentado de parte de Dios; porque Dios no puede ser tentado por el mal, ni él tienta a nadie; sino que cada uno es tentado, cuando de su propia concupiscencia es atraído y seducido. Entonces la concupiscencia, después que ha concebido, da a luz el pecado; y el pecado, siendo consumado, da a luz la muerte (Stg. 1:13-15).

El hecho de que el pecado se origina siempre en el corazón echa por tierra nuestra esperanza en cualquier sistema de autosuperación.

"Lo haré mejor la próxima vez".
"Solo fue un momento de debilidad".
"Ahora soy más listo que antes".
"Creo que ya sé lo que haré la próxima vez".
"Creo que he aprendido lo que hacía falta saber para evitar esto en el futuro".

El hecho de que el pecado se origina en el corazón también descarta la posibilidad de atribuir el gran problema a algo que está por fuera de nosotros.

"No te imaginas cómo es mi jefe".
"Ha sido un mes difícil".
"No estaba sintiéndome bien".
"Ella se insinuó".
"Él me provocó".
"No conoces a mis hijos".

Debemos confesar con humildad que cuando se trata de pecado nuestro mayor problema somos nosotros mismos. Nos desviamos principalmente no a causa de factores externos, sino por los pensamientos, los deseos, las motivaciones, los antojos y las elecciones de nuestro corazón. Es humillante reconocer que no tenemos poder alguno para cambiar nuestro corazón ni el corazón de nadie más. El cambio duradero es únicamente un acto de la gracia divina. Por eso acudimos a nuestro Salvador que es el único que puede brindarnos su rescate y transformación. Como esposos, esposas, padres, hijos, amigos, vecinos, miembros del cuerpo de Cristo, pastores, jefes y trabajadores es importante entender que carecemos del poder para cambiar aquello que el pecado ha dañado en el corazón del otro. Por consiguiente, nos preguntamos sin cesar: "¿Cómo puedo ser un instrumento divino de cambio en la vida de esta persona?". Puesto que el pecado es un asunto del corazón, Dios es el único agente fiable de cambio; nosotros somos nada más instrumentos en sus manos poderosas, redentoras y llenas de gracia.

El pecado enceguece

Uno de los poderes más peligrosos y desastrosos del pecado es su poder para engañar. No me cuesta nada ver el pecado de mi prójimo, pero me sorprendo cuando el mío queda en evidencia. Esta dinámica espiritual tiene muchas facetas. En primer lugar, el pecado es un mentiroso. Nos hace promesas que nunca cumple. Alimenta esperanzas en nosotros que no puede colmar. Nos pinta sueños que rápidamente se desvanecen. Hace tratos con nosotros que siempre rompe.

El pecado también es engañoso porque presenta como hermoso algo que Dios declara horrible. Cuando vas por tu tercera hamburguesa no ves el peligro de la glotonería, sino que experimentas el placer de la carne suculenta, del queso fundido y del panecillo suave. Cuando deseas a una mujer no ves la destrucción que esto causa a tu corazón, sino que disfrutas del placer momentáneo de tu fantasía. Cuando el materialismo te impulsa a gastar el dinero que no tienes en artículos que no necesitas, no sientes el peligro de tu codicia y la estafa, sino que te embarga el placer de tus nuevas posesiones.

El pecado es un monstruo perverso que se enmascara como tu mejor amigo. El pecado es un mercader de esclavos que se disfraza de libertador. El pecado es un ángel de la muerte disfrazado de dador de vida. El pecado es destrucción enmascarada de plenitud. El pecado es oscuridad disfrazada de luz. El pecado es necedad disfrazada de sabiduría. El pecado es enfermedad disfrazada de cura. El pecado es una trampa que aparenta ser un regalo. Sin importar cuál sea la forma en que se presente, el pecado nunca es lo que aparenta ser y nunca cumplirá lo que promete.

El pecado es engañoso porque nos insensibiliza de tal modo que minimizamos nuestras transgresiones. Nos convencemos a nosotros mismos de que nuestro enojo es intrascendente, que una pequeña mentira no cambia nada, que nuestro chisme no hace daño a nadie, que nuestra impaciencia no es gran cosa o que todo el mundo tiene envidia de vez en cuando. En esa interminable conversación privada que tenemos con nosotros mismos, o bien nos recordamos la seriedad del pecado, o bien nos esforzamos por convencernos de que nuestro pecado no es tan pecaminoso después de todo.

Puesto que el pecado es engañoso y enceguece, mientras haya pecado en nuestro interior también padeceremos de ceguera espiritual. El autor de Hebreos aborda esta triste realidad: "Tengan cuidado, hermanos, no sea que en alguno de ustedes haya un corazón malo de incredulidad, para apartarse del Dios vivo. Antes, exhórtense los unos a los otros cada día, mientras *todavía* se dice: 'Hoy'; no sea que alguno de ustedes sea endurecido por el engaño del pecado" (He. 3:12-13, NBLA). Este pasaje empieza con una advertencia: "Tengan cuidado". Cuando la Biblia dice "tengan cuidado", sea cual sea la situación o el contexto, eso es exactamente lo que deberíamos hacer. ¿Y acerca de qué debemos tener cuidado? La respuesta es el engaño del pecado.

La advertencia del pasaje es seguida de una descripción de cómo somos engañados por el pecado. Este es el proceso: maldad → incredulidad → caída → corazón endurecido. Abro mi corazón a cosas que Dios denomina *malas* (lujuria, enojo, codicia, envidia, murmuración, etc.). Cuando hago esto, mi conciencia me inquieta, lo cual me deja solo dos opciones: puedo reconocer mi culpa, buscar a Dios y confesar mi falta, o me invento argumentos para justificarme y hacer parecer mi pecado como algo no pecaminoso. Por eso, el segundo paso que sigue es *incredulidad*. Me alejo de la clara imputación de Dios en su Palabra y niego que lo que Él dice es verdad acerca de mí. De ese modo, respondo a mi conciencia turbada con incredulidad.

Cuando se trata de pecado, alejarse de las claras normas de la Palabra de Dios sucede más a menudo de lo que pensamos. Para calmar nuestra culpa nos convencemos a nosotros mismos de que, independientemente del mensaje del pasaje, en nada se aplica a nosotros. Esto lleva al tercer paso en este proceso de engaño. Puesto que Dios ha decretado la Biblia como mi ancla moral, cuando me acostumbro a alejarme de su juicio sobre mi comportamiento, el resultado es siempre *caer* y, con ello, un mayor alejamiento. He cortado mi lazo moral que me anclaba y eso me deja a la deriva. El resultado final es un *corazón endurecido*. Mi corazón ya no es sensible ni tierno como antes. Ya no es maleable como solía ser. Lo que antes inquietaba mi conciencia ya no me causa ninguna molestia.

Ahora bien, recordemos la frase inicial del pasaje: "Tengan cuidado, hermanos". La palabra *hermanos* nos alerta que este pasaje está dirigido a creyentes. Está escrito a personas que realmente conocen al Señor, que realmente han sido rescatados por su gracia, redimidos por su sangre y llenos de su Espíritu. ¿Cómo puede un creyente terminar con un corazón endurecido? La respuesta del pasaje es clara: "El engaño del pecado". Sin embargo, analicemos el proceso una vez más. El autor advierte acerca de participar en nuestro propio engaño. Sí, a veces somos *ciegamente malintencionados*, pero a veces somos *malintencionadamente ciegos*. A veces nos volvemos cómplices del engaño en nuestro propio corazón. Somos partícipes de nuestra propia ceguera espiritual cuando hacemos lo siguiente:

Nos comparamos con otros en lugar de compararnos con la Palabra
   de Dios.

Reescribimos nuestra historia.

Minimizamos nuestras faltas.

Ocultamos nuestro pecado poniendo una fachada delante de los
   demás.

Culpamos a otros o las circunstancias.

Usamos las actividades religiosas como nuestra defensa.

Nos decimos a nosotros mismos que lo haremos mejor la próxima vez.

Confundimos conocimiento bíblico y teológico con madurez
   espiritual.

No examinamos nuestro corazón.

Resistimos la amorosa confrontación de los demás.

Ahora observa el llamado del pasaje: "Exhórtense los unos a los otros
cada día". Esto nos pone en nuestro lugar. Nuestra propensión a la ceguera
espiritual es tan grande que necesitamos la intervención diaria de otros.
Necesitamos instrumentos de visión en nuestra vida, necesitamos los ojos
de los demás que nos ayuden a ver lo que nosotros no podemos ver. A
diferencia de una persona ciega, que es profundamente consciente de su
carencia física, los ciegos espirituales son ciegos a su ceguera. Cuando el
pecado engaña, te engaña acerca de su engaño. Puede que estés convencido de que nadie te conoce mejor de lo que te conoces a ti mismo, pero
eso no es verdad. Cuando dices esto, te dispones a resistir a cualquier
persona que se acerca a ti para decirte algo acerca de ti que todavía no
has notado. La verdad es que mientras el pecado viva aún en mi interior,
habrá imprecisiones problemáticas en mi visión de mí mismo y, por
ello, Dios ha provisto en su gracia la intervención de las misericordias
del cuerpo de Cristo. "Engañoso es el corazón más que todas las cosas,
y perverso; ¿quién lo conocerá?" (Jer. 17:9).

Tu mayor problema en tu vida no es tu cónyuge, tu vecino, tu amigo,
tus padres, tus hijos, tu iglesia, tu cultura, tu gobierno, tu enfermedad
física, tu estrés financiero, tu jefe, tus colegas de trabajo, tu profesor
ateo o los medios de comunicación seductores. Tu mayor problema vive
en tu interior. Es el pecado remanente con su poder para engañar. Sin

embargo, tu Salvador no te ha dejado solo. Él te ha dado su Palabra, que da entendimiento. Te ha dado su Espíritu que convence y da poder. Y te ha rodeado de su iglesia con instrumentos para ver. Abre tu corazón a la provisión de su gracia para que tengas cómo defenderte contra el poder enceguecedor del pecado.

El pecado nos vuelve a todos adictos

Sucedió de manera más bien inocente la primera tarde. Samuel tenía veintisiete años y se había comprometido a vivir una vida de pureza sexual. Realizaba una búsqueda en Internet cuando de repente se encontró en una página web que presentaba a mujeres casi desnudas usando equipos de gimnasio. Samuel cerró de inmediato la página y abandonó la búsqueda, pero no podía sacarse las imágenes de su mente. Con el corazón acelerado, la siguiente noche a solas en su apartamento buscó la página y pasó una hora mirando imágenes inapropiadas. En poco tiempo se convirtió en una costumbre diaria y siguió buscando sitios que ofrecieran más contenido sexual.

Pasaron los meses y Samuel ya era adicto a formas cada vez más oscuras e intensas de pornografía y cada vez necesitaba más material gráfico para satisfacer su apetito. Se volvió imposible para Samuel estar a solas con su computadora portátil sin terminar en otro sitio pornográfico. Samuel ya no tenía el control de su deseo sexual, sino que estaba siendo controlado. Era un adicto. Tenía una dependencia. Estaba esclavizado. La culpa y la vergüenza mantuvieron a Samuel ocultando su adicción y lo llevaron a mentirse a sí mismo acerca de cuán esclavizado estaba realmente. Samuel había intentado controlar lo que no podía controlar, y su pecado estaba carcomiendo más su corazón y dominando más y más su vida.

Andrea era contadora de un negocio familiar de tamaño mediano. Amaba su trabajo y sus empleadores la querían. Los jefes de Andrea le confiaban la contabilidad de su empresa y no hacían muchas preguntas. Una semana en la que Andrea recibió unas cuentas de cobro inesperadas y no le alcanzó para llegar al fin de mes, se le ocurrió una salida. Decidió darse cien insignificantes dólares en efectivo, escribir su firma en un pagaré y ponerlo en el cajón de su escritorio. Ella sabía que nadie iba a saberlo y que ella lo reemplazaría cuando recibiera su salario.

En efecto, Andrea repuso el "préstamo" que había hecho, pero se percató de lo fácil que había sido la operación. La siguiente vez fueron quinientos dólares y no hubo pagaré. Andrea se dijo a sí misma que iba a recordarlo y a reembolsar la suma, pero no fue así. Con el paso de los meses, cuando Andrea necesitaba o quería algo fuera de lo común, tomaba una y otra vez dinero en efectivo o firmaba ella misma un cheque de "reembolso". Andrea no solo se había convertido en ladrona, sino que también era adicta. Cuando su jefe al fin examinó los libros de contabilidad, descubrió que Andrea, su empleada de confianza, había malversado miles de dólares de su empresa. Lamentablemente, durante todo el proceso, Andrea nunca se consideró ladrona, cada vez se decía que iba a devolver el dinero a sus jefes, siempre se repitió que aquella vez sería la última y negó que era adicta.

Un aspecto de nuestra lucha con el pecado del que no se habla lo suficiente es el poder que tiene el pecado para esclavizar. El poder esclavizante del pecado es la razón por la cual buscamos y celebramos el poder liberador de la gracia divina. Como hemos visto, el pecado es más que algo malo que se hace; es un amo. Y si le das cabida en tu vida tiene el tenebroso poder de esclavizarte. De algún modo, el pecado encuentra la forma de volvernos adictos. La única diferencia entre individuos es el objeto de nuestra adicción.

Escucha las palabras de Jesús: "De cierto, de cierto os digo, que todo aquel que hace pecado, esclavo es del pecado" (Jn. 8:34). Escucha también las palabras de Pablo: "¿No sabéis que si os sometéis a alguien como esclavos para obedecerle, sois esclavos de aquel a quien obedecéis, sea del pecado para muerte, o sea de la obediencia para justicia?" (Ro. 6:16). O medita en las palabras de Proverbios: "Prenderán al impío sus propias iniquidades, y retenido será con las cuerdas de su pecado" (Pr. 5:22). El pecado no es simplemente atractivo al presentar como hermoso lo que Dios declara horrible, sino que también es adictivo. Los placeres del pecado no perduran, pero su dominio sobre el individuo persiste.

Parte del poder adictivo del pecado radica en sus efectos noéticos. El pecado distorsiona nuestra manera de pensar: "Pues habiendo conocido a Dios, no le glorificaron como a Dios, ni le dieron gracias, sino que se envanecieron en sus razonamientos, y su necio corazón fue entenebrecido" (Ro. 1:21). El pecado también distorsiona y desvía nuestros deseos: "Y vio Jehová que la maldad de los hombres era mucha en la tierra, y que todo designio de los pensamientos del corazón de ellos era de continuo solamente el mal" (Gn. 6:5). El resultado es que "los hombres amaron más las tinieblas que la luz, porque sus obras eran malas" (Jn. 3:19).

La mayor insensatez del razonamiento distorsionado del pecado es la negación de la existencia de Dios. Quizá no se trate tanto de una negación filosófica o teológica, sino más bien de vivir como si Dios no existiera. Cuando vives como si Dios no existiera buscas vida en las personas, los lugares, las cosas y las experiencias de este mundo de aquí y ahora. Por ende, eres susceptible a creer las mentiras del pecado y abrazar promesas falsas. Te convences de que algo por fuera de Dios satisfará los anhelos de tu corazón. Te encaminas a la adicción y al cautiverio del pecado.

El pecado presenta como hermoso lo que Dios llama horrible y te da placer momentáneo, por lo que buscas aquello que Dios prohíbe. Sin embargo, el placer se desvanece rápidamente. Así que vuelves en busca de más, hambriento de más porque las cosas creadas son incapaces de satisfacer tu corazón. Cada vez que buscas, necesitas más para sentir el mismo placer que ansías. Ya sea glotonería, pornografía, materialismo, murmuración, robo, los ídolos de poder y control o la codicia de aprecio y éxito, lo que te satisfizo ayer temporalmente no te satisface hoy. Así que hace falta más y más. Quieres más y lo quieres más rápido. En poco tiempo no puedes dejar de pensar acerca del objeto de tus ansias pecaminosas. Acapara mucho más tu mente y los deseos de tu corazón que cualquier otra cosa. Lo que alguna vez te pareció inofensivo y que tenías bajo tu control, ahora te controla y empieza a robarte las cosas importantes en tu vida y en tu corazón. Te vuelves adicto a lo que Dios ha prohibido, pero te esfuerzas para convencerte de que no lo eres. El pecado nunca es inofensivo; es un amo cruel que busca apresar tu corazón y controlar tu vida.

El poder adictivo y esclavizante del pecado debería motivarnos a agradecer el poder del Mesías Jesús que vino "a publicar libertad a los cautivos, y a los presos apertura de la cárcel" (Is. 61:1). Él es nuestra única esperanza para librarnos del poder del pecado que nos lleva al cautiverio.

Detente ahora mismo y examina en qué área experimentas el poder controlador del pecado en tu vida. ¿En qué área se te dificulta decir "no"? ¿En qué área hay deseos que están un poco fuera de control? ¿En qué área subestimas el poder que ejerce el pecado sobre ti? ¿Tienes una vida secreta y comportamientos y hábitos ocultos que niegas a ti mismo y a los demás? ¿Necesitas correr a tu Salvador para recibir su gracia y ser libre? Él es poderoso y está dispuesto, y no te desechará.

El pecado es el factor que complica todas nuestras relaciones

¿Por qué ninguno de nosotros ha estado exento de una relación que no sea decepcionante de alguna manera? ¿Por qué las experiencias en las que disfrutamos de gran afecto son también en las que sufrimos grandes heridas? ¿Por qué hay tantos malentendidos y conflicto en nuestras relaciones? ¿Por qué somos tan impacientes o nos exasperan tanto las personas a quienes decimos amar? ¿Por qué las relaciones humanas se vuelven sombrías, violentas y abusivas? ¿Por qué nos cuesta tanto llevarnos bien con otros?

Ningún pasaje trata de manera más directa estas preguntas como Santiago 4:1-4.

> ¿De dónde vienen las guerras y los pleitos entre vosotros? ¿No es de vuestras pasiones, las cuales combaten en vuestros miembros? Codiciáis, y no tenéis; matáis y ardéis de envidia, y no podéis alcanzar; combatís y lucháis, pero no tenéis lo que deseáis, porque no pedís. Pedís, y no recibís, porque pedís mal, para gastar en vuestros deleites. ¡Oh almas adúlteras! ¿No sabéis que la amistad del mundo es enemistad contra Dios? Cualquiera, pues, que quiera ser amigo del mundo, se constituye enemigo de Dios.

Piensa en lo que nos dice Santiago. Nuestras relaciones se vuelven difíciles y conflictivas por causa de nuestras pasiones pecaminosas (deseos). Y Pablo sostiene, en 2 Corintios 5:15, que Jesús vino "para que los que viven, ya no vivan para sí". El ADN del pecado es el egoísmo. Este nos lleva a centrar nuestra vida en torno a nuestros deseos, caprichos y sentimientos. Estos deseos egoístas batallan contra Dios por el señorío de nuestro corazón.

Yo quiero algo y tú te interpones en mis planes, por lo que de inmediato me enojo contigo. Cuando los deseos egoístas gobiernan nuestro corazón el resultado es siempre conflicto. Esos conflictos son más profundos que la mala comunicación, el género, las diferentes experiencias de la vida, la raza, las expectativas tácitas, la edad o la cultura. El pecado es lo que enciende estos factores agravantes en las relaciones.

¿Por qué nos enojamos cuando hay mucho tráfico?

¿Por qué nos enojamos cuando alguien no está de acuerdo con nosotros?

¿Por qué nos exasperan nuestros hijos?

¿Por qué nos enfadamos cuando alguien nos hace esperar?

¿Por qué el conflicto estropea nuestras festividades y reuniones familiares?

¿Por qué pelean los niños en el patio de recreo?

¿Por qué hablan los jefes de manera irrespetuosa a sus empleados y se enojan los empleados unos con otros?

¿Por qué peleamos por un espacio de estacionamiento?

¿Por qué riñen las parejas?

¿Por qué les resulta difícil a los vecinos convivir en paz?

Aunque todas estas preguntas quedan respondidas en el brillante análisis de Santiago acerca del pecado y el corazón, él profundiza aún más. Dice: "¡Oh almas adúlteras!". ¿Por qué empieza Santiago a hablar acerca de adulterio? ¿Está cambiando de tema? No. Santiago nos ayuda a entender que el conflicto humano pecaminoso tiene su origen en el adulterio espiritual. El pecado pone patas arriba nuestro corazón. En vez de amar y servir a Dios, el pecado nos lleva a amar y servir las cosas creadas. En vez de amar a las personas y usar las cosas como medios para expresar ese amor, el pecado nos lleva a amar las cosas y a usar a las personas para alcanzarlas.

Si Dios no está en el lugar que le corresponde en mi corazón, tampoco mi prójimo estará en el lugar que le corresponde. Si Dios no está en el lugar que le pertenece, yo usurparé su lugar, me impondré como el centro de mi propia vida y terminaré en conflicto con los demás. Solo las personas que guardan el primer mandamiento guardarán el segundo.

Todo esto es muy humillante para nosotros porque nos exige confesar que el mayor problema generador de conflictos en nuestro matrimonio, en el trabajo, en el vecindario, en la iglesia, en el centro comercial o con los parientes políticos no empezó con las fallas de otra persona. Puesto que el problema mora en nuestro corazón, es algo que llevamos a cada relación en nuestra vida. Cada uno de nosotros arrastra el egoísmo del pecado y el adulterio espiritual que produce a cada una de nuestras relaciones.

Santiago arguye que para experimentar paz en nuestras relaciones debemos primero arreglarlas en sentido vertical o nunca se arreglarán en sentido horizontal. La confesión vertical tiene el poder de producir paz horizontal, y para esto necesitamos ayuda. Los estragos del pecado en las relaciones son otro argumento poderoso para nuestra necesidad constante de la intervención divina de la gracia que nos rescata.

A causa del pecado, la vida es una guerra

Me temo que muchos cristianos han olvidado dónde viven. No me refiero a un fallo en las habilidades cognitivas, sino al hecho de que viven con una amnesia funcional en lo que respecta a lo que dice la Biblia acerca de la vida entre el "ya" y el "todavía no". Así describe Pablo el lugar donde vivimos:

> Porque el anhelo ardiente de la creación es el aguardar la manifestación de los hijos de Dios. Porque la creación fue sujetada a vanidad, no por su propia voluntad, sino por causa del que la sujetó en esperanza; porque también la creación misma será libertada de la esclavitud de corrupción, a la libertad gloriosa de los hijos de Dios. Porque sabemos que toda la creación gime a una, y a una está con dolores de parto hasta ahora; y no solo ella, sino que también nosotros mismos, que tenemos las primicias del Espíritu, nosotros también gemimos dentro de nosotros mismos, esperando la adopción, la redención de nuestro cuerpo. Porque en esperanza fuimos salvos; pero la esperanza que se ve, no es esperanza; porque lo que alguno ve, ¿a qué esperarlo? Pero si esperamos lo que no vemos, con paciencia lo aguardamos (Ro. 8:19-25).

Debido al poder destructor del pecado, el mundo en el que vivimos gime y clama por redención. Observa las tres frases descriptivas que usa

Pablo para referirse a la condición presente de nuestro mundo: "sujetada a vanidad", "esclavitud de corrupción" y "dolores de parto". Por causa del daño generalizado del pecado en cada nivel de la civilización humana y en cada parte de la creación física, este mundo no puede operar como Dios planeó. Nuestro ambiente enfrenta una gran batalla espiritual que solo el Redentor puede resolver. Se libra una gran guerra que solo el Salvador puede ganar. Entre tanto, el mundo gime con dolor. A veces, esta guerra espiritual es una batalla profundamente personal.

> Porque sabemos que la ley es espiritual; mas yo soy carnal, vendido al pecado. Porque lo que hago, no lo entiendo; pues no hago lo que quiero, sino lo que aborrezco, eso hago. Y si lo que no quiero, esto hago, apruebo que la ley es buena. De manera que ya no soy yo quien hace aquello, sino el pecado que mora en mí. Y yo sé que en mí, esto es, en mi carne, no mora el bien; porque el querer el bien está en mí, pero no el hacerlo. Porque no hago el bien que quiero, sino el mal que no quiero, eso hago. Y si hago lo que no quiero, ya no lo hago yo, sino el pecado que mora en mí.
>
> Así que, queriendo yo hacer el bien, hallo esta ley: que el mal está en mí. Porque según el hombre interior, me deleito en la ley de Dios; pero veo otra ley en mis miembros, que se rebela contra la ley de mi mente, y que me lleva cautivo a la ley del pecado que está en mis miembros. ¡Miserable de mí! ¿quién me librará de este cuerpo de muerte? Gracias doy a Dios, por Jesucristo Señor nuestro. Así que, yo mismo con la mente sirvo a la ley de Dios, mas con la carne a la ley del pecado (Ro. 7:14-25).

La humilde confesión de Pablo es una descripción sincera de la guerra que a menudo arremete con furia en nuestro interior entre nuestra conversión y nuestra llegada al hogar celestial. Observa que Pablo usa el lenguaje bélico para describir la lucha entre el deleite en la ley de Dios y la maldad que está a la puerta. Esta guerra no va a cesar completamente hasta que el Rey someta a su último enemigo bajo sus pies (1 Co. 15:24-26).

A veces esta guerra está por doquiera que ves, en las relaciones y en las instituciones de tu vida diaria. Efesios es un recurso muy útil aquí.

Después de hacer un maravilloso examen y de presentar una gran explicación del evangelio de Jesucristo, Pablo pasa a ayudar a los creyentes efesios a entender lo que significa a la luz del evangelio que acaba de exponer.

Para Pablo, el evangelio redefine nuestra posición frente a nuestra iglesia, nuestros pensamientos, nuestros deseos, nuestra comunicación, nuestro enojo, nuestro trabajo, nuestras relaciones, nuestra sexualidad, nuestro matrimonio, la crianza de nuestros hijos y más. El apóstol escribe para ayudar a sus lectores a ver el efecto de amplio alcance del evangelio en las situaciones, los lugares, las relaciones y las instituciones que son parte de su vida diaria. Luego, en el capítulo 6 llama a los creyentes efesios a estar listos, armados para la guerra espiritual.

> Por lo demás, hermanos míos, fortaleceos en el Señor, y en el poder de su fuerza. Vestíos de toda la armadura de Dios, para que podáis estar firmes contra las asechanzas del diablo. Porque no tenemos lucha contra sangre y carne, sino contra principados, contra potestades, contra los gobernadores de las tinieblas de este siglo, contra huestes espirituales de maldad en las regiones celestes. Por tanto, tomad toda la armadura de Dios, para que podáis resistir en el día malo, y habiendo acabado todo, estar firmes. Estad, pues, firmes, ceñidos vuestros lomos con la verdad, y vestidos con la coraza de justicia, y calzados los pies con el apresto del evangelio de la paz. Sobre todo, tomad el escudo de la fe, con que podáis apagar todos los dardos de fuego del maligno. Y tomad el yelmo de la salvación, y la espada del Espíritu, que es la palabra de Dios; orando en todo tiempo con toda oración y súplica en el Espíritu, y velando en ello con toda perseverancia y súplica por todos los santos; y por mí, a fin de que al abrir mi boca me sea dada palabra para dar a conocer con denuedo el misterio del evangelio, por el cual soy embajador en cadenas; que con denuedo hable de él, como debo hablar (Ef. 6:10-20).

Después de toda su instrucción práctica sobre el evangelio, pareciera que Pablo cambia de tema, pero no es así. Antes bien, ayuda a sus lectores a entender que no puedes darte el lujo de vivir tu matrimonio, tu crianza, en tu trabajo, tu iglesia, tu vecindario, tu escuela, con tu familia extendida o en tu país pensando que vives tiempos de paz. La paz viene, y ha sido asegurada por la gracia, pero en este momento vivimos en una zona de guerra espiritual.

Esto no significa que debas tener una relación negativa con las personas en tu vida o una actitud adversa hacia la cultura y las instituciones de tu entorno. El evangelio te llama a vivir de una manera amorosa, paciente, amable, bondadosa, perdonadora, gozosa y con autocontrol aquí y ahora en el lugar donde Dios te ha puesto. Nuestra guerra no es con ni contra las personas, sino contra el diablo y las fuerzas espirituales de maldad que batallan con Dios, su reino, su iglesia y su pueblo.

En vez de cambiar de tema, Efesios 6:10-20 es el resumen de Pablo de todas las aplicaciones prácticas del evangelio que acaba de exponer. Quiere que sus lectores entiendan que la puesta en práctica del evangelio no solo es importante sino una batalla constante porque cada situación y cada relación que requiere que practiquemos el evangelio también es un terreno de gran conflicto espiritual. La entrada del pecado en el mundo no inflamó un legado de paz y armonía, sino más bien el continuo drama, engaño y destrucción de una guerra espiritual. Esta guerra está presente a todo lo largo de las Escrituras desde Génesis 3 hasta Apocalipsis.

Es importante entender que como padre traes a tus hijos a un mundo que es una zona de combate espiritual. Tu matrimonio es un campo de batalla. Tu vida de iglesia es complicada por causa de esta guerra espiritual. Hay conflictos espirituales en tu trabajo. Nada escapa a este gran conflicto entre la luz y las tinieblas, entre el bien y el mal, entre Dios y el diablo. Esta guerra explica por qué tantas cosas en nuestras vidas son complicadas y difíciles y explica por qué debemos vivir con ojos abiertos y corazones comprometidos. Imagina cuán fácil sería nuestra vida si esta guerra no se librara en nuestro interior y a nuestro alrededor. Es importante entender que el pecado no es solo un asunto de tu corazón y de tu comportamiento, sino también una guerra y, por tanto, debemos estar listos y armados con el evangelio, descansando en la presencia y el poder de nuestro capitán, Jesús.

Sí, en medio de esta gran guerra espiritual no hay que sentir pánico porque nuestro Salvador es victorioso. Él reina ahora mismo y es el vencedor reinante que pone a sus enemigos bajo sus pies. Esto significa que no batallamos solos ni en nuestras propias fuerzas y sabiduría. Él pelea a favor nuestro y no se detendrá hasta que derrote al último enemigo. Si eres casado, tu enemigo principal nunca es tu cónyuge. Si tienes hijos, ellos nunca son tu enemigo principal. Si eres hijo, tu principal enemigo no son tus padres. Tus amigos, colegas o vecinos no son tu principal enemigo. Tu gobierno o tu cultura no son tu enemigo principal. Pablo dice claramente que no tenemos lucha contra "sangre y carne" sino contra "huestes espirituales de maldad". Ya sea la guerra en nuestro interior o la guerra que se libra alrededor de ti, puedes estar agradecido porque tu Rey Salvador lidera la batalla y obtendrá la victoria. Hasta entonces, nos vestimos con la armadura del evangelio, oramos por la gracia protectora y celebramos la presencia, el poder y las promesas de Jesús.

Es imposible resolver los grandes problemas de la humanidad sin una teología del pecado

Por dondequiera que miremos, el mundo está roto. Lo vemos en los matrimonios que se tambalean y se inclinan al divorcio, en la confusión acerca del género, en el tráfico de personas, en la violencia doméstica, en el terrorismo y la guerra, en la corrupción política, en los bebés asesinados antes de nacer, en la pobreza, la injusticia racial, la violencia en las calles, la pornografía desmesurada y a disposición de todos, entre un sinnúmero de males globales. Nunca solucionaremos estos problemas sin una teología del pecado con bases bíblicas y aplicada de manera integral. Es cierto que la Biblia nos enseña acerca del papel esencial del gobierno como una herramienta de bien en las manos de Dios; sabemos que la buena educación es vital, que es justo protestar pacíficamente frente a la injusticia y la desigualdad, que los grupos de asistencia y defensa social pueden hacer mucho bien y que, como creyentes individuales y como iglesia, debemos consagrarnos a misiones de misericordia. Sin embargo, una teología bíblica del pecado afirma que hace falta algo más.

Si las instituciones humanas fueran capaces de revertir el triste estado de nuestro mundo, entonces la vida, la muerte y la resurrección de Jesús no habrían sido necesarias. Dios envió a su Hijo en su misión redentora de rescate porque no existía ninguna otra manera de tratar la causa más profunda del problema que nos oprime a todos día a día. En lo que concierne a remediar los males causados por el pecado y a restaurar la tierra al *shalom* que era la intención original de Dios, nuestro mensaje es particularmente radical. Debido a que el pecado está en el corazón de todo mal, del quebrantamiento y de la disfunción de la cultura humana, la esperanza de un rescate y de una restauración no se encuentran en la filosofía, la teología, la psicología, la política, la educación ni cualquier otro sistema o institución establecidos por los seres humanos. Si el pecado es la raíz de todos estos males, la esperanza no se encuentra en una cosa, sino en la intervención de una persona que no ha sido contaminada por la enfermedad y que está dispuesta a transformar nuestro quebrantamiento con el poder para efectuar el necesario rescate y restauración. En la historia solo ha existido una persona con estas características, el Señor Jesucristo, Hijo del Hombre, Hijo de Dios, el Mesías prometido, Emanuel.

Cada clamor de una esposa abandonada es un clamor por Jesús. Cada anhelo del oprimido de recibir justicia es un anhelo de Él. El miedo de un niño maltratado pide a gritos al Mesías. Las ansias de seguridad de la persona que ha sufrido un asalto son ansias de Él. El vagabundo a quien los transeúntes eligen ignorar suspira por la restauración de Emanuel. Cada uno de nosotros, cuando la mañana nos recibe con problemas que preferiríamos evitar, desea con vehemencia el rescate y la restauración de la gracia renovadora y transformadora del Señor Jesús.

Una teología bíblica congruente del pecado es un camino largo, serpenteado, escabroso y oscuro que te conduce a Jesús. Si el pecado es la causa principal, y lo es, entonces la esperanza es una persona y su nombre es Jesús. Sí, nos consagramos a las labores y a las instituciones que buscan mejorar la vida en este mundo que gime, pero mientras lo hacemos debemos recordar dónde se encuentra nuestra esperanza y nuestro rescate definitivos. Solo el Señor es poderoso para rescatarnos de nosotros mismos, guardarnos por su gracia, facultarnos para hacer lo bueno, usarnos como instrumentos en sus manos y al final llevarnos a un lugar donde todas las cosas son nuevas y donde la paz y la justicia reinan para siempre.

Padres, enseñen desde edad temprana a sus hijos a reconocer lo que está roto en ellos y a su alrededor, y ayúdenles a entender cómo funciona la vida con Jesús como nuestra esperanza. Esposos y esposas, esfuércense por avivar en el otro una esperanza más profunda en Jesús. Busquen oportunidades para guiar a sus vecinos, amigos y colegas a la esperanza que solo se encuentra en el Mesías. Realmente es cierto que las personas que han centrado su esperanza en Jesús, por causa de su gratitud, tienden a reflejar su ternura, su misericordia y su generosidad. Deberíamos trabajar en aras de lo bueno, deberíamos ser generosos en misericordia, deberíamos hacer sacrificios de amor. Sin embargo, ya sabemos lo que ha causado la disfunción en nosotros y a nuestro alrededor, y en virtud de ese conocimiento sabemos dónde se encuentra la verdadera esperanza. Mientras esperamos que venga su reino nos convertimos en instrumentos de la obra de su reino aquí en la tierra, recordando siempre que nuestra obra no borrará el pecado ni todos los males que produce, y firmes en la seguridad de que el pecado, entendido bíblicamente, nos lleva a buscar ayuda en una dirección: Jesús.

> No crece más el pecado ni la tristeza,
> ni las espinas infestan el suelo.
> Él viene a hacer fluir sus bendiciones
> do quiera se halle la maldición.[1]

---

1   Isaac Watts, "Joy to the World" ["Al mundo paz"], 1719. Tercera estrofa que no aparece en los himnarios en español.

17

La doctrina de la justificación

DIOS, A QUIENES LLAMA, también justifica libremente perdonando nuestros pecados, contándonos y aceptándonos como justos. No somos justificados por acción alguna efectuada en nosotros o por algo que nosotros hayamos hecho, sino solamente por lo que Cristo ha hecho a nuestro favor. Dios no nos justifica declarando nuestra fe o nuestra obediencia como justicia, sino más bien declarando que la obediencia de Cristo y el pago que ofreció por nuestro pecado por su gracia nos son contados como propios. Así que necesitamos recibir y aceptar a Cristo y descansar en Él y en su justicia como el único medio de nuestra justificación, recordando siempre que incluso nuestra habilidad de creer no proviene de nosotros, sino que es un regalo de Dios para nosotros.

La fe que recibe a Cristo y descansa en Él y en su justicia es el único medio de justificación, aunque siempre debe ir acompañado de todas las demás gracias salvadoras. No se trata de una fe muerta, sino de una fe que obra motivada por el amor.

Mediante su obediencia y su muerte, Cristo saldó la deuda de todos los que somos así justificados. Él satisfizo de manera real y plena la justicia del Padre en favor nuestro. Por cuanto el Padre dio al Hijo por nosotros y su obediencia y pago fueron aceptados libremente en lugar de los nuestros, nuestra justificación es solo por pura gracia. Así pues, en la justificación de los pecadores tanto la justicia exacta como la rica gracia de Dios resplandecen con gloria.

Desde la eternidad, Dios ha tenido a bien justificar a sus elegidos. Cristo, en el tiempo señalado, murió por nuestros pecados y resucitó para nuestra justificación, aunque no somos justificados hasta que el Espíritu Santo aplica propiamente la obra de Cristo a nuestra vida.

Dios continúa perdonando los pecados de todos los que son justificados. Aunque no podemos perder nuestra justificación, es posible caer en el desagrado de nuestro Padre por causa de nuestro pecado. Sin embargo, si nos humillamos, confesamos nuestros pecados, pedimos perdón, renovamos nuestra fe y nos arrepentimos, la luz del rostro de Dios volverá a brillar en nosotros. Véanse Salmos 32:5; 51; 89:31-33; 110:1; Isaías 53:5-6; Mateo 6:12; 26; Juan 1:12; 6:37; 10:15-16, 28; 17:2, 6-9; Romanos 3:24-28; 4:5-8, 22-25; 5:10-19; 8:9, 14, 30-32; 1 Corintios 1:30-31; 15:25-26; 2 Corintios 5:21; Gálatas 3:8-9; 5:6; Efesios 1:7-9; 2:8-10; Filipenses 3:8-9; Colosenses 1:21-22; 2:13-15; 1 Timoteo 2:6; Tito 3:4-7; Hebreos 9:14-15; 10:14; Santiago 2:17, 22, 26; 1 Pedro 1:2, 18-19; 1 Juan 1:7-9; 5:20.[1]

Cómo entender la doctrina de la justificación

Consagré un año de mi tiempo devocional al Pentateuco. Fue una experiencia enriquecedora que ahondó mi comprensión y mi gratitud por la obra justificadora del Señor Jesucristo. Estoy convencido de que no es posible ver el glorioso despliegue multicolor de la doctrina de la justificación hasta que la observas a través de la lente del sistema sacrificial del Antiguo Testamento. En ese sistema de sacrificios que se repiten día tras día, mes tras mes, cada día de reposo y en ocasiones especiales, empiezas a ver la seriedad con la cual Dios mira el pecado. Nada recibe la atención ni se compara con el número de páginas dedicadas a las instrucciones como es el caso de los requisitos sacrificiales. El sistema sacrificial no es solo el medio a través del cual Israel tiene comunión

---

1   Paráfrasis del autor de la doctrina de la justificación como aparece en apartes de la Confesión de Fe de Westminster, cap. 11.

continua con Dios, sino la institución central de toda su cultura. Nada alcanza el nivel preponderante de este llamado a los sacrificios periódicos porque ninguna otra realidad es más importante en la vida de Israel, a excepción de la existencia de Dios, que reconocer la presencia del pecado y la necesidad de expiación.

En el centro de la vida y de la cultura de Israel había una escena diaria de violencia y sangre. Esta escena de derramamiento de sangre a chorros, de resistencia animal y de aullidos de muerte era parte de la cotidianidad. La escena de sacerdotes cubiertos de sangre cuando forcejeaban durante el sacrificio de un gran becerro o cuando desmembraban el cuerpo inerte de un cordero eran algo normal. La sangre nunca cesaba de correr y los animales nunca dejaban de morir, día tras día. Pensarlo es brutal y revuelve el estómago. Yo he tenido la experiencia de sacrificar pollos en una granja y sé lo sangriento, pestilente y repugnante que es, pero en nada se compara con la rutina diaria que tenía lugar en Israel.

Cada gota de sangre animal derramada constituía un recordatorio de la irremediable brecha que existía entre un Dios perfectamente santo y su pueblo que no paraba de pecar. Cada bramido o balido de los animales que eran sacrificados era un clamor por un mejor sacrificio, uno que lograra satisfacer los requisitos justos de un Dios santo. Cada paso del sacerdote que se dirigía al tabernáculo para llevar a cabo una vez más su sangriento y maloliente trabajo era una señal de que se necesitaba algo más. Cada vez que una familia israelita seleccionaba de entre su rebaño el cordero indicado para el sacrificio era un recordatorio de que Dios es santo y nosotros no. El sacrificio ruidoso y sangriento de cada animal confrontaba a cada israelita con la verdad de que era su pecado la causa de la muerte de ese animal. La violencia, la sangre, los olores pestilentes y la repetición de todo esto era un clamor profético por un Cordero Mesías. Este sistema sangriento no iba a terminar con alguna declaración de indulto; no, era preciso un sacrificio para poner fin a este sistema de sacrificios interminables.

Cuando lees Éxodo, Levítico y Números debes percibir una profunda tensión. Esa tensión debería obligarte a hacer una pausa, llamar tu atención y ponerte incómodo. Es la tensión que nadie en Israel podía eludir. Es una tensión que tampoco nosotros podemos evadir. Es la tensión que introdujo el pecado en el mundo. Esta tensión es la lúgubre banda sonora de la vida en un mundo caído. Primero la escuchas en el huerto de Edén cuando Adán y Eva se esconden de Dios. Percibes de inmediato que algo horrible ha sucedido. Un par de personas creadas para gozar de una relación con Dios no deberían desear ni necesitar ocultarse de Él. Es imposible contemplar esta escena en el huerto sin concluir que algo de importancia primordial está mal y que necesita rectificarse; de lo contrario, la vida nunca será lo que debió ser conforme al diseño original.

He aquí la tensión. ¿Cómo es posible que un Dios perfectamente santo tenga comunión con personas constitucionalmente impías? ¿Cómo podrán estas criaturas pecadoras tener comunión con el Ser para el cual fueron creados? Si la relación con Dios constituye el centro de la identidad, el sentido y el propósito humanos, ¿qué clase de vida perdida y absurda tendrán sin ella los seres humanos? ¿Creará Dios un puente que repare esta enorme brecha destructora de vida? Si lo hace, ¿cómo lo hará? Aquí es donde se intensifica la tensión. ¿Cómo extenderá Dios su misericordia a quienes ama sin comprometer su justicia santa? ¿Cómo lograrán funcionar conjuntamente la misericordia y la justicia? La respuesta es que se necesitan sacrificios para satisfacer los requisitos de la justicia de Dios a fin de que Él pueda extender la misericordia de su perdón a los pecadores. El problema con los sacrificios del Antiguo Testamento es que la satisfacción que proveían era, tristemente, pasajera. Era evidente que un sacrificio mayor y más definitivo era necesario para que la justificación de los pecadores fuera definitiva y completa. El sistema antiguo, con toda su sangre y violencia, era un clamor diario por el Cordero definitivo del sacrificio, Jesús. Permíteme sintetizar en varios puntos las lecciones que extraemos cuando observamos el sistema sacrificial del Antiguo Testamento.

1. La increíble, paciente y perdonadora gracia del Señor hacia los pecadores.
2. La inflexible santidad de Dios.
3. La ira justa de Dios contra el pecado.
4. La inevitable seriedad del pecado.
5. La imposibilidad de los pecadores de lograr la aceptación divina por sus propios medios.

6. La insuficiencia de la ley de Dios como medio para lograr ser aceptados por Él.
7. La naturaleza deficiente y pasajera de los becerros y cabras del sacrificio para saldar el pecado.
8. La necesidad de un sacrificio definitivo que extienda la misericordia de Dios sin comprometer su justicia.

Lo que era preciso hacer ningún ser humano podía hacerlo. Lo que era preciso hacer, Dios tendría que hacerlo en una tríada de milagros gloriosos de la gracia: la encarnación del Hijo, su vida perfecta y sacrificio aceptable, y su resurrección victoriosa. Solo en la vida, la muerte y la resurrección de Jesús se puso fin a la tensión. En Jesús, la perfecta justicia de Dios y su misericordia perdonadora se besan. Se necesitaba un sustituto, un segundo Adán que viviera la vida justa que el primer Adán, lamentablemente, no logró vivir. Es importante señalar que la obra expiatoria de Jesucristo no empezó con su sufrimiento y muerte, sino con su nacimiento. Cada pensamiento y deseo justo de Jesús fue por nosotros. Cada acto de pureza moral fue por nosotros. Cada momento cuando Jesús resistió la tentación fue por nosotros. Su victoria sobre las tentaciones de Satanás fue por nosotros. Su negación a vivir en temor de las autoridades religiosas fue por nosotros. Fue vital que el segundo Adán estableciera un historial completamente libre de pecado en palabra, pensamiento, deseo y acción de todo tipo y todo el tiempo.

Sin embargo, el segundo Adán debe hacer muchísimo más de lo que el primer Adán podía haber hecho. Existe otra razón por la cual necesitábamos que Él tomara nuestro lugar. El segundo Adán no solo vino a ser nuestra justicia, sino también nuestro sacrificio por el pecado. Tenía que hacerse un pago por el pecado que satisficiera de forma definitiva las exigencias divinas y permitiera a los pecadores recibir el perdón y vivir en paz con Dios. La combinación de su obediencia y de su sacrificio en nuestro lugar significa que todos aquellos que ponen su confianza en Él son justificados, es decir, están perdonados completa y plenamente y son aptos para estar delante de Dios como justos. Nada de esto puede ganar, merecer o lograr el pecador por cuenta propia. La vida justa y la muerte aceptable de Jesús son el único medio a través del cual la gracia justificadora puede alcanzar a pecadores como tú y como yo. Observa la claridad y la gratitud gozosa que transmiten los siguientes pasajes cuando hablan acerca de la misericordia de Dios en Cristo que justifica.

> Justificados, pues, por la fe, tenemos paz para con Dios por medio de nuestro Señor Jesucristo; por quien también tenemos entrada por la fe a esta gracia en la cual estamos firmes, y nos gloriamos en la esperanza de la gloria de Dios (Ro. 5:1-2).

> Porque Cristo, cuando aún éramos débiles, a su tiempo murió por los impíos. Ciertamente, apenas morirá alguno por un justo; con todo, pudiera ser que alguno osara morir por el bueno. Mas Dios muestra su amor para con nosotros, en que siendo aún pecadores, Cristo murió por nosotros. Pues mucho más, estando ya justificados en su sangre, por él seremos salvos de la ira. Porque si siendo enemigos, fuimos reconciliados con Dios por la muerte de su Hijo, mucho más, estando reconciliados, seremos salvos por su vida. Y no solo esto, sino que también nos gloriamos en Dios por el Señor nuestro Jesucristo, por quien hemos recibido ahora la reconciliación (Ro. 5:6-11).

> Pues me propuse no saber entre vosotros cosa alguna sino a Jesucristo, y a este crucificado (1 Co. 2:2).

> Y todo esto proviene de Dios, quien nos reconcilió consigo mismo por Cristo, y nos dio el ministerio de la reconciliación; que Dios estaba en Cristo reconciliando consigo al mundo, no tomándoles en cuenta a los hombres sus pecados, y nos encargó a nosotros la palabra de la reconciliación. Así que, somos embajadores en nombre de Cristo, como si Dios rogase por medio de nosotros; os rogamos en nombre de Cristo: Reconciliaos con Dios. Al que no conoció pecado, por nosotros lo hizo pecado, para que nosotros fuésemos hechos justicia de Dios en él (2 Co. 5:18-21).

> Sabiendo que el hombre no es justificado por las obras de la ley, sino por la fe de Jesucristo, nosotros también hemos creído en Jesucristo,

para ser justificados por la fe de Cristo y no por las obras de la ley, por cuanto por las obras de la ley nadie será justificado (Gá. 2:16).

Pero lejos esté de mí gloriarme, sino en la cruz de nuestro Señor Jesucristo, por quien el mundo me es crucificado a mí, y yo al mundo (Gá. 6:14).

Sencillamente, no existe tal cosa como una teología cristiana que no tenga en su centro una comprensión clara de la doctrina de la justificación. Esta doctrina marca la gran diferencia entre el cristianismo y todas las demás religiones y las corrientes no religiosas. Todas las demás religiones formales se construyen sobre alguna forma de teología en la que los "dioses" están enojados con los seres humanos y necesitan ser aplacados. Cada una establece algunos medios a través de los cuales tienes que trabajar sin tregua para aplacar la ira de Dios obedeciendo reglas y ofreciendo constantes sacrificios. Cada uno es un sistema de temor, de ira divina y de esclavitud a la ley del que nunca logra levantarse el creyente.

Sin embargo, incluso las personas que no son religiosas se preocupan por la rectitud. Todo el mundo quiere estar en lo correcto. Todo el mundo quiere pensar que su historial es bueno. Por lo general, las personas quieren ser aceptadas en virtud de su bondad. ¿Qué te queda cuando niegas la existencia de un Dios santo y sus misericordias perdonadoras? Tú mismo y nada más. Y tú básicamente nada más tienes para confiar que en tu sabiduría, tu fortaleza y tu bondad. Tu vida se reduce a: "Haz lo bueno y tendrás buenos resultados. Haz lo malo y vendrán cosas malas". Es una vida sobrecargada por la necesidad constante de dar resultados, la necesidad constante de dar la talla y la necesidad constante de construir argumentos convincentes de tu propia bondad. Es una forma agotadora de vivir que nunca funciona. La realidad es que no solo hemos fallado en cumplir las normas santas de Dios, sino también nuestras propias normas que hemos establecido para nosotros mismos. No solo transgredimos las reglas de Dios, sino que desobedecemos nuestras propias reglas.

La razón por la cual la doctrina de la justificación es tan preciada es que cada ser humano necesita con urgencia el perdón. Es imposible entrar en el descanso glorioso de la justificación poniendo tu esperanza en ti mismo, en tus esfuerzos, en tus intenciones o en tu capacidad de colmar la medida del criterio divino. Imagina un gimnasio con un techo de doce metros de altura. Imagina que yo entro en el gimnasio con la intención de pararme en el medio para saltar y tocar el techo. Si supieras lo que me propongo lograr allí, dirías: "Este hombre está verdaderamente loco o demente. Nunca va a lograrlo". Imagina también que te quedas en la puerta y me observas cuando empiezo a saltar. La inutilidad de lo que me propongo hacer te abruma y sientes lástima por mí conforme me agoto más y más y me alejo más y más de mi meta. Empezarías a pensar: "Este hombre necesita reconocer su incapacidad y darse por vencido. Nunca va a lograrlo. Sea cual sea la esperanza que tenía cuando entró en el gimnasio y que lo mantiene saltando, es falsa".

Lo mismo sucede con la justificación. La puerta de entrada al depósito de las misericordias de Dios que justifican es la desesperanza. Sí, así es. Cuando se trata de la reconciliación con Dios, la desesperanza es la puerta de entrada a la esperanza. Tienes que abandonar la esperanza en ti mismo a fin de correr en la esperanza de la humildad y la confesión a Dios. Esta desesperanza redentora te introduce al Lugar Santísimo, el lugar donde mora Dios. Te conduce al trono de misericordia donde se encuentra la esperanza eterna, segura e inamovible. No es una esperanza que tú hayas alcanzado, sino una esperanza que otro ya alcanzó y que te concede por la gracia. El cristianismo no existiría como tal si existiera alguna manera en la que un ser humano pudiera reconciliarse con Dios y declararse justo delante de Él por sus propios méritos. Si esto fuera posible, el evangelio sería una mentira y se podría prescindir de la narrativa bíblica. Pero el evangelio no es una mentira; es el mensaje más glorioso y esencial que se haya escrito y proclamado. Jesús, mediante su vida recta y su muerte en nuestro lugar, ha hecho posible que nosotros seamos perdonados, aceptados y declarados justos por Dios. Estas son las mejores noticias del mundo.

Hay más buenas noticias

Es imposible hacerle justicia a la verdad de la gracia justificadora de Dios a través del Señor Jesucristo sin considerar una de las bellas gracias salvadoras que están adscritas a esta preciosa verdad. Nuestra justificación no se trata simplemente de nuestra posición legal delante de Dios, sino también acerca de una nueva identidad como hijos suyos. Entender esta nueva identidad no solo es importante para entender todas las implicaciones de esta maravillosa verdad, sino también sus repercusiones en nuestra manera de vivir. (Añadiré mucho más a esto en el siguiente capítulo).

Esta nueva identidad puede sintetizarse en dos palabras que se encuentran entre las más importantes del vocabulario redentor de la Biblia: *en Cristo*. Es imposible hacerle justicia a la verdad que estamos considerando sin hablar acerca de nuestra unión con Cristo. Esta verdad, que por la gracia hemos sido unidos a Cristo, es un tema dominante en los escritos de Pablo. Él usa treinta y tres veces la frase "en Cristo". Pablo dice que fuimos elegidos "en él antes de la fundación del mundo" (Ef. 1:4). Por el propósito redentor soberano de Dios fuimos unidos a Cristo antes de respirar por primera vez. Es algo asombroso. No que hayamos sido inteligentes, que hayamos encontrado a Cristo y que hayamos logrado entrar. No. Dios nos puso "en Cristo" como una decisión soberana de su gracia redentora.

Todas las gracias del evangelio nos son dadas porque estamos en Cristo. Somos justificados porque estamos en Cristo. Somos santificados porque estamos en Cristo. Somos amados como hijos adoptivos porque estamos en Cristo. Somos perdonados porque estamos en Cristo. Todas nuestras necesidades son satisfechas porque estamos en Cristo. Somos objeto del amor del Padre porque estamos en Cristo. Tenemos una esperanza eterna porque estamos en Cristo. "La unión con Cristo es la fuente de la cual fluye toda bendición del cristiano: arrepentimiento y fe, perdón, justificación, adopción, santificación, perseverancia y glorificación".[2]

Gracias a nuestra unión con Cristo tenemos nuevas posibilidades. Uno de los pasajes más alentadores del Nuevo Testamento es Gálatas 2:20: "Con Cristo estoy juntamente crucificado, y ya no vivo yo, mas vive Cristo en mí; y lo que ahora vivo en la carne, lo vivo en la fe del Hijo de Dios, el cual me amó y se entregó a sí mismo por mí". Observa los

---

2   Robert L. Reymond, *A New Systematic Theology of the Christian Faith*, 2.ª ed. (Nashville: Thomas Nelson, 2010), 759.

tres elementos de esta maravillosa declaración que se aplica a todos los creyentes. En primer lugar, una declaración acerca de un *hecho histórico del evangelio*: "Con Cristo estoy juntamente crucificado". Estamos unidos con Cristo en su muerte y en su resurrección. Esto significa que, cuando Cristo murió, nosotros morimos y, cuando Cristo resucitó, nosotros también resucitamos a novedad de vida. Jesús no murió para comprar "salvabilidad". No, Él llevó consigo a la cruz los nombres de todos los que estaban unidos a Él. Su pago por el pecado fue nuestro pago porque estábamos unidos a Él cuando Él sufrió y murió en la cruz.

En segundo lugar, hay una declaración de *una realidad presente del evangelio*: "Ya no vivo yo, mas vive Cristo en mí". Es imposible en unas pocas palabras captar la magnitud de la gloria de esta declaración y de sus implicaciones para nuestro diario vivir. Es evidente que Pablo no se refiere aquí a estar físicamente muerto. Si lo estuviera, no podría haber escrito esto. Lo que hace es revelar a cada creyente una realidad extraordinaria entre el "ya" de la conversión y el "todavía no" de la partida al hogar celestial. Pablo afirma que en virtud de nuestra unión con Cristo, la vida que ahora nos alienta, es decir, que produce nuevos pensamientos, deseos y acciones, no es nuestra, sino la vida de Cristo. El evangelio no es un sistema de superación personal. El evangelio es una unión que nos rescata y nos transforma. Hay algo más que un deseo de cambio y un compromiso a disciplinarnos que nos cambia. Lo que nos cambia es el poder del Señor Jesucristo resucitado que ahora mora en nuestro interior. En virtud de nuestra unión con Él, recibimos poder para hacer lo que antes nos resultaba imposible.

Por último, el pasaje termina con un *compromiso del evangelio*: "Lo que ahora vivo en la carne, lo vivo en la fe del Hijo de Dios, el cual me amó y se entregó a sí mismo por mí". Pablo afirma que, por la fe, él va a vivir como si realmente creyera que Cristo vive en él. Es maravilloso pensar en lo que significa estar en Cristo, a saber, que el poder de la resurrección es ahora el poder que alienta nuestro vivir. Esta es otra provisión de la gracia de Dios. El pecado no solo nos deja condenados, sino que también nos incapacita para ser lo que Dios se ha propuesto que seamos y para hacer lo que Dios ha dispuesto que hagamos. En Cristo somos revestidos del poder para experimentar una forma de vida completamente nueva.

En Cristo ahora somos aceptados como hijos e hijas adoptivos del Dios Altísimo. Juan dice: "Mirad cuál amor nos ha dado el Padre, para que seamos llamados hijos de Dios; por esto el mundo no nos conoce, porque no le conoció a él" (1 Jn. 3:1). La pregunta es: "¿Qué clase de amor nos da el Padre?". La respuesta es: "Amor de adopción". Sería un acto sublime de su gracia que Dios cancelara nuestra condena, aunque se mantuviera alejado de nosotros. Sería maravillosamente misericordioso que nada más nos soportara. Pero solo la gracia generosa podría acoger a enemigos rebeldes y darles la bienvenida como amados hijos adoptivos. Ahora vivimos con todos los derechos y privilegios de los hijos del Dios Altísimo. Elyse Fitzpatrick expresa la maravilla de esto.

> Nuestra unión con Cristo puede resumirse en estas palabras: el Padre tiene un amor inconmensurable por el Hijo, por lo que tiene un amor inconmensurable por nosotros. Él tiene un amor inconmensurable por nosotros porque estamos en el Hijo, somos parte de Él, somos uno con Él, estamos desposados con Él, somos parte de la familia. Él nos mira como si siempre lo hubiéramos sido. Cuando el Padre nos mira, no se rasca la cabeza y se pregunta: "¿Cómo llegó ella aquí? ¿Qué hace él aquí?". No. Él dice: "Esta es mi hija amada, este es mi hijo amado, en quien me complazco". Todo esto gracias a nuestra unión con el Hijo a quien Él ama.[3]

El amor inconmensurable que tiene el Padre por el Hijo ahora nos es comunicado a nosotros como sus hijos porque somos uno con Cristo. Esta unidad con Cristo es también el fundamento de una nueva cultura de amor y de unidad entre nosotros. En su oración por sus discípulos y por nosotros, Jesús lo deja en claro.

> He manifestado tu nombre a los hombres que del mundo me diste; tuyos eran, y me los diste, y han guardado tu palabra. Ahora han conocido que todas las cosas que me has dado, proceden de ti; porque las palabras que me diste, les he dado; y ellos las recibieron, y han conocido

---

3   Elyse Fitzpatrick, *Found in Him* (Wheaton, IL: Crossway, 2013), 123.

verdaderamente que salí de ti, y han creído que tú me enviaste. Yo ruego por ellos; no ruego por el mundo, sino por los que me diste; porque tuyos son, y todo lo mío es tuyo, y lo tuyo mío; y he sido glorificado en ellos. Y ya no estoy en el mundo; mas estos están en el mundo, y yo voy a ti. Padre santo, a los que me has dado, guárdalos en tu nombre, para que sean uno, así como nosotros (Jn. 17:6-11).

Nunca podríamos crear esta unidad por nosotros mismos. Somos uno porque somos uno en Cristo. Estamos en Él como Él está en nosotros, y puesto que esto es cierto de ti y de mí, también estamos unidos entre nosotros. Estar en Cristo es el fundamento único de la unidad de todos los que estamos en Cristo. Es una unidad que trasciende razas, clases sociales, género, etnias y lugares geográficos.

Detente y piensa por un momento en lo que hemos considerado en este capítulo. Piensa en la identidad que nos pertenece en virtud del asombroso regalo de la gracia que Cristo nos ha dado. Ya no somos extraños, ni enemigos, ni estamos condenados, sino que por la gracia estamos en Cristo, somos hijos de Dios, somos objeto del amor del Padre, somos justificados, perdonados, justos, amados eternamente y estamos unidos a Dios y entre nosotros como hijos. La doctrina de la justificación y de todas las gracias que de ella se desprenden son las mejores noticias que podrían oír los pecadores en este mundo marcado por el pecado. Lo que ni siquiera podríamos llegar a soñar poseer y que somos incapaces de obtener ahora nos pertenece en Cristo. Dios nos prodiga su lluvia de misericordias de la justificación y de vida, una lluvia eterna que nada en el cielo o en la tierra puede frenar. ¿Qué mejor regalo podría ser dado sino la persona, la obra y la gracia justificadora del Señor Jesucristo? Hay que detenerse ahora mismo para celebrarlo.

18

La justificación en la vida diaria

EMPEZARON SU RELACIÓN con esperanza, alegría, afecto y respeto mutuos y la convicción de que podría ser la relación duradera que ambos anhelaban. Puede sonar trillado, pero Ricardo y Margarita se conocieron en la iglesia. Se sentaron en el mismo banco un domingo y tuvieron una conversación informal. Eso fue todo; no hubo chispas, no se trazaron planes. Dos semanas después, para sorpresa de ellos terminaron en el mismo grupo pequeño. Al cabo de unas pocas semanas se encontraron para tomar un café. Hablaron y rieron y, sin darse cuenta, ya habían trascurrido un par de horas.

La primera cita amorosa de Ricardo y Margarita fue en un restaurante vietnamita, porque habían descubierto que a ambos les encantaba la sopa vietnamita *pho*. El amor por esta sopa fue una de las muchas cosas que tenían en común que descubrieron. Comidas campestres, películas en la noche y viajes a la playa se volvieron más frecuentes. En poco tiempo ya eran inseparables y hablaban seriamente acerca de casarse. Ambos estaban instalados en la ciudad, de modo que no iba a ser necesario una gran mudanza. El plan era que, después de casarse, Margarita dejara su apartamento y se mudara donde Ricardo. A simple vista parecía el matrimonio que todos sonarían.

Sin embargo, la pareja que se sentó en el sofá de mi oficina era infeliz. Parecía que vivían una pesadilla, no un sueño. Se sentaron en extremos opuestos del sofá, como si el otro no estuviera allí presente. Ricardo y Margarita se veían malhumorados y derrotados. No había calidez entre ellos. Ricardo hablaba con enojo acerca de su relación, como un hombre que ha sido engañado por algún vendedor para hacer un mal negocio. Margarita no podía hablar sin llorar. Se sentía herida como quien ha sido traicionado.

En casa apenas hablaban y, cuando lo hacían, solo era acerca de sus agendas, de cuentas por pagar y de asuntos de mantenimiento del hogar. Por lo general, aquellas breves conversaciones degeneraban en peleas mezquinas. Ricardo y Margarita, que alguna vez parecían tener mucho en común, ahora vivían en una constante guerra fría. El culto dominical y el pequeño grupo de la noche del miércoles eran las únicas actividades que hacían juntos. En cada situación, Ricardo y Margarita ponían buena cara y eludían preguntas indagadoras.

Mientras escuchaba a esta pareja describir el triste estado de su matrimonio y observaba todo el dolor y el enojo que producía, mi pensamiento constante era que a este matrimonio le hacía falta el evangelio. ¿Te parece insensible, demasiado teórica o moralizante mi respuesta al sufrimiento de esta pareja? ¿Logras concebir que el evangelio de la gracia justificadora pueda sacar a esta pareja del embrollo en el que estaban atascados? ¿Puedes ver cómo las verdades de la vida justa de Jesús y de su muerte en nuestro lugar cambia todo lo concerniente a nuestra manera de pensar acerca de nosotros mismos y de los demás y de relacionarnos? ¿Puedes comprender cómo este evangelio de la gracia cambia la manera en que manejamos el pecado, la debilidad y el fracaso que son experiencias inevitables en cualquier matrimonio? ¿Puedes aplicar la doctrina de la justificación a las realidades de tu vida cotidiana?

El evangelio de la gracia justificadora no es solo la vía de entrada a una relación con Dios y una garantía de una eternidad con Él, sino también una cultura completamente nueva que se ha de vivir aquí y ahora. La doctrina de la justificación lo cambia todo; el problema es que miles y miles de cristianos no lo saben o no lo entienden. Creo que en nuestra enseñanza, predicación, consejería y discipulado hemos fallado muchas veces en trazar las implicaciones del carácter "actual" del evangelio de Jesucristo.

En aquella oficina, mientras Ricardo y Margarita contaban su historia de desdicha matrimonial, yo escuchaba a dos personas que no sabían quiénes eran y que tenían muy poca comprensión práctica de la magnitud del regalo de la gracia justificadora de Dios que habían recibido por medio de su Hijo Jesús. Por supuesto, en algunas áreas ellos necesitaban mejorar sus habilidades comunicativas y aplicar estrategias para la solución de problemas, pero sus problemas tenían una raíz mucho más profunda. La manera en que se comunicaban y afrontaban sus problemas evidenciaba un problema mucho más profundo de algo que faltaba en su manera de pensar acerca de ellos mismos y su relación. ¿Cómo podía un matrimonio cristiano estar tan desprovisto de esperanza, tan necesitado de gracia y tan marcado por el juicio constante?

Quiero responder a esta pregunta hablando acerca de la vida nueva radical que nos pertenece por las misericordias de la justificación de Dios en Jesús. Me basaré en 2 Pedro 1:3-9 para entender la vida nueva que nos provee la gracia justificadora.

Como todas las cosas que pertenecen a la vida y a la piedad nos han sido dadas por su divino poder, mediante el conocimiento de aquel que nos llamó por su gloria y excelencia, por medio de las cuales nos ha dado preciosas y grandísimas promesas, para que por ellas llegaseis a ser participantes de la naturaleza divina, habiendo huido de la corrupción que hay en el mundo a causa de la concupiscencia; vosotros también, poniendo toda diligencia por esto mismo, añadid a vuestra fe virtud; a la virtud, conocimiento; al conocimiento, dominio propio; al dominio propio, paciencia; a la paciencia, piedad; a la piedad, afecto fraternal; y al afecto fraternal, amor. Porque si estas cosas están en vosotros, y abundan, no os dejarán estar ociosos ni sin fruto en cuanto al conocimiento de nuestro Señor Jesucristo. Pero el que no tiene estas cosas tiene la vista muy corta; es ciego, habiendo olvidado la purificación de sus antiguos pecados.

Este es el pasaje perfecto para empezar a entender la cultura del aquí y el ahora del evangelio que es nuestro gracias a la vida, la muerte y la resurrección de Jesús.

El pasaje de 2 Pedro 1:3-9 es un pasaje que diagnostica. Está escrito para tratar y explicar cuándo algo anda mal en la vida de los creyentes. Este es el diagnóstico: "Porque si estas cosas están en vosotros, y abundan, no os dejarán estar ociosos ni sin fruto en cuanto al conocimiento de nuestro Señor Jesucristo" (1:8). Pedro plantea que hay personas que realmente conocen al Señor y que realmente han sido rescatadas, perdonadas y reconciliadas con Él por su gracia, pero cuyas vidas son improductivas e infructuosas. Sus vidas no producen la cosecha esperada del fruto de la fe. El estilo de vida de Ricardo y Margarita era a todas luces improductivo e infructuoso. Nada de lo que pensaban y hacían producía el buen fruto de unidad, amor, comprensión, paz, esperanza y gozo. Su matrimonio era tan infructuoso que recuerdo que pensé: "Pareciera que no hay nada cristiano en este matrimonio".

Ahora bien, el diagnóstico de Pedro exige una pregunta: "¿Cómo puede un creyente tener una vida tan infructuosa?". La respuesta está en el pasaje. Las personas a quienes se dirige Pedro tienen vidas improductivas e infructuosas porque carecen de las cualidades de carácter que producen buen fruto. Pedro enumera estas cualidades: virtud, conocimiento, dominio propio, paciencia, piedad, afecto fraternal y amor. Cuando estas cualidades definen tus acciones, reacciones y respuestas a las situaciones y relaciones de tu vida diaria, el resultado será una cosecha de buen fruto. Quizá pienses: "Todavía no entiendo qué tiene que ver esto con las implicaciones prácticas de la doctrina de la justificación". Sigue leyendo porque la conexión será revelada.

Este pasaje nos lleva a otra pregunta: "¿Por qué algunos cristianos carecen de estas cualidades esenciales del carácter?". Es importante saber que carecemos por completo de la capacidad para desarrollar estas cualidades en nuestro corazón o para aplicarlas a nuestro diario vivir. Si la piedad pudiera producirse en nuestras propias fuerzas, la cruz de Cristo no habría sido necesaria. Estas cualidades solo vienen por medio de la gracia de Dios. Son los regalos de la gracia de Dios para nosotros en el aquí y el ahora. Así pues, ¿cuál es la respuesta a la pregunta que acabo de plantear? La encontramos en el versículo siguiente: "Pero el que no tiene estas cosas tiene la vista muy corta; es ciego, habiendo olvidado la purificación de sus antiguos pecados" (1:9).

Pedro sugiere que las vidas improductivas e infructuosas como las de Ricardo y Margarita se deben a la ceguera de ellos a las provisiones radicales de la gracia que en las misericordias divinas de la justificación les pertenecen. Sin mérito o logro alguno de su parte, ellos han recibido el perdón de sus pecados y ese perdón viene acompañado de un depósito de gracias gloriosas que pueden cambiarlo todo, incluso su matrimonio. Esto dice Pedro acerca de las riquezas de las misericordias justificadoras de Dios en Jesús: "todas las cosas que pertenecen a la vida y a la piedad nos han sido dadas por su divino poder" (1:3). Esta es una declaración increíblemente gloriosa y extraordinaria que infunde esperanza. Detengámonos a asimilarla por un momento. Quienes hemos sido justificados por la gracia ahora tenemos todo lo que necesitamos para llevar una vida piadosa entre el "ya" de nuestra conversión y el "todavía no" de nuestra partida al cielo. No solo hemos sido perdonados (el perdón es algo glorioso) y no solo hemos sido aceptados (la aceptación de Dios es un regalo extraordinario), sino que Dios ha provisto ricamente para nosotros aquí y ahora.

Examinemos, pues, el caso de Ricardo y Margarita. Lo que sucede con este tipo de personas es que olvidan o tal vez nunca han sabido quiénes son y lo que han recibido en Cristo y, por consiguiente, no van en pos de todo lo que les pertenece en Cristo. Como resultado, ponen su confianza en lo que no deberían confiar, son vencidos por lo que podrían vencer, esperan en lo que va a fallarles y se conforman con una vida improductiva e infructuosa. Y repiten el mismo patrón una y otra vez.

Creo que hay miles de cristianos que están enfrascados en un estilo de vida de ceguera frente al evangelio y no son conscientes de ello. Algunos están enojados, otros cuestionan su fe, otros están heridos, se sienten deprimidos o paralizados, pero todos han perdido el gozo de su salvación. Debido a su ceguera no se levantan en la mañana con la determinación de esforzarse por conquistar todo lo que les pertenece en Cristo. Esta es una de las razones por las cuales muchas de nuestras iglesias, como comunidades de fe, son también ineficientes e improductivas.

Quiero entonces explicar cómo las hermosas riquezas que nos pertenecen por la gracia justificadora de Dios en Jesucristo pueden cambiar nuestra visión de nosotros mismos, nuestra manera de relacionarnos con los demás y de vivir en este mundo roto. Dios usa las verdades de las doctrinas de su Palabra para cambiarnos, es decir, para cambiar nuestra manera de pensar, nuestros deseos y nuestra manera de vivir. A continuación, presento siete palabras que captan el nuevo estilo de vida que impulsa la doctrina de la gracia justificadora de Dios.

Humildad

La doctrina de la justificación no solo nos confronta con nuestra condición caída, sino también con nuestra absoluta incapacidad para restaurarnos a nosotros mismos a algo que siquiera se aproxime a nuestro estado original. Reconocer humildemente el daño que el pecado ha causado en ti es como pararte frente a una casa que fue hermosa y que ahora está deteriorada y en ruinas, sin saber cómo restaurarla y sin herramientas para hacerlo. Así estamos todos, con cada parte de nuestro ser afectada por la destrucción y el deterioro del pecado e incapaces de ayudarnos a nosotros mismos. Ahí estamos, enemigos de Aquel con quien debíamos gozar comunión e inhabilitados para hacer las paces con Él. Como dice Pablo: "Sin esperanza y sin Dios en el mundo" (Ef. 2:12).

La doctrina de la justificación aniquila la gloria del yo. Pone fin al orgullo humano. Se burla de la justicia propia y de los argumentos de exaltación y justificación propia que la acompañan. Esta verdad destruye nuestra jactancia en nuestro poder y en nuestra sabiduría. Elimina la posibilidad de pensar que has hecho algo meritorio. Esta verdad nos exige confesar que no tenemos poder alguno en nosotros mismos para remediar nuestra condición sin Dios y sin esperanza. Cuando reconoces que lo que afirma esta doctrina acerca de ti es verdad, el resultado es humildad. Y eso por sí solo es un regalo de la gracia.

El orgullo es una fuente de pecado de la que se desprenden muchos otros pecados y malos frutos. El orgullo aplasta la compasión y la comprensión. El orgullo hace que te resulte muy difícil ser paciente y comprensivo. El orgullo te hace soberbio y exigente. El orgullo nunca inspira el deseo de perdonar. El orgullo te lleva a juzgar y condenar a otros. El orgullo hace que te preocupe mucho más el pecado de otros que el tuyo propio. El orgullo es enemigo del amor sacrificado. El orgullo te hace quisquilloso e irritable. El orgullo te impulsa a negar tus faltas y a transferir tu culpa a otros o las circunstancias. El orgullo hace que te resulte más fácil quejarte que dar gracias.

Por lo general, las personas orgullosas no son pacificadoras. Las personas orgullosas no saben sufrir. Las personas orgullosas no tienden a ser generosas. Las personas orgullosas tienden a pensar que merecen lo que es cómodo y a odiar lo que es difícil. Las personas orgullosas envidian las bendiciones de otros. Las personas orgullosas resisten la confesión y reaccionan a la defensiva cuando se les confronta. A las personas orgullosas les atrae más ganar que amar. Las personas orgullosas prefieren la división que la unidad y crean más enemigos que amigos. Las personas orgullosas siempre llevan cuentas y tienden a guardar resentimiento. Las personas orgullosas florecen cuando son el centro de atención, reciben respeto y reconocimiento. Las personas orgullosas tienden a verse a sí mismas como merecedoras de protagonismo y brillan en él. Las personas orgullosas se atribuyen el mérito de algo que no habrían podido lograr por sí solas. Las personas orgullosas exigen lealtad, pero te abandonan cuando no obtienen lo que quieren de ti. Las personas orgullosas exigen tener la razón y necesitan tener el control. El orgullo nunca produce una buena cosecha. Gran parte del pecado y el mal fruto en nuestra vida crecen en el terreno de nuestro orgullo.

Por lo anterior, es una gracia entender lo que la doctrina de la justificación dice acerca de ti, de quién eres, de lo que merecías y de lo que sería tu vida sin las misericordias justificadoras de Dios. No puedes decir que tu esperanza en la vida y la muerte es gracia justificadora y al mismo tiempo ser orgulloso y presumido. El orgullo destruye la capacidad del creyente de dar fruto. Uno de los frutos de la doctrina de la justificación más hermosos y transformadores es la humildad.

El matrimonio de Ricardo y Margarita encaja en la descripción de Pedro: tienen la vista corta y son ciegos. Viven desconociendo lo esencial, ajenos a la humillante verdad de que la gracia justificadora los había rescatado no solo de la ira de Dios, sino de ellos mismos. Al olvidar quiénes eran y lo que habían recibido de Dios, el orgullo, sutil y no tan sutil, contaminó cada área de su matrimonio. Ricardo era inflexible y rara vez reconocía con humildad sus errores. Margarita exigía sus propios derechos y buscaba siempre la manera de imponer sus deseos. Para ellos, la toma de decisiones era una guerra de poder. Ya que olvidaban la gracia de Dios, rara vez extendían gracia al otro. Ya que olvidaban el perdón de Dios, eran incapaces de ver la belleza restauradora de la confesión y el perdón. Eran dos personas que, a pesar de profesar creer en el evangelio, en su matrimonio no existía un estilo de vida conforme al evangelio.

No se puede tener un matrimonio saludable sin humildad. No se puede ser un padre fiel y amoroso sin humildad. No se puede ser un hijo obediente sin humildad. No se puede ser un líder productivo sin humildad. No se puede ser un buen vecino, un buen ciudadano o un buen trabajador sin humildad. La humildad es uno de los buenos frutos de la doctrina de la justificación. Aquí recordamos una vez más que Dios nos dio las verdades de su Palabra no solo para informarnos acerca de algo, sino sobre todo para transformarnos. *¿Eres también corto de vista y ciego? ¿La verdad de tu justificación ha producido en ti el fruto de la humildad?*

Gratitud

El pecado es egocéntrico. Por causa de él vivimos solo pensando en nosotros mismos, preocupados por nosotros mismos, obsesionados con nosotros mismos. En 2 Corintios 5:15, Pablo dice que Jesús vino para que ya no viviéramos *para nosotros mismos*. Puesto que el pecado es egocéntrico, la queja nos viene con más naturalidad que la gratitud. En esto también la doctrina de la justificación es transformadora. Uno de los hermosos frutos de esta doctrina es un profundo sentido de gratitud. No es gratitud porque mi día vaya bien, porque les agrade a otros, porque esté saludable, porque tenga mucho dinero, porque sea exitoso, porque tenga un buen pedazo de carne delante de mí o porque mis hijos no me avergüencen en público. No. La gratitud a la que me refiero trasciende las situaciones, los lugares y las relaciones humanas. Es una gratitud que no se debilita ante la dificultad. Esta gratitud no se levanta ni se cae con cada vicisitud.

Puedes saber que vives en la práctica el evangelio de la justificación por la gracia por medio de la fe cuando te despiertas en la mañana y te dices a ti mismo: "Mi matrimonio no es todo lo que podría ser, tengo preocupaciones por mis hijos y mis finanzas a veces me inquietan, pero soy perdonado por completo y amado eterna e indefectiblemente. Es un amor que yo no merecía y que no podía ganar. Jesús vivió y murió para que yo conociera este amor incluso en mi peor día. ¡Soy amado!". Deja que tu corazón se llene de gratitud porque gracias a la obra de Cristo eres un hijo o una hija a quien el Rey de reyes y Señor de señores ha adoptado. Detente a considerar el hecho de que un Dios santo no te vea como juez sino con los ojos amorosos de un Padre, porque Jesús cargó tu juicio sobre sus hombros. ¿Cómo no estar lleno de una gratitud que defina tu vida?

La gratitud es algo hermoso. Te vuelves agradecido cuando llegas a comprender que lo que tú eres y lo que tienes no consiste en lo que tú hayas hecho, sino en lo que Alguien ha hecho por ti. Sabes que las cosas más suntuosas de tu vida no están ahí porque seas un gran triunfador, sino porque por la gracia eres el beneficiario de todas ellas. La gratitud significa que entiendes que tus mayores bendiciones son regalos de amor y no un salario que has ganado con tu esfuerzo. La gratitud es saber que tu mayor problema, el pecado, ya fue solucionado gracias a la generosidad de otro que se sacrificó por ti. La gratitud mira a lo alto y recuerda.

Las personas que viven agradecidas por el amor redentor de Dios tienden a ser gente gozosa. Hay poco gozo entre las personas quejumbrosas. Las personas agradecidas, las que recuerdan su propia necesidad de rescate, tienden a ser amables, compasivas, benévolas y comprensivas. Las personas agradecidas recuerdan lo que Dios les ha dado y en respuesta son generosas, estando dispuestas a hacer sacrificios por servir a otros. Las personas que están agradecidas por el perdón de Dios a lo largo de la vida están dispuestas por lo general a perdonar, reconciliar y restaurar. Las personas que recuerdan que son beneficiarias de la paciente misericordia de Dios tienden a ser pacientes y misericordiosas. Las personas que son agradecidas por la asombrosa gracia de Dios en Jesucristo muestran por lo general una voluntad a extender gracia a los demás.

El poder transformador de la gratitud es invaluable. Es imposible reflexionar en la doctrina de la justificación sin salir con un corazón rebosante de gratitud. Ya no vale afirmar: "Esto lo gané, lo merezco y me jactaré de ello". La doctrina de la justificación echa por tierra la antigua meritocracia del orgullo humano con todas sus ínfulas de grandeza y autocomplacencia. Pablo dice: "Porque ¿quién te distingue? ¿o qué tienes que no hayas recibido? Y si lo recibiste, ¿por qué te glorías como si no lo hubieras recibido?" (1 Co. 4:7). La gratitud vertical transforma no solo tu corazón, sino tu manera de responder en todas tus situaciones y relaciones horizontales.

Lamentablemente, Ricardo y Margarita no vivían conforme a las palabras de Pablo. La gratitud vertical no protegía ni estructuraba su matrimonio. Sus conversaciones estaban teñidas de queja. Ricardo no era paciente y no respondía con misericordia ante las debilidades y las faltas de Margarita. Margarita asumía su relación con Ricardo como quien sentía que merecía su amor, en lugar de estar agradecida por él. Ella le echaba en cara a Ricardo todo lo que ella hacía por él, además de recordarle cada cosa que él no hacía por ella. Juntos parecían encontrar siempre más razones para quejarse que para estar agradecidos. Era una forma de vivir agotadora, desalentadora, gravosa y carente de evangelio. Como los demás hijos de Dios, Ricardo y Margarita tenían razones eternas para estar agradecidos. Aunque la gratitud habría podido transformar su relación, ellos habían olvidado quiénes eran y lo que habían recibido en las misericordias justificadoras de su Señor. *¿Ha transformado la gratitud vertical tu corazón y tu manera de responder en las situaciones, lugares y relaciones de tu vida diaria?*

Libertad

He aquí otro fruto hermoso de la doctrina de la justificación, que libera el corazón, cambia la vida y produce gozo. La justificación por la gracia por medio de la fe realmente libera. La pregunta es: "¿Extiendes esa libertad a cada rincón de tu vida?". Las gracias justificadoras de Cristo te liberan de la carga de la ley. Puesto que Jesús satisfizo perfectamente cada requisito de la ley, ahora tenemos paz con Dios y acceso pleno a una relación con Él a pesar de que en esta vida nunca logremos dar la talla. Sí, debemos persistir en obedecer y debemos resistir el pecado, pero ya nos hemos liberado de tener que hacerlo como medio para lograr la aceptación divina.

La gracia justificadora te libera de la carga paralizante de la culpa. Ya no tenemos que vivir con remordimiento arrastrando hasta nuestro presente y futuro la pesada carga de nuestros pecados pasados. Ya no tenemos que escondernos con temor a que el martillo de la ira de Dios caiga sobre nosotros. Ya no tenemos que hacer el molesto trabajo de negar, minimizar y ocultar nuestro pecado, esforzándonos por mitigar en nuestro corazón su pecaminosidad. Ya no tenemos que defender nuestra rectitud cuando las personas cercanas nos confrontan con nuestras faltas. La gracia redentora nos ha liberado de estas cargas.

Ya no tenemos que llevar la carga de la vergüenza. Jesús avergonzó la vergüenza en la cruz, a fin de que nosotros ya no viviéramos bajo su yugo. A los ojos del único a quien esto importa en la eternidad, ya no estamos manchados, ni sucios, ni marcados por el pecado. Por la gracia justificadora, nuestro historial es inmaculado y somos justos a los ojos de Dios. No tenemos que ir arrastrándonos por la vida cabizbajos protegiéndonos de los mirones como si fuéramos personas rechazadas, indeseadas e indignas. Somos hijos del Rey, su puerta está abierta para nosotros y somos bienvenidos. La vergüenza murió en la cruz de Jesucristo, ¿por qué deberíamos dejar que siga subyugándonos?

La gracia justificadora nos libra de la carga del temor. La gracia significa que ya no somos enemigos de Dios, sino hijos suyos. La gracia significa que Dios es por nosotros, y si Dios es por nosotros, ¿quién estará contra nosotros? La gracia justificadora nos colma de bendiciones divinas de su depósito inagotable. La gracia justificadora significa que nunca nos dejan a merced de nuestra propia suerte, abandonados para arreglárnoslas con nuestra propia reserva de sabiduría y fuerza ni limitados por las pocas cosas que podemos controlar. La gracia justificadora significa que Dios ejerce su poder soberano no solamente para su gloria, sino también para nuestro bienestar eterno. La gracia justificadora significa que vivimos bajo la seguridad inconmovible de la provisión y la protección de Dios.

Sin importar dónde estemos, con quién estemos ni qué enfrentemos, el Señor Todopoderoso está con nosotros. La gracia justificadora significa que nos despertamos cada mañana a nuevas misericordias que están hechas a la medida de nuestras necesidades para ese día. Por las misericordias de la justificación todo lo que podría confundirnos y desconcertarnos es comprendido plenamente y existe bajo la gestión soberana de nuestro Salvador. La gracia justificadora nos saca de la oscuridad del temor y nos introduce a la luz y el descanso del cuidado del Padre, donde encontramos paz de corazón y la ansiedad ya no nos atormenta. La libertad del yugo de la culpa, la vergüenza y el temor es nuestra en la gracia justificadora del Señor Jesucristo. Ya no llevamos más estas cargas porque en un acto de gracia justificadora Jesús las ha quitado de sobre nuestros hombros.

En el caso de Ricardo y Margarita, ellos no padecían una infección matrimonial más problemática que el temor. El temor de ser el culpable y la vergüenza que acarrea motivaban gran parte de sus interacciones. Ellos conocían el poder de la culpa infligida y estaban acostumbrados a las punzadas de vergüenza. Algo que tenían en común era el temor al próximo señalamiento y el poder que esto pudiera dar al otro para usarlo en su contra. Puedes saber que has perdido de vista el evangelio de la gracia de Dios y que tu relación tiene problemas cuando los temores se convierten en un mayor motivador que la esperanza. Puedes saber que tu relación tiene problemas cuando esconderse y defenderse son respuestas más frecuentes que la sinceridad y la transparencia. Ricardo y Margarita estaban cansados del ciclo de temor, culpa y vergüenza, pero eran ciegos al hecho de que eran ellos quienes mantenían esa situación. Eran ciegos al hecho de que habían recibido en las misericordias justificadoras de Dios todo lo que necesitaban para vivir con el otro de una manera diferente. *¿En qué medida está motivada tu vida por el temor? En aquello que realmente importa, ¿vives en la libertad que te pertenece como beneficiario de las bendiciones de la gracia justificadora?*

Identidad

Podemos asociar el tema de la identidad con la doctrina de la justificación. Es un tema en el que cabe recordar que la buena teología bíblica no solo define quién es Dios y lo que Él ha hecho, sino que también redefine quién eres tú como hijo de Dios. Una de las bendiciones más hermosas de las misericordias justificadoras de Dios es la nueva identidad que nos pertenece a los que estamos en Cristo: somos hijos de Dios perdonados, adoptados y amados por la eternidad. Ya no tenemos que buscar una identidad, un sentido ni un propósito, porque los tenemos en Cristo. Algo admirable de la identidad que nos pertenece como resultado de la gracia justificadora de Dios es que nada ni nadie puede arrebatárnosla. Este es el único lugar donde encontramos una identidad que no solo satisface el corazón, sino que permanece por la eternidad.

En Cristo, perdonados, adoptados y amados eternamente por el Padre *es* lo que somos y lo que seremos para siempre.

Somos libres. Ya no tenemos que ser algo. Ya no tenemos que demostrar que somos dignos de algo. Ya no tenemos que anhelar algo que nos dé importancia, protagonismo o poder. Ya no tenemos que ser adictos al reconocimiento, el respeto, el aprecio y el amor de los demás. Ya no tenemos que dejar que los logros nos definan. Ya no tenemos que dejar que los títulos determinen nuestro valor. Ya no tenemos que depender de autos, casas y vacaciones como marcadores de identidad. Somos libres de la identidad que recibimos del tribalismo político. Ya no necesitamos adquirir una identidad por estar al mando o tener el control. Ya no necesitamos parecer fuertes, preparados, capaces y seguros. Ya no necesitamos ocultar nuestras debilidades y negar nuestros fracasos. Ya no tenemos que poner una fachada para esconder lo que en realidad sucede en nuestro interior. Ya que nuestro valor no depende de la forma en que somos tratados, somos libres de amargura y de fantasías de venganza cuando nos maltratan.

Somos libres de las ansiedades de la identidad tóxica que acosan a tantos, las cuales interfieren con nuestro llamado y dañan nuestras relaciones. Una de las hermosas bendiciones de la gracia justificadora de Dios es que la identidad vertical nos libera del caos en nuestra identidad horizontal.

Lamentablemente, para Ricardo y Margarita la identidad era uno de los grandes problemas de su matrimonio. En lo que concierne a la identidad, su matrimonio era una tormenta perfecta. Aunque ella no lo sabía, Margarita había asociado su identidad y su sentido de bienestar con su matrimonio. Ella siempre sintió que no estaría completa a menos que se casara. Se alegraba o se deprimía según Ricardo la tratara en un día dado. Ricardo, que era un hombre menos que perfecto, nunca iba a ser capaz de brindarle a Margarita la seguridad de su identidad que ella anhelaba. Ricardo había asociado su identidad al éxito en los negocios. Él todavía recuerda que su padre le dijo en su graduación: "Ahora ve y haz algo productivo con tu vida". Mientras que Margarita buscaba esperanza en su matrimonio, la vida de Ricardo era dominada más y más por su búsqueda del éxito profesional. Ninguna carrera podría proveer jamás lo que Ricardo buscaba. Su matrimonio nunca iba a funcionar si

Margarita buscaba encontrarse a sí misma en Ricardo y Ricardo se alejaba de Margarita para encontrarse a sí mismo en su trabajo. La amnesia de la identidad vertical estaba causando estragos en su matrimonio y ellos no lo sabían.

Muchos creyentes, ciegos a lo que les había sido dado en Cristo, corren de relación en relación, de trabajo en trabajo, de lugar en lugar y de iglesia en iglesia en busca de su identidad. Los creyentes que no entienden las bendiciones del aquí y el ahora de la gracia de Dios se consumen en deudas inútiles en su afán por buscar una identidad. Los padres que no logran entender la "actualidad" del evangelio de la gracia justificadora imponen la carga de su identidad a sus hijos, una terrible carga de sobrellevar para un hijo. Los pastores que olvidan el evangelio que predican esperan que el ministerio les dé una identidad y terminan derrotados, desanimados y agotados. Los adolescentes que no son conscientes de los beneficios presentes del evangelio de la gracia que se les ha enseñado experimentan todo tipo de ansiedades y toman toda clase de decisiones lamentables en su búsqueda por una identidad. Los hombres cristianos, al olvidar su identidad vertical, fingen tener una fuerte personalidad, exhiben su musculatura y una masculinidad dominante y recia. Los alumnos de seminario que estudian el evangelio asocian su identidad con el conocimiento bíblico y teológico. Es triste pensar cuánta amnesia de nuestra identidad en el evangelio está presente en la iglesia debilitando su función y su testimonio.

¡Qué bello regalo de la gracia justificadora de Dios es la bendición de la identidad más maravillosa y estable a la que podríamos haber aspirado jamás! Esta identidad nunca va a fallarnos ni avergonzarnos, y nadie nos la puede arrebatar jamás. Cada identidad horizontal nos fallará de alguna manera u otra. Puedes celebrar el hecho de ser uno de los que están en Cristo, han sido perdonados y adoptados, y son amados por la eternidad. Da gracias porque ya no tienes que buscar con desesperación una identidad. Alégrate porque no tienes que esperar que las personas, los lugares, las experiencias y las cosas hagan por ti lo que nunca fueron diseñadas para hacer. Y resiste la tentación de buscar en el plano horizontal lo que ya has recibido por medio de las bendiciones de la gracia justificadora de Dios en Jesús. *¿En qué buscas ahora mismo tu identidad?*

¿Será posible que vivas dificultades porque andas buscando por ahí lo que ya has recibido en Cristo?

Posibilidades

Una de las bendiciones más emocionantes de la gracia justificadora de Dios son las nuevas posibilidades que tienes a tu disposición en Cristo. Con nuestra justificación vienen nuevas posibilidades para decirle "no" al pecado y "sí" a una vida piadosa. Dios no se limita a soportar a sus hijos justificados ni a aceptarlos nada más, sino que también hace algo increíble: Él mismo viene a vivir dentro de ellos. Y, con su presencia, todo cambia para nosotros. Dios mismo es quien determina las nuevas posibilidades para todos aquellos que han recibido su gracia justificadora.

Piensa en lo que dice Pablo al respecto en Romanos 8:

> Mas vosotros no vivís según la carne, sino según el Espíritu, si es que el Espíritu de Dios mora en vosotros. Y si alguno no tiene el Espíritu de Cristo, no es de él. Pero si Cristo está en vosotros, el cuerpo en verdad está muerto a causa del pecado, mas el espíritu vive a causa de la justicia. Y si el Espíritu de aquel que levantó de los muertos a Jesús mora en vosotros, el que levantó de los muertos a Cristo Jesús vivificará también vuestros cuerpos mortales por su Espíritu que mora en vosotros.
>
> Así que, hermanos, deudores somos, no a la carne, para que vivamos conforme a la carne; porque si vivís conforme a la carne, moriréis; mas si por el Espíritu hacéis morir las obras de la carne, viviréis (Ro. 8:9-13).

Esta es una provisión para cada creyente que transforma la vida. Nuestra justificación está acompañada de la presencia del Espíritu Santo que viene a morar en nosotros y, con Él, su poder de resurrección. No tenemos que vivir de acuerdo con los deseos de la carne. Podemos hacer morir la vida vieja que está dominada por las pasiones carnales y entregarnos a la vida piadosa en las situaciones y relaciones de nuestra vida diaria. Filipenses 2:13 dice: "porque Dios es el que en vosotros produce así el querer como el hacer, por su buena voluntad".

Por la gracia justificadora de Dios nunca batallamos en nuestras propias fuerzas el sinnúmero de tentaciones que existen en este mundo. El gran vencedor batalla a nuestro favor. Nunca combatimos solos el pecado que aún vive en nuestro interior. El Espíritu pelea por nosotros aun en los momentos en los que estamos demasiado débiles para hacerlo. Ya tenemos el poder para no ceder a los pensamientos y deseos pecaminosos. Ya tenemos la capacidad de alcanzar todo lo bueno a lo que Dios nos ha llamado. Hemos recibido todo lo que necesitamos para la batalla espiritual que todos vamos a librar hasta que nos encontremos al otro lado, y la provisión es Dios mismo. El regalo más grande de nuestra justificación es el regalo de Dios en persona.

Por eso, Santiago puede decir sin dudas y sin reservas: "Someteos, pues, a Dios; resistid al diablo, y huirá de vosotros" (Stg. 4:7). Satanás no huye por nuestro poder, sino por la presencia y el poder del que ahora vive en nosotros. El que lo derrotó en su vida, en su muerte y en su resurrección ahora vive en nosotros. Satanás sabe que es un enemigo derrotado. Así que cuando resistimos en la fuerza del que venció, él huye. Esta es la esperanza de cada creyente mientras vivimos en este mundo donde la tentación sigue rondando y el pecado interior sigue latente.

¿Qué podría ser más glorioso y al mismo tiempo más práctico que esto? El Dios poderoso vive en nosotros y nos da el poder para enfrentar la tentación, nos transforma para desear lo recto y nos infunde la fortaleza para hacerlo. No solo somos perdonados, no solo somos adoptados, no solo somos amados eternamente, sino que también hemos recibido, en la presencia de Dios que mora en nosotros, posibilidades ilimitadas para una forma de vida completamente nueva. No existe una vida cristiana sin el Espíritu del Cristo vivo morando en nosotros.

Ricardo y Margarita vivían como si no tuvieran idea de las posibilidades ilimitadas que les pertenecían como hijos de Dios. Un matrimonio es un buen matrimonio cuando los individuos involucrados en la relación se niegan. No quiero decir que se niegan el uno al otro. Quiero decir que se niegan a sí mismos. Se niegan a dar rienda suelta a emociones descontroladas, a pensamientos equivocados y a deseos egoístas, se dan vuelta y van en otra dirección. ¿Cómo es posible negarse a sí mismo? Es posible por la misma bendición de la que hablamos aquí, es decir, por la asombrosa bendición de la poderosa presencia de Dios en nosotros. Si quieres destruir tu vida y tus relaciones, lo único que tienes que hacer es ceder a todos tus pensamientos y deseos, ir en pos de ellos y hacer cuanto te dictan. Esto es, en pocas palabras, lo que hicieron Ricardo y Margarita. Con su falta de autocontrol diezmaron el amor, la esperanza y el gozo de su matrimonio. *¿Estás viviendo las nuevas posibilidades que te pertenecen por la gracia justificadora de Dios? ¿En qué has cedido a pensamientos, deseos y tentaciones que ahora tienes el poder de resistir? ¿En qué aspectos de tu vida y de tus relaciones necesitas ejercitar tu poder para vivir de un modo nuevo?*

Valores

Debo confesar que tengo problemas con mi asignación de valores. Hay asuntos en mi vida que adquieren un valor desproporcionado en relación con su verdadera importancia, y, cuando eso sucede, acaparan mi corazón, controlan mis pensamientos y deseos, y guían mi comportamiento. Puedo perder de vista lo que es verdaderamente importante, aquello por lo cual sí vale la pena vivir y lo que realmente satisfará mi corazón anhelante. Uno de los beneficios de las misericordias justificadoras de Dios es el poder para esclarecer y reorientar nuestros valores.

Piensa en lo que Dios hizo para ofrecerte su gracia justificadora. Considera que Él orquestó cuidadosamente los sucesos de la historia humana a fin de que Jesús viniera en el momento indicado. Considera el costo que supuso que Jesús dejara el esplendor del cielo para someterse a las arduas experiencias de la vida en este mundo caído. Considera la condena injusta, la horrenda tortura física, el dolor público y la vergüenza en la cruz y el rechazo de su propio Padre, todo lo cual estuvo dispuesto a soportar Jesús porque entendía el valor eterno de su obra a nuestro favor. Considera que Dios ha reinado sobre cada situación, lugar y relación de nuestra vida para que nosotros fuéramos confrontados con la realidad de nuestro propio pecado y del glorioso ofrecimiento de su gracia perdonadora. Considera que Él nos dio la capacidad de entender estas verdades y el poder para creerlas.

Considera que Él ha dirigido cuidadosamente la escritura, transmisión y preservación de su Palabra a fin de que pudiéramos conocerlo, confiar en Él y seguirlo. Considera el valor del don del Espíritu para animar esta nueva vida que su gracia justificadora nos concede. Considera el valor de todo lo que Dios ha hecho para tratar la plaga más grande que existe, la que nos infecta a todos y siempre conduce a la muerte: el pecado.

Ricardo y Margarita habían perdido de vista lo que era verdaderamente importante en la vida y la muerte. Discutían por trivialidades y peleaban por asuntos pasajeros. Lo que valoraban no era tan valioso como ellos creían. Eran una pareja que necesitaba con urgencia esclarecer sus valores con ayuda del evangelio de Jesucristo.

¿Podrá existir un tesoro más valioso que esto? ¿Existirá algo, un bien, una persona, una experiencia, un poder o algún éxito que sea más valioso que la misericordia justificadora del Señor y todas las ricas bendiciones que de ella fluyen?

El valor incalculable del tesoro del reino redentor de Dios quedó plasmado en dos breves parábolas en Mateo 13.

> Además, el reino de los cielos es semejante a un tesoro escondido en un campo, el cual un hombre halla, y lo esconde de nuevo; y gozoso por ello va y vende todo lo que tiene, y compra aquel campo.
>
> También el reino de los cielos es semejante a un mercader que busca buenas perlas, que habiendo hallado una perla preciosa, fue y vendió todo lo que tenía, y la compró (Mt. 13:44-46).

El reino de los cielos es el reino redentor de Dios. Estas dos parábolas lo presentan como un tesoro por el cual vale la pena entregarlo todo. Es realmente el tesoro supremo. Nada se compara en valor con lo que nuestro Rey Salvador ha hecho por nosotros. Tenemos que repasar una y otra vez y recordar una y otra vez el valor de la misericordia justificadora de Dios y permitirle que nos imparta su bendición reorientando y esclareciendo nuestros valores. Tenemos que rehusarnos a dejar que el valor de otras cosas nos haga desviarnos del evangelio y nos tiente a buscar otra vez tesoros como si no hubiéramos recibido ya el tesoro más grandioso que haya sido dado jamás. *¿Qué ha adquirido valor excesivo en tu corazón y en tu vida muy por encima de su verdadero valor? ¿Es posible que en tu vida y en tus relaciones necesites considerar una vez más las verdades de la gracia justificadora de Dios que esclarezcan tus valores?*

Defensa

Si eres beneficiario de la gracia justificadora de Dios puedes esperar estar bajo ataque. La Biblia describe a Satanás como un león rugiente que anda buscando a quién devorar. Es una advertencia aterradora, pero vital. Aunque la gracia justificadora nos ha dado paz con Dios, el mundo en el que vivimos no está en paz. La guerra espiritual está presente en todas partes. Incluso los momentos más triviales se complican por cuenta de esta guerra espiritual. Llegará un día en el que esta guerra cese. En aquel día ya no habrá más tentación y no habrá más enemigo merodeando, pero ese día no ha llegado aún. Así que hoy debemos vivir con los ojos abiertos y con los corazones dispuestos a defendernos contra los ataques tanto ordinarios como extraordinarios del enemigo.

No existe mayor defensa contra las mentiras del enemigo que buscan debilitar tu fe y tu determinación aparte de la verdad de la doctrina de la justificación. Permíteme explicar esto. Satanás opera en tu vida por medio de dos estrategias. En primer lugar, se sirve de tu pecado, de tu debilidad y de tus faltas constantes. Cuando pecas por no vivir a la altura de las normas divinas claramente reveladas, él se acerca a decirte cosas como: "Tal vez después de todo no eres un hijo de Dios", "Dios debe estar muy decepcionado contigo", "Si Dios te amara realmente, ¿acaso no te ayudaría ahora mismo a hacer lo correcto?" o "Mira tu vida; tal vez nada de lo que has creído hasta ahora sea tan cierto como pensaste".

Por otro lado, la doctrina de la justificación te brinda una poderosa defensa contra estos ataques. Sí, has sido llamado a obedecer. Sí, has sido llamado a dejarlo todo, a tomar tu cruz y a seguir a tu Salvador. Pero la doctrina de la justificación te dice que tu aceptación delante de Dios nunca se ha basado y nunca se basará en tu historial de rectitud. Tu aceptación delante de Dios, incluso en tus peores momentos de necedad y rebeldía, se basa en la roca sólida de la vida perfectamente recta y en la muerte del Señor Jesucristo que pagó toda nuestra condena. Cuando Jesús clamó en la cruz "Consumado es" lo dijo de manera terminante. Había completado todo lo que se necesitaba para asegurar nuestro perdón eterno y nuestra aceptación delante de Dios.

No hubo entonces y no hay nada ahora que haya quedado pendiente aparte de aceptar esa obra por la fe. Cada vez que Satanás denuncie tu maldad, recuérdale la justicia perfecta de Jesús y tendrá que huir. Él sabe que es un enemigo derrotado y que es incapaz de deshacer la obra completa que hizo Jesús a tu favor.

Sí, debes buscar a diario llevar una vida piadosa. Debes pararte diariamente frente al espejo perfecto de la Palabra de Dios que te revela con precisión las áreas en las que necesitas crecer en gracia. Sin embargo, no puedes prestar atención a los ataques que devalúan la justicia de Cristo que Él te ha imputado y que asocia tu medida de rectitud con tu aceptación delante de Dios. Eres aceptado eternamente no porque seas recto y digno, sino porque Jesús es recto y digno en tu lugar. Cuando fallas, confiesas tu pecado, te comprometes a arrepentirte y luego te levantas a celebrar la posición eterna que tienes delante de Dios en virtud de la vida justa y de la muerte de Jesús en tu lugar.

Hay una segunda estrategia que emplea Satanás para debilitar tu fe y tu determinación. Es el misterio de la soberanía de Dios. En esos momentos en los que la vida es difícil y el sufrimiento palpable, él se acerca y te dice cosas como: "¿Dónde está tu Dios en este momento?", "Pensé que Dios te amaba. ¿Acaso permitiría un Dios amoroso que te suceda esto?", "Tal vez Dios te ha abandonado; tal vez sus promesas no son confiables a fin de cuentas" o, "Quizá Dios no tiene el poder para ayudarte como había dicho". Una vez más, tu mejor defensa contra esos ataques es la doctrina de la justificación. Gracias a lo que Jesús ha hecho por ti no hay nada en el cielo ni en la tierra que pueda separarte del amor de Dios. La dificultad en tu vida nunca es una señal de infidelidad, debilidad ni abandono divinos. Antes bien, estas vicisitudes se convierten en herramientas del amor redentor en tu vida.

Me fascina las palabras finales de Pablo en su exposición acerca del sufrimiento que todos vamos a enfrentar en este mundo que gime. Dedica tiempo a asimilar las palabras de Romanos 8:31-39.

> ¿Qué, pues, diremos a esto? Si Dios es por nosotros, ¿quién contra nosotros? El que no escatimó ni a su propio Hijo, sino que lo entregó por todos nosotros, ¿cómo no nos dará también con él todas las cosas? ¿Quién acusará a los escogidos de Dios? Dios es el que justifica. ¿Quién es el que condenará? Cristo es el que murió; más aun, el que también

resucitó, el que además está a la diestra de Dios, el que también intercede por nosotros. ¿Quién nos separará del amor de Cristo? ¿Tribulación, o angustia, o persecución, o hambre, o desnudez, o peligro, o espada? Como está escrito:

> Por causa de ti somos muertos todo el tiempo;
> Somos contados como ovejas de matadero.

Antes, en todas estas cosas somos más que vencedores por medio de aquel que nos amó. Por lo cual estoy seguro de que ni la muerte, ni la vida, ni ángeles, ni principados, ni potestades, ni lo presente, ni lo por venir, ni lo alto, ni lo profundo, ni ninguna otra cosa creada nos podrá separar del amor de Dios, que es en Cristo Jesús Señor nuestro.

Lo que dice Pablo es gloriosamente cierto. La vida, la muerte y la resurrección de Jesús son la garantía para todos los que creen del inseparable, infalible, inagotable y eterno amor de Dios. Sin importar cómo te sientas en un momento dado, eres amado. Sin importar que sufras, eres amado. Sin importar cuán confusa sea la vida, eres amado. Sin importar cuánto batalles con tus muchas responsabilidades, eres amado. En días buenos y en días malos, eres amado. Cuando la vida es fácil y cuando es difícil, eres amado. Nada tiene el poder de desconectarte del poderoso amor redentor de Dios. Cuando Satanás lanza su argumento del aparente distanciamiento de Dios, respóndele con la seguridad del amor inseparable de Dios, y huirá. Satanás sabe que no puede romper ese lazo inseparable.

La teología cristiana no puede llegar más lejos de lo que ya se ha expuesto. La santidad de la justificación no solo explica los medios que hacen posible tu perdón y aceptación por parte de Dios, sino que también está acompañada de un depósito de bendiciones para el aquí y el ahora que cambian por completo tu forma de vivir y de defenderte contra los ataques de Satanás. Esta doctrina es gloria que desciende sobre la tierra a tu vida en la persona y en la obra de Jesucristo.

• • •

Quizá te preguntes qué sucedió con Ricardo y Margarita. Su matrimonio no solo había sufrido por su desconfianza mutua, sino en sus cimientos por sus dudas acerca de Dios mismo. No solo habían sucumbido a actitudes y comportamientos dañinos para su unión, sino que habían sucumbido a los ataques de Satanás. Cuando dudas de alguien, dejas de acudir a esa persona para buscar ayuda. Hacía mucho tiempo que Ricardo y Margarita no clamaban a Dios para pedirle ayuda. Habían dejado de acudir a su Palabra en busca de sabiduría y aliento. Sabían de su necesidad de consejo matrimonial estratégico, pero necesitaban algo mucho más esencial. Esta pareja de casados necesitaba con urgencia el evangelio de la gracia justificadora de Jesús.

Yo sabía que tenía que mostrarles ese depósito de bendiciones que les pertenecían en Cristo. Tenía que ayudarles a recordar una vez más quiénes eran y lo que habían recibido de Dios. Además, tenía que ayudarles a entender cómo podían vivir juntos su matrimonio y relacionarse a la luz de esas bendiciones.

Ricardo y Margarita acudieron a mí quebrantados, enojados, heridos, exhaustos y descorazonados, y yo les ofrecí el evangelio de la gracia redentora. No, no la gracia en un sentido académico y teórico. Les presenté la cultura, la identidad y el estilo de vida que resultan de caminar a diario en la verdad de la gracia justificadora de Dios. Ricardo y Margarita escucharon y aprendieron, confesaron y celebraron y empezaron a vivir con el otro de un modo diferente. Aunque el cambio no fue instantáneo, sí hubo ajustes paulatinos, y aunque no tienen un matrimonio perfecto, su relación ha experimentado una transformación radical.

Estoy convencido de que no deberíamos limitarnos a predicar esta doctrina de la gracia justificadora a los no creyentes, sino anunciarla también a los creyentes. Sin importar por cuánto tiempo hayas conocido al Señor, tienes que reexaminar y reorientar tu manera de pensar, tu identidad y tus valores conforme a la visión radical de la vida que fluye de esta verdad central del evangelio. ¿Se ha desviado tu vida como sucedió con Ricardo y Margarita? ¿Has perdido con los años tu enfoque en el evangelio? ¿Vives cada día a la luz de quien eres y de lo que te ha sido dado en la gracia justificadora de Jesús? ¿Han cautivado tu corazón las verdades que hemos considerado al punto de moldear tu manera de vivir? ¿Buscas afanosamente en las relaciones horizontales lo que ya has recibido en el depósito de bendiciones que te pertenecen por la gracia justificadora de Dios? Es mi anhelo que podamos recordar la gracia justificadora y que, al recordarla, sigamos siendo transformados por su profundidad, su amplitud y su influencia en cada aspecto de nuestra vida.

19

La doctrina de la santificación

A QUIENES DIOS ha llamado y regenerado eficazmente, en quienes ha creado un nuevo corazón y un nuevo espíritu, además ha santificado. Dios hace esto de manera real y personal en virtud de la muerte y la resurrección de Jesucristo y por su Palabra y el Espíritu que mora en ellos. Para ellos, el dominio del pecado es destruido y sus concupiscencias pecaminosas se debilitan y mortifican más y más. Son vivificados y fortalecidos más y más por la gracia salvadora para buscar la verdadera santidad, sin la cual nadie verá al Señor.

Si bien esta santificación se extiende a cada parte de su persona, ellos nunca serán perfectos en esta vida. Quedan remanentes de la corrupción del pecado en cada parte de su ser. En ellos se libra una batalla constante que no va a menguar, en la que la carne lucha contra el Espíritu y el Espíritu contra la carne.

En esta guerra es posible que la corrupción remanente en ellos prevalezca por un tiempo, pero, a través de la fortaleza continua del Espíritu de Cristo que santifica, su nueva naturaleza triunfará y de ese modo crecerán en gracia, perfeccionando la santidad en el temor del Señor.[1] Véanse

---

1   Paráfrasis del autor de la doctrina de la santificación como aparece en apartes de la Confesión de Fe de Westminster, cap. 13.

Juan 17:17; Hechos 20:32; Romanos 6:5-6, 14, 19; 7:18, 23; 1 Corintios 6:11; 2 Corintios 3:18; 7:1; Gálatas 5:17, 24; Efesios 3:16-19; 4:15-16; 5:26; Colosenses 1:11; 1 Tesalonicenses 4:7; 5:21-23; 2 Tesalonicenses 2:13; 2 Timoteo 2:21; Hebreos 10:10, 14; 12:14; 1 Pedro 1:2; 2:11.

Cómo entender la doctrina de la santificación

Recuerdo con claridad aquella noche como si hubiera sucedido esta semana. Fue el momento en el que la convicción de pecado y la gracia salvadora estallaron en mi corazón. Aunque era pequeño, fui redargüido por la gracia para confesar mi pecado y rogar el perdón del Redentor. Fue un momento conmovedor de rescate espiritual que dio un giro a mi vida y que era mucho más grande, glorioso y transformador de lo que yo podía comprender a mi tierna edad. Fue el principio del camino de gracia que recorro hasta el día de hoy.

He meditado cientos de veces en ese momento. Es un ejemplo específico y hermoso de la magnitud y la ternura del amor redentor de Dios. El Dios Todopoderoso se introdujo en un momento en el tiempo y visitó, no el corazón de un gran héroe o rey, sino de un pequeño niño sin importancia. Acercó a ese niño a sus brazos amorosos y lo hizo suyo para siempre. Aunque entendí muy poco aquella noche acerca de la magnitud de lo sucedido, supe que era un hijo de Dios recién nacido y perdonado. Aquella noche supe que la carga de culpa que se había acumulado en mí había sido quitada. Seguiré durante diez mil años en la eternidad cantando himnos de alabanza por ese momento de gracia.

Por asombroso y glorioso que haya sido ese momento de rescate redentor, no fue de ningún modo todo lo que Dios tenía para mí. Esa noche no fue la culminación de la obra de Dios de gracia redentora en mi corazón y en mi vida, sino apenas el inicio de un proceso de gracia sobre gracia redentora que perdura toda la vida. Dios no se contenta con simplemente declararnos justos. Esa declaración es un acto glorioso de misericordia divina, pero este Dios de misericordia quiere más para nosotros. No quedará satisfecho hasta que haya formado en nosotros verdadera rectitud. El proceso mediante el cual la verdadera rectitud se forma en nosotros se llama santificación. *La santificación es el proceso por medio del cual Dios nos convierte como tal en lo que Él ha declarado que seamos en Cristo: justos*. Esto significa que nuestro Salvador todavía está efectuando su obra de salvarnos.

Aquí es donde la doctrina de la santificación inspira humildad. El enfoque del proceso de santificación no es rescatarnos del mal externo que abunda en tentaciones por doquier. El enfoque principal de la santificación es rescatarnos constantemente de *nosotros* mismos a lo largo de toda la vida. Aunque hemos sido perdonados, declarados justos y adoptados como hijos de Dios, la suciedad y el caos del pecado persisten en nosotros. La doctrina de la santificación nos exige reconocer que estamos profundamente necesitados de ayuda. Nos exige reconocer que nuestra necesidad de ayuda es tan insondable que solo la intervención divina podrá proveer la ayuda que necesitamos. Y nos exige aceptar que nuestro problema con el pecado restante nos afecta a tantos niveles y de manera tan profunda y expandida que resolverlo tomará el resto de nuestros días sobre la tierra. La doctrina de la santificación constituye una reprimenda a cualquier tipo de cristianismo pasivo y jactancioso. Tú no eres lo suficientemente bueno, no eres lo suficientemente limpio, no eres lo suficientemente semejante a Cristo y no tienes los recursos suficientes para solucionar estos problemas por ti mismo. La santificación declara a todos los creyentes personas necesitadas de lo que solo la gracia de Dios nos puede proveer.

Sin importar por cuánto tiempo hayas conocido al Señor, aún necesitas que la obra salvadora opere en tu corazón. Sin importar cuánto hayas crecido en la gracia, todavía necesitas crecer en la gracia. Sencillamente, no existe tal cosa como un egresado de la santificación. Y, aunque la verdad de Dios es una herramienta poderosa, nuestra santificación no consiste primordialmente en adquirir información. Es posible ser audaz teológicamente y conocedor bíblico y, a la vez, inmaduro espiritualmente. La santificación es una transformación de corazón y de vida. Es la restauración del carácter. Es ser moldeado por el poder de la mano salvadora de Dios en la semejanza de Jesucristo. Te verás igual, tus talentos naturales seguirán siendo los mismos y tu personalidad básica seguirá ahí, pero no serás el mismo después de años de la obra maravillosa de la gracia en ti, porque te asemejarás más a Jesús que cuando creíste al principio.

Dediquemos pues un momento a examinar el proceso de la santificación de Dios. Como las demás doctrinas, la santificación es un pozo inagotable de gloria redentora, demasiado profundo para ser extraído en unas cuantas páginas. Por consiguiente, mis explicaciones serán selectivas y no exhaustivas, aunque hay algunas cosas que me gustaría subrayar, examinar y aclarar.

La gracia

Aunque Dios te llama a entregarte a la labor de tu propia espiritualidad, la obra de la santificación es obra *de Dios*. La lectura de la Palabra de Dios, la oración, la predicación y la enseñanza de las Escrituras, los sacramentos, la adoración pública y el ministerio del cuerpo de Cristo son herramientas de la gracia santificadora de Dios, pero no producirían nuestra santificación si la gracia salvadora de Dios no las usara con su poder transformador. Somos tan incapaces de santificarnos a nosotros mismos como lo somos para justificarnos a nosotros mismos. La derrota paulatina del pecado restante y nuestro progreso hacia la madurez espiritual nos obligan a depender por completo de nuestro Salvador.

Hay dos pasajes que nos sirven como recordatorios de lo que impulsa nuestra santificación continua. En Filipenses 2:12-13, Pablo expone claramente las dos caras del proceso de santificación: "Por tanto, amados míos, como siempre habéis obedecido, no como en mi presencia solamente, sino mucho más ahora en mi ausencia, ocupaos en vuestra salvación con temor y temblor, porque Dios es el que en vosotros produce así el querer como el hacer, por su buena voluntad".

Pablo entiende que nuestra santificación es un llamado a la obediencia y un llamado a ir en pos de todo lo que nos pertenece en Cristo, es decir, a aplicar cada gracia de nuestra salvación a cada aspecto de nuestra persona y a cada área de nuestra vida. Sin embargo, Él quiere que sepamos que nuestra santificación no depende de nuestra obediencia, sino de la poderosa gracia salvadora de nuestro Señor que está siempre presente y activa. Entonces dice: "¿Están obedeciendo, marchando en pos de lo que les pertenece en Cristo, aferrados al consuelo y a la esperanza de saber que Dios obra en su voluntad y en sus deseos, cambiando aquello que ustedes no podrían cambiar en sus fuerzas?". Tú y yo hemos sido llamados a la obra santificadora, pero la carga de nuestra santificación no descansa sobre nuestros hombros, sino sobre los hombros infinitamente competentes de nuestro Salvador.

En otro pasaje de Filipenses, Pablo dice lo siguiente acerca de la santificación: "estando persuadido de esto, que el que comenzó en vosotros la buena obra, la perfeccionará hasta el día de Jesucristo" (Fil. 1:6). Observa que Pablo no dice: "Estoy persuadido de que lo lograrán, tomarán su salvación seriamente y obedecerán tal y como se les ha ordenado". No. Cuando habla de la santificación de los creyentes filipenses, Pablo reconoce que la fuente de su confianza es el mismo Señor que los eligió, los llamó y los justificó. La confianza de Pablo descansa en la certeza de que Dios nunca abandonará la obra salvadora que empezó.

Por eso es tan importante este principio. Sí, estamos llamados a obedecer. Sí, estamos llamados a ocuparnos de nuestra salvación con tal seriedad que procuremos crecer en cada aspecto de esa salvación, buscando aplicarla a cada dimensión de nuestra vida. Pero hay un problema. Debido a que el pecado aún vive en nuestro interior, nuestros corazones se inclinan a ser inconstantes, dispersos e infieles. Debido a que el pecado aún vive en nosotros, hay ocasiones en las que el mundo por fuera de los límites divinos nos parece más atractivo de lo que debería. Debido a que el pecado aún vive en nosotros, nos volvemos perezosos e impacientes, abandonando por momentos los compromisos que hemos asumido. Debido a que el pecado aún vive en nosotros, se libra una guerra constante de adoración en nuestro corazón, por la que nos debatimos constantemente entre la adoración a Dios y la adoración de las cosas creadas. Debido a que el pecado aún vive en nosotros, hay momentos en los que abrigamos cuestionamientos acerca de la bondad, la fidelidad y el amor de Dios.

Por cuenta del pecado que aún vive en nosotros, si de nosotros dependiera completamente nuestra santificación (ese proceso mediante el cual crecemos en gracia y adquirimos la semejanza de nuestro Salvador), nunca seríamos santificados. Por ello no bastó con que Dios nos perdonara y adoptara; Él literalmente vino a morar en nuestro interior por su Espíritu y continúa rescatándonos, restaurándonos y dándonos poder desde que nos convertimos hasta nuestra partida al hogar celestial. Todos necesitamos hoy la ayuda esencial de la gracia salvadora de Dios tanto como la necesitamos el primer día que creímos.

Puede parecer contradictorio, pero no lo es. En la vida cristiana estamos llamados a trabajar y a descansar. Estamos llamados a nunca dejar de ocuparnos de nuestra salvación, a nunca permitirnos menospreciarla, a nunca volvernos fríos o perezosos espiritualmente y a nunca abandonar las disciplinas espirituales a las cuales hemos sido llamados. La vida cristiana es una invitación a la obra más maravillosa que existe, la obra de la redención. Estamos llamados a asumir nuestra nueva vida en Cristo con una ética de trabajo espiritual. Estamos llamados a trabajar.

Por otro lado, también estamos invitados al reposo más deleitoso que nuestros corazones podrían conocer (He. 4:9-11). Este reposo es el resultado de la obra completa de Jesús a nuestro favor y se hace aún más deleitoso cuando entendemos que Dios no solo nos ha perdonado y aceptado, sino que también ha venido a morar en nosotros. Aquel que es todopoderoso, que no puede mentir y nunca abandonará lo que empezó en nosotros, no cesa de obrar en nuestra vida. Él hace diariamente en nosotros y por nosotros lo que nunca podríamos hacer por nosotros mismos. Él sabe exactamente lo que necesitamos y qué herramientas usar para llevarlo a cabo. A medida que nos ocupamos de nuestra salvación, Él manifiesta su gracia a fin de que nuestra obra redunde en nuestro crecimiento espiritual. Sin la actividad continua de su presencia y de su gracia, ninguno de sus hijos crecería en la gracia y en su semejanza. Empieza cada día pidiendo en oración la gracia santificadora; luego, con un corazón en reposo, entrégate a la obra espiritual a la que has sido llamado.

Muerte y vida

Nuestra santificación es en realidad un proceso de muerte y vida. Los dos son componentes esenciales y entretejidos del continuo proceso salvador de Dios en las vidas de sus hijos. La santificación es un proceso de muerte. El pecado que sigue presente en nosotros es crucificado de manera paulatina. Imagina que te regalan una casa nueva y hermosa. Imagina tu emoción cuando abres la puerta y vas pasando de una habitación hermosa a la siguiente. Imagina tu gratitud y tu dicha. Ahora imagina que, a pesar de toda esa belleza, esa casa nueva y hermosa tiene un grave problema.

En ella vive también un asesino malvado y mentiroso. Por seductoras que sean sus palabras y por inofensivo que a veces parezca, solo busca una cosa: hacerte daño. Quiere robarte el gozo, destruir tu confianza en tu benefactor y llenarte de miedo. No hay bien en él, sus intenciones son malas siempre y nunca es confiable. ¿Acaso no harías todo lo que está a tu alcance para sacarlo de tu casa? ¿O buscarías la manera de aceptar su presencia en tu casa? ¿Le facilitarías que hiciera su obra malvada? ¿Acaso no harías todo lo posible para deshacerte de su maligna presencia?

Eso es lo que sucede con el pecado restante. El pecado es un asesino engañoso, perverso y seductor que todavía acecha en los rincones de tu corazón. El pecado siempre es dañino y destructivo, nunca trae nada bueno. El pecado es algo con lo que nunca deberías acostumbrarte a convivir. El pecado nunca es bienvenido a habitar en la casa que es tu corazón. El pecado debe ser destruido. Debe ser erradicado. Debe ser crucificado. No hay ningún plan alternativo que sea aceptable. El objetivo de la gracia santificadora de Dios es la muerte definitiva del pecado que sigue en nosotros. Piensa en las palabras de Pablo:

> Por cuanto los designios de la carne son enemistad contra Dios; porque no se sujetan a la ley de Dios, ni tampoco pueden; y los que viven según la carne no pueden agradar a Dios.
>
> Mas vosotros no vivís según la carne, sino según el Espíritu, si es que el Espíritu de Dios mora en vosotros. Y si alguno no tiene el Espíritu de Cristo, no es de él…
>
> Así que, hermanos, deudores somos, no a la carne, para que vivamos conforme a la carne; porque si vivís conforme a la carne, moriréis; mas si por el Espíritu hacéis morir las obras de la carne, viviréis (Ro. 8:7-9, 12-13).

Recuerda las palabras de Pablo en Romanos dos capítulos atrás: "¿Qué, pues, diremos? ¿Perseveraremos en el pecado para que la gracia abunde? En ninguna manera. Porque los que hemos muerto al pecado, ¿cómo viviremos aún en él?" (Ro. 6:1-2).

Ya que no nos queda opción racional desde la perspectiva espiritual de ser pasivos frente al pecado restante y su poder destructor, solo nos queda hacer nuestra parte en la obra del Espíritu de hacerlo morir. ¿Cómo hacemos esto? Me encantan las palabras de Pablo en 2 Corintios 10:4-5: "Porque las armas de nuestra milicia no son carnales, sino poderosas en Dios para la destrucción de fortalezas, derribando argumentos y toda altivez que se levanta contra el conocimiento de Dios, y llevando cautivo todo pensamiento a la obediencia a Cristo".

Cualquier tipo de asunto, pensamiento, deseo, motivación, propósito, plan, actitud o acción que de cualquier modo o forma se opone al conocimiento de Dios y a la nueva vida en su Hijo debe ser destruido. ¿Cómo? Por medio de la verdad de Dios en su Palabra, de una confesión humilde y sincera, y de la búsqueda de la ayuda del Espíritu para apartarse de todo lo que se opone a Dios y a su voluntad. El pecado debe ser crucificado; no hay otra opción. No tenemos el poder para hacerlo morir en nuestras fuerzas, pero con confianza en la presencia y en la obra del Espíritu tomamos las armas que tienen poder divino y salimos a cazar y dar muerte al pecado.

Sin embargo, es importante entender que la santificación no se limita a dar muerte al pecado, sino que también implica la nueva vida en Cristo. Para ello, Colosenses 3:1-4 es un pasaje provechoso:

> Si, pues, habéis resucitado con Cristo, buscad las cosas de arriba, donde está Cristo sentado a la diestra de Dios. Poned la mira en las cosas de arriba, no en las de la tierra. Porque habéis muerto, y vuestra vida está escondida con Cristo en Dios. Cuando Cristo, vuestra vida, se manifieste, entonces vosotros también seréis manifestados con él en gloria.

En Cristo hemos resucitado a una nueva vida y, en virtud de ello, Pablo dice que deberíamos "buscar las cosas de arriba". ¿Qué significa esto? En este pasaje, Pablo nos llama a vivir en una búsqueda activa de todas las bendiciones de la nueva vida que manan del trono de nuestro Rey y Salvador resucitado. En lugar de buscar los tesoros y placeres vanos y pasajeros de este mundo creado, Pablo nos anima a ir en pos de las bendiciones transformadoras y eternas que satisfacen el corazón, las cuales nos pertenecen en Cristo. Pablo nos recuerda que esto debe ser lo que nos ocupa, esta debe ser la cosmovisión de la riqueza del evangelio que cambia nuestra manera de pensar acerca de lo que es importante en la vida y que, como resultado, altera nuestra forma de vivir. Buscamos las cosas de arriba como una celebración de nuestra vida nueva en Cristo. Esta es nuestra "obra de la santificación" hasta que al fin estemos con nuestro Salvador en la gloria.

Así que, en tus amistades, busca las cosas de arriba. En tu universidad, busca las cosas de arriba. En tu matrimonio, busca las cosas de arriba. En tu sexualidad, busca las cosas de arriba. En tu crianza, busca las cosas de arriba. En tu carrera, busca las cosas de arriba. En tus finanzas, busca las cosas de arriba. En tus pensamientos, deseos y motivaciones, busca las cosas de arriba. Cada dimensión de nuestra vida nos brinda la oportunidad de buscar, experimentar y disfrutar las exclusivas bendiciones de la nueva vida que nos pertenecen como hijos de Dios. Al hacerlo, Dios sale a nuestro encuentro con su gracia santificadora, convenciéndonos, animándonos, transformándonos y capacitándonos para su servicio. Buscamos lo que Él ha provisto en Cristo y el resultado es que maduramos en su gracia. Una parte sustancial de las Escrituras, las epístolas del Nuevo Testamento, fueron escritas para explicar detalladamente cómo se vive esta nueva vida en Cristo. Comunican la realidad de esta nueva vida a cada área vital con explicaciones, aplicaciones e instrucciones detalladas.

La santificación es en realidad un proceso de vida y muerte que perdura a lo largo de la existencia. La santificación es el debilitamiento paulatino de la dominación del pecado y el avance cada vez mayor del reinado del Cristo resucitado en nuestros corazones.

El Espíritu Santo

Aunque Dios se sirve de muchas herramientas de santificación para continuar su obra redentora en nuestros corazones, ninguna de ellas tiene poder santificador en sí mismas. El martillo de un carpintero no tiene poder en sí mismo. Su capacidad de clavar un clavo en un trozo de madera depende por completo de la voluntad, la fuerza y la pericia del carpintero que lo sostiene. Lo mismo sucede con todas las herramientas que Dios usa para que crezcamos en su gracia y en su semejanza; no tienen poder aparte de la obra dinámica del Espíritu Santo que las usa para continuar su obra en nuestro corazón y en nuestra vida.

Estas son algunas formas en las que el Espíritu Santo obra para que crezcamos en gracia.

El Espíritu continúa en nuestro corazón su obra de renovación. En 2 Corintios 4:16, Pablo nos anima con la realidad de que, aunque nuestros cuerpos experimentan un lento proceso de deterioro, nuestro ser interior es renovado día a día. Un aspecto importante de nuestra santificación es el ministerio constante del Espíritu Santo a través del cual nos imparte vida.

El Espíritu nos bendice con su ministerio de convencer de pecado. No habría gracia de santificación sin la gracia de la convicción. La convicción de pecado no es juicio, sino más bien la obra de nuestro amoroso Padre celestial que, a través del Espíritu Santo, abre nuestros ojos y suaviza nuestro corazón para acercarnos a Él y poder así caminar junto a Él. Debido a la tendencia persistente de nuestros corazones a errar, la convicción de pecado es una de las mayores bendiciones de la gracia santificadora de Dios.

El Espíritu nos revela la Palabra de Dios. Jesús dijo a sus temerosos y confundidos discípulos: "Cuando venga el Espíritu de verdad, él os guiará a toda la verdad" (Jn. 16:13). El Espíritu Santo continúa su obra para que tengamos una comprensión cada vez más profunda de las verdades de la Palabra de Dios. El Espíritu Santo obra a través de nuestro estudio de la Palabra para enseñarnos cómo aplicar de manera más práctica y constante sus verdades a nuestra vida diaria y a nuestras relaciones. A medida que nos consagramos al estudio de las Escrituras, el Espíritu Santo obra para iluminar nuestra mente y avivar nuestro corazón de tal modo que no simplemente recibamos información en nuestro estudio de la Palabra, sino que también seamos transformados por ella.

El Espíritu nos da el poder para obedecer. Por causa del efecto paralizador y debilitante del pecado, nos volvemos inútiles para ser lo que Dios ha dictaminado que seamos y para hacer lo que Él nos ha encomendado. Puesto que el pecado nos incapacita (y nos hace reacios), necesitamos con urgencia la gracia que nos da el poder para vivir como Dios quiere. Esa gracia nos es dada en la persona y en la obra del Espíritu Santo. Él vive en nuestro interior y nos infunde el poder para tomar los nuevos pasos de la fe y la obediencia y para conquistar nuevo territorio en nuestro crecimiento en la gracia.

El Espíritu lleva nuestro clamor al Padre. La vida entre el "ya" y el "todavía no" es a menudo tan angustiante y confusa que no sabemos cuál es el "bien" que Dios quiere que busquemos. Como no siempre entendemos lo que Dios hace y dudamos cómo responder a ello, no sabemos con certeza qué pedir en oración. Anímate con las palabras de Pablo en Romanos 8:26: "Y de igual manera el Espíritu nos ayuda en nuestra debilidad; pues qué hemos de pedir como conviene, no lo sabemos, pero el Espíritu mismo intercede por nosotros con gemidos indecibles". En vez de criticar la calidad de nuestras oraciones, el Espíritu Santo transmite nuestros gemidos torpes y confusos al Padre, presentando a favor nuestro las necesidades que somos incapaces de expresar con palabras. En nuestro proceso de santificación a veces no sabemos cómo orar, pero no tenemos que desanimarnos porque en esos momentos el Espíritu nos ayuda por medio de su gracia. Cuando no sabes cómo orar, ora de todos modos, creyendo que el Consolador está cerca.

El Espíritu nos recuerda que somos hijos adoptivos de Dios. "Consolador" es un título con el que Jesús se refirió al Espíritu Santo en sus momentos finales con los discípulos. La vida en este mundo caído es dura. La santificación es como un camino pedregoso y escabroso en ascenso a la montaña de la gracia de Dios. Nuestra batalla con el pecado dentro y fuera de nosotros es muchas veces desalentadora y agotadora. En medio de todo esto es muy fácil olvidar quiénes somos y lo que hemos recibido y perder así el rumbo. Por ende, recibir consuelo en el camino es una gracia tierna y necesaria. Dios nos ha dado su Espíritu para que su consuelo esté siempre cercano. Él obra en nuestros corazones y en nuestras mentes para recordarnos que somos hijos de Dios, por lo que nunca estamos solos y tenemos todo lo necesario en abundancia. Él nos consuela ayudando a que los ojos de nuestro corazón logren penetrar la suciedad y la oscuridad de este mundo caído para ver de nuevo la presencia, el poder y las promesas de nuestro Redentor.

El Espíritu nos guarda. Todos los ministerios del Espíritu Santo que hemos enumerado son medios divinos para protegernos, guardarnos y hacer crecer nuestro corazón conforme recorremos el largo camino hacia la semejanza del Señor Jesucristo. No solo el Espíritu nos convence, nos capacita y nos consuela, sino que a través de todo ello el poder del Espíritu

Santo nos guarda. Nuestra fe y nuestra obediencia no nos guardan a lo largo del camino. Es Dios quien lo hace, y lo hace mediante la obra del Espíritu Santo que convence, capacita y consuela.

Es totalmente cierto que no existiría tal cosa como una santificación personal si no fuera por la presencia, el poder y la obra constante del Espíritu Santo. Da gracias hoy por la presencia y el poder el Espíritu Santo en tu vida. Da gracias por el bien redentor que Él pone en tu camino. Da gracias porque su presencia en ti, a favor tuyo y a tu lado te permite seguir creciendo en gracia.

La ley

Tu santificación, es decir, el proceso continuo de maduración espiritual, es un lugar en el que ves la ley de Dios y la gracia de Dios obrando de manera conjunta y armónica. Decir que la santificación, al igual que la justificación es una obra de la gracia redentora no significa que obre en oposición a la ley. La ley y la gracia no existen en oposición entre sí. Dios usa tanto su ley como su gracia en las vidas de sus hijos para rescatarlos del pecado y para conformarlos a la imagen de su Hijo. Celebrar la gracia no significa menospreciar la ley de Dios.

Piensa en el momento histórico en el que la ley de Dios fue dada. Dios, movido a compasión por su pueblo elegido, oyó su clamor y desató su poder todopoderoso para librarlos de cuatrocientos años de esclavitud. Sin embargo, estos antiguos esclavos no tenían idea cómo relacionarse con su Redentor, cómo vivir en comunidad y cómo vivir conforme al propósito para el cual habían sido creados. Por ello, Dios, en un acto de su gracia, les dio su ley. Su ley nunca fue dada como medio para alcanzar la aceptación de Dios, sino que más bien fue dada porque ellos ya eran su pueblo elegido, el objeto de su amor. La ley que recibieron los recién liberados hijos de Israel fue un regalo de la gracia.

También lo es nuestra santificación. La ley funciona como una herramienta de la gracia de Dios, tanto para hacer morir el pecado como para buscar una vida nueva. ¿Cómo? Primero, si hemos de hacer morir el pecado necesitamos un claro entendimiento de lo que es y de cómo reaparece cada vez en nuestra vida cotidiana. Una de las funciones principales de la ley de Dios es definir y sacar a la luz el pecado. Romanos 7:7

lo expresa perfectamente: "¿Qué diremos, pues? ¿La ley es pecado? En ninguna manera. Pero yo no conocí el pecado sino por la ley; porque tampoco conociera la codicia, si la ley no dijera: No codiciarás".

Debemos estar agradecidos siempre por la claridad con la cual Dios ha comunicado en su ley su voluntad para nosotros. Es una hermosa gracia tener una comprensión definida del bien y del mal a los ojos de nuestro Creador. Yo creo que no agradecemos a Dios lo suficiente por su ley y por su función de freno moral que nos ha servido cada día de nuestra vida. Es terrible vivir constantemente en una confusión moral en los aspectos prácticos de la vida. La ley de Dios nos rescata de la confusión de no saber lo que está bien y lo que está mal y del engaño moral de decidir lo que nos parece bueno y malo. Sin embargo, hay algo más por lo que debemos estar agradecidos. Debemos estar eternamente agradecidos por la manera en que el Espíritu Santo usa la ley de Dios, comunicada claramente, para traer convicción a nuestro corazón. El dolor de la convicción es una señal de que la gracia santificadora está obrando en tu corazón. Esta convicción solo sucede cuando, por el poder el Espíritu Santo, la ley de Dios y la gracia de Dios obran conjuntamente para impulsarnos hacia la madurez en Cristo.

Hay otra forma en la que Dios usa la ley como herramienta de santificación en nuestra vida. Sin la ley no tendríamos idea de lo que significa una vida justa. Si estamos llamados a negarnos al pecado y a vivir justamente es vital saber cómo funciona la rectitud en la práctica. Sí, por causa de la justicia de Cristo imputada a nuestro favor somos considerados justos en el sentido legal y de nuestra posición delante de Él. La santificación es el proceso mediante el cual Dios obra para hacernos, en verdad y en la práctica, justos. Esto es lo que la ley hace por nosotros: nos muestra lo que es una vida nueva. Define para nosotros lo que significa objetivamente dejar de vivir para nosotros mismos y, en cambio, vivir para Aquel que nos amó y estuvo dispuesto a sufrir y a morir por nosotros.

Juan dice: "Pues este es el amor a Dios, que guardemos sus mandamientos; y sus mandamientos no son gravosos" (1 Jn. 5:3). La santificación es el proceso mediante el cual las personas que han llevado vidas marcadas por el amor al yo se convierten en personas cuyas vidas están marcadas por el amor a Dios. Los mandamientos de Dios nos enseñan cómo se ama a Dios en el sentido práctico en cada área de nuestra vida. Recuerda que los Diez Mandamientos empiezan con mandamientos exclusivos acerca de amar a Dios. Los otros mandamientos delinean cómo la adoración a Dios determina luego nuestra forma de vivir. De modo que, para el creyente, los mandamientos de Dios no son una carga. La gracia ha puesto el amor de Dios en nuestros corazones y, si amamos a Dios, deberíamos desear naturalmente agradarle en nuestra manera de vivir. Sus mandamientos determinan para nosotros la manera de vivir de un modo agradable a Dios. En cierta forma, la obediencia a los mandamientos de Dios constituye la recompensa misma, ya que obedecer nos rescata de la destrucción engañosa del pecado y nos acerca más a un caminar en sintonía con nuestro Salvador.

En la santificación, la ley es una herramienta de muerte y vida. Tanto en el proceso de hacer morir el pecado como en el proceso de buscar una nueva vida impulsada por el amor a Dios, la ley es una herramienta esencial de la gracia santificadora de Dios. Si estás agradecido por la gracia santificadora de Dios debes amar la ley de Dios, nunca considerarla una carga que tienes que soportar, y debes dar gracias a diario por la forma en que Dios la usa para seguir la obra que empezó en tu corazón.

La paciencia

Si la meta final de Dios con nuestra santificación es "ser santos como yo soy santo", tú y yo tenemos un camino muy largo por delante. No me gusta esperar y sospecho que a ti tampoco. No nos gustan las filas largas. No nos gusta que, en el restaurante, nos digan que nuestra mesa todavía no está lista para cenar. Nos molestamos cuando tenemos que esperar lo que nos parecen horas para que responda un operador del servicio de tarjetas bancarias. Por lo general, no damos gracias a Dios por la oportunidad de esperar en un embotellamiento. Incluso nos impacientamos cuando nuestra computadora no carga un archivo inmediatamente.

En la santificación, Dios te invita a esperar. Tu conformidad a la semejanza de Jesucristo es un proceso y no un suceso puntual. En la inmensidad de su sabiduría, Dios sabía que esta era la mejor forma de hacerlo. Sin embargo, debemos recordar que esperar no es simplemente lo que nos toca vivir porque Dios dispuso que nuestra santificación fuera un proceso de toda la vida. No. Esperar es una herramienta vital en el proceso de nuestro crecimiento en la gracia de Dios. Cuando se trata de nuestra santificación, el propósito de esperar no es simplemente *obtener* lo que viene al final de la espera, sino más bien lo que *llegamos a ser* mientras esperamos. En las manos de Dios, la espera es una herramienta que nos transforma. Es mucho más que el precio que tenemos que pagar para ser maduros espiritualmente. Da gracias a Dios por la espera. Él la está usando para cambiarte.

Para el creyente, la espera nunca supone la ausencia, la pasividad, la falta de cuidado o la infidelidad de Dios. Esperar es una señal de que estás bajo el control de la gracia que interviene en tu vida, porque si dependiera de ti posiblemente nunca esperarías.

Pero los que esperan a Jehová tendrán nuevas fuerzas; levantarán alas como las águilas; correrán, y no se cansarán; caminarán, y no se fatigarán (Is. 40:31).

Conforme Dios obra cada día, en cada situación y en cada relación para liberarnos del pecado y renovarnos en su gracia, es mi oración que esperemos con gratitud y gozo. Cuando vislumbramos el futuro, el camino puede parecernos largo y arduo, pero no estamos solos; el que trazó el camino está con nosotros, y cada roca y curva es una herramienta de su gracia.

. . .

Dios, que manifiesta su gloria para nuestro bien eterno, planeó no solo perdonarnos y adoptarnos como sus hijos, sino hacernos también "participantes de la naturaleza divina" (2 P. 1:4). Es increíble pensar que Dios nos ame tanto que trabaje sin pausa hasta que al fin llevemos la imagen de su Hijo. ¿Qué podría bendecirnos más que ser restaurados no solo a una comunión con Él sino también a una vida en justicia y santidad crecientes? La santificación no es una carga que deba llevarse, sino un regalo que merece una celebración. Sí, en el camino de la santificación habrá dificultades y sacrificios, pero eso permite que las cosas malsanas y peligrosas mueran, y en cambio vivan las que son admirables. En el camino, se debilita el amor por el mundo y crece el amor por nuestro Señor. Con cada paso de crecimiento, los ídolos se derrumban y la verdadera adoración a Dios gana el control. Con cada giro en la ruta, la lealtad de nuestro corazón se inclina un poco más hacia nuestro Redentor y su reino. A lo largo del recorrido dejamos de mirar lo que quedó atrás y fijamos nuestros ojos anhelantes en nuestro hogar eterno.

20

La santificación en la vida diaria

ESTABA EN ASIA visitando un museo de arte, algo que hago con frecuencia cuando viajo. Caminé hacia una galería que contenía una fascinante colección de pinturas. Me detuve en la entrada para contemplar el conjunto y luego recorrí la sala para dar una mirada más detallada. Desde lejos cada pintura se veía como olas ondulantes de gris sobre un lienzo de blanco puro. Las olas daban la ilusión de estar en movimiento y el dibujo de las olas en cada cuadro era único. Cada pintura tenía la misma belleza singular del diseño proveniente de la mente, el ojo y la mano del artista. Se sabía de inmediato que esas asombrosas obras de arte provenían del mismo creador.

Al cabo de unos minutos de observación desde lejos, escogí una de las pinturas que parecía especialmente interesante y me acerqué para observarla detalladamente. Cuando estaba a pocos centímetros del cuadro me dejó admirado lo que vi. En el sentido estricto del término, no eran pinturas. Esas hermosas olas de color habían sido hechas con tinta. Sin embargo, no fue eso lo que me dejó asombrado. Cada lienzo estaba cubierto de números escritos a mano que seguían una secuencia. Había miles y miles de números en cada lienzo organizados en cientos y cientos de ondas. Las olas habían sido creadas según la intensidad con la que el artista escribía el número en el lienzo y la cercanía entre los números. El concepto era asombroso, la composición era intrincada y compleja, la ejecución era exquisita y el efecto general era de una belleza refinada.

El hecho de que el artista haya elegido algo tan común como hileras de números y que los haya usado para crear semejante maravilla me conmovió casi hasta las lágrimas. Luego miré alrededor y vi once lienzos más realizados con la misma técnica. Todos contenían hileras de números cuidadosamente dispuestas sobre el lienzo. Todos daban aquella hermosa impresión de movimiento. Yo pensé en la genialidad del artista. Pensé en la dedicación que requirió completar este proceso en una sola pintura, ni qué decir en doce. Y luego pensé en lo satisfactorio que debió ser para el artista entrar en esa galería y ver la belleza creada por él y nadie más que él.

Más que aquellas asombrosas pinturas, nuestra santificación es la obra detallada de un artista divino absolutamente comprometido con su obra. A fin de que la imagen de Jesús se grabe, esa obra debe estar presente en miles de pequeños momentos de nuestra cotidianidad. En incrementos casi imperceptibles, día tras día, Dios nos saca del horrible caos en el que nos encontrábamos en nuestro pecado y nos transforma en los hermosos hijos e hijas que Él se propuso que fuéramos desde que nos salvó. Él nunca se aburre, nunca se cansa, nunca se desespera y su compromiso de completar su obra de arte redentora nunca se marchita. Aunque los lienzos de nuestro Salvador precisan de toda una vida para completarse, Él nunca abandona la obra detallada de su maestría santificadora. Y Él no lleva a cabo su obra solo con doce de nosotros, sino con millones y millones de nosotros a lo largo de miles de años de historia humana y en cada rincón del planeta. Él seguirá ocupado en los lienzos hasta que seamos tan hermosos como quiso que llegáramos a ser mediante su sufrimiento, su muerte y su resurrección. Llegará un día en el que entraremos en la más grande galería que pueda existir para ver, ya completa, la obra más detallada y esplendorosa que pueda contemplarse, y pasaremos el resto de la eternidad en asombro y celebración.

El asombro y la admiración que me sobrevinieron aquel día en la galería de arte debería embargarnos continuamente entre nuestra conversión y nuestra llegada al hogar celestial. En los pequeños momentos y en los grandes dramas de nuestra vida hay un artista que trabaja en plasmar en nosotros la imagen más hermosa que pueda existir, la imagen del Hijo de Dios. Nosotros somos el lienzo. La santificación nunca debe considerarse una carga que pesa sobre los hombros, cuando en realidad es un hermoso despliegue de gracia redentora que no solo nos invita a contemplarla, sino también a participar de ella. Meditemos ahora en cómo este arte de la santificación se traduce a nuestra vida diaria.

El cristianismo pasivo no existe

Si el cambio completo y a largo plazo del corazón y de la vida son el plan de Dios entre el "ya" del primer momento en el que creímos y el "todavía no" de nuestra entrada al hogar eterno, no hay lugar para la pereza, la inactividad ni la falta de disciplina en la vida cristiana. La vida cristiana es una invitación a hacer del propósito *de Dios* para ti el propósito *tuyo* en la vida diaria. Esto significa que la obra de Dios en y para ti también se convierte en tu obra. Tu vida cristiana es mucho más que asistir con regularidad a la iglesia, ofrendar con fidelidad, conocer la Biblia, saber teología y ejercer algún ministerio de vez en cuando. Todo eso está muy bien, pero no son más que herramientas en las manos de tu Redentor que tiene un plan mucho más personal y profundo para ti. ¿Cuál es ese plan más profundo? Es este: "Sed santos, porque yo soy santo" (cf. 1 P. 1:16).

La vida cristiana está diseñada para que adquiera la forma de ese plan tomado con seriedad. Aún no somos todo lo que podemos ser en Cristo. El pecado aún vive en nosotros haciendo su horrible obra. Aún somos susceptibles a la atracción seductora de la tentación. Aún tenemos corazones propensos a errar. Aún hay ocasiones en las que preferimos nuestros caminos a los caminos de Dios. Aún hay ocasiones en las que cedemos cuando deberíamos resistir y resistimos cuando deberíamos someternos.

¿Cuál de nosotros puede mirarse sinceramente a sí mismo y concluir que está bien, que no necesita más la gracia que convence, que infunde poder y santifica? ¿Podría alguno de nosotros afirmar que es tan santo como necesita serlo? ¿Acaso nadie tiene que lamentar algo que haya hecho el mes pasado, la semana pasada o incluso ayer? Solo podemos llegar a una conclusión honesta cuando examinamos nuestros pensamientos, deseos, palabras y comportamiento: estamos en un proceso que no ha terminado. Todos necesitamos con urgencia la gracia santificadora.

Debido a que necesitamos la gracia santificadora, también necesitamos usar activamente todas las herramientas de esa gracia, las cuales Dios mismo ha provisto. Conviene también discernir la manera en que Dios usa las situaciones inesperadas, imprevistas, difíciles e indeseables en nuestra vida para revelar nuestra necesidad de crecimiento e impulsar nuestro crecimiento en su gracia. Estoy convencido de que, para la mayoría de nosotros, el problema en la vida espiritual no es la insatisfacción sino el conformismo. Creo que nos conformamos con demasiada facilidad en lo espiritual. Nos sentimos satisfechos con una pizca de conocimiento teológico, con una actitud de consumo hacia la iglesia local, con una vida devocional superficial, con muy poco dinero en la bandeja de la ofrenda, con un matrimonio levemente mejorado, con hijos un poco más controlados y algunas amistades cristianas satisfactorias.

Por lo general, Dios quiere mucho más para nosotros de lo que queremos para nosotros mismos. Él quiere que participemos verdaderamente de su naturaleza divina. Reflexiona en esa frase. Eso significa que aquí mismo, ahora mismo, tú y yo servimos a un Redentor que no se conforma; Él nos mira con ojos de amor, sabiendo que todavía no experimentamos todo lo que nos pertenece como hijos suyos. Su relación con nosotros es todo menos pasiva. Él está activo en cada momento de nuestra vida para continuar formando en nosotros la semejanza de su Hijo. Su insatisfacción es un llamado a que también nos sintamos inconformes. Su actividad santificadora constante a favor nuestro es una bienvenida y un llamado a que seamos activos también. Su propósito es nuestro propósito, su obra es nuestra obra y su objetivo para nosotros tiene que ser también nuestro propio objetivo.

Gálatas 5 resulta particularmente útil aquí porque delinea el plan de Dios para nosotros.

> Digo, pues: Andad en el Espíritu, y no satisfagáis los deseos de la carne… Mas el fruto del Espíritu es amor, gozo, paz, paciencia, benignidad, bondad, fe, mansedumbre, templanza; contra tales cosas no hay ley. Pero los que son de Cristo han crucificado la carne con sus pasiones y deseos.

Si vivimos por el Espíritu, andemos también por el Espíritu (Gá. 5:16, 22-25).

Observa cómo empieza y termina este pasaje. Empieza con "andad en el Espíritu" y termina con "andemos también por el Espíritu". Pablo nos comunica con estas dos frases que debemos tomar con seriedad la gracia santificadora de Dios. En esencia, lo que dice es: "Puesto que el Espíritu Santo está obrando en sus corazones, sométanse a la maravillosa obra que Él está haciendo en ustedes y por ustedes". Y: "Ya que el Espíritu tiene un objetivo trazado para ustedes, resuelvan ir dondequiera que el Espíritu los lleve". ¿Cómo funciona esto en la práctica? Se trata de llevar una vida marcada por una actitud seria hacia el fruto del Espíritu. El Espíritu Santo ha sido dado para hacer que se produzca en ti el fruto espiritual de tu nueva vida en Cristo: amor, gozo, paz, paciencia, benignidad, bondad, fe, mansedumbre y dominio propio. Tú y yo no tenemos la capacidad de producir estas maravillas, sino que son el fruto exclusivo de la gracia santificadora de Dios. Sin embargo, hemos sido llamados a avanzar activamente *hacia* lo que el Espíritu ya hace *en* nuestros corazones.

Así pues, te levantas en la mañana y oras: "Señor, no soy tan amoroso como tu gracia me habilita para ser. Te pido que obres en mi corazón para hacerme más amoroso y que abras mis ojos hoy a todas las oportunidades que me darás para amar a otros como tú me has amado". O, cuando empiezas tu día, puedes decir: "Señor, sé que no vivo con gozo porque mi corazón no está lleno de gratitud por todas las bendiciones que me pertenecen como hijo tuyo. Te pido que me ayudes a contar mis bendiciones hoy y que me des la gracia para expresar esa gratitud gozosa a quienes me rodean". Cada fruto es un regalo de la gracia redentora de Dios, pero también es una meta a la cual debemos aspirar y por la cual debemos esforzarnos. En cada área del carácter que representa el fruto del Espíritu todavía no somos todo lo que Dios se ha propuesto que seamos en Cristo. Por consiguiente, no hay lugar para un cristianismo pasivo, letárgico, consumista y conforme.

La doctrina de la santificación es un llamado a una ética de trabajo espiritual. No se trata de que trabajemos para recibir una mayor aceptación de Dios. En Cristo nuestra aceptación es completa, pero estamos ocupados de nuestra salvación con temor y temblor (Fil. 2:12). Así pues, en santo asombro de Aquel que vive en nosotros y obra radicalmente para cambiarnos, hacemos de su obra también la nuestra. Y lo hacemos con gozo, no con tristeza. ¿Dónde hacemos esta obra? Dondequiera que estamos. Cada día, cada situación, cada lugar, cada relación, cada nuevo desafío, cada prueba y cada decisión es una oportunidad para avanzar un paso más hacia la semejanza de Cristo.

La meta es clara. Lo que no está claro es si asumiremos la meta de Dios como nuestra propia meta que quede reflejada en nuestra manera de vivir. ¿Nos conformaremos con el cristianismo típico pasivo en el que nuestra fe se activa un par de horas cada domingo? ¿Consideraremos nuestra santificación no como una carga que debemos soportar sino como una bendición gloriosa de la gracia divina? ¿Procuraremos ser santos cada día en todo lo que pensamos, deseamos, hacemos y decimos en cada situación y relación de nuestra vida? ¿Nos importará más el contentamiento de Dios que los placeres momentáneos del mundo? ¿Nos entregaremos gozosamente al proceso de santificación del Espíritu hasta que esa labor ya no sea necesaria? ¿O nos entregaremos a un estilo de vida autocomplaciente que rehúsa tomar seriamente lo que significa andar en el Espíritu? Que Dios nos dé la gracia que necesitamos para vivir en sintonía con el Espíritu.

La iglesia es esencial

Si tomas con seriedad el plan de Dios al adoptar su obra santificadora como tu propia obra espiritual en la vida, estarás agradecido por el regalo de la iglesia. No existe tal cosa como una vida cristiana dinámica, orientada al ministerio y en crecimiento continuo sin el ministerio de la iglesia local. Para el creyente, la iglesia existe porque existe el proceso paulatino de santificación de toda la vida. Estoy convencido de que la falta de entendimiento de muchos creyentes acerca de la importancia de la obra de la santificación en su vida cristiana los ha llevado a conformarse con una relación despreocupada con la vida y con el ministerio de su iglesia local.

El ministerio de la iglesia es una herramienta vital en las manos del Redentor para continuar desarrollando su obra salvadora que empezó en nosotros. Si reconoces en ti la presencia y el poder del pecado restante y con humildad reconoces tu necesidad de crecer en la semejanza de Cristo, con ello confiesas que necesitas echar mano de todo lo que la iglesia tiene para ofrecerte. El apóstol Pablo nos presenta claramente el ministerio santificador esencial del cuerpo de Cristo.

> Y él mismo constituyó a unos, apóstoles; a otros, profetas; a otros, evangelistas; a otros, pastores y maestros, a fin de perfeccionar a los santos para la obra del ministerio, para la edificación del cuerpo de Cristo, hasta que todos lleguemos a la unidad de la fe y del conocimiento del Hijo de Dios, a un varón perfecto, a la medida de la estatura de la plenitud de Cristo; para que ya no seamos niños fluctuantes, llevados por doquiera de todo viento de doctrina, por estratagema de hombres que para engañar emplean con astucia las artimañas del error, sino que siguiendo la verdad en amor, crezcamos en todo en aquel que es la cabeza, esto es, Cristo, de quien todo el cuerpo, bien concertado y unido entre sí por todas las coyunturas que se ayudan mutuamente, según la actividad propia de cada miembro, recibe su crecimiento para ir edificándose en amor (Ef. 4:11-16).

Piensa en cómo cada ministerio del cuerpo de Cristo contribuye al proceso de muerte y vida de tu crecimiento espiritual. Aunque no podemos explorar a fondo cada aspecto presentado en este pasaje, Pablo señala diversas "necesidades de santificación" en la vida de cada creyente que suple el ministerio de la iglesia. Todos necesitamos seguir creciendo en nuestro conocimiento y entendimiento de las cosas de Dios, todos necesitamos crecer en la semejanza de Cristo y todos necesitamos crecer en nuestra capacidad de reconocer y defendernos de las estratagemas de Satanás. Todos necesitamos la enseñanza y la predicación públicas de la iglesia, no solo para madurar en nuestra comprensión de las verdades del evangelio, sino también para aumentar nuestra capacidad de aplicar esas verdades a nuestra vida diaria.

Necesitamos participar de la adoración pública. Necesitamos cantar las verdades del evangelio no solo en nuestro propio corazón, sino en los oídos y en los corazones de los demás. Necesitamos la lectura pública de la Palabra de Dios por medio de la cual nos recuerden siempre su autoridad, su suficiencia y su sabiduría que transforma la vida. Necesitamos la comunión ministerial del cuerpo de Cristo por medio de la cual nos recuerden constantemente que nuestro caminar con Dios es un proyecto comunitario y que hemos sido llamados a vivir en el compañerismo del amor que se sacrifica. Necesitamos el ejemplo, la sabiduría, la amonestación y el aliento de hermanos y hermanas maduros que saben vivir como hijos de Dios en este mundo caído.

Necesitamos el llamado de la iglesia a dar de manera sacrificada, a defender la justicia y la misericordia y a proclamar el evangelio de la gracia para que aprendamos a practicar el abandono de nuestro pequeño reino individual y entreguemos nuestra vida a la obra mayor del reino de Dios. Necesitamos el consejo de cristianos experimentados y entrenados que nos ayuden a tratar la maldad del pecado y el sufrimiento que afecta nuestra vida. Necesitamos practicar los sacramentos que fortalecen nuestra fe y nos recuerdan una y otra vez que nuestra esperanza descansa en la persona y en la obra del Señor Jesucristo. Ningún ministerio de la iglesia es superfluo porque ningún miembro de la iglesia está completamente santificado.

De modo que si tomas con seriedad la santificación constante no te conformes con agradecer por tu iglesia y asistir de vez en cuando, sino comprométete con ella. Participa gozoso en todos sus ministerios públicos y privados, apoya de forma sacrificada su obra, sé activo en ministerios que sirven a otros y no solo a ti, desarrolla relaciones ministeriales estables, busca maneras de usar allí tus dones y no permitas que la imperfección de tu iglesia te desanime. Recuerda que tu iglesia está compuesta por personas como tú, es decir, personas que están en medio del proceso de santificación de Dios y aún tienen mucho camino por recorrer. En 1 Timoteo 3, Pablo declara, de forma clara y vehemente, la importancia de la iglesia en la obra de Dios para nuestro crecimiento en la gracia.

> Esto te escribo, aunque tengo la esperanza de ir pronto a verte, para que
> si tardo, sepas cómo debes conducirte en la casa de Dios, que es la iglesia
> del Dios viviente, columna y baluarte de la verdad (1 Ti. 3:14-15).

La santificación da un nuevo modelo y propósito al matrimonio, la crianza y la amistad

Aunque a veces el plan de Dios es un misterio y a veces es confuso, por regla general lo que Dios ha planeado para nosotros es diferente de todo lo que nosotros habríamos planeado por nuestra cuenta. Así sucede con el matrimonio, la crianza y la amistad. ¿Por qué inscribiría Dios estas relaciones tan completas y exigentes a nivel personal dentro del proceso más importante e incompleto del mundo (la santificación)? ¿No habría sido mejor que primero nos santificara por completo? Es decir, ¿qué se supone que va a pasar cuando se junta a un pecador con otro en un mundo caído en una intensa relación personal? En todas nuestras relaciones todos hemos experimentado la caótica desilusión del plan de Dios, ya que nadie ha estado en una relación exenta de desilusión.

La única forma de entender el plan de Dios para nuestras relaciones es aceptar que Él tiene un propósito mucho mejor para esas relaciones que servir de medio para alcanzar nuestra felicidad. Si el único propósito de Dios con nuestras relaciones fuera nuestra comodidad, nuestro placer y nuestro bienestar, Él sería un fracaso rotundo. Ciertamente el objetivo final de Dios con nuestras relaciones es usarlas como herramientas poderosas y eficaces en el proceso de muerte y vida de nuestra santificación.

Lo que Dios quiere que nuestras relaciones promuevan es algo profundamente más hermoso que la felicidad personal pasajera. Sí, hay que encontrar solaz en esas relaciones, pero el propósito de Dios es mucho más grande que nuestra felicidad; Él desea nuestra santidad. Las relaciones en las que las personas se comprometen a crecer en la semejanza de Cristo se vuelven más serviciales, más amorosas, más perdonadoras, más comprensivas y más unidas y, como resultado, las personas involucradas en ellas se vuelven más felices.

Es en el caos de la convivencia de un pecador con otro que nuestros pecados del corazón y de las manos quedan en evidencia. El peso de vivir con una persona imperfecta es lo que nos permite aprender a amar como Jesús amó. A medida que aprendemos lo que significa dar gracia a otra persona, llegamos a entender y a apreciar más profundamente la gracia que se nos ha dado.

Estas relaciones sacan a la luz el egoísmo y la rebeldía de nuestros corazones y, con ello, exponen la profundidad de nuestra necesidad de todo aquello que nos pertenece en Cristo. El desorden de estas relaciones es el desorden de Dios. En lugar de ser un error divino es más bien una intención divina. Dios sabe quiénes somos y conoce el mundo en el que vivimos; Él sabía de antemano con quién íbamos a vivir, las pruebas que este mundo traería y sabía que podía usar todo aquello para seguir formando en nosotros el carácter de nuestro Salvador. La constante obra redentora de Dios en nosotros santifica nuestras relaciones, llamándolas a un propósito mayor que el gozo horizontal entre personas.

Sin embargo, la doctrina de la santificación hace algo más en nuestras relaciones, porque las bendice con un modelo mucho mejor. Me temo que muchos cristianos tienen una forma de evaluar sus relaciones que es fragmentada, instantánea y limitada a corto plazo. ¿Soy feliz hoy? ¿Peleamos hoy? ¿Gané hoy? ¿Me sentí amado hoy? ¿Cómo sigo evitando que esa conversación se vuelva polémica? Y viene una pregunta tras otra.

Muchas personas abordan sus relaciones como una serie de momentos útiles, felices o dolorosos. No tienen un modelo a largo plazo o la paciencia y la perseverancia que tal modelo exigiría. Si nuestro matrimonio, nuestra crianza y nuestras amistades son herramientas clave en las manos de Aquel que, sin cesar, obra para conformarnos a la imagen de Jesucristo, entonces deberíamos tener un modelo de santificación paulatina para esas relaciones. Puesto que estamos en un proceso, nuestras relaciones también están en un proceso. Explicaré lo que quiero decir. Aunque somos imperfectos podemos lograr cambios significativos y nuestras relaciones imperfectas también pueden cambiar. Además, puesto que el cambio personal no es un suceso aislado sino un proceso, el cambio en nuestras relaciones será también por regla general un proceso. Puesto que Dios es comprensivo, paciente y compasivo cuando somos débiles y fallamos, debemos ser como Él en nuestro trato con los demás. Si Dios no nos reprocha nuestra necesidad de crecimiento, nunca deberíamos reprocharlo a otros. Si Dios no se da por vencido con nosotros en el lento proceso de la transformación personal, tampoco deberíamos darnos por vencidos con los demás.

Así pues, en cada etapa del matrimonio nuestro objetivo final no debería ser la paz momentánea, sino más bien que cada momento nos ayude a avanzar un paso más para que el carácter de nuestro matrimonio refleje el carácter de Jesús. El objetivo de la crianza no es hacer todo lo posible en un momento dado para que tu hijo haga todo lo que tú quieres. No. Tu objetivo debería ser avanzar un paso más en tratar a tu hijo como lo haría Cristo y otro paso en ayudar a ese hijo a conocer quién es Él y cuánto necesita la sabiduría y la gracia del Salvador. El objetivo final de la amistad no es encontrar, por fin, la clase de amigos que has anhelado, sino ver esas relaciones como medios que Dios usa para promover, tanto en ti como en ellos, el bien espiritual a largo plazo.

Si nuestras relaciones son una herramienta que Dios usa de manera activa para transformarnos del estado en el que estamos a aquello que la gracia puede hacer en nosotros, entonces nuestras relaciones deben caracterizarse por el sacrificio personal de la paciencia y la perseverancia. Si todos somos personas en un proceso que toma toda la vida, debemos ser amables, misericordiosos, compasivos y comprensivos. Si en el proceso de la santificación Dios nos perdona una y otra vez, debemos hacer lo mismo con los demás. Si cuando fallamos Dios nos vuelve a recoger y nos ofrece la gracia de comenzar de nuevo, debemos hacer lo mismo con los demás. Si en este largo proceso la esperanza de Dios nunca decae, nuestra esperanza por el otro tampoco debe apagarse.

Sí, en este lado de la eternidad hay relaciones en las que por la traición del pecado se pierde la confianza al punto que resulta imposible continuar, pero, para la mayoría, la doctrina de la santificación nos brinda el único modelo productivo de convivencia entre pecadores en este mundo roto. Nos brinda una interpretación del caos que todos experimentamos, nos traza un objetivo hacia el cual dirigirnos, nos ofrece una mentalidad de proceso esencial y delinea para nosotros cualidades de carácter que son vitales para el florecimiento de las relaciones humanas. La doctrina de la santificación nos regala un nuevo propósito y un nuevo modelo para todas las relaciones principales que vivimos diariamente. A pesar de que no obtengas en tus relaciones lo que esperabas y lo que soñabas, obtendrás algo infinitamente mejor: lo que Dios prometió.

La doctrina de la santificación promueve la santidad de todo

Reflexionemos un momento. Si Dios está llevando a cabo continuamente su obra de salvación en cada situación, lugar y relación de nuestra vida, entonces todo es sagrado. Si Dios usa todo lo que experimentamos como herramienta de su gracia transformadora de la vida y del corazón, entonces todo lugar que pisamos es tierra sagrada. Si Dios usa aun las circunstancias más pequeñas en nuestra vida para acercarnos a la semejanza de Jesucristo, entonces los momentos más insignificantes son espiritualmente significativos. Nuestra existencia entera está compuesta de lo santo y lo sagrado porque el Redentor no solo está presente, sino que hace su obra santa y santificadora aun cuando nada pareciera santo respecto a un momento particular.

Si somos hijos de Dios y beneficiarios de su gracia santificadora que está constantemente activa, entonces no existen momentos seculares, profanos, banales o insustanciales. No existe una división entre lo secular y lo espiritual en nuestra vida. No hay un solo momento en el que Dios esté separado de nosotros. No hay situación alguna en la que Él esté inactivo. No hay un día en el que no ocurran profundos fenómenos espirituales. La gracia redentora de Dios nunca experimenta interrupciones. Su amor santificador nunca toma un descanso. Todo es espiritual. Todo es sagrado. Todo apunta en la dirección de Dios. Todo reviste importancia redentora. Todo.

Con esto no quiero sugerir que debamos vivir todo el tiempo con una seriedad taciturna. Tampoco que no debas disfrutar de una exquisita comida o de una fuerte carcajada. Sal de compras, ve a pescar, juega, camina, date gusto con una buena siesta, mira un buen programa de cocina, escucha música, lee un buen libro, pero cuando lo hagas recuerda quién eres, quién es tu Señor y el proceso en el que te encuentras por su gracia redentora. No vivas como si las cosas no importaran o como si gran parte de tu vida fuera banal e irrelevante. Tu Redentor obra milagros de redención en medio de momentos que no parecen muy importantes. En virtud de lo que eres como su hijo, de quien es Él como tu Redentor y de lo que Él hace en ti y por ti, tu vida transcurre en espacios sagrados.

Me temo que muchos vivimos olvidando a Dios en el día a día. Lo que quiero decir es que, aparte de nuestra participación en una actividad que es a todas luces espiritual, como por ejemplo un culto de adoración, la oración o el tiempo devocional personal, en la práctica vivimos en un estado de amnesia espiritual. Esto nos impide vivir conscientes de la increíble identidad que nos pertenece como hijos de Dios, de la extraordinaria realidad de que Dios realmente vive en nosotros, del depósito de bendiciones que nos pertenecen y del vital proceso redentor que no cesa de llevarse a cabo en nuestro corazón y en nuestra vida. Al no vivir conscientes de Dios y de su obra en el día a día, no adoptamos su propósito como nuestro propósito ni su obra como nuestra obra. Nuestra tendencia es tomar con seriedad la santificación cuando participamos de una actividad explícitamente espiritual, pero aparte de eso, no mucho.

No obstante, la obra santa sucede en todas partes y todo el tiempo. La gracia santificadora hace tu matrimonio sagrado. La gracia santificadora hace tu crianza santa. La gracia santificadora convierte tu trabajo en un lugar santo. La gracia santificadora convierte tu casa en un espacio sagrado. La gracia santificadora convierte tu vida sexual en algo santo. La gracia santificadora hace de tu uso del dinero una empresa santa. Tu vida como vecino, tu participación en política, tus momentos de ocio y entretenimiento, tus finanzas, tu dieta y tu salud física y los planes que tienes para tu vida se vuelven todos santos, porque en todas estas áreas de tu vida opera la gracia santificadora. Observa que Pablo usa el ejemplo de nuestro cuerpo físico (en su disertación acerca de la inmoralidad sexual) para recordar a los creyentes corintios acerca de la naturaleza sagrada de todo en nuestra vida: "¿O ignoráis que vuestro cuerpo es templo del Espíritu Santo, el cual está en vosotros, el cual tenéis de Dios, y que no sois vuestros? Porque habéis sido comprados por precio: glorificad, pues, a Dios en vuestro cuerpo" (1 Co. 6:19-20).

Pablo acaba de poner a Dios en tu vida sexual (1 Co. 6:16-18). Por supuesto que está ahí, porque Él está en ti y tú estás en Él. Por la gracia, tú y tu Salvador están unidos y por la gracia eres morada de su presencia y objeto de su obra redentora aun en tu vida sexual. Sin embargo, Pablo va más allá y nos recuerda que no solo el sexo, sino todo en nuestra vida le pertenece al Señor, a su propósito y a su servicio. Él pago el precio más alto para que seamos suyos. Nada en nuestra vida nos pertenece para nuestros propios fines y usos personales. Glorificamos a Dios cuando lo tenemos presente a Él en nuestra vida en todo lugar y en cada actividad, y cuando buscamos hacer de su propósito redentor para nosotros el propósito que define nuestra manera de pensar y de vivir.

Piensa en el lugar santo donde vives cada día. Antes que fueran puestos en su lugar los cimientos del mundo, Dios te declaró suyo. Él escribió la historia del mundo, de manera que en el momento señalado el Salvador naciera en Belén. Jesús adoptó nuestra humanidad, se sometió a las penurias de este mundo caído, llevó una vida perfecta, murió una muerte aceptable y resucitó conquistando el pecado y la muerte. Jesús hizo todo esto pensando en ti. Él escribió cada período de tiempo, cada lugar, ubicación, situación y relación en la historia de tu vida a fin de que oyeras el evangelio de su gracia. Él trajo convicción a tu corazón, te dio oídos para oír la verdad y te concedió la capacidad de creer. Te dio su Palabra y obró en tu interior por su Espíritu. Derramó sobre ti la bendición de sus promesas y nunca te dejará. Él gobierna tu vida teniendo siempre presente tu salvación continua, usando todo en su providencia soberana para avanzar la obra de sus misericordias transformadoras en ti. No hay un solo momento en el que no seas objeto del amor redentor y de la gracia santificadora. El colosal plan de redención que fue dirigido soberanamente te ha puesto sobre el lugar santo que ahora ocupas. Desde la eternidad y hasta la eternidad tu vida ha sido declarada lugar santo.

¿Cómo es posible pensar en esto sin caer de rodillas en asombro, gratitud y adoración? ¿Cómo cerrar los ojos del corazón a la operación de la gracia santificadora de Dios? ¿Cómo no guiar la vida según la comprensión de que cada parte de ella es sagrada por la gracia santificadora?

La dificultad es una herramienta fundamental de la santificación

Tal vez nunca has oído a alguien decir: "He vivido tres de los años más fáciles de mi vida y aprendí y cambié muchísimo". En pasajes demasiado numerosos para citar aquí, la Biblia nos confronta con el hecho de que las cosas que nos gustaría evitar en nuestra vida son precisamente las que Dios usa para producir el mayor bien en nosotros y a través de nosotros. Nos cuesta ver la dificultad en las manos de Dios como una herramienta de bien espiritual considerable porque todos, de algún modo, luchamos todavía con alguna forma de idolatría. En 2 Corintios 5:15, Pablo dice que Jesús vino para que quienes viven ya no vivan para sí. Con esto afirma que el ADN del pecado es el egoísmo. Puedes constatarlo en el pecado de Adán y Eva en el huerto. Su desobediencia fue amor propio que reemplazó el amor de Dios en sus corazones. El ídolo por excelencia es el ídolo del "yo". Este ídolo nos pone en el centro de todo y nos lleva a vivir en función de aquello que queremos, cómo lo queremos, dónde lo queremos, cuándo lo queremos y quién queremos que nos lo entregue. Supongo que es difícil para nosotros leer esto, pero estoy convencido de que el ídolo del "yo" influye mucho más en nuestras decisiones, palabras y comportamiento de lo que solemos pensar.

Si el egocentrismo sigue presente en nosotros como el pecado, hay otro ídolo que vamos a ser propensos a servir. Es el ídolo de la comodidad. Me imagino que eres como yo, es decir, que tu idea de una buena vida es una vida cómoda. Nos molestamos, impacientamos y enojamos a la menor dificultad. Las filas largas nos desesperan. Tener que escuchar a una persona habladora nos exaspera. Un día en el que no nos sentimos muy bien nos quejamos y protestamos. Nos quejamos cuando hace frío, cuando hace calor, cuando llueve, cuando el sol brilla demasiado o cuando se oscurece demasiado temprano para nuestro gusto. Protestamos si nuestra comida está demasiado caliente, demasiado fría, demasiado salada o poco sazonada; nos quejamos porque las porciones son demasiado grandes, nos quejamos cuando seguimos con hambre o si nos sirven la comida que no nos gusta. Nos enojamos cuando las debilidades de nuestro cónyuge hacen la vida más caótica, cuando es evidente que nuestros hijos necesitan nuestro cuidado parental, cuando nuestros vecinos no satisfacen nuestras expectativas o cuando el perro pareciera tener los mismos hábitos fastidiosos de todos los demás perros.

Lamentablemente, pasamos gran parte de nuestros días insatisfechos con nuestra vida porque no gozamos de la comodidad esperada. ¿Asombra acaso que nos cueste dar gracias porque las dificultades en nuestra vida son una herramienta primordial de la gracia transformadora de Dios? Mientras el "yo" siga en el trono de nuestra vida, lucharemos con todo aquello que nos parezca incómodo. Así pues, en lo que respecta al poder santificador de la dificultad en las manos de Dios, hay dos cosas que debemos hacer. Primero, debemos *confesar* humildemente que muchas veces valoramos más nuestra comodidad que la gracia santificadora. No podemos anhelar la gracia redentora y al mismo tiempo maldecir las dificultades. Es como contratar a alguien para construir una casa y luego exigirle que deje sus herramientas en la casa. Dios cumplirá las promesas redentoras que te ha hecho a través de la herramienta de las situaciones incómodas que tú nunca escogerías vivir. Cuando se trata de la obra de la santificación, lo que Él te da es siempre infinitamente más valioso que lo que Él toma. Deja de leer por un momento y confiesa humildemente tu amor por la comodidad y luego ora pidiendo la gracia para amar más a Dios y su obra redentora.

Segundo, debemos *recordar* la cruz de Jesucristo. En mi vida personal, en mi vida como autor y conferencista, me doy cuenta de que vuelvo a este tema una y otra vez. La cruz de Jesucristo nos enseña una verdad poderosamente alentadora: Dios es poderoso para sacar lo mejor de la peor situación posible. Este es uno de los milagros de la gracia redentora. ¿Qué podría ser peor en toda la historia humana que la condena, la tortura y la ejecución del único hombre perfecto (Jesús) que ha vivido? ¿Qué podría ser mejor que el sacrificio de Jesús que pagó la condena y nos dio vida? Lo que pareció una absoluta derrota pública fue, de hecho, la victoria divina de los siglos. En la cruz, Satanás no ganó; por el contrario, la cruz fue su derrota. A partir de ese momento tan malo, tramado y ejecutado por hombres malvados, fluye gracia sobre gracia para todo aquel que cree. La cruz nos recuerda que Dios usa lo malo para traer bien espiritual, rico, hermoso y eterno.

Ya que el pecado todavía vive en nosotros, la obra de la santificación continúa y, por consiguiente, el sufrimiento tocará a nuestra puerta. Estos momentos difíciles nunca son una señal de que Dios nos haya abandonado, sino más bien una indicación de que su gracia transformadora está obrando. Por esta razón podemos mirar la dificultad a los ojos y estar agradecidos, no por el sufrimiento de la dificultad, sino por lo que Dios va a producir en nosotros y a través de nosotros gracias a ella.

Tu vida devocional no es un deber sino una herramienta

En las más de cuatro décadas que llevo en el ministerio, he pasado miles de horas aconsejando cristianos atormentados, deprimidos, temerosos, enojados, heridos, agotados y confundidos. Esta labor no ha sido una carga, sino una enorme bendición personal. Yo he sido escogido para ver de un modo directo y personal la mano de Dios obrando en las vidas de personas que experimentan luchas. He visto disiparse la nube oscura de la depresión. He visto personas que son liberadas de adicciones. He visto matrimonios restaurados y familias reunidas. He visto cómo quienes dudaban de la bondad de Dios llegan a descansar en su cuidado divino. No todos los casos han tenido un final feliz, pero estoy agradecido porque he sido testigo una y otra vez del rescate, la restauración, la vida nueva, los nuevos comienzos, la esperanza renovada y el renacer de muchas personas.

¿Qué tiene que ver esto con que la vida devocional personal sea una herramienta poderosa en la obra santificadora de Dios? Uno de los temas inquietantes que surgía con frecuencia cuando atendía a los creyentes que Dios ponía en mi camino era que muy pocos tenían hábitos de adoración personal diaria. Permíteme aclarar algo aquí. No estoy afirmando que los problemas en su vida fueran causados por su falta de estudio y adoración personal. Tampoco estoy sugiriendo que la adoración personal habría solucionado sus problemas emocionales y espirituales. Más bien sugiero que la ausencia de hábitos de estudio y adoración personal hizo que muchos aconsejados carecieran del crecimiento personal y de la preparación para enfrentar las dificultades que son el producto de la adoración personal habitual. La adoración personal habitual no te librará de las dificultades de corazón, mente y alma, pero sin duda cambiarán tu manera de enfrentarlas.

Estoy convencida de que pasar tiempo a diario en la meditación de las Escrituras y en oración y adoración constituye una herramienta poderosa de la gracia santificadora en las manos de nuestro amoroso y fiel Redentor. Permíteme enumerar algunos aportes de la adoración personal habitual a la obra continua de Dios de transformar nuestro corazón y nuestra vida. El estudio diario de la Palabra de Dios, la adoración y la oración producirán lo siguiente:

- Un mayor conocimiento de la naturaleza y del carácter de Dios.
- Un entendimiento más claro de cómo obra Dios.
- Un amor y confianza en Dios cada vez más profundos.

- Una disposición y un compromiso más profundos para rendir tu vida a Él.
- Un conocimiento más profundo de ti mismo como pecador, como santo y como persona que sufre.
- Una comprensión más profunda de la vida a la que has sido llamado como hijo de Dios.
- Una comprensión más práctica y más profunda de las verdades de la Palabra de Dios.
- Un entendimiento más claro y práctico del evangelio de Jesucristo.
- Una mayor conciencia de la naturaleza del pecado y de la tentación.
- Una práctica más frecuente de la convicción de pecado, la confesión y el arrepentimiento.
- Una mejor preparación para la guerra espiritual y los ataques de Satanás.
- Una gratitud creciente por la presencia, el poder y las promesas de Dios, y por las bendiciones que se desprenden de ser amado por Él.

Si te comprometes a hacer del propósito de Dios de transformación personal la obra a la cual te entregas como hijo suyo, considerarás la disciplina del estudio, la adoración y la oración personal no como una carga espiritual, sino como una invitación amorosa. He sido invitado a participar diariamente de la obra más maravillosa que se haya hecho jamás: la obra del rescate, el perdón y la transformación de la gracia redentora. He sido invitado a sentarme a los pies de mi Padre, a experimentar de nuevo su amor y a recibir una vez más su sabiduría. He sido invitado a mirarme en el espejo perfecto de las Escrituras donde puedo verme con claridad y precisión. He sido invitado a confesar en humildad mis pecados, mis debilidades y mis faltas, sin miedo a ser avergonzado o rechazado. He sido instruido a batallar contra el pecado y a defenderme contra los ataques del enemigo. He sido animado, consolado y fortalecido. Y he recibido una razón para ponerle cara a mi día con fe, esperanza y valor.

Adopta la adoración personal diaria como uno de los hábitos indispensables de tu vida, sabiendo que la invitación a tener comunión con Dios no es solo una herramienta de su gracia santificadora, sino una evidencia del amor de tu Salvador por ti.

La doctrina de la santificación es una reprensión
contra el cristianismo progresista

Debo confesar algo. Cada día paso tiempo leyendo mi *feed* de Twitter. No, nunca participo en el intercambio agresivo ni en la cultura de censura constante por la que Twitter se ha vuelto famoso. No obstante, sigo una muestra representativa de sitios que me presentan un cuadro amplio de la realidad de nuestra cultura y de la iglesia actuales. Creo que este hábito es importante para lo que Dios me ha llamado a hacer. Este tiempo diario en Twitter se ha vuelto a la vez alentador y estimulante, desalentador y descorazonador.

Hay voces del evangelio claras, valientes, amorosas y esperanzadoras en Twitter que me motivan a reflexionar y me llenan de gozo. Sin embargo, también hay muchas voces allí que me llevan a preguntarme qué nos ha pasado y a preocuparme por la iglesia de Jesucristo a la que tanto amo. Lo que debe inquietar a todos los que toman su fe seriamente y en especial el llamado de Dios a "ser santos como Él es santo" es el ascenso del *cristianismo progresista*. Las voces que lo respaldan abundan en las redes sociales y proveen el contenido y la perspectiva de varios libros que gozan de gran popularidad.

Alisa Childers, quien ha tenido a bien escribir acerca del cristianismo progresista, enumera cinco características para identificarlo.[1]

1. La Biblia se tiene en poca estima. La Biblia, de principio a fin, deja de ser la Palabra de Dios con autoridad. Queda reducida a un libro que *contiene* la Palabra de Dios. Cuando dejamos de decir que *es* la Palabra de Dios para decir que *contiene* la Palabra de Dios, ¿cuál parte del libro es entonces la Palabra de Dios y cuál no?

2. Los sentimientos son más importantes que los hechos. Los sentimientos, las opiniones y las experiencias personales son más valorados que la verdad objetiva revelada por Dios.

3. Las doctrinas cristianas esenciales son objeto de reinterpretaciones. Se reinterpreta la Biblia en temas polémicos como la homosexualidad y el

---

1 Basado en Alisa Childers, "5 Signs Your Church Might Be Headed toward Progressive Christianity", Alisa Childers (blog), 8 de mayo de 2017, www.alisachilders.com. Usado con permiso.

aborto, y en temas doctrinales como el nacimiento virginal y la resurrección física de Jesús y la existencia de un infierno literal.

4. Los términos históricos son redefinidos. Se redefine el amor de Dios, el pecado se vuelve algo diferente o menos grave de lo que la Biblia afirma que es, y la inspiración y la autoridad de la Biblia se reformulan.

5. El corazón del mensaje del evangelio ya no es el pecado y la redención sino la justicia social. Hay importantes mandatos bíblicos para que el pueblo de Dios sea agente de la misericordia de Dios en defender la causa de los oprimidos. Sin embargo, el mensaje central del cristianismo, el evangelio, es que por causa de nuestros pecados Jesús vino a vivir una vida justa, a morir en nuestro lugar y a resucitar para darnos vida nueva y reconciliarnos con Dios.

El resultado final es algo que no se parece en nada al cristianismo acerca del cual han escrito, han definido y explicado los teólogos cristianos a lo largo de generaciones y han atesorado los creyentes a través de los siglos. Los elementos del cristianismo progresista expuestos por Childers dejan ver que se trata de otro evangelio, uno que se levanta en contradicción y oposición al verdadero evangelio de Jesucristo que las Escrituras nos revelan de forma clara y extensa.

¿Qué tiene que ver esto con nuestro progreso en la santificación? ¡Todo! En el cristianismo progresista, la meta de la vida cristiana es que seas feliz, que te sientas satisfecho, que estés cómodo contigo mismo y que ames a los demás en la medida en que te sientas bien. La aceptación de ti mismo reemplaza la confesión de pecado, y la autocomplacencia reemplaza el ocuparte de tu salvación con temor y temblor. La autoridad y la gloria de Dios son reemplazadas por la autoridad y la gloria del yo. El cristianismo progresista constituye una reescritura seductora de nuestra fe que nos tienta a ponernos en el centro de todo y a basar todo en nuestros deseos, necesidades y sentimientos. Lo hace al tiempo que se presenta como una lectura de lo que enseña la Biblia superior a lo que la iglesia ha enseñado a lo largo de su historia.

La doctrina de la santificación te recuerda que tu aceptación ante Dios se basa únicamente en la persona y en la obra de Jesucristo, al tiempo que te llama a abandonarlo todo para seguir a Jesús, a comprometerte a hacer de su santa obra transformadora en ti la obra que define todo en tu vida. La doctrina de la santificación te llama a descansar en la gracia de Dios, al tiempo que te llama a una vida de rendición y obediencia, a nunca conformarte y a nunca vivir con una actitud pasiva entre tu conversión y tu partida al hogar celestial.

Dado que, en la doctrina de la santificación, Dios nos llama a "ser santos como Él es santo", constituye una represión contra cualquier estilo de vida pseudocristiano que se centra en el "yo", que se basa en la bondad humana, que elimina el arrepentimiento y donde todo vale y puedes acostarte con quien quieras. Esta nueva forma de interpretar el evangelio no tiene doctrina de la santificación ni llamado a la santidad y, por consiguiente, es un evangelio extraño, peligrosamente distinto al evangelio que Dios ha revelado con tanto amor en su Palabra. Por tanto, sé consciente de lo que lees, sé consciente de cómo se define y explica el evangelio de Jesucristo y rechaza todo evangelio que anteponga la comodidad humana a la gloria de Dios y a su santo decreto en cada área de tu vida.

Si tienes hijos, prepáralos, porque con toda seguridad estarán expuestos a las voces de este evangelio diferente. Si eres pastor, habla acerca de esto con tu congregación, porque la gran mayoría de sus miembros pasan muchas horas a la semana en las redes sociales. Habla sobre esto con tus amigos. Si eres un estudiante universitario, escucha y examina cuidadosamente lo que te enseñan en el ministerio estudiantil. Ante todo, agradece a Dios por su gloriosa gracia en Jesús y por su llamado a tomar con seriedad la santidad que te rescata de lo único que no puedes escapar por tus propios medios: tú mismo.

El Dios que nos creó y que nos salvó por su gracia nos conoce mejor de lo que nos conocemos a nosotros mismos y desea para nosotros algo muchísimo mejor que cualquier cosa que podríamos desear para nosotros. La santidad a la que Él nos llama es una expresión preciosa de todo lo que la humanidad estaba destinada a ser. Está bellamente demostrada para nosotros en su Hijo, Dios encarnado, el Señor Jesucristo. Su llamado nos da dignidad y propósito, una razón para vivir muy superior a cualquier meta que nos habríamos trazado alcanzar. Nos da humildad en nuestra manera de vivir y le imparte una belleza delicada y amorosa a nuestras relaciones. Nos llama a una vida de compromiso moral sin ser arrogantes y sin una actitud que juzga y condena a los demás. La doctrina de la santificación no es una carga que debamos sobrellevar y que nos robe el gozo, sino una invitación a una vida hermosa en la cual la sumisión al plan, a los propósitos y al llamado de Dios realmente se convierte en la puerta de entrada a la verdadera felicidad y descanso de corazón.

Las doctrinas de la perseverancia y la glorificación de los santos

AQUELLOS A QUIENES DIOS ha aceptado en su amado Hijo, a quienes ha llamado eficazmente y ha santificado por su Espíritu, no caerán definitivamente de la gracia, sino que han de perseverar en esa gracia hasta el final. Ellos serán salvos eternamente.

La perseverancia de los santos no depende de su propio libre albedrío, sino de la elección inmutable de Dios que fluye del amor gratuito e inmutable de Dios Padre, de la eficacia del mérito y la intercesión de Jesús, del Espíritu que vive en ellos, de la simiente de Dios que ha sido plantada en ellos y de la naturaleza del pacto de gracia. De todo ello se deriva la certeza de su perseverancia.

Sin embargo, por causa de las tentaciones de Satanás y del mundo, de la corrupción del pecado que queda en los santos y de su descuido de los medios divinos para su preservación, es posible que caigan en pecado, que permanezcan en esos pecados por algún tiempo, que incurran en la desaprobación de Dios y contristen al Espíritu Santo. Por causa de ello, pueden perder algunas bendiciones y consuelos de los santos, sus corazones pueden endurecerse y sus conciencias ser cauterizadas. Esto lastima y escandaliza a otros y acarrea sobre ellos juicio temporal.

Después de la muerte, el cuerpo del hombre se descompone y vuelve al polvo, pero su alma vive para siempre. No muere ni duerme, sino que regresa al Dios que la dio. Las almas de los justos son santificadas perfectamente y recibidas en los cielos donde contemplan el rostro de Dios en luz y en gloria y aguardan la completa redención de sus cuerpos. Véanse Génesis 3:19; 2 Samuel 12:14; Salmos 32:3-4; 51:10, 12; 89:31-32; Eclesiastés 12:7; Isaías 64:5, 9; Jeremías 32:40; Malaquías 3:6; Mateo 26:70-74; Lucas 16:24; Juan 10:28-29; 14:19; 17:21-24; Hechos 13:36; Romanos 2:10; 5:1-11; 8:11, 16, 30; 9:16; 1 Corintios 2:7; 11:32; 15:50-55; 2 Corintios 5:1-8; Efesios 1:18; 4:30; Filipenses 1:6; Colosenses 1:27; 2 Tesalonicenses 2:14; 2 Timoteo 2:10-19; Hebreos 2:10; 6:17-18; 12:23; 1 Pedro 1:7; 4:19; 5:10; 1 Juan 2:19; 3:9; Judas 6-7.[1]

Entender las doctrinas de la perseverancia y la glorificación

Tu capacidad imaginativa constituye una parte importante de tu fe. Permíteme explicar esto. Para el creyente, la imaginación no es la capacidad de inventar algo irreal, sino más bien de ver lo que es real pero invisible. Estamos llamados a "ver" la gracia salvadora de Dios, su sangre que nos limpia, su Espíritu que mora en nosotros. Vivimos con la "visión" del depósito de bendiciones que nos pertenecen como hijos de Dios y del futuro majestuoso y glorioso que es nuestro por la gracia. Dios, en su misericordia, nos da ojos para "ver" lo que por naturaleza nos está velado. La imaginación es una parte vital del don suyo de la fe para nosotros.

Imaginemos, pues, que nos entregan un regalo que nunca puede ser arrebatado, que nunca se envejece, nunca se deteriora, nunca se rompe, nunca deja de funcionar ni pierde valor. Estamos acostumbrados a lo que se deteriora. Sin importar cuán invencible parezca nuestro cuerpo joven, con el tiempo termina por debilitarse, gastarse y envejecerse. El auto nuevo que olía a nuevo no tarda en volverse un auto usado que

---

1   Paráfrasis del autor de las doctrinas de la perseverancia y la glorificación de los santos como aparecen en apartes de la Confesión de Fe de Westminster, caps. 17 y 32.1.

te esfuerzas por cambiar por un modelo más reciente. Si has tenido un accidente automovilístico, sabes que aunque reparen tu auto nunca quedará igual. De igual modo, ni siquiera el deportista más asombroso logra conservar el mismo estado físico asombroso toda la vida. Ya sea que sufra lesiones que lo disminuyen o lo debilite la edad, su habilidad y su fuerza con toda seguridad se desvanecerán.

Nuestras relaciones no duran para siempre. A veces el pecado precipita un drástico final a una relación o erosiona lentamente la confianza hasta que se extingue. A veces la muerte nos separa. La mayoría de las veces otras circunstancias de la vida nos separan. Piensa en todos los amigos con quienes a lo largo de los años has dejado de hablarte o rara vez sabes de ellos. Las esperanzas y los sueños mueren. Los trabajos y las carreras no duran para siempre. Las iglesias que alguna vez fueron muy dinámicas se vuelven monumentos religiosos vacíos de una comunidad espiritual que ya no existe. Vivirás más años que el cachorro que acabas de traer a casa y las flores de tu jardín se marchitan y caen a tierra.

Estamos tan acostumbrados a que las cosas en nuestra vida se desvanezcan, estamos tan acostumbrados a que las cosas se rompan o no funcionen como deberían y tengamos que comprar un reemplazo, que nos resulta difícil imaginar un regalo que no pueda ser arrebatado ni se deteriore jamás y, en vez de eso, se vuelva más y más hermoso. Nos resulta difícil imaginar un regalo que, en lugar de decepcionarnos con el paso de los años, cumpla más bien su promesa de bendecirnos con una gloria sin precedentes. Es difícil concebir en nuestra imaginación lo que es capaz de hacer la gracia porque es diferente a todo lo que hemos visto y experimentado en nuestra vida.

Este capítulo se propone darte ojos para ver el prodigio de la gracia salvadora de Dios. Queremos contemplar la maravilla de su poder para guardarnos (la perseverancia de los santos) y la maravilla de su bendición final (la glorificación de los santos). Espero que nuestro asombro por el regalo divino de la gracia salvadora, guardadora y victoriosa no solo avive la adoración en tu corazón, sino que también te anime a una vida de rendición gozosa, obediencia y servicio al Dador de este maravilloso regalo.

La perseverancia de los santos describe el proceso mediante el cual Dios guarda a cada uno de los hijos que ha adoptado, y la glorificación describe la bendición final de su poder para guardarlos.

La perseverancia de todos los salvos

Para intentar comprender la magnitud, el consuelo y la utilidad de esta doctrina desde el inicio, es importante entender que el fundamento de nuestra perseverancia es el amor. Es el poder del amor lo que nos guarda, pero aquí hay algo que es indispensable entender: no es nuestro amor por Dios lo que nos guarda hasta el final, sino el amor inmutable de Dios por nosotros. Desentrañar la doctrina de la perseverancia es realmente meditar en la naturaleza, la obra y el poder del amor de Dios por los suyos.

Romanos 8:28-39 es de gran utilidad aquí.

1. *La obra redentora de Dios en el corazón y en las vidas de sus hijos es imparable.* En lo concerniente a la perseverancia de los redimidos, Romanos 8:29-30 es un pasaje irrefutable que lo dice todo: "A los que antes conoció, también los predestinó… a los que predestinó, a estos también llamó… a los que llamó, a estos también justificó… a los que justificó, a estos también glorificó". Esta cadena irrompible de gracia completará su obra en la vida de cada individuo que ha puesto su confianza en Jesús. El amor verdadero no se rinde; lo mismo es cierto respecto a la expresión del amor, el amor salvador de Dios en Cristo Jesús.

2. *Dios manifiesta su soberanía por el bien redentor de sus hijos.* "Todas las cosas les ayudan a bien, esto es, a los que conforme a su propósito son llamados" (Ro. 8:28). Dado que el contexto de estas palabras es el compromiso redentor inmutable de Dios, debe entenderse en ese sentido. Esta es la fuente del verdadero consuelo. Aquel que tiene el control de todo ejerce ahora su control sobre todo para el bien redentor de sus hijos. Y los versículos que siguen declaran que Él no dejará de derramar las bendiciones de la salvación a sus hijos hasta que ellos estén con Él y sean como Él en la gloria.

3. *Dios suplirá continuamente todo lo que sus hijos necesitan.* En vista de que es verdad lo que Pablo acaba de escribir en Romanos 8:28-30, el apóstol formula las siguientes preguntas retóricas: "Si Dios es por nosotros, ¿quién contra nosotros?" y "El que no escatimó ni a su propio Hijo,

sino que lo entregó por todos nosotros, ¿cómo no nos dará también con él todas las cosas?" (8:31-32). Si nada escatimó Dios para acercarnos a Él, y si nuestro futuro está asegurado por el poder de su amor por nosotros, ¿tiene algún sentido pensar que Él nos abandone en algún momento? La promesa de la provisión fiel de Dios es parte integral de la garantía de nuestra perseverancia. Aquel que nos dio su Hijo y aseguró nuestro destino proveerá todo lo que necesitamos entre nuestra justificación y nuestra glorificación. El sacrificio de su Hijo es nuestra garantía de ese compromiso.

4. Nadie puede acusar a los hijos de Dios. Pablo no ha terminado de desentrañar todos los aspectos de la seguridad que nos pertenece por el amor redentor de Dios. Él declara, también con preguntas retóricas, que nadie tiene derecho a presentar cargos contra aquellos a quienes Dios ha justificado en Cristo Jesús. Las dudas perniciosas, la culpa condenatoria y la ansiedad espiritual que el enemigo lanza contra tu corazón son falsas y fraudulentas. El Juez de todas las cosas ha emitido un juicio moral irrevocable basado en la justicia y el sacrificio de Jesús: somos perdonados para siempre, somos aceptados para siempre y somos justos para siempre delante de sus ojos. Los cargos en nuestra contra han sido retirados para siempre. Pon en la cara del acusador tu carta de justificación y vete libre. El Juez supremo ha emitido su veredicto final. Es un hecho cumplido, ante el tribunal se ha cerrado, las luces se han apagado y la puerta está cerrada con llave. Ya no estamos en el banquillo ante el acusador sino en la casa del Padre.

5. Nada puede separar a los hijos de Dios de su amor. Este es el último argumento que presenta Pablo para la perseverancia de los santos. Sí, ellos sufren en este mundo que gime; sí, hay ocasiones en las que ni siquiera saben cómo orar; sí, ellos soportan los ataques condenatorios del enemigo y sí, ellos erran y se apartan, pero nada en el cielo o en la tierra puede separarlos jamás del amor de Dios en Cristo Jesús (Ro. 8:35-39). No hay nada más poderoso que su amor redentor y es ese amor el que guarda a sus hijos hasta el final. Eres hijo de Dios, no porque hayas creído primero, sino por que Él depositó su amor en ti. Él no te ama porque tú crees. No. Tú crees porque Él te amó y sigue amándote. Al final, nuestra perseverancia es el resultado del amor de Dios derramado sobre nosotros a través de la persona y la obra del Señor Jesucristo. Este amante no nos seduce para luego abandonarnos, sus palabras amorosas no son palabras vanas, su compromiso no se debilita cuando fallamos y Él cumplirá cada una de sus promesas hasta el final. Estamos seguros en su amor.

Este bello y alentador pasaje de Romanos nos recuerda lo que Jesús dijo en tres importantes pasajes de Juan que tratan acerca de la perseverancia. En Juan 5:24, Jesús dice: "De cierto, de cierto os digo: El que oye mi palabra, y cree al que me envió, tiene vida eterna; y no vendrá a condenación, mas ha pasado de muerte a vida". ¿Podrían ser más claras las implicaciones de esta declaración de Jesús? Si has puesto tu confianza en Jesús, el juicio divino en tu contra es tu pasado espiritual, pero no tiene lugar en tu presente ni en tu futuro espirituales. Aquel que pronunció estas palabras se dirigía a la cruz donde soportaría el juicio de todos los que creen. Él pagaría su condena para que ellos pudieran estar para siempre delante de Dios sin temor de su juicio. Si has depositado tu confianza en Jesús, has pasado de muerte a vida. No hay muerte espiritual en el camino que se abre delante de ti, sino que, para los creyentes, hay vida, gloriosa vida eterna. Tu dilema acerca de la muerte quedó resuelto para siempre gracias a la muerte de Jesús por ti. Así que tu historia espiritual nunca relatará el drama de la muerte, sino las bendiciones de la vida nueva y eterna.

Con todo, el glorioso aliento de la certeza de la seguridad final de la salvación de todo creyente nunca debe resultar en un estilo de vida perezoso, descuidado y negligente en la devoción y la obediencia. Aunque somos guardados por el poder del amor redentor de nuestro Padre, Él se sirve de medios apropiados para llevar a cabo esta obra milagrosa. El Redentor ha hablado: "No vendrá a condenación, mas ha pasado de muerte a vida". Su declaración es el sello de nuestra perseverancia.

Jesús también habló acerca de la perseverancia en Juan 6:37-40:

Todo lo que el Padre me da, vendrá a mí; y al que a mí viene, no le echo fuera. Porque he descendido del cielo, no para hacer mi voluntad, sino la voluntad del que me envió. Y esta es la voluntad del Padre, el que me envió: Que de todo lo que me diere, no pierda yo nada, sino que lo resucite en el día postrero. Y esta es la voluntad del que me ha enviado: Que todo aquel que ve al Hijo, y cree en él, tenga vida eterna; y yo le resucitaré en el día postrero.

Jesús acaba de declarar que Él es el maná, el pan de Dios enviado desde el cielo. Luego dice algo que debería ser una enorme motivación para todo creyente que lucha con las tribulaciones y las tentaciones de este mundo caído. No hay metáfora ni misterio escondido en estas palabras. Son directas y su significado es evidente. Primero dice: "El Padre es quien te hace venir a mí; y al que a mí viene, no le echo fuera". Tú y yo venimos a Cristo por la iniciativa del Padre y somos guardados por la voluntad y el poder del Salvador. Es Dios quien nos acerca y es Dios quien nos guarda. La salvación viene del Señor.

Entonces, Jesús refuerza su declaración: "esta es la voluntad del Padre, el que me envió: Que de todo lo que me diere, no pierda yo nada, sino que lo resucite en el día postrero". La gracia soberana nos llama, nos acerca a Dios y nos guarda. Es allí donde descansa nuestra esperanza según perseveramos desde el primer momento en que creemos hasta que veamos a nuestro Salvador cara a cara. Nosotros no impartimos vida a nuestros corazones muertos para poder creer y tampoco tenemos el poder espiritual autónomo para guardarnos a nosotros mismos hasta el final. Dios es realmente nuestro refugio y nuestra fortaleza.

Un pasaje adicional en Juan habla directamente acerca de nuestra perseverancia.

Mis ovejas oyen mi voz, y yo las conozco, y me siguen, y yo les doy vida eterna; y no perecerán jamás, ni nadie las arrebatará de mi mano. Mi Padre que me las dio, es mayor que todos, y nadie las puede arrebatar de la mano de mi Padre. Yo y el Padre uno somos (Jn. 10:27-30).

Justo antes Jesús había declarado que Él es el Buen Pastor. Es una bella descripción gráfica que expresa su amor por sus hijos, su compromiso con ellos y su promesa de proteger a sus hijos (ovejas). Aun en el contexto de esta descripción gráfica, las palabras de Jesús son absolutamente claras. No es difícil entender a qué se refiere con que "no perecerán jamás" y "nadie las arrebatará de mi mano". Tú y yo perseveramos porque somos sostenidos, por la gracia, en la mano omnipotente y soberana del Padre. Nadie ha arrebatado ni arrebatará jamás de las manos de nuestro Padre celestial lo que Él no ha decidido soltar.

Lo que estos pasajes nos enseñan es que el poder que nos guarda es el poder del Señor. Nuestra salvación es iniciativa suya, Él la continúa y la consuma. Si nosotros tuviéramos el poder de hacer esto, la intervención de la gracia divina en el mundo no habría sido necesaria. Y si la permanencia y la continuación de nuestra salvación descansara sobre nuestros hombros, la vida cristiana sería una existencia aterradora, incierta y plagada de ansiedad. Con pecado aún en nuestro interior y corazones propensos a vagar, nunca estaríamos seguros, siempre tratando de ganar y asegurar nuestro lugar y nunca muy seguros de haberlo hecho. Sin embargo, estos pasajes son claros; cada parte del proceso de nuestra salvación descansa en la voluntad, el poder, el amor y la gracia del Señor. Descansamos porque el Buen Pastor guardará a cada una de sus ovejas para siempre.

A pesar de que la enseñanza de Jesús es clara, este pasaje plantea dos preguntas. Primero, si lo que acabamos de considerar es cierto, ¿cómo deberíamos vivir? ¿Significa la doctrina de la perseverancia de los santos que es aceptable vivir un cristianismo despreocupado, perezoso y consumista? Si estamos tan seguros, ¿por qué no disfrutar un poco de los placeres del pecado? Nada en las Escrituras indica que el poder guardador de Dios te dé licencia para no tomar con seriedad su llamado, su sabiduría y sus mandamientos entre el "ya" de tu conversión y el "todavía no" de tu llegada al hogar celestial. De hecho, la Biblia enseña lo contrario. Nos dice que Dios ejerce su poder guardador sirviéndose de medios cotidianos. Tú no eres guardado porque tengas tiempos de adoración personal, pero tu Salvador se sirve de ese hábito cotidiano para guardarte. Tú no eres guardado porque seas fiel en participar en las reuniones de tu iglesia para la adoración y la enseñanza colectiva, pero Dios usa ese compromiso para guardarte. Tú no eres guardado porque te comprometas a diario a vivir dentro de los límites de los mandamientos divinos, pero Dios usa esa disciplina para guardarte. Tú no eres guardado porque abandones tu propio reinado y te entregues a la obra del reino de Dios, pero Dios emplea esa renuncia para guardarte. Dios hace la obra extraordinaria de guardarnos hasta el final a través de los medios comunes de los hábitos cotidianos de la vida cristiana. Considera lo siguiente.

> ¿No sabéis que los que corren en el estadio, todos a la verdad corren, pero uno solo se lleva el premio? Corred de tal manera que lo obtengáis (1 Co. 9:24).

> No nos cansemos, pues, de hacer bien; porque a su tiempo segaremos, si no desmayamos (Gá. 6:9).

> Porque os es necesaria la paciencia, para que habiendo hecho la voluntad de Dios, obtengáis la promesa (He. 10:36).

> Por tanto, nosotros también, teniendo en derredor nuestro tan grande nube de testigos, despojémonos de todo peso y del pecado que nos asedia, y corramos con paciencia la carrera que tenemos por delante (He. 12:1).

> He aquí, yo vengo pronto; retén lo que tienes, para que ninguno tome tu corona (Ap. 3:11).

Esta es una pequeña muestra de los muchos pasajes que afirman que tu forma de vivir como creyente sí importa. Y una de las razones por las cuales importa es que Dios usa tu compromiso para perseverar, con todos sus hábitos de fe cotidianos, como una herramienta para guardarte por su poder. Así que tú trabajas, batallas, resistes, obedeces, confiesas, te arrepientes, adoras, estudias y repites todo esto una y otra vez. Ninguna de esas disciplinas bastaría para guardarte para siempre en el redil del Pastor, pero cada una es una herramienta que usa el Padre para guardarte hasta el final. No, la doctrina de la perseverancia no nos enseña que nuestra forma de vivir no importa. Su llamado es totalmente opuesto a esa idea.

La segunda pregunta que plantea el pasaje es: "¿Qué puede decirse de los creyentes que se apartan?". Todos hemos sabido de personajes públicos y personas cercanas a nosotros que niegan la fe y se apartan. Es algo doloroso de ver y, si fallamos en comprender bien la dinámica de estos sucesos, pueden llevarnos a cuestionar nuestra propia capacidad de perseverar. Conocemos personas a las que habríamos considerado verdaderos creyentes, algunos de los cuales eran incluso creyentes maduros y otros que considerábamos nuestros líderes, los cuales parecían no solo conocer la Palabra de Dios sino también amar al Señor y, a pesar de todo eso, declaran que ya no creen ni se llaman cristianos. ¿Significa esto que también es posible que nos apartemos?

Esta pregunta precisa que tengamos en cuenta dos grupos de personas. En el primer grupo están las personas que aunque se apartan por un tiempo considerable, regresan después. Puesto que tenemos corazones que aún no han sido completamente purificados de la corrupción del pecado, siempre habrá momentos en los que nuestros pensamientos y deseos traspasan los límites que Dios ha puesto. Para algunos esto significa un momento de desobediencia en actitud o en obra, seguido de confesión y de arrepentimiento. Para otros, esos deseos pecaminosos iniciales nos desvían del camino de Dios por un período de tiempo más prolongado. He aconsejado a muchos padres cuyos hijos se desviaron de la verdad durante años y regresaron a las creencias de su juventud. A veces un cónyuge se aparta por un tiempo y luego regresa.

Si nuestros conocidos y seres queridos han profesado la fe y la han practicado durante un tiempo y luego abandonan la fe, no deberíamos darnos por vencidos con ellos, no deberíamos dejar de orar por ellos y no deberíamos cerrarles la puerta de la invitación de la gracia. Oramos porque Dios es poderoso para hacer en sus corazones lo que a nosotros nos resultaría imposible. Deberíamos orar para que Dios traiga a su memoria lo importante, para que experimenten convicción de pecado, para que sus corazones se suavicen, para que haya confesión y para que vuelvan a anhelar a Dios y la comunión de su pueblo. En su desvío, no debemos hacer nada que comprometa la verdad de Dios y su llamado, al tiempo que extendemos la misma gracia paciente que Dios nos ha manifestado.

Ahora hablemos del segundo grupo. Escribir acerca de ellos es algo que me parte el corazón. Hay personas que parecieran conocer al Señor, parecieran celebrar su gracia, parecieran amar la Palabra de Dios, parecieran amar la comunión cristiana y parecieran entregarse a una vida de obediencia y servicio a Dios. Puede que se conviertan en miembros destacados del cuerpo de Cristo y que incluso lleven algunos años de ministerio vocacional, pero trágicamente abandonan la fe y nunca regresan. ¿Ha fallado el Padre en guardarlos? ¿Ha perdido el Buen Pastor una de sus ovejas? ¿Peligra nuestra salvación?

Hay tres pasajes de las Escrituras que hacen referencia directa a este segundo grupo de personas. En su explicación de su famosa parábola de la semilla donde describe cómo las personas recibían la Palabra, Jesús habla acerca de la semilla que cayó en terreno pedregoso.

> Y el que fue sembrado en pedregales, este es el que oye la palabra, y al momento la recibe con gozo; pero no tiene raíz en sí, sino que es de corta duración, pues al venir la aflicción o la persecución por causa de la palabra, luego tropieza (Mt. 13:20-21).

Cuando Jesús dice que "no tiene raíz en sí" quiere decir que la Palabra de Dios no había echado raíces en el suelo de su corazón. No había producido la verdadera fe transformadora, el yugo del pecado en el que estaba su corazón no había sido roto por la gracia. Las más profundas lealtades de la persona no habían sido transferidas del servicio al yo a la sumisión a Dios. El Espíritu no había venido a hacer morada en el corazón de la persona para revestirla de poder y transformarla. Si la Palabra no ha echado raíces en tu corazón, no eres un hijo de Dios, aunque parezcas serlo durante un tiempo.

En otra ocasión, como una advertencia muy seria, Jesús añade algo más a nuestra comprensión de este segundo grupo de personas.

> No todo el que me dice: Señor, Señor, entrará en el reino de los cielos, sino el que hace la voluntad de mi Padre que está en los cielos. Muchos me dirán en aquel día: Señor, Señor, ¿no profetizamos en tu nombre, y en tu nombre echamos fuera demonios, y en tu nombre hicimos muchos milagros? Y entonces les declararé: Nunca os conocí; apartaos de mí, hacedores de maldad (Mt. 7:21-23).

Es importante que escuchemos estas palabras: "No todo el que dice: Señor, Señor, entrará en el reino de los cielos". Esto incluye a personas que al parecer hacían "milagros" en el nombre del Señor. ¿Por qué no entran en el reino de los cielos? La respuesta de Jesús es clara: "Nunca os conocí". Esto significa que estas personas nunca fueron ovejas en el rebaño del Gran Pastor. Nunca fueron hijos adoptados del Padre. A pesar de toda la rectitud que aparentaban tener y de las proezas ministeriales, nunca fueron parte de la comunidad de los redimidos. Si el Salvador no te conoce, entonces no eres uno de sus hijos. Es desgarrador pensar en esto, pero no todos los que son miembros de una iglesia local visible son, en efecto, miembros de la iglesia invisible, la familia eterna de Dios.

En su primera carta, Juan alude brevemente, pero con mucha claridad, al grupo de personas de las que hablamos: "Salieron de nosotros, pero no eran de nosotros; porque si hubiesen sido de nosotros, habrían permanecido con nosotros; pero salieron para que se manifestase que no todos son de nosotros" (1 Jn. 2:19). Las palabras de Juan sintetizan muy bien los dos pasajes que acabamos de citar. ¿Por qué las personas abandonan la fe y nunca regresan? La respuesta es: porque no eran verdaderos creyentes.

Muchas cosas pueden disfrazarse de fe verdadera. Una persona puede gustar de las complejidades de la teología, pero no amar al Señor. Una persona puede gustar de ser parte de una amorosa comunidad de fe, pero no ser realmente una persona de fe. Una persona puede disfrutar el proceso y la prominencia de un cargo ministerial, pero no haber rendido su corazón al señorío de Jesucristo. Una persona puede disfrutar la experiencia de la adoración pública sin haber entregado su corazón y su vida a la adoración del Señor. No todos los que parecen personas de fe son personas de fe. "Salieron de nosotros, pero no eran de nosotros" es la triste respuesta a la pregunta: "Si Dios nos guarda hasta el final, ¿por qué algunos se apartan?".

¿Cómo debemos tratar a este grupo de personas? La respuesta es: de la misma forma que tratamos al primer grupo. Por fortuna no tenemos la capacidad de ver los corazones de las personas. Esto sería una carga insoportable para nosotros. Pero, gracias a que no la tenemos, debemos tratar a las personas que han abandonado la fe con *esperanza* en el poder de Dios para traerlas y convencerlas, con la misma *gracia* que Dios nos ha extendido a nosotros, con *palabras* amables de advertencia, con el *amor* del Salvador y con *oración* paciente y perseverante. Con ello asumimos su desvío no como un motivo para enorgullecernos, sino como una advertencia para continuar persiguiendo la gracia que nos ha perseguido a nosotros.

Sí, el Señor manifestará su gran poder para guardar a los suyos, pero eso no significa que debamos ser perezosos ni dar por sentada nuestra fe. El Dios que hace todo lo posible para guardar a sus hijos se sirve de medios comunes para hacerlo. Así que tomamos esos medios y los convertimos en nuestros hábitos de vida cada día hasta que estemos al otro lado y ya no sea necesario perseverar.

La glorificación final de todo aquel que es salvo

Dios completará su obra en nosotros. Al final seremos plenamente redimidos. Todo aquello por lo cual vivió y murió Jesús vivirá en nosotros. La obra de la transformación fundamental de nuestros corazones será completa. Por fin seremos hechos, en todo, a la semejanza de nuestro Salvador. La gloria venidera es mayor que cualquier gloria que hayamos experimentado o imaginado. La obra salvadora de Dios tiene un clímax. La gran orquesta celestial estará en pleno *crescendo* cuando los hijos de Dios completamente glorificados marchen a su hogar definitivo. Ellos recibirán una corona, pero toda la alabanza, adoración y celebración serán dirigidas al Salvador de ellos cuando empiecen a entonar cánticos de gloria que nunca tendrán fin.

Es difícil para nuestra mente limitada entender lo que realmente significa la glorificación. Hemos pasado nuestra vida entera rodeados de gente con defectos. Incluso los más maduros y nobles de entre nosotros tienen su nobleza que ha sido abollada, rayada y afectada por el pecado. Desde el nacimiento hasta la muerte, la imperfección es nuestra cotidianidad normal. Pensamientos imperfectos, deseos imperfectos, actitudes imperfectas, palabras imperfectas, acciones y reacciones imperfectas, amor imperfecto, relaciones imperfectas, adoración imperfecta son lo que caracterizan la comunidad humana a la que estamos acostumbrados. Solo cuando observamos el breve paso de Jesús por la tierra logramos vislumbrar lo que puede ser nuestro futuro perfecto. El Jesús encarnado y luego resucitado es la profecía más clara de nuestra glorificación futura.

En el momento que vivimos ahora, entre nuestra conversión y nuestra partida al hogar celestial, existe una aparente contradicción y tensión entre lo que Dios ha declarado que seamos (justos) y lo que en realidad somos (no tan justos, a decir verdad). Solo en nuestra glorificación definitiva esta tensión de los siglos quedará al fin resuelta para siempre. Dios nos llama a vivir pacientemente en medio de esta tensión, celebrando lo que Él ha declarado que seamos a la vez que vivimos con humildad lo que somos realmente. Tenemos que reconocer con humildad la hipocresía que abunda en nosotros y alrededor de nosotros. El único lugar donde la hipocresía no vive es en el corazón de Dios y en sus hijos plenamente glorificados. Así pues, Dios nos llama a aferrarnos a su promesa de perfeccionar la obra que ha comenzado, al tiempo que nos bendice con la gracia para hacerlo. Sin apartar nuestra mirada de Jesús, vivimos con una expectativa matizada de paciencia, aferrándonos a la promesa de que seremos como Él.

Esto es lo que significa la glorificación: "Amados, ahora somos hijos de Dios, y aún no se ha manifestado lo que hemos de ser; pero sabemos que cuando él se manifieste, seremos semejantes a él, porque le veremos tal como él es" (1 Jn. 3:2). No hay mejor resumen en una sola frase de lo que significa la glorificación que estas cuatro palabras: *seremos semejantes a Él*.

Todos los hijos de Dios adoptados por la gracia serán al fin semejantes a Él. Ese esposo imperfecto que batalla con el pecado sexual será semejante a Él. La joven que lucha con la tentación en su universidad será semejante a Él. Ese empresario descontento será semejante a Él. El hombre que grita malas palabras en el embotellamiento será semejante a Él. La esposa descontenta, que tiene envidia de lo que tiene su amiga, será semejante a Él. El pastor que ha perdido su pasión por el ministerio será semejante a Él. El estudiante de seminario que confunde su conocimiento teológico con la madurez espiritual será semejante a Él. La pareja que se ha endeudado toda la vida será semejante a Él. La persona paralizada de ansiedad será semejante a Él. Debido a que todas estas personas son verdaderos hijos de Dios, su futuro es brillante. La aparente contradicción entre lo que Dios ha declarado que sean y la manera en que viven ahora quedará superada de una vez para siempre. El conflicto terminará porque por fin serán lo que la gracia justificadora los ha declarado: justos. ¡Qué maravillosa esperanza a la que podemos aferrarnos.! Es difícil vivir en el intermedio con todas sus luchas y desilusiones. Por ello es importante aferrarse a la certeza de nuestra glorificación. Vivir el ahora en medio de las imperfecciones con los ojos puestos en la perfección futura.

Lo que significa ser glorificado tiene dos dimensiones. La primera, que no habría tal cosa como la consumación de nuestra redención sin el funeral irrevocable del pecado. Todos odiamos los funerales porque nos confrontan a la realidad de la muerte y la separación definitiva, pero este es un funeral que esperamos con ansias y es motivo de celebración. El pecado morirá. Si eres un hijo de Dios te espera, al otro lado de la muerte del pecado, una gloriosa vida eterna. Imagina la vida sin la seducción, la mancha, el engaño, la destrucción y la muerte que el pecado lanzó contra la humanidad. Imagina la vida sin la guerra espiritual a diario. Imagina la derrota final del diablo y de todas las fuerzas de tinieblas. Imagina ser libre por fin de la carga y del yugo del pecado. El poder corruptor del pecado morirá. Pareciera demasiado bueno para imaginarlo, pero ese día llegará; la muerte y la resurrección de Jesucristo son nuestra garantía.

Medita en las palabras de Apocalipsis 22:3: "Y no habrá más maldición; y el trono de Dios y del Cordero estará en ella, y sus siervos le servirán". El pecado trajo consigo la maldición de la separación de Dios, la maldición de la condenación y la maldición de la muerte. En nuestro hogar eterno, donde ya no habrá pecado, la maldición quedará rota para siempre. Cuando en Apocalipsis la Palabra dice "y no habrá más maldición", sabemos que el pecado quedará por fin erradicado para siempre. Sin la muerte del pecado no sería posible la glorificación final de todos los que son salvos. Como hijos de Dios glorificados, entonaremos estas palabras con un gozo sin precedentes:

¿Dónde está, oh muerte, tu aguijón? ¿Dónde, oh sepulcro, tu victoria? ya que el aguijón de la muerte es el pecado, y el poder del pecado, la ley. Mas gracias sean dadas a Dios, que nos da la victoria por medio de nuestro Señor Jesucristo (1 Co. 15:55-57).

Así que en tanto que vivamos en este mundo donde el pecado hace su abominable obra dentro y fuera de nosotros, vivimos con la promesa de la derrota y la muerte del pecado en mente. Nos negamos a abandonar la esperanza y a ceder a lo que Cristo ya derrotó y en poco destruirá por completo. ¿Cómo podemos vivir con la mira puesta en la derrota final del pecado y de la muerte? En el mismo pasaje ya citado, Pablo responde esta pregunta: "Así que, hermanos míos amados, estad firmes y constantes, creciendo en la obra del Señor siempre, sabiendo que vuestro trabajo en el Señor no es en vano" (1 Co. 15:58). Vivir a la luz de la muerte final del pecado significa vivir con valentía y esperanza. Significa permanecer firmes frente a la voz seductora de la tentación. Significa rechazar las invitaciones del mal. Significa rehusarse a vivir para las cosas pasajeras. Significa invertir tu tiempo, tu fuerza, tus recursos, tus dones y tu energía en las cosas que revisten importancia eterna. Significa entender que has sido llamado a la obra del Señor. Y significa que nada que hagas en el nombre del Señor es un desperdicio de tu dedicación y de tu tiempo. Vivir con la mira puesta en la victoria final significa vivir en victoria ahora, mientras aguardas la victoria final.

No obstante, hay algo más. Lo que la Biblia dice acerca de este segundo aspecto de nuestra glorificación parece demasiado bueno para ser verdad. Esta gloria es tan gloriosamente gloriosa que nadie podría atreverse a inventársela. Sin embargo, está la promesa bíblica. No solamente el pecado morirá, sino que seremos perfeccionados en la santidad, adoptaremos la verdadera semejanza de Jesús y reinaremos en gloria con Él para siempre. Con asombrosa claridad y confianza, Pedro declara que llegamos a ser "participantes de la naturaleza divina" (2 P. 1:4). Medita concienzudamente en esas palabras. No, tú y yo no seremos Dios, pero seremos piadosos en el sentido más pleno de la palabra. Pablo no solo dice que seremos manifestados con nuestro Salvador en gloria (Col. 3:4), sino que también nos aguarda un "eterno peso de gloria" (2 Co. 4:17). En Romanos 8:18, Pablo dice: "Pues tengo por cierto que las aflicciones del tiempo presente no son comparables con la gloria venidera que en nosotros ha de manifestarse". La gloria de esta gloria futura es tan gloriosa que eclipsará todos los momentos de dolor que hayamos experimentado cuando sufrimos en el recorrido por esta vida. Pablo dice: "Porque esta leve tribulación momentánea produce en nosotros un cada vez más excelente y eterno peso de gloria" (2 Co. 4:17).

Al igual que nuestra santificación, nuestra glorificación es un proceso de muerte y vida. Nuestra glorificación supone la muerte final del pecado y la maldición que acarrea, y significa la vida radicalmente nueva como participantes de la semejanza de Cristo y de su gloria. Ya no necesitaremos andar vigilantes ni examinar nuestros corazones para protegernos de la obra maligna del pecado. Y ya no tendremos que cargar con la tristeza y el conflicto de vivir en un mundo sin gloria, roto por el pecado. Seremos llevados a la gloria para participar para siempre de la gloria y el reinado de la gloria de nuestro triunfante Señor y Salvador Jesucristo. No podría haber un mejor final para la obra de la redención que abarca la historia entera que este que acabo de describir.

Así que persevera, con los ojos puestos en la gloria venidera, sabiendo que la perseverancia no nos guarda, sino que somos guardados por el poder de nuestro Salvador. Cuando el pecado nos persigue, cuando nuestros hijos nos resisten, cuando nuestros matrimonios parecen enfriarse, cuando nos sentimos extraños en nuestra universidad, cuando estamos enfermos o débiles físicamente, cuando nuestro trabajo es una carga diaria y nuestra iglesia nos decepciona, permanecemos firmes, no porque la vida sea fácil, sino por que nuestra gloria futura está asegurada. Perseveramos en cada labor a la que el Señor nos ha llamado, recordando que son sus medios para acercarnos a Él y mantenernos a salvo. Enfrentamos cada día conscientes de que, aunque pocas cosas parecen seguras en el presente, una cosa es absolutamente segura: "Seremos semejantes a Él, porque le veremos tal como Él es" (1 Jn. 3:2).

22

La perseverancia y la glorificación de los santos en la vida diaria

MI VIDA HA SIDO una larga travesía. Los valles han sido oscuros y profundos, las cimas han sido elevadas y emocionantes, y el sol se ha ocultado con frecuencia detrás de las nubes. He recorrido desiertos con la boca seca y arena en los ojos. He bebido el agua fresca de los ríos y he retozado en praderas verdes y exuberantes. En ocasiones he orado pidiendo lluvia y en ocasiones he orado para que deje de llover. A veces me parecía que había caminado un largo trayecto, solo para descubrirme de vuelta en el mismo lugar. He experimentado inviernos fríos que han hecho tiritar mi alma y veranos ardientes que han calentado mi corazón. A veces he sido débil y me he cansado, y a veces me he sentido fuerte y lleno de energía. Me han echado a tierra y me he preguntado si podía levantarme, y me han recogido y llevado en brazos cuando mi fuerza me ha fallado.

Me han llevado a lugares donde nunca imaginé que iría y me han alejado de lugares a los que planeaba ir. He madurado a lo largo de la ruta mientras mi inmadurez sigue latente. He sido testigo de las tragedias del pecado y he experimentado las glorias de la redención. He llegado a entender que soy un soldado en una gran guerra espiritual y que nunca peleo solo ni en mis propias fuerzas. Me he reconciliado con el hecho de que, aunque tengo mucho para ofrecer, nada de eso viene de mí, ni me pertenece ni me da protagonismo. He experimentado la aflicción y he sido rodeado de amor. Cuando miro el camino que tengo por delante, muchas veces me pongo ansioso, mientras el Señor me llama a ser paciente.

Yo no habría sido capaz de escribir mi propia historia. Yo no tenía una visión clara del mañana, mucho menos una idea clara acerca de a dónde ir ni qué hacer. Ya no me cabe la menor duda de quién es el autor de mi historia, quién delinea cada capítulo y dictamina cada giro de la trama. Sé que con todos los valles, desiertos, ríos y cimas de montañas no hay nada fortuito acerca de mi recorrido. Soy el objeto de una gracia milagrosa y gloriosa. Sé que no sería nada, no tendría nada y no tendría nada para ofrecer si no fuera por esa gracia. Mi historia es una historia de rescate divino y de muchas intervenciones divinas. Alguna vez pensé que la meta consistía en que yo conociera la verdad, pero he llegado a comprender que la meta es rendir todo lo que soy y todo lo que tengo al Dios que es el epicentro de lo verdadero. He llegado a vivir con una conciencia profunda de mi privilegio, de haber sido elegido para que llueva sobre mí la gracia, una y otra y otra vez.

Sin embargo, no todos los días están llenos de motivación, satisfacción y gratitud. También enfrento días agotadores y descorazonadores. A veces, la vida en este mundo que gime parece demasiado complicada, demasiado estresante y demasiado difícil. Tengo momentos en los que pierdo mi cordura espiritual, levanto los brazos y me dan ganas de gritar. A veces, el trabajo duro no funciona como se espera y la pesadumbre de los malentendidos abruma mi corazón. He tenido días de enfermedad física en los que no pensé que pudiera levantarme de una silla, y los ataques espirituales fueron debilitantes. Y hubo momentos en los que logré más en mi debilidad espiritual y física que en mis días de mayor vigor. A través de todo esto he llegado a entender que no era yo quien avanzaba, sino que Alguien me llevaba.

No solo he sido aceptado; también he sido amado. No solo he sido amado; me he convertido en morada divina. No solo me he convertido en morada divina; he recibido el poder de Dios. No solo he recibido el poder de Dios; he sido transformado. No solo he sido transformado; he sido guardado. No solo he sido guardado; seré glorificado. Esta es la trama de mi vida. Nada ha sido en balde. Cada vuelta y cada giro y cada altibajo son obra del poder inquebrantable de la gracia divina. Cada instante, aun los momentos confusos y dolorosos, son piezas de un rompecabezas que al armarse dice: "Bendición".

Por todo esto hoy me rindo al llamado, a los mandatos y a la sabiduría del Autor de mi historia. Sé bien que aquello a lo que Él me llama es su medio para rescatarme, acercarme a Él y protegerme. Aunque son pequeños los momentos de rendición en mi vida, Él los usa para ejercer su poder asombroso para guardarme. Habrá momentos de confusión, celebración y lágrimas, pero por su gracia seguiré, sabiendo que, sin importar cuántos valles oscuros tenga que atravesar o cuán intrincado sea el camino que tengo por delante, me espera una gloria incalculable.

Sin embargo, esta no es solo mi historia, sino también la tuya. Si eres hijo de Dios, el rompecabezas confuso e intrincado de tu vida también dice "bendición". Tampoco tú has tenido que abrirte paso en tus propias fuerzas, sino que Alguien te ha llevado. En todo lo que crees, estudias, renuncias, obedeces y te sacrificas, tú también has sido guardado por el poder de Dios. Aunque hay días que parecen banales y repetitivos, estás siendo llevado a un lugar que es más glorioso de lo que hayas experimentado o puedas imaginar jamás. Al igual que yo, tú no estás escribiendo tu propia historia. Tu historia está siendo escrita por otro y Él es la definición de sabiduría, poder y gracia. Al igual que yo, tú enfrentarás vivencias desalentadoras o descorazonadoras, pero nada que enfrentes será en vano. El Autor de tu historia nunca escribe un capítulo desechable. Cada palabra de cada página de tu historia está puesta allí por la gracia y la sabiduría divinas. Como es cierto en mi vida, cada llamado y cada mandamiento de tu Señor es una gracia. Él respalda con poder sus mandamientos a fin de guardarte. Simplemente, no puedes entender tu historia sin incluirla en la historia más amplia de la redención.

Hay algo que todos necesitamos hacer. Necesitamos integrar todo lo que sucede ahora mismo en el contexto de las verdades que estamos considerando. Esta tríada del llamado de Dios a la perseverancia, su promesa de guardarte y la gloria que te espera al final debe ser tu herramienta interpretativa para encontrarle sentido a las situaciones, los lugares y las relaciones en tu vida. Este es el objetivo que me he trazado en este capítulo, de modo que no te pierdas en el camino, no te desvíes de él ni pierdas de vista la gloria que te espera al final.

Las doctrinas de la perseverancia y la glorificación no solo son importantes ideas teológicas. Nos han sido reveladas para que entre el "ya" y el "todavía no" se forme en nosotros un modo de vida. Recuerda que creer no es solo una cuestión de asentir con la mente, sino también de un estilo de vida. Si no vives lo que crees, probablemente no lo crees en el sentido bíblico de lo que significa *creer*. Así pues, examinemos las implicaciones de las doctrinas de la perseverancia y la glorificación en la vida real a través de siete palabras.

Motivación

Si yo viera un vídeo de los últimos dos meses de tu vida y te observara en compañía de tu familia y amigos, en el trabajo, en momentos de ocio, en tus momentos en privado y en público, y en tus quehaceres diarios, ¿qué concluiría yo que es tu motivación? Las Escrituras nos enseñan que los seres humanos se orientan hacia un propósito, hacia una meta y hacia unos valores. Las palabras bíblicas como *adoración, tesoro, ídolo* y *galardón* nos señalan la verdad de que todos vivimos por algo que nos motiva. En nuestro corazón siempre existe una razón para lo que hacemos. Por ejemplo, hay cosas que haces y dices en tu matrimonio que son los medios que usas para obtener de tu matrimonio aquello que es importante para ti. Lo mismo podría decirse de la crianza de los hijos y de la amistad. La manera en que inviertes tu tiempo libre, las cosas que haces en la intimidad, y la forma en que manejas tu dinero están determinadas por aquello que consideras importante. Todos estamos constantemente motivados por algo.

Las doctrinas de la perseverancia y la glorificación nos brindan una motivación constante y trascendente para todo en nuestra vida. A menudo, seamos conscientes o no de ello, nos motivan cosas que son demasiado pequeñas, demasiado centradas en el yo y demasiado pasajeras. Por ejemplo, cuando yo amenazo a mi hijo con enojo, espero que el miedo le haga recoger sus juguetes. Cuando me quejo acerca de lo tarde que es para servir la cena, espero que mi volumen y mi tono de voz motiven a mi esposa a empezar a prepararla más temprano. Cuando conduzco y uso la bocina del auto espero que eso motive a los conductores que están frente a mí a apartarse o a conducir más rápido. Es fácil reducir tu vida a pequeños momentos insignificantes de motivación y satisfacción.

Sin embargo, hemos sido salvados por la gracia para algo mucho más grande y mejor que esta forma de vida que solo busca "aprovechar el momento". Hemos sido aceptados en la familia del Rey de reyes, el Creador y Soberano de todo. Su Espíritu ha venido a morar en nosotros y su Palabra nos ha hecho sabios. Él nos protege y nos da su poder por su gracia. Hemos sido llamados a entregarnos a la obra de su reino eterno. Y caminamos hacia un destino que está garantizado. No podemos permitirnos vivir para aquello que es insignificante y pasajero cuando hemos sido rescatados por Dios para algo que es grandioso, glorioso y eterno.

Las doctrinas de la perseverancia y la glorificación proveen la motivación de una visión completa que cada hijo de Dios necesita. Tomemos el matrimonio como ejemplo. Tu matrimonio es un lugar sagrado; es terreno santo porque es uno de los lugares en los que Dios te llama a seguirlo pacientemente por la fe (perseverar) y donde Dios ejerce su poder para guardarte. Como ves, cada mandamiento que Dios les da como esposo y esposa es mucho más profundo que un plan para un matrimonio feliz. Cada uno de sus mandatos es un medio que Dios usa para acercarte a Él y para protegerte.

Seguir sus mandatos en tu matrimonio te exige rendir al Señor tu propio plan. Todo aquello a lo que Él te llama te exige renunciar a lo que quieres y a lo que piensas que necesitas por aquello que Dios declara que es mejor. Cada mandato te brinda no solo un cerco de protección alrededor de tu matrimonio, sino algo más importante, un muro de protección alrededor de tu corazón. Y Dios no solo te bendice con sus mandatos protectores, sino que también te da el poder para desearlos y el poder para guardarlos. De ese modo, Él te guarda por el poder de su sabiduría, su presencia y su gracia.

Tu matrimonio es donde la santa y sublime obra de la redención sigue ocurriendo. Lo mismo es cierto acerca de cualquier otra relación y área de tu vida. Las doctrinas de la perseverancia y de la glorificación expanden nuestra visión para ver más allá de la simple necesidad, el problema, el deseo o la expectativa de un momento dado. Nos ofrece una ruta para no desconocerlas, pero sí mirarlas a través de la lente de la presencia y el poder amoroso de Dios que nos protegen. Estas doctrinas nos recuerdan que Dios ha llenado nuestra vida por su gracia, que Él está presente y activo, que no permitirá que nada nos separe de su amor y que Él desplegará su poder para guardarnos hasta el final.

¿Dónde ocurren estas cosas gloriosas? La respuesta es: en los pequeños momentos cotidianos de nuestra vida. Y ¿qué usa Dios para guardarnos? Él usa medios comunes para hacer su extraordinaria obra redentora. De ese modo, los pequeños momentos de la vida son todo menos insignificantes, porque son las instancias en las que Dios obra incansablemente para mantenernos fieles y guardarnos. El espacio entre el "ya" y el "todavía no" se vuelve sagrado porque es la tierra santa donde la gracia redentora continúa su obra eterna.

En esos momentos deberíamos procurar que nuestras motivaciones estén gobernadas por aquello que es trascendente y eterno, en vez de lo pequeño y pasajero. De ese modo, hacemos de la obra de Dios nuestra obra. Puesto que Él nos guarda, tomamos la determinación de perseverar en guardar sus mandamientos, en elegir lo que Él declara valioso y en rendir nuestros corazones a algo más grande que nuestros pequeños caprichos egocéntricos. De paso, esa vida rendida es también una vida de gran bendición. Un matrimonio en el que el esposo y la esposa han renunciado a sus caprichos egoístas para someterse al plan superior de su Señor será una pareja más gozosa, pacífica, unida, amorosa y comprensiva.

La glorificación futura también sirve para motivarnos aquí y ahora. Persistir en las cosas trascendentes y eternas a las cuales Dios nos ha llamado es difícil. El recorrido exige grandes sacrificios. A veces pareciera que los malos ganaran. A veces pareciera que la obediencia no vale la pena. A veces, el sufrimiento nubla nuestro sentido de la presencia y la actividad de Dios. Por eso es vital que mantengamos la mirada en la gloria garantizada que nos espera. Lo que he descrito es precisamente el tema del Salmo 73. Asaf se perdió en el camino. Esta es la experiencia que describe: "Casi se deslizaron mis pies; por poco resbalaron mis pasos" (v. 2). ¿Por qué? "Porque tuve envidia de los arrogantes, viendo la prosperidad de los impíos" (v. 3). ¿Qué quiere decir el salmista? "He aquí estos impíos, sin ser turbados del mundo, alcanzaron riquezas" (v. 12). Luego protesta: "Verdaderamente en vano he limpiado mi corazón, y lavado mis manos en inocencia; pues he sido azotado todo el día" (vv. 13-14). Asaf declara, en esencia: "¿De qué me ha servido mi obediencia? Ellos no te obedecen y su vida es fácil. Yo obedezco y mi vida es dura".

Así describe Asaf su experiencia en medio de esta lucha: "Se llenó de amargura mi alma… Tan torpe era yo, que no entendía; era como una bestia delante de ti" (73:21-22). ¿Qué le hizo cambiar de parecer? ¿Qué cambió su perspectiva? Observa lo que dice: "Me has guiado según tu consejo, y después me recibirás en gloria" (v. 24). Él dice que se dio cuenta de que las vidas de los malvados eran como un breve sueño que desaparece al despertar (v. 20). Asaf procesa sus tribulaciones y su sufrimiento sin perder de vista su destino. La glorificación se convierte en su motivación.

¿Qué pasaría si alguien te prometiera el lugar perfecto para vivir en una ubicación más hermosa de lo que jamás habías visto o imaginado, con todas tus necesidades satisfechas y donde estarías rodeado de personas que te aman para siempre? ¿Qué pasaría si esa persona te dijera que tendrías que renunciar a lo que tienes ahora, que el recorrido será largo, que habrá sacrificios y sufrimiento en el camino, pero al final las glorias que te han prometido serán tuyas? ¿Qué pasaría si alguien te prometiera que, cuando te canses y desanimes, alguien estará allí para animarte y fortalecerte para que puedas seguir el viaje?

¿Qué pasaría si esta persona dijera que hay un lugar en esa tierra gloriosa preparado exclusivamente para ti? ¿Qué dirías y qué harías al comparar el pequeño montón de cosas que tienes ahora con la belleza incomparable del regalo que tienes delante de ti? ¿Acaso no dirías "acepto ese viaje"? ¿Acaso no estarías dispuesto a hacer esos sacrificios? ¿Acaso no traerías a tu memoria las promesas y la gloria cada vez que te desanimas y que estás a punto de perder la razón, y así continuar? ¿Acaso algo te detendría?

Bienvenido al viaje de la vida cristiana. Sí, estás llamado a una vida de renuncia. Estás llamado a perseverar y vas a enfrentar sufrimiento y sacrificios a lo largo del camino, pero te aguarda una gloria que ha sido garantizada y que supera todo lo que te hayas atrevido a pedir o seas capaz de imaginar. Vuelvo a preguntarte: "En tus amistades, en tu universidad, en tu trabajo, en tu matrimonio, como vecino, en tu iglesia o como padre, ¿qué te motiva?". ¿Has limitado tu motivación a lo pequeño y pasajero, cuando las doctrinas de la perseverancia y la glorificación te señalan la realidad de que has sido escogido para ser parte de lo trascendente y eterno?

Compromiso

Cuando he viajado por el mundo y vivido la experiencia de iglesia en muchas culturas mediante la comunión con el pueblo de Dios a pesar de las barreras del idioma, me he sentido gozoso y a la vez preocupado. Me regocija ver la obra de Dios en las culturas alrededor del mundo, pero con frecuencia me preocupa la manera en que el cristiano promedio responde a la obra de Dios. Permíteme explicar esto. He tenido muchas conversaciones con creyentes sinceros que, en apariencia, están hambrientos y vivos, pero en su interior carecen de un compromiso profundo con su fe que realmente moldee sus vidas.

Se ha hecho evidente que muchos creyentes dependen únicamente de los domingos por la mañana, los blogs cristianos, las redes sociales, la lectura apresurada de la Biblia en la mañana y los libros cristianos de moda para nutrir su vida cristiana. En lugar de vivir como discípulos de Jesucristo en el sentido más estricto del término, tienen los hábitos característicos de un consumidor cristiano. Sin embargo, en las doctrinas de la perseverancia y la glorificación de los santos, hay un llamado al compromiso de hacer todo lo necesario para madurar y perseverar hasta el final. Estas doctrinas nos llaman a echar mano de todas las herramientas con las cuales Dios nos ha bendecido para acercarnos a Él, protegernos y ser útiles en la obra suprema de su reino.

Es posible ser un consumidor de productos cristianos (libros, música, conferencias, reuniones dominicales, etc.) y no estar comprometido con tu propio crecimiento y perseverancia espirituales. Es posible consumir cosas cristianas y no tener un estilo de vida que cambie conforme se toma seriamente la perseverancia y el camino personal hacia la glorificación. Por supuesto, es bueno leer cada mañana un buen libro devocional. Si no lo creyera, no habría escrito uno. Sin embargo, hace falta aclarar que una breve lectura bíblica matinal es muy diferente a ser un estudiante disciplinado y comprometido con la Palabra de Dios.

Un estudiante de la Palabra de Dios estudia para desarrollar un nivel elevado de conocimiento bíblico. Un estudiante de la Biblia estudia para entender el curso de la narrativa del evangelio que es el tema central de las Escrituras. Un estudiante comprometido con la Palabra de Dios estudiará para conocer, entender y ser capaz de aplicar las doctrinas fundamentales de la Biblia. Un estudiante de las Escrituras estudia para defenderse de los ataques internos y externos contra su fe. Un estudiante serio de la Palabra de Dios estudia para comunicar su fe con fluidez, humildad, un sentido práctico y gozo.

Las doctrinas de la perseverancia y la glorificación también nos llaman a cada uno de nosotros a una vida de oración comprometida. Creo que muchos reducimos nuestras oraciones a una breve oración en la mañana, pedir ayuda en tiempos de angustia y orar antes de comer. Lamentablemente, muchos no consideramos la oración una herramienta poderosa en las manos de Dios que sirve para guardarnos y acercarnos a Dios, proteger nuestros corazones del pecado, nutrir nuestro amor por nuestro Salvador y participar en la obra del reino de Dios que abarca toda la historia y el mundo entero. Si no consideramos así la oración, nuestra tendencia será verla como una práctica espiritual de último recurso. Será como: "si nada más funciona, entonces oremos". Las Escrituras declaran que la oración del justo "puede mucho" (Stg. 5:16).

La oración es comunión viva y real con el Rey de reyes. Es ser invitado al Lugar Santísimo, ese lugar al cual el Espíritu lleva nuestros gemidos al Padre. La oración no se limita a pedir por la obra del Señor; es hacer la obra del Señor. Hay muchas cosas que necesitan llevarse a cabo y que somos completamente incapaces de lograr. La oración presenta esos asuntos delante de Aquel que tiene tanto el poder como la voluntad de hacer la obra del evangelio y producir el fruto del evangelio que ningún ser humano podría realizar o producir jamás.

En oración presentamos en clamor lo que somos incapaces de hacer solos. Oramos para tener ojos para ver lo que nuestros ojos cegados por el pecado nunca verían sin la intervención divina. Oramos para rendir verdaderamente nuestro corazón y por un cambio duradero en él. Oramos para que Dios nos rescate de nosotros mismos y nos conceda el deseo y el poder de combatir la tentación. Sin embargo, no oramos solo por nosotros mismos; también intercedemos a favor de otros y por la salud y el crecimiento de la iglesia. Presentamos delante de nuestro Padre a personas reales que luchan con asuntos reales e importantes. Presentamos delante de Dios las necesidades específicas de su iglesia. Al hacerlo, seguimos el ejemplo del Señor, orando para que el nombre de Dios sea venerado y que su reino venga, que su voluntad sea hecha aquí mismo, ahora mismo, donde Él nos ha puesto. En oración cerramos nuestros corazones a la adoración del mundo y nos entregamos a la adoración de nuestro Padre celestial.

La clase de oración que he descrito no se realiza en unos breves minutos en una mañana atareada. Es una oración que requiere tiempo, disciplina y compromiso, pero que nunca debe ser una carga. La oración es una invitación amorosa del Rey Salvador a ser partícipes de la obra más importante a la que podrías entregarte: la redención.

Podría escribir acerca de muchos más compromisos que debería asumir a diario un discípulo de Jesucristo que toma con seriedad su perseverancia y su glorificación futura. El estudio bíblico y la oración son solo dos ejemplos. Pero quiero advertirte algo. Si no estás invirtiendo tiempo en los compromisos, en los hábitos y en las disciplinas fundamentales a las que estas doctrinas te llaman, otras cosas en tu vida llenarán ese espacio en tu corazón y en tu agenda. Todos vivimos ocupados. Nuestras agendas están llenas y al final del día terminamos cansados. Tenemos que seguir ciertas rutinas diarias para mantener nuestra salud física, económica y social, pero ¿se amoldan todos esos compromisos necesarios a un compromiso trascendente? ¿Cuánto tiempo y energía invertimos en nuestro propio crecimiento en la gracia de Dios y en nuestra propia perseverancia? No puedes desentrañar debidamente estas doctrinas alentadoras sin discernir en ellas un llamado al compromiso, es decir, una invitación a asumir la obra de Dios en ti y por ti como la obra espiritual a la cual tú también te comprometes.

Esperanza

Es algo que hacemos todos los seres humanos. Por lo general, no nos percatamos de nuestra búsqueda constante e interminable. Cada cual escarba en el montón de situaciones, lugares, relaciones y experiencias de su existencia en busca de esperanza. Todos buscamos motivos para seguir adelante, razones para animarnos y fortaleza para la tarea que nos ocupa. La vida es dura, llena de imprevistos, de cosas no planeadas y no deseadas. Puesto que no tenemos el control, nuestras vidas parecen a menudo estar fuera de nuestras manos. Las personas nos fallan, pero también nosotros nos fallamos a nosotros mismos. Los sueños nos cautivan, pero se evaporan volviéndose desilusión. Se trazan planes, pero a menudo no funcionan como habíamos esperado. Incluso nuestras iglesias con frecuencia no son lo que esperábamos. En un mundo caído es imposible evitar con éxito las decepciones de la vida.

Él era una de las personas más desesperanzadas que he conocido. Para ser franco, este hombre me desanimaba. Estaba absolutamente solo, alejado de su familia y no tenía ningún amigo a quien llamar. Odiaba su trabajo y se sentía despojado de su potencial a causa de la política empresarial. Se consideraba un empleado del sótano corporativo. Despreciaba el vecindario en el que vivía. Nunca habría escogido vivir ahí, pero era lo único que podía costearse. Hablaba del triste día en el que se había mudado a esa casa. Cada habitación de esa vieja casa adosada parecía acusarlo de su fracaso.

Había un profundo abatimiento en su interior. Podías verlo en su postura y oírlo en su voz. Había abandonado cualquier esfuerzo, de modo que su casa era un desorden y necesitaba reparaciones urgentes; además, llevaba una dieta desordenada. El más mínimo obstáculo lo detenía y luego lo postraba en la autoconmiseración por haberse dejado derrotar tan fácilmente. Cuando lo conocí me costó mucho lograr que hablara, pero cuando lo hizo me dijo que no sabía por qué había decidido hablar conmigo porque sabía que eso demostraría ser una pérdida de tiempo, como todo en su vida.

Le ayudé a contar su historia, desde su primer recuerdo hasta el presente. Llegué a conocerlo a él y su mundo mejor que cualquier otra persona en su vida. Llegué a conocer a su familia, sus experiencias escolares, su larga lista de relaciones decepcionantes, su dolorosa vida laboral. Aprendí lo que habían sido sus esperanzas y sueños en algún momento y cómo cada sueño se había evaporado. Durante horas recorrimos su historia, sus pensamientos, sus deseos, su enojo y su frustración. Y él seguía viniendo a verme porque yo era la primera persona que lo escuchaba, que realmente lo escuchaba y que, después de oírlo todo, no lo había abandonado. Yo lo amaba. Era difícil quererlo y estar con él era como quedar envuelto en una nube oscura. Él no solo estaba absolutamente desanimado, sino que también era obstinado e inflexible. Aplastaba casi cualquier comentario positivo que yo hacía. Pero cuanto más estaba con él, más lo amaba y más crecía mi esperanza por él.

Mi amor por él y mi esperanza por él siguieron creciendo porque cada vez que hablábamos yo pensaba una y otra vez en esta descripción bíblica de un poderoso pasaje del Nuevo Testamento: "En aquel tiempo estabais sin Cristo, alejados de la ciudadanía de Israel y ajenos a los pactos de la promesa, *sin esperanza y sin Dios en el mundo*" (Ef. 2:12). Me impresionó que al relatar su larga y triste historia no hubiera en ella una sola mención de Dios, en ningún momento y en ningún lugar de su vida. Esa fue quizás la historia más despojada de Dios que yo haya escuchado jamás. Era una existencia sin lo divino, reducida a personas, lugares y cosas, todos los cuales habían fallado en darle un motivo por el cual valiera la pena vivir. Cada vez que leo este pasaje me impresiona la ecuación espiritual que plantea Pablo: "sin esperanza y sin Dios".

Ningún ser humano fue creado para vivir así. Vivir una existencia sin Dios no solo te priva de la forma más profunda, más alentadora y más fiel de esperanza que puedas encontrar, sino que también te roba tu humanidad. Por diseño del Creador, la naturaleza misma de lo que somos está conectada a la naturaleza misma de lo que Dios es. De ese modo, la existencia de Dios se vuelve la herramienta interpretativa más importante para darle sentido a nuestro ser. Todo en la vida será de alguna manera decepcionante, de ahí que, cuando depositemos nuestra esperanza en esas cosas, nuestra esperanza también nos fallará.

Yo tenía esperanza por mi amigo precisamente porque él carecía por completo de ella. Casi nada le gustaba, casi nada era valioso para él y nada para él era tan precioso que se aferrara a ello. Estaba listo para descubrir dónde se hallaba la verdadera esperanza fiel, y eso fue precisamente lo que sucedió. Tomó tiempo reemplazar todos esos viejos hábitos de pensamiento depresivo y sus interpretaciones negativas con una forma nueva de interpretar la vida centrada en Dios, pero paso a paso el cambio tuvo lugar. No me malentiendas: yo nunca le pedí que negara la realidad. Sin embargo, le enseñé cómo mirar las realidades más dolorosas a través de la lente de la presencia, la actividad, el poder y las promesas de Dios. No quiero sonar trillado, pero le ofrecí ponerse los anteojos del evangelio para que se los usara y nunca más se los quitara.

Tal vez te preguntes qué tiene que ver todo esto con la verdad de la perseverancia y la glorificación de los santos. La respuesta se encuentra en un *crescendo* del evangelio al final de 1 Pedro. Este es uno de mis pasajes favoritos de las Escrituras que hablan acerca de la esperanza. He echado mano de él una y otra vez en busca de aliento: "Mas el Dios de toda gracia, que nos llamó a su gloria eterna en Jesucristo, después que hayáis padecido un poco de tiempo, él mismo os perfeccione, afirme, fortalezca y establezca. A él sea la gloria y el imperio por los siglos de los siglos. Amén" (1 P. 5:10-11).

Este es un pasaje de perseverancia y glorificación. Pedro conecta la esperanza con un Dios que está obrando y que va a completar su obra. Todas las demás exhortaciones de Pedro a los creyentes y toda la esperanza que han de tener cuando las ponen por obra están conectadas a este Dios y a su compromiso constante de gracia para con los suyos. Observa que Pedro no presenta una visión fantasiosa y demasiado positiva de la vida. En nada niega la realidad. Él reconoce que los santos van a sufrir, pero también que aun en los momentos más oscuros hay Alguien maravilloso obrando, llevando a cabo una obra de trascendencia eterna cuyo final es glorioso. No existe una mejor roca de esperanza que la obra de Dios y su culminación gloriosa. El sufrimiento no es definitivo; Dios sí. El desaliento no señorea; Dios sí. El fracaso no prevalece; Dios sí. La debilidad no reina; Dios sí. Y la esperanza en su obra ahora y la belleza deslumbrante de la gloria venidera nunca te decepcionarán.

La pregunta es: ¿Interpretas tu vida de esta manera? Cuando la vida es decepcionante, ¿a qué echa mano tu corazón y hacia dónde se dirige tu mente? ¿Ves tu vida a través de la lente de los anteojos de Pedro del evangelio?

Confianza

Esta canción es la melodía pegajosa por excelencia. Fue escrita por Andraé Crouch. Aunque no es uno de los grandes himnos de la fe, me gusta mucho por su comprensión práctica de lo que significa vivir confiado.

> Cuando viene la aflicción,
> pierdo la noción del día y de la noche.
> Cuando soy arrastrado de un lado a otro,
> como un barco en la tormenta,
> no me afano, no me inquieto,
> mi Dios nunca me ha fallado.
> De vez en cuando, hay angustias,
> pero está bien,
> no soy de los que se afanan porque…
>
> Vivo confiado
> en que Dios me sostendrá.
> Sin importar lo que pase,
> Él se encargará
>
> Job estuvo enfermo
> hasta perder su carne.
> Su esposa, su ganado y sus hijos,
> todo lo que tenía lo perdió.
> Pero Job, en su desolación,
> sabía que Dios velaba
> sin descanso en el día, sin sueño en la noche.
> Job dijo está bien…
>
> Hay quienes se preguntan cómo logro sonreír
> en medio de tantas dificultades.
> Ellos dicen: "Andraé, ¿cómo puedes cantar
> cuando todo va mal?".

Pero no me afano, no me inquieto,
mi Dios nunca me ha fallado.
De vez en cuando hay angustias,
pero está bien,
no soy de los que se afanan porque…[1]

Observa cuál es la base de la confianza de Crouch. No es su educación, sus dotes musicales, su habilidad para conmover a la audiencia, su fama ni su comprensión bíblica. No, él no es el tipo de individuo que se da confianza a sí mismo.

Admiramos a las personas seguras de sí mismas, que son conscientes de quiénes son y de lo que son capaces de hacer. Nos encantan las historias de personas recias que caminan confiadamente por lugares hostiles y logran proezas admirables. Puesto que todos queremos ser confiados, a todos nos fascinan las historias de héroes y nos gusta aún más cuando se trata de héroes improbables. A todos nos gusta pensar que, en momentos difíciles y decisivos, también estamos a la altura de las circunstancias con gran confianza.

Sin embargo, la Biblia nos enseña que la confianza independiente en nosotros mismos es una ilusión; no hay tal cosa como una confiabilidad inconmovible. Ninguno de nosotros es lo bastante fuerte como para ser invencible. Ninguno de nosotros tiene ese poder. Ninguno de nosotros tiene esa clase de control. Frente a las torres elevadas de la dificultad humana todos sabemos, en lo profundo de nuestro ser, que somos muy pequeños. Incluso las personas más fuertes son débiles cuando se trata de los dilemas cruciales de la vida.

Entonces, ¿dónde se encuentra una vida confiada? En esto también las verdades que examinamos (a las que alude la reveladora letra de Andraé Crouch) nos señalan una sola dirección correcta: "Dios me sostendrá". Así es, Andraé, Él lo hará, hasta el final increíblemente glorioso. Así que, por débiles y pequeños que seamos, siendo proclives a momentos de necedad, siendo a veces disciplinados y a veces errando, en momentos

---

1   Andraé Crouch, "I've Got Confidence", copyright © 1969 Bud John Songs (ASCAP) (adm. CapitolCMGPublishing.com). Todos los derechos reservados. Usado con permiso.

de sintonía espiritual y en momentos de lejanía, tenemos la mejor razón del mundo para estar confiados. Es una razón que trasciende los límites de la sabiduría, la autoridad y la fortaleza de la justicia humanas. Es más grande que nuestras dotes o habilidades más extraordinarias. Es confianza para el padre que busca ser un embajador en las vidas de sus hijos. Es confianza para el estudiante que se siente solo en una universidad enorme. Es confianza para la anciana que afronta a diario el debilitamiento de la edad avanzada. Es confianza para el exitoso empresario que resiste el materialismo y el orgullo de poder que le rodean. Es confianza frente a la tentación sexual. Es confianza cuando la vida es dura y Dios está distante. Es confianza cuando nada a tu alrededor o en tu interior te infunde confianza.

Las doctrinas de la perseverancia y de la glorificación de los santos nos anuncian la presencia y la incesante actividad redentora de nuestro Salvador. Nuestra confianza no descansa en nuestro compromiso con Dios, sino en el compromiso de Él con nosotros. Así que nos levantamos cada mañana y decimos junto con Andraé Crouch: "Vivo confiado en que Dios me sostendrá". ¿Es así como enfrentas tu día a día?

Libertad del temor

Todos desearíamos poder decir: "Por tanto, no temeremos, aunque la tierra sea removida, y se traspasen los montes al corazón del mar" (Sal. 46:2). Estas palabras son la definición de una vida libre de temor. ¿Quién no desearía tener esa vida? ¿Te fijaste en la importante expresión con la que empieza el versículo? *Por tanto*. Una vida libre de temor siempre se basa en algo. Hay algo que tú sabes y entiendes acerca de ti mismo, de alguien más, de tu vida o de la situación que vives que te quita el temor. Siempre hay una razón: "No tengo miedo porque…". Así que el "por tanto" del Salmo 46:2 nos remite a 46:1: "Dios es nuestro amparo y fortaleza, nuestro pronto auxilio en las tribulaciones". Ahí está la razón por la cual cada hijo de Dios puede vivir una vida que no está inclinada, tergiversada, distorsionada y dirigida por el temor.

La vida cristiana no debería ser una existencia llena de temor. No deberíamos vivir en duda constante acerca de si somos o no hijos de Dios. No deberíamos preguntarnos si hemos pecado demasiado o ido demasiado lejos. No deberíamos estar ansiosos cuando pensamos acerca de Dios o acerca de cómo nos ve Dios. No deberíamos estar siempre buscando maneras de demostrar nuestra valía ante Dios, de demostrar nuestra fe, nuestra lealtad y nuestro compromiso. No deberíamos leer las advertencias de las Escrituras como si fueran predicciones de nuestra condenación. No deberíamos vivir con el terror de las posibilidades que existen de apostatar.

Sí, debemos tomar nuestra fe con seriedad. Sí, debemos comprometernos a obedecer. Sí, debemos entregarnos al estudio de la Biblia y la oración, a la adoración y la comunión con el cuerpo de Cristo, y a la obra misionera del reino de Dios. Sin embargo, ninguna de esas cosas debería estar motivada por el temor a que caiga sobre nosotros la ira de Dios si fallamos en hacerlas. Una vida cristiana activa, comprometida y valerosa debería estar motivada por el gozo incomparable de saber que Dios nos ha adoptado como hijos suyos, que nada nos puede separar de su amor y que Él nos llevará a la gloria que nos ha prometido. Esta es la clase de vida libre de temor a la cual nos invitan las doctrinas de la perseverancia y la glorificación de todos los creyentes.

Tampoco debemos dejarnos paralizar por el temor horizontal. El mismo Señor que trabaja incansablemente para llevarnos al final glorioso de nuestra salvación también dirige cada situación, relación, experiencia y lugar en nuestra vida. Nuestro Salvador está a cargo de todos los asuntos que nos confundirían, nos desanimarían o nos asustarían. Sí, habrá sufrimiento en esta vida, experimentaremos pérdida y tristeza, y sí, nos cansaremos y debilitaremos a veces, pero nunca estaremos solos. El Señor Todopoderoso camina a nuestro lado y Él no dejará que nada ni nadie se interponga en el cumplimiento del proceso más importante del universo, la redención. En todo lo que Él dispone para nosotros, Él está presente y nos acompaña. Ninguna circunstancia será el final nuestro ni lo derrotará a Él. Si vivimos, tendremos la bendición de saber que Él está en nosotros, por nosotros y con nosotros. Si morimos, estaremos con Él y seremos como Él en la gloria. El temor es vencido por su presencia, su poder, sus promesas y su gracia. Las doctrinas de la perseverancia y de la glorificación se erigen como recordatorios de que esto es verdad.

Mientras escribía este capítulo encontré las palabras de Moisés cuando preparaba a Israel para cruzar el río Jordán hacia la tierra que Dios les había prometido, aunque estaba llena de naciones enemigas. Estas palabras son alentadoras para el pueblo de Dios en todo momento y en todo lugar.

> Porque ¿qué nación grande hay que tenga dioses tan cercanos a ellos como lo está Jehová nuestro Dios en todo cuanto le pedimos? Y ¿qué nación grande hay que tenga estatutos y juicios justos como es toda esta ley que yo pongo hoy delante de vosotros?
>
> Por tanto, guárdate, y guarda tu alma con diligencia, para que no te olvides de las cosas que tus ojos han visto, ni se aparten de tu corazón todos los días de tu vida; antes bien, las enseñarás a tus hijos, y a los hijos de tus hijos. El día que estuviste delante de Jehová tu Dios en Horeb, cuando Jehová me dijo: Reúneme el pueblo, para que yo les haga oír mis palabras, las cuales aprenderán, para temerme todos los días que vivieren sobre la tierra, y las enseñarán a sus hijos; y os acercasteis y os pusisteis al pie del monte; y el monte ardía en fuego hasta en medio de los cielos con tinieblas, nube y oscuridad; y habló Jehová con vosotros de en medio del fuego; oísteis la voz de sus palabras, mas a excepción de oír la voz, ninguna figura visteis. Y él os anunció su pacto, el cual os mandó poner por obra; los diez mandamientos, y los escribió en dos tablas de piedra. A mí también me mandó Jehová en aquel tiempo que os enseñase los estatutos y juicios, para que los pusieseis por obra en la tierra a la cual pasáis a tomar posesión de ella (Dt. 4:7-14).

Todos deberíamos plantearnos la pregunta con la que empieza este pasaje. ¿Quién tiene un dios tan cercano a ellos como lo es nuestro Dios? No tememos porque Dios está cerca. Al igual que los hijos de Israel, hemos visto a Dios desatar su poder a nuestro favor. Él ha desatado su poder para nosotros, no solo para derrotar a las potestades físicas terrenales, sino para derrotar el poder final del pecado y de la muerte. Hemos escuchado su santa voz a través de su Palabra impartiendo sabiduría, vida y gracia. Él ha corrido la cortina del misterio para revelarnos su voluntad y sus caminos. Él nos ha revelado nuestro problema más profundo y su única cura. Y Él nos ha hablado por medio de la persona, las palabras y la obra de su Hijo. Él ha prometido guardarnos hasta el final. Y Él nos ha dado sus mandamientos para acercarnos a Él y protegernos, y para enseñarnos lo que significa seguirlo por la fe. ¿Qué pueblo tiene un dios que sea tan cercano, tan sabio, tan amoroso, tan poderoso, tan fiel a la obra que ha empezado como nuestro Dios?

Es mi deseo que la respuesta obvia a esta pregunta determine la forma de asumir nuestra relación con Dios y nuestro peregrinaje por este mundo caído hacia nuestro destino final. Cuando el temor aceche, no busquemos en nosotros mismos o en nuestras circunstancias esperanza y aliento, sino miremos a lo alto y recordemos: "Dios es nuestro amparo y fortaleza, nuestro pronto auxilio en las tribulaciones". Perseveraremos hasta el glorioso final porque nuestro Señor perseverará en su obra redentora hasta que sea completa.

Sacrificio

Todos nos sacrificamos por algo. Sacrificamos nuestro descanso, tiempo, dinero y energía para hacer ejercicio y así cuidar nuestra salud. Para perder peso, sacrificamos el placer que nos producen ciertos alimentos. Para salir de deudas, sacrificamos el disfrute de las cosas materiales. Todos estos son sacrificios bastante positivos, pero existen otros no tan positivos. Un padre sacrifica el tiempo que debería pasar con su familia con el propósito de ascender en su profesión. Un hombre o una mujer sacrifican la integridad y la confianza de su matrimonio por unos minutos de placer sexual con otra persona que no es su pareja. Sacrificamos nuestra capacidad de aportar a la obra del reino de Dios para poder gastar más nuestro dinero en posesiones y en placer.

Las doctrinas de la perseverancia y la glorificación de los santos son también un llamado al sacrificio. Sí, es Dios el que nos asegura por el poder de su gracia protectora que nos guardará hasta el final. Sí, es Dios el que nos asegura terminar su obra salvadora cuando seas hecho como Cristo y reines con Él en gloria para siempre. Sin embargo, una de sus herramientas para garantizar el logro de estas metas es su llamado a abandonarlo todo y a seguirlo por la fe.

Grandes multitudes iban con él; y volviéndose, les dijo: Si alguno viene a mí, y no aborrece a su padre, y madre, y mujer, e hijos, y hermanos, y hermanas, y aun también su propia vida, no puede ser mi discípulo. Y el

que no lleva su cruz y viene en pos de mí, no puede ser mi discípulo…
Así, pues, cualquiera de vosotros que no renuncia a todo lo que posee,
no puede ser mi discípulo (Lc. 14:25-27, 33).

Este pasaje no enseña que debemos salir y tratar a nuestras familias
con antipatía. No nos dice que nuestro Señor nos despoja de todo. Antes
bien, alude al compromiso de nuestro corazón. Debemos amar tanto al
Señor y debemos estar tan comprometidos a participar en la obra que Él
hace que no permitimos que nada ni nadie interfiera con nuestro gozoso
compromiso con nuestro Señor y su obra, ni siquiera las personas más
cercanas y más queridas. Este pasaje es un llamado a sacrificarse en aras de
nuestra propia redención y la gloria de nuestro Redentor.

Así pues, sacrificamos con gozo nuestro tiempo libre y nuestro deseo
de expresar enojo a fin de criar a nuestros hijos en disciplina y amonestación del Señor. Sacrificamos nuestro descanso a fin de tener tiempo y
energía para participar en la misión de nuestra iglesia local. Rechazamos
un ascenso en el trabajo porque eso quitaría tiempo a las disciplinas
espirituales a las cuales nos hemos comprometido. Resistimos el entretenimiento que nos tienta a pensar y a desear cosas que Dios condena. En
este pasaje, Jesús nos lanza el llamado a no permitir que nada se interponga en nuestra búsqueda de todo lo que Él está haciendo ahora mismo
en nosotros y de todo lo que Él nos promete que será posesión nuestra.

Ya que en cualquier caso vas a hacer sacrificios en tu vida, ¿por qué no
hacer los mejores sacrificios posibles? ¿Por qué no sacrificarte ahora en aras
de aquello que vas a disfrutar para siempre? ¿Por qué no renunciar a algunos
placeres temporales en aras de la gloria eterna? ¿Por qué no renunciar a lo
que inhibe tu crecimiento espiritual por aquello que Dios usa para hacerte
crecer y madurar? ¿Por qué no abandonar el amor al mundo por amor a tu
Padre celestial? ¿Por qué no abandonar lo que no puede satisfacerte ahora
por aquello que satisfará tu corazón para siempre? ¿Por qué no rendir los
pensamientos y deseos de tu corazón a Aquel que solo te llamará y te guiará
hacia lo que te conviene? ¿Por qué no huir de la tentación de todos los
malos sacrificios que te ofrece este mundo caído y en lugar de eso hacer
los mejores sacrificios que existen? Y ¿por qué no orar pidiendo la gracia
para estar dispuesto a abandonarlo todo con tal de seguir a Aquel que te

ha prometido más de lo que podrías pedir o imaginar jamás? Las doctrinas de la perseverancia y la glorificación en realidad te llaman a hacer los mejores sacrificios que podrías hacer en esta vida, sacrificios cuyo fin es la gloria eterna que va más allá de lo que puedas imaginar.

Perspectiva

Es fácil perder la perspectiva. Es fácil dejar que algunas cosas adquieran niveles de importancia excesivos, que invadan nuestros pensamientos y deseos de nuestros corazones y que controlen nuestras decisiones y nuestro estilo de vida. Tu matrimonio es importante, pero hay cosas en tu matrimonio que pueden adquirir una importancia excesiva y empezar a dominar tu comportamiento. Tu educación es importante, pero hay cosas en tu vida universitaria que pueden volverse más importantes de lo que deberían. Tu trabajo es esencial, pero tendrás que luchar por no permitir que tus metas se vuelvan más importantes de lo que son realmente y te lleven a tomar decisiones equivocadas.

A través de las doctrinas de la perseverancia y la glorificación de todos los salvos, Dios nos bendice con una perspectiva eterna. Estas doctrinas deben vivir en nuestro corazón y con una gloria tal que nos guarden de perder de vista el evangelio en nuestra vida. Son doctrinas que sirven para ayudarnos a peregrinar en este mundo caído lleno de voces seductoras e ídolos llamativos con una conciencia constante de lo que verdaderamente importa, es decir, de aquello por lo cual vale la pena vivir.

Ganar esa discusión no es tan importante como te parece en el momento. Hacer hasta lo imposible por ganarse el afecto de esa persona no es tan importante como sientes que lo es. Obtener las mejores calificaciones en tu universidad al precio que sea puede no ser tan importante como te parece. Comprar el último accesorio que sientes que necesitas puede no ser tan importante como crees. Darte ese gusto ahora mismo cueste lo que cueste puede ser más peligroso que importante. En la batalla de la fe entre el "ya" y el "todavía no" necesitamos perspectiva. Estas doctrinas nos bendicen con el recordatorio constante de lo que es verdaderamente importante aquí y ahora, y por toda la eternidad. Espero que esa perspectiva amplíe nuestro panorama, guarde nuestros corazones centrados en lo esencial y nuestras vidas avanzando paso a paso hacia la gloria venidera.

• • •

Como cada doctrina que hemos abordado en este libro, las doctrinas de la perseverancia y de la glorificación nos conducen a la cruz. En la cruz, Jesús llevó nuestro rechazo para que nada vuelva a separarnos jamás del amor del Padre. En la cruz, Jesús hizo el sacrificio supremo para que cada sacrificio al que nos llama redunde en nuestro rescate presente y en nuestra gloria futura. En la cruz, Jesús sufrió para que conforme suframos con Él ahora, poco a poco se forme en nosotros la semejanza de Él y algún día reinemos con Él en gloria. Jesús murió no solo para que Él viva en nosotros ahora, sino para que nosotros vivamos con Él para siempre. De modo que seguimos adelante con la cruz detrás y la gloria por delante. Nos sometemos a su llamado, resistimos al enemigo, seguimos al Señor por la fe, luchamos para perseverar y lo hacemos con gozo, conscientes de lo que hemos recibido y ansiando lo que está por venir.

23

La doctrina de la eternidad

DIOS HA SEÑALADO un día en el que juzgará al mundo. Será un juicio justo impartido por Jesucristo, a quien Dios Padre ha dado el poder para juzgar. En aquel día no solo los ángeles caídos serán juzgados, sino también todas las personas que hayan vivido sobre la tierra. Todos comparecerán ante el trono de Cristo el Juez para dar cuenta de sus pensamientos, palabras y acciones, para ser juzgados conforme a lo que hayan hecho, sea bueno o sea malo.

El propósito de Dios al establecer este día de juicio es manifestar la gloria de su misericordia en la salvación eterna de sus elegidos y manifestar la gloria de su justicia en la condenación de quienes ha rechazado, los malvados y desobedientes. Después de su juicio, los justos recibirán vida eterna y la plenitud de gozo y refrigerio que vienen de la presencia del Señor. Los malvados que no conocen a Dios y que no obedecen el evangelio de Jesucristo serán arrojados al tormento eterno. Serán castigados con destrucción perpetua, apartados de la presencia de Dios y de la gloria de su poder.

Cristo quiere que estemos plenamente convencidos de que habrá un día de juicio, tanto para disuadir a todos de pecar, como para consolar a los justos en su tribulación. Él ha mantenido ese día desconocido para nosotros, a fin de que nos desprendamos de toda seguridad carnal y estemos siempre vigilantes. Aunque no sabemos a qué hora vendrá el Señor, debemos estar siempre listos para decir: "Amén; sí, ven, Señor Jesús".[1] Véanse Eclesiastés 12:14; Mateo 12:36; 25:21, 32-46; Marcos 9:48; 13:35-37; Lucas 12:35-40; Juan 5:22-27; Hechos 17:31; Romanos 9:22-23; 14:10-12; 1 Corintios 5:3; 2 Tesalonicenses 1:5-10; 2 Timoteo 4:8; Judas 6; Apocalipsis 22:20.

Cómo entender la doctrina de la eternidad

Estás a punto de leer algo que te parecerá extremo, pero es cierto y esencial. Sin la doctrina de la eternidad no habría evangelio de Jesucristo, y mucho menos una esperanza del evangelio. Si no hay un futuro en el que se administre justicia y en el que el drama del pecado y la muerte queden resueltos por completo, entonces ninguna de las doctrinas que hemos considerado merecen nuestra atención. Es imposible leer la Biblia sin sentir la tensión del drama entre un Dios Creador santo y sus criaturas impías. La sangre, las tripas, la suciedad, el humo y el hedor de este drama salpican cada página de las Escrituras. Los seres humanos lloran y la creación gime a la espera del desenlace final. Mientras la tierra espera con ansias, la triste melodía de un mundo echado a perder sigue zumbando. A pesar de que la escuchamos ansiosos para que llegue a un *crescendo* final, su zumbido persiste.

Gracias a la persona y a la obra de Jesús, el pueblo de Dios aguarda esperanzado, pero toda su espera, toda su lucha y toda su esperanza son en vano si no existiera tal cosa como un juicio final seguido de una eternidad. Sería exasperante leer una novela de setecientas páginas llena de tensión y drama solo para, al final, descubrir que el autor nunca escribió el último capítulo. Mi querida esposa Luella detesta cuando pasamos dos horas en una película que termina sin resolver todos los interrogantes que la trama planteó.

Todo el mundo pide a gritos la eternidad, aunque sin saberlo. El niño que trata de contener las lágrimas porque sufre acoso escolar

---

1   Paráfrasis del autor de la doctrina de la eternidad como aparece en apartes de la Confesión de Fe de Westminster, cap. 33.

pide a gritos la eternidad. La esposa que está asolada por el adulterio de su esposo pide a gritos la eternidad. El anciano que sufre el dolor, la debilidad y la soledad de la edad avanzada pide a gritos la eternidad. El pastor que ha ministrado por mucho tiempo sin ver frutos pide a gritos la eternidad. El adolescente solitario que solo quiere ser comprendido y aceptado pide a gritos la eternidad. El trabajador que ha sido reprendido sin razón una vez más por su jefe pide a gritos la eternidad. El hombre hambriento y sin hogar pide a gritos la eternidad. El hombre negro a quien se le cierra otra puerta de oportunidad por motivo de su raza pide a gritos la eternidad. La pareja que acaba de descubrir que le robaron su auto pide a gritos la eternidad. De algún modo, por algún motivo, todos sabemos en nuestro corazón que las cosas no funcionan como deberían. De algún modo, por algún motivo, todos deseamos un mundo mejor.

Todo lo que hemos creído, a lo que hemos entregado nuestro corazón y en lo que hemos invertido nuestra vida como hijos de Dios exige una solución definitiva, por lo que la doctrina de la eternidad es esencial. Sin esta verdad, el cristianismo sencillamente no sería el cristianismo al que nos hemos entregado. Entender esta doctrina es vital si queremos entender nuestra fe y aplicarla a nuestra vida diaria. Expondré la doctrina de la eternidad en dos secciones: la doctrina de la eternidad y los justos, y la doctrina de la eternidad y los impíos. Cuando digo "justos" me refiero a quienes por la gracia y mediante la fe se les ha imputado la justicia de Cristo.

La doctrina de la eternidad y los justos

Quiero basar mi explicación de la doctrina de la eternidad y los justos en un pasaje, 2 Pedro 3:11-13.

> Puesto que todas estas cosas han de ser deshechas, ¡cómo no debéis vosotros andar en santa y piadosa manera de vivir, esperando y apresurándoos para la venida del día de Dios, en el cual los cielos, encendiéndose, serán deshechos, y los elementos, siendo quemados, se fundirán! Pero nosotros esperamos, según sus promesas, cielos nuevos y tierra nueva, en los cuales mora la justicia.

Lo importante acerca de este pasaje no es solo que nos revela verdades que todo creyente necesita conocer acerca de la eternidad, sino que también nos dice que estas realidades deberían definir nuestra manera de vivir ahora mismo. La doctrina de la eternidad es una verdad que no solo nos da esperanza futura, sino que debería también convertirse en una hermenéutica para nuestra comprensión de nuestra vida aquí y ahora. Esto es fundamental porque la manera en que le das sentido a tu vida determina y dirige la manera en que vives tu día a día. La doctrina de la eternidad constituye una herramienta interpretativa fundamental para el cristiano. Debería definir tu manera de pensar acerca de tu pasado, tu presente y tu futuro, acerca de ti mismo y de Dios, acerca del significado y del propósito. Sin esta verdad como parte estructural de tu pensamiento, no le darás sentido a tu vida.

Antes de examinar este pasaje vital, quiero ubicarlo en su contexto moral y teológico más amplio. Este contexto es importante para entender el significado pleno y la aplicación práctica del pasaje. En primer lugar, la Biblia declara que los seres humanos son adoradores (ver Ro. 1:25). No me refiero a la adoración en el sentido religioso formal, sino en el sentido práctico, motivacional y cotidiano. Todas las personas adoran algo; es decir, hay algo que siempre gobierna en nuestro corazón y lo que gobierna nuestro corazón es lo que ejerce control sobre nuestras palabras y nuestro comportamiento. Este pasaje trata acerca de la adoración a la luz de la eternidad.

En segundo lugar, la Biblia nos advierte acerca del egoísmo del pecado. De hecho, 2 Corintios 5:15 nos dice que Jesús vino para que ya no vivamos para nosotros mismos. Sí, es cierto que el ADN del pecado es el egoísmo. Este pasaje habla del egoísmo del pecado. ¿Viviré para mi gloria o para la gloria de Dios que es mayor? En tercer lugar, este pasaje habla de guerra espiritual. Las Escrituras nos confrontan con la realidad de que, en este lado de la eternidad, la vida entera es una guerra espiritual. Estos versículos, en 2 Pedro 3, hablan acerca de cómo ser un buen soldado en esa guerra hasta que logremos la victoria final y pasemos al reino eterno donde ya no hay guerra.

Quiero esbozar este pasaje y nuestro estudio de él con tres directivas prácticas: *vive de manera escatológica, espera con una actitud activa* y *abraza la promesa de Dios.*

Vive de manera escatológica

"Puesto que todas estas cosas han de ser deshechas, ¡cómo no debéis vosotros andar en santa y piadosa manera de vivir…" (2 P. 3:11). Observa la estructura de este versículo. "Puesto que… ¡cómo no…!", es una frase de tipo "si… entonces…". Si estas cosas son ciertas, entonces esta es la manera en que deberían vivir. La estructura misma de la frase nos revela algo importante acerca de la forma de Pedro de entender la doctrina de la eternidad. Para Pedro, la doctrina de la eternidad no es un punto distante, abstracto, aislado o impersonal de teología cristiana. Es imposible para Pedro concebir esta verdad de esa manera. Para Pedro, esta verdad afecta su vida diaria. Le dicta lo que es importante y, según lo que es importante, determina su manera de tomar decisiones, de actuar y de reaccionar en el día a día. El apóstol acaba de declarar algo increíble e inusual, algo que excede nuestros pensamientos cotidianos al punto de dejarnos sin aliento.

Pedro acaba de afirmar que todo lo que nos rodea, todos los elementos que nos ubican y orientan, todos los objetos físicos que nos ocupan y entretienen, todo lo que existe en este mundo creado, va a ser quemado (2 P. 3:10). Ahora mismo echa un vistazo a tu alrededor; todo lo que ves va a desaparecer. Nada de eso es permanente. Todo va a evaporarse en el fuego abrasador de la manifestación final del poder de la gloria de Dios. Detente a pensar en ello. Todo, absolutamente todo, desaparecerá para siempre. Cada edificio, cada montaña, cada arroyo, cada jardín exuberante, cada animal, cada monumento, cada árbol, cada peñasco, cada criatura marina, cada playa, cada vestuario de ropa fina, cada vehículo, cada carretera, cada lugar de solaz o diversión, sí, cada cosa física será quemada. Es difícil encontrar una declaración más impresionante en las Escrituras. Ninguna de las cosas que acostumbramos a considerar como permanentes estarán ahí para siempre. Este mundo físico no es definitivo. Dios es definitivo, y Él llevará todas estas cosas a una conclusión final y espectacular.

Es por cuenta de su corazón lleno de gracia que Dios nos revela lo que va a sucederle a este lugar que ha sido nuestro hogar físico. Él nos honra con la revelación de lo que ha de pasar entonces, de modo que sepamos cómo vivir ahora. Si alguien pudiera mirar el futuro y decirte con seguridad que una compañía tecnológica en la que estás a punto de invertir va a experimentar una gran subida y luego un desplome, probablemente no harías esa inversión. Si supieras que cierto sistema de calefacción va a estallar y a incendiar tu casa, no lo comprarías. Dios en su amor nos revela aquello que nos resultaría imposible saber o imaginar, pero es vital que lo entendamos para nuestra vida presente.

Retomemos ahora la pregunta de Pedro: "Puesto que esto es cierto, ¿cómo deberíamos vivir?". Si todo esto va a ser deshecho, por el plan y el poder de Dios, no tiene ningún sentido que vivamos para las glorias físicas del mundo creado. Es un acto de locura espiritual conectar mi identidad, mi significado, mi propósito y mi sentido de bienestar a algo que va a desaparecer en un instante. ¿Por qué invertir mi energía vital en esas cosas? Como sabes, Dios nos ha programado a ti y a mí para la gloria. Amamos y nos motivan las cosas gloriosas. Solo hay dos tipos de gloria: la gloria de Dios y la gloria tipo señal. La gloria tipo señal es cualquier cosa creada que es gloriosa. La llamo *gloria tipo señal* porque cada cosa gloriosa en la creación fue diseñada como una señal que nos indica la gloria inestimable de Aquel que la creó. Así que tenemos dos opciones: o entregamos nuestro corazón a la gloria de la creación física e invertimos nuestra vida en ella, o entregamos nuestro corazón e invertimos nuestra vida en la gloria de Dios.

No, no estoy diciendo que no debas disfrutar de un buen filete de carne, una hermosa obra musical, una película excelente o un jardín hermoso. No estoy diciendo que no debas ser dedicado en tu trabajo o comprometido con tu éxito profesional. Me refiero a lo que rige tu corazón y controla tu manera de vivir. Pedro dice que, a la luz de la destrucción final de todo lo que nos rodea, solo tiene sentido vivir el aquí y el ahora para la mayor gloria eterna de Dios. Ahora bien, ¿cómo hacemos esto? ¿Cómo nos negamos a permitir que los placeres físicos de este mundo creado nos dominen y controlen? La respuesta de Pedro está en la segunda parte del versículo 11: "en santa y piadosa manera de vivir". La manera en que vivimos para la gloria de Dios es obedeciendo sus mandatos, sometiéndonos a su voluntad y viviendo dentro de los límites de su plan para nosotros.

Los mandamientos de Dios no son una carga. Nos han sido dados no solo para su gloria, sino también para nuestro bien. Sus mandamientos se enmarcan dentro los límites de lo que Dios ha planeado para nosotros, para este mundo y para la eternidad que ha prometido a sus hijos. No hay una vida más bendecida ni una existencia más satisfactoria que levantarse cada día consagrándote a guardar los mandamientos de Dios. Vivir para la gloria de Dios te permite liberarte del yugo que imponen otras glorias. Si el placer físico es pasajero y la gloria de Dios es eterna, entonces la única manera sensata de vivir es comprometerte a llevar una vida piadosa. Lo haces en tu matrimonio viviendo para la gloria de Dios y no para la gloria de hacer las cosas a tu manera. Lo haces en tu crianza haciendo no lo que tú quieres para tus hijos o lo que esperas de ellos, sino cumpliendo el llamado que Dios te hace como embajador en las vidas de ellos. Lo haces en tu carrera dejando de obsesionarte con tus logros y siendo motivado más bien por la gloria de Dios en todas tus labores profesionales y en tu forma de expresarte. Lo haces en tu universidad enfocándote no solo en las calificaciones, sino en llevar una vida piadosa en un lugar difícil. Lo haces en todas las situaciones y lugares de tu vida diaria. La eternidad no solo te dice lo que va a suceder en el futuro, sino que también te revela la mejor manera y la más sabia para vivir aquí y ahora.

Espera con una actitud activa

La espera bíblica no es una pausa sin sentido ni propósito que otro nos impone. Una de las razones por las cuales no nos gusta esperar es que la espera nos confronta de inmediato con el hecho de que no tenemos el control. Algo o alguien nos obliga a esperar. Para Pedro, esperar no es inacción, sino un llamado a la acción. No estamos llamados a quedarnos sentados por ahí a esperar pacientemente a que llegue el fin. No. Estamos llamados a la acción porque el final es seguro. Pedro dice: "…esperando y apresurándoos para la venida del día de Dios, en el cual los cielos, encendiéndose, serán deshechos, y los elementos, siendo quemados, se fundirán" (2 P. 3:12). Hay una palabra en este versículo que debería saltar de la página cuando lo lees. Es una palabra que hace de tus decisiones, palabras y acciones algo sagrado. Para Pedro, esperar es un llamado a la actividad santa, la actividad que tiene consecuencias eternas. Pedro no se limita a decir que debemos esperar con paciencia; él dice "esperando y *apresurándoos*" para la venida del día final del Señor. Si este catastrófico día final ya está escrito en el libro de Dios, ¿cómo puede algo que yo haga o diga ahora tener alguna trascendencia? Tenemos la tendencia a pensar que el fin es el fin y que hasta que llegue el fin lo que hagamos en realidad no importa. Tenemos la tendencia a pensar que somos insignificantes y que no tenemos mucho poder y control, y nos preguntamos si acaso algo que hagamos puede apresurar la venida del Señor.

Aquí es vital recordar que, en su soberanía, Dios determina no solo lo que va a suceder, sino los medios a través de los cuales sucederá. Hablé al respecto de manera detallada en los capítulos acerca de la doctrina de la soberanía de Dios. Pedro está diciendo que la actividad del pueblo de Dios enfocada en la eternidad en tanto que espera el día final es un medio que Él ha dispuesto para apresurar ese día. Él nos ha elegido como instrumento para hacer realidad lo que Él ha dictaminado. Eso significa que lo que hacemos y decimos ahora mismo, en realidad, sí tiene repercusiones eternas. Este es un llamado a la acción con ojos puestos en la eternidad, un llamado a una acción que, conforme Dios ha dispuesto, tenga verdadera trascendencia. El clamor anhelante de su pueblo apresura su venida. El compromiso del pueblo de Dios con su reino y con la obra del reino apresuran su venida. El evangelismo de los hijos de Dios apresura su venida. Esperamos, sabiendo que la manera en que esperamos y lo que hacemos mientras esperamos son medios que Dios usa para poner fin a nuestra espera.

Abraza la promesa de Dios

Todo ser humano busca el paraíso, a pesar de que no existe un paraíso en este mundo caído. Dondequiera que miramos, nuestra esperanza y nuestros sueños de un paraíso siempre resultan decepcionantes. Nada parece colmar nuestros sueños dorados. Nada es tan bueno como deseamos que sea. Nada funciona como esperamos que funcione. Recorremos el mundo a tropezones como una comitiva de soñadores insatisfechos que esperan lograr el próximo sueño. Lo hacemos porque el paraíso está grabado en nuestros corazones. Lo hacemos porque fuimos programados para la eternidad. De modo que Pedro dice: "Pero nosotros esperamos, según sus promesas, cielos nuevos y tierra nueva, en los cuales mora la justicia" (2 P. 3:13). ¡Vaya! ¡Qué frase más poderosa!

Pedro nos exhorta a vivir como si creyéramos realmente que hay Alguien sentado en el trono del universo que hace promesas que nunca rompe. Hay Alguien que no falla. Hay Alguien que siempre hace lo que ha prometido que haría. Hay Alguien cuyas palabras son siempre fieles y verdaderas. Hay Alguien que no cambia de parecer ni de dirección, que no da la espalda a quienes esperan. Hay Alguien que nunca se aburre, nunca se cansa y nunca está demasiado ocupado para hacer lo que ha prometido. Hay un Hacedor de promesas que no se parece a ninguna otra persona que promete porque Él reina en todas las situaciones y lugares donde esas promesas tienen que cumplirse. El juego de las promesas ha cambiado para siempre porque al terreno de juego ha ingresado el Señor de señores. Y lo que Él dice se hace realidad porque nadie puede cuestionarlo, nadie puede estorbar su voluntad y nadie puede detener su mano. Nadie.

Entonces, ¿cuál es esta promesa segura y garantizada? Es una promesa de algo increíblemente hermoso que viene después del gran incendio. Es maravilloso saber que el incendio no es el fin. ¡Cuán desalentador sería que Dios nos hubiera llamado a terminar en un horno seguido de tinieblas! Pero el fuego del final no es el fin. Hay algo que excede a tal punto nuestra experiencia y dista tanto de cualquier imaginación nuestra que nos resulta muy difícil concebir. La promesa dice que, después del fin, Dios va a darnos un nuevo hogar. No, no vamos a flotar en las nubes ni a tocar arpas doradas. Él va a darnos nuevos cielos y una nueva tierra. No será como el hogar al que estamos acostumbrados a vivir. Lo que diferirá radicalmente del mundo fracturado en el que vivimos es que será un lugar donde mora la justicia sin oposición alguna.

Justicia no significa únicamente que los nuevos cielos y la nueva tierra serán habitados por un Dios santo y un pueblo santo que ahora es partícipe de su naturaleza divina, es decir, plenamente formado a imagen de su Hijo. Significa también que todo gozará de un estado de justicia. Todo ocupará el lugar que le corresponde, todo hará a la perfección lo que Dios dispuso. Nunca hemos experimentado un lugar donde todo sea justo, es decir, donde todo esté en el sitio que Dios dispuso, donde todo haga aquello para lo cual Dios lo diseñó. Sí, así es, nada volverá a estar fuera de lugar, nada volverá a fallar en cumplir su parte y nada volverá a dañarse. Nada se rebelará contra el plan del Creador. Será una paz y una armonía que perdurarán para siempre. La Biblia tiene un nombre para esto: *Shalom*. El *shalom* que se hizo pedazos en el huerto será restaurado para siempre y nunca más se romperá. La justicia perfecta reinará para siempre. Es una gloria gloriosa.

Así que la doctrina de la eternidad nos asegura que Dios reparará todo lo que el pecado ha roto. Nos dice que ahora mismo debes vivir con esa promesa en mente. Te advierte acerca de la impermanencia de las cosas físicas. Te anuncia la importancia eterna de tu manera de vivir mientras esperas. Y te promete un final que es mucho más glorioso que cualquier cosa que te hayas atrevido a esperar.

Aun con todo esto, la doctrina de la eternidad nos infunde algo más.

La doctrina de la eternidad y los impíos

Por regla general no nos gusta hablar acerca del infierno, ese lugar de castigo eterno, pero deberíamos hacerlo. Quiero decirte en términos prácticos por qué es importante. Todos anhelamos la derrota final del mal. Todos ansiamos un mundo donde no exista más la injusticia. Todos anhelamos que la justicia perfecta, por fin, prevalezca para siempre. La injusticia nos persigue por doquier. Está presente cuando un papá tiene un mal día de trabajo y desahoga su exasperación con su familia. Está presente cuando hay favoritismos y la persona predilecta obtiene lo que otra merecía. Está presente en las incontables instancias de prejuicio racial. Está presente en actos de robo y violencia. Está presente en un sistema judicial corrupto, una política corrupta y un gobierno corrupto. Está presente cuando la amargura, la vergüenza y la venganza desgarran a una familia. Está presente en los actos de terrorismo y de odio racial. Está presente cada vez que menospreciamos a alguien que es diferente a nosotros. La injusticia está presente en el parque infantil, en nuestros hogares, en el gobierno, en el mundo corporativo y dondequiera que los seres humanos pecaminosos fallan en actuar, reaccionar, relacionarse y liderar con amor.

El infierno declara que el mal será vencido. El infierno declara que habrá un juicio justo. El infierno declara que el mal será castigado. La Biblia es muy clara en afirmar que habrá un juicio final, que hay un lugar real de castigo final llamado infierno. Es importante que encaremos el tema. Dios nos ha revelado la verdad del lado oscuro de la eternidad porque nos ama.

Quiero basar nuestra exposición acerca de la eternidad y los impíos en una enseñanza de Jesús que está registrada en Mateo 25:31-46:

> Cuando el Hijo del Hombre venga en su gloria, y todos los santos ángeles con él, entonces se sentará en su trono de gloria, y serán reunidas delante de él todas las naciones; y apartará los unos de los otros, como aparta el pastor las ovejas de los cabritos. Y pondrá las ovejas a su derecha, y los cabritos a su izquierda. Entonces el Rey dirá a los de su derecha: Venid, benditos de mi Padre, heredad el reino preparado para vosotros desde la fundación del mundo. Porque tuve hambre, y me disteis de comer; tuve sed, y me disteis de beber; fui forastero, y me recogisteis; estuve desnudo, y me cubristeis; enfermo, y me visitasteis; en la cárcel, y vinisteis a mí. Entonces los justos le responderán diciendo: Señor, ¿cuándo te vimos hambriento, y te sustentamos, o sediento, y te dimos de beber? ¿Y cuándo te vimos forastero, y te recogimos, o desnudo, y te cubrimos? ¿O cuándo te vimos enfermo, o en la cárcel, y vinimos a ti? Y respondiendo el Rey, les dirá: De cierto os digo que en cuanto lo hicisteis a uno de estos mis hermanos más pequeños, a mí lo hicisteis. Entonces dirá también a los de la izquierda: Apartaos de mí, malditos, al fuego eterno preparado para el diablo y sus ángeles. Porque tuve hambre, y no me disteis de comer; tuve sed, y no me disteis de beber; fui forastero, y no me recogisteis; estuve desnudo, y no me cubristeis; enfermo, y en la cárcel, y no me visitasteis. Entonces también ellos le responderán diciendo: Señor, ¿cuándo te vimos hambriento, sediento, forastero, desnudo, enfermo, o en la cárcel, y no te servimos? Entonces les responderá diciendo: De cierto os digo que en cuanto no lo hicisteis a uno de estos más pequeños, tampoco a mí lo hicisteis. E irán estos al castigo eterno, y los justos a la vida eterna.

Algo que impresiona de este pasaje es que Jesús afirma que todas las personas viven una vida con Dios en mente. Es imposible no responder a Dios de alguna manera porque Él es literalmente el entorno en el que cada ser humano vive. Es imposible levantarse en la mañana sin tropezarse con Dios. No podríamos existir sin el ejercicio de su providencia. Nos hundiríamos en la locura desesperanzadora de la depravación desbocada si no fuera por su gracia que restringe. Él sustenta los sistemas de nuestro cuerpo y usamos los dones que Él nos ha dado para hacer nuestro trabajo. Ser humano es ser creado para vivir en pos de Dios. O bien reconocemos su existencia y nos inclinamos en sumisión o lo negamos y nos apartamos por nuestro propio camino. Su predominio en nuestra vida y en el mundo que nos rodea realmente hace que nuestra negación de Él constituya una afrenta moral.

Así que hay dos opciones, o respondes a Dios en humilde sumisión y devoción confiando en la gracia de su Hijo y viviendo consciente de Él, o niegas su existencia tomando tu vida en tus manos, repudiando sus mandatos y escribiendo tus propias reglas. Jesús declara en este pasaje que todo ser humano que ha vivido ha respondido a Él de algún modo. Lo adoras y lo sirves o te adoras y te sirves a ti mismo. Confías en su gracia o te convences a ti mismo de que no necesitas gracia. Vives en función de agradarlo a Él o vives en función de agradarte a ti mismo. Vives consciente del Mesías o en un estado de negación del Mesías. Eres una oveja o eres una cabra. No hay punto medio de neutralidad cómoda.

Jesús dice que, en el juicio final, Él separará las ovejas (quienes han confiado en Él y en su gracia, lo han seguido por la fe y han hecho su obra) de las cabras (quienes le han negado y han rechazado su llamado en sus vidas). Los justos serán llevados a la vida eterna y a la justicia perfecta de los nuevos cielos y la nueva tierra, y los impíos serán arrojados al castigo eterno. Seamos claros en esto: el juicio final se trata de tu respuesta a Dios y solo existen dos opciones (como hemos visto y como Jesús ha dejado en claro). El lugar de castigo es un lugar real, el infierno. Así lo describe Apocalipsis 20:15: "Y el que no se halló inscrito en el libro de la vida fue lanzado al lago de fuego". Mateo 25:41 lo llama el "fuego eterno". Apocalipsis 20:10 describe que el diablo es lanzado en el "lago de fuego y azufre" y luego dice: "serán atormentados día y noche por los siglos de los siglos".

Es sencillamente imposible pasar por alto lo que la Biblia enseña acerca del juicio final y el castigo eterno del infierno. Si se elimina esa enseñanza de la Biblia, el evangelio simplemente pierde su poder. Si no hay un juicio final y un castigo por el pecado, entonces la ley no era necesaria y la cruz de Jesucristo tampoco. Si no hay un juicio final y castigo por la maldad, el pecado no es pecaminoso después de todo y Dios no es tan santo como declaró serlo. Sin el juicio final y el castigo por el pecado, no hace falta que Jesús viva una vida perfectamente justa y reciba el castigo por nosotros. Si no hay juicio final, se puede pecar sin consecuencias y se puede prescindir de la gracia del perdón. Si se niega el juicio final y el lugar final de castigo eterno, solo queda un cristianismo sin evangelio. Solo queda una religión hueca desprovista de significado y de esperanza.

Dado que somos reacios a pensar y hablar acerca del infierno, quiero hacer mi mejor esfuerzo para describirte lo infernal que es el infierno. Voy a hacerlo retomando un pasaje extenso de mi libro *Forever: Why You Can't Live without It*.[2] Este aparte fue sacado del capítulo titulado "El lado oscuro de la eternidad". Cuando me disponía a escribir acerca del juicio final y el infierno, encontré de nuevo este pasaje y, después de leerlo, entendí que no escribiría una mejor descripción de los horrores del tormento eterno del infierno que la que había publicado ya en mi libro *Forever*. Hay tres realidades que en su conjunto producen la experiencia infernal del infierno.

1. La separación de Dios. No sé si pueda expresar lo que exige la descripción gráfica de la separación eterna de Dios, pero lo intentaré. No se ha escrito lo suficiente acerca de ese horror. Será una existencia más oscura de lo que haya experimentado jamás un ser humano. Cada persona, creyente o incrédula, se beneficia de la presencia, del poder y de la gracia de Dios, porque la presencia de Dios es lo que sostiene el mundo y lo que le imparte al mundo su orden, su belleza y su regularidad. El sol que te calienta y la brisa que te refresca son señales de la presencia de Dios. El hecho de que tengas agua para beber y comida para alimentarte son el resultado de la presencia y el control de Dios. Dios te da aliento y fortaleza cada día. Él sustenta tus capacidades mentales, emocionales, espirituales y físicas. Aunque muchas veces no somos conscientes de ello, Él nos guía y nos protege cada día. Él envía

---

2 Paul David Tripp, *Forever: Why You Can't Live without It* (Grand Rapids, MI: Zondervan, 2011), 60-62. Utilizado con permiso de Zondervan. www.zondervan.com.

la lluvia, nutre las flores y es Señor de la tormenta. La regularidad de todo lo que conforma nuestra existencia como seres humanos y lo que hace posible la vida son el resultado de su presencia y de su cuidado. Además, Él nos concede todas estas bendiciones diarias que hacen funcionar la vida a pesar de que no las merecemos.

Imagina lo que le sucedería al mundo si por un instante nada más Dios retirara su presencia y su poder. Todo a nuestro alrededor estallaría en un caos absoluto y perderíamos la capacidad de ser las criaturas que fuimos creadas para ser. Ahora imagina el horror del caos eterno que supone vivir en un lugar completamente separado de la presencia, el poder y la gracia de Dios. Imagina que estás en un lugar donde nada es lo que debería ser conforme al propósito para el cual fue creado; un lugar donde no existe orden, belleza ni racionalidad; un lugar donde las emociones han descendido a profundidades indescriptiblemente atroces; un lugar donde no existe nada en lo que puedas confiar; un lugar donde todo está completamente echado a perder y nunca será restaurado; un lugar donde cada día es un día espantoso y nunca será seguido de un día mejor; un lugar donde las cosas hermosas se han vuelto monstruosas; un lugar donde todo y todos son torcidos, perversos y todo está distorsionado; un lugar donde todo lo que ves es un horror y no hay escapatoria. Imagina la pesadilla de oír a Dios decir: "Puesto que toda tu vida has querido vivir separado de mí, ahora vivirás en ese estado para siempre". Imagina el infierno de la separación de Dios.

2. La inhumanidad. No fuimos creados como seres humanos independientes y autosuficientes. Fuimos diseñados para vivir en una relación de dependencia de Dios amorosa y en adoración a Él. Somos portadores de la imagen de Dios, diseñados para reflejar su semejanza. Nuestra humanidad alcanza su máxima y más bella expresión cuando vivimos en comunión estrecha con Aquel que nos creó. Nuestra humanidad realmente está conectada a su presencia. La Biblia hace la siguiente descripción del daño que causó el pecado en nosotros en este mundo presente: "estando atestados de toda injusticia, fornicación, perversidad, avaricia, maldad; llenos de envidia, homicidios, contiendas, engaños y malignidades; murmuradores, detractores, aborrecedores de Dios, injuriosos, soberbios, altivos, inventores de males, desobedientes a los padres, necios, desleales, sin afecto natural, implacables, sin misericordia" (Ro. 1:29-31).

Piensa en lo mucho que dista esta descripción de los hermosos seres humanos que Dios creó en el huerto de Edén. La expresión "sin afecto natural" que otras versiones traducen "sin amor", es una descripción progresiva de la pérdida de la humanidad de una persona. Quienes persisten en el pecado contra Dios empiezan a perder la humanidad de corazón, la sensibilidad del alma que fue dada para proteger y refrenar a cada ser humano. Estas personas dejan de sentir lo que los seres humanos fueron diseñados para sentir. Sus corazones se endurecen y se vuelven indiferentes. Lo que Pablo describe en este pasaje es lo que predomina en el mundo actual. Es lo que sucede mientras Dios aún pone el freno de su gracia protectora y proveedora que trae orden. Imagina en qué se convertirían los seres humanos si se le diera rienda suelta a cada impulso perverso porque la presencia de Dios ha sido retirada por completo. Imagina cómo sería vivir en un lugar donde ya no queda rastro alguno de bondad en el corazón de nadie. Si nada que hace humana la vida humana puede existir aparte de la presencia de Dios, ¿qué sucedería si Dios estuviera completamente ausente? Ahora imagina vivir para siempre en ese estado de sombría inhumanidad y lograrás comprender un poco uno de los horrores particulares del infierno.

3. El tormento sin fin. Puesto que nos resulta tan fácil minimizar nuestra infidelidad en la relación con Dios para la cual fuimos creados, y que a diario transgredimos los límites de Dios, el tormento del infierno constituye una advertencia y una protección para nosotros. A fin de entender mejor el castigo interminable por el pecado, debemos situarnos en la intersección de la perfecta santidad y justicia de Dios, y la gravedad de la maldad del pecado. Nuestro problema radica en nuestra habilidad perversa para no ver el pecado como el gran mal que es. De hecho, tenemos la capacidad de mirar el pecado y no verlo tan pecaminoso. Cuando hacemos esto nos encontramos en grave peligro. El hecho de que pensemos que el castigo eterno es exagerado y convierte a Dios en alguien menos que justo demuestra cuán lejos nos hemos apartado de la comprensión bíblica de lo que es el mal y de cuán gloriosamente santo es Dios. Quienes experimentarán el castigo eterno no lo sufrirán porque hayan transgredido de vez en cuando la ley de Dios, sino por una persistente rebelión contra su Creador a lo largo de toda la vida, momento a momento, por un deseo constante de ocupar el lugar de Dios y un rechazo inflexible del ofrecimiento divino de su rescate y su gracia perdonadora. Quizás la descripción bíblica del tormento del infierno es uno de los únicos mecanismos exactos que hemos recibido para sopesar la magnitud de la pecaminosidad del pecado.

. . .

La doctrina de la eternidad es esencial para nuestra fe. Las glorias de los nuevos cielos y de la nueva tierra están expuestas delante de nosotros para que vivamos con el consuelo de saber que Dios cumplirá todas sus promesas que nos ha hecho, que reparará todo lo que el pecado ha roto y que al fin seremos hechos como el Hijo, libres para siempre del pecado restante que pesa sobre nuestra espalda. Los horrores del infierno nos han sido explicados como una advertencia amorosa de un Padre celestial perfectamente santo y a la vez misericordioso. Él quiere que entendamos la perspectiva divina de todo lo que hacemos, la seriedad del pecado y las consecuencias morales de rechazar su autoridad que nos lleva a repudiar su ley, a negar nuestra necesidad de su gracia y a vivir a nuestro antojo.

Dios en su gracia nos permite echar un vistazo a la eternidad y, cuando lo hacemos, o bien escuchamos los cantos jubilosos de adoración y victoria o escuchamos los gritos de quienes viven en tormento. Él nos deja vislumbrar el futuro a fin de acercarnos mas a Él y guardarnos seguros hasta el final. Y Él sabe que viviremos conforme a su designio solo cuando vivamos conscientes de la ineludible realidad de la eternidad.

24

La eternidad en la vida diaria

ES MUY FÁCIL y se siente como algo natural vivir para el presente. Es muy fácil caer en una existencia reducida donde todo está dominado por las necesidades, los deseos, las oportunidades o los temores del momento. Me temo que en medio de los afanes y en la intensidad de la rutina diaria muchos perdemos de vista por completo el futuro. ¿Gastas tu dinero con la eternidad en mente? ¿Usas tu computadora pensando en la eternidad? ¿Dicta el futuro la forma en que vives en tu matrimonio? ¿Inviertes tu tiempo y energía como una persona realmente consciente de su destino? ¿Alguien conocido concluiría que la eternidad está presente en tu manera de pensar y que realmente importa para ti? ¿La existencia de una eternidad influye en tu forma de abordar tu sexualidad? ¿La existencia de una eternidad afecta la manera en que haces tu trabajo o enfocas tu profesión? ¿Cambia en algo la eternidad tu manera de vivir en el presente?

La inevitable realidad de la eternidad como parte esencial de nuestra cosmovisión ha desaparecido de nuestra cultura. No oirás mención alguna de la eternidad en las noticias. No encontrarás referencias a la eternidad en las redes sociales que rigen la cultura. No existen cursos en tu universidad local acerca de la influencia de la eternidad en la filosofía, la política y las ciencias. No hay libros en la sección de autoayuda en Amazon acerca del tema de la familia y la eternidad. Aquello que la Biblia afirma que vendrá con absoluta seguridad ha sido eliminado de las conversaciones filosóficas y populares. Como cultura hemos resuelto que la eternidad no importa o no existe en absoluto. Prácticamente no existen voces en nuestra cultura procedentes de instituciones influyentes que refuercen tu creencia en la eternidad ni te ayuden a entender lo que significa vivir a la luz de ella.

De eso se trata este capítulo. Recuerda que el tema de este libro es que las verdaderas creencias siempre se viven en la práctica. La fe nunca es simplemente algo que haces con tu mente, sino que siempre es un compromiso de tu corazón que cambia tu manera de vivir cada día. ¿Cómo se vive a la luz de la eternidad? Lo que sigue a continuación es una respuesta preliminar a esta pregunta.

Quiero basar este capítulo en un pasaje que ya he tratado brevemente. Este pasaje del Antiguo Testamento es un estudio de caso de lo que sucede a la vida de un creyente cuando pierde de vista la eternidad. Demuestra de manera gráfica que es casi imposible no perder tu fundamento en el evangelio cuando dejas de vivir con la eternidad presente en tu mente. Creo que el Salmo 73 nunca ha sido un pasaje tan importante como lo es hoy para nosotros. Habla de la ira, la angustia y el desánimo en muchos de nosotros. Aborda una pregunta que nos agobia y desanima a muchos. ¿Por qué pareciera que muchas personas impías prosperan mientras muchos creyentes parecieran tener una vida dura? ¿Por qué a veces pareciera que mi compromiso y mi obediencia fueran en vano? ¿A dónde han ido a parar todas las promesas de Dios? ¿Dónde está Dios en medio de todo el caos? El Salmo 73 se ubica en la brecha entre el "ya" y el "todavía no", el lugar donde precisamente todos vivimos. Si quieres evitar perder de vista el evangelio como eje de tu pensamiento, tienes que cultivar una amistad estrecha con el Salmo 73.

> Ciertamente es bueno Dios para con Israel,
> Para con los limpios de corazón.
> En cuanto a mí, casi se deslizaron mis pies;
> Por poco resbalaron mis pasos.
> Porque tuve envidia de los arrogantes,
> Viendo la prosperidad de los impíos.

Porque no tienen congojas por su muerte,
Pues su vigor está entero.
No pasan trabajos como los otros mortales,
Ni son azotados como los demás hombres.
Por tanto, la soberbia los corona;
Se cubren de vestido de violencia.
Los ojos se les saltan de gordura;
Logran con creces los antojos del corazón.
Se mofan y hablan con maldad de hacer violencia;
Hablan con altanería.
Ponen su boca contra el cielo,
Y su lengua pasea la tierra.

Por eso Dios hará volver a su pueblo aquí,
Y aguas en abundancia serán extraídas para ellos.
Y dicen: ¿Cómo sabe Dios?
¿Y hay conocimiento en el Altísimo?
He aquí estos impíos,
Sin ser turbados del mundo, alcanzaron riquezas.
Verdaderamente en vano he limpiado mi corazón,
Y lavado mis manos en inocencia;
Pues he sido azotado todo el día,
Y castigado todas las mañanas.

Si dijera yo: Hablaré como ellos,
He aquí, a la generación de tus hijos engañaría.
Cuando pensé para saber esto,
Fue duro trabajo para mí,
Hasta que entrando en el santuario de Dios,
Comprendí el fin de ellos.
Ciertamente los has puesto en deslizaderos;
En asolamientos los harás caer.
¡Cómo han sido asolados de repente!
Perecieron, se consumieron de terrores.

Como sueño del que despierta,
Así, Señor, cuando despertares, menospreciarás su apariencia.

Se llenó de amargura mi alma,
Y en mi corazón sentía punzadas.
Tan torpe era yo, que no entendía;
Era como una bestia delante de ti.
Con todo, yo siempre estuve contigo;
Me tomaste de la mano derecha.
Me has guiado según tu consejo,
Y después me recibirás en gloria.
¿A quién tengo yo en los cielos sino a ti?
Y fuera de ti nada deseo en la tierra.
Mi carne y mi corazón desfallecen;
Mas la roca de mi corazón y mi porción es Dios para siempre.

Porque he aquí, los que se alejan de ti perecerán;
Tú destruirás a todo aquel que de ti se aparta.
Pero en cuanto a mí, el acercarme a Dios es el bien;
He puesto en Jehová el Señor mi esperanza,
Para contar todas tus obras (Sal. 73).

Asaf es muy explícito en la forma de describirse a sí mismo cuando perdió de vista la eternidad. Él dice: "Por poco resbalaron mis pasos… se llenó de amargura mi alma". Tuvo envidia de los arrogantes. "En mi corazón sentía punzadas. Tan torpe era yo, que no entendía; era como una bestia delante de ti". Esta es una imagen perturbadora del efecto espiritual y emocional en nuestro presente de perder la perspectiva de la eternidad para encontrarle sentido a nuestra vida. Se vuelve imposible entender adecuadamente el momento que vives a menos que lo interpretes a la luz de lo venidero. La tremenda tensión espiritual que experimenta Asaf en su intento por comprenderse a sí mismo y entender a los demás con toda su envidia y desaliento solo se resuelve cuando empieza a mirar las mismas cosas desde la perspectiva de la eternidad. Quiero ampliar los temas de este pasaje para buscar comprender cómo funciona una vida que se enfoca en la eternidad.

Decide combatir la amnesia de eternidad

Olvidar la advertencia y la esperanza que se desprenden de la realidad venidera nunca produce nada bueno en tu pensamiento ni en tu vida. Veamos los efectos que produce la amnesia de eternidad en tu vida en el presente. (He usado aquí apartes que he adaptado de mi libro *Forever*).

Expectativas poco realistas. Si fallas en mantenerte enfocado en la eternidad, vas a esperar que este mundo presente sea para ti y haga por ti lo que es incapaz de ser y hacer. Nuestra tendencia será desear que el aquí y el ahora funcionen del modo que solo nuestro destino final puede funcionar. Nuestras desilusiones siempre están conectadas con nuestras expectativas. Si vives una vida que está marcada por expectativas que no son realistas, vivirás una vida sobrecargada de desilusión a cada paso. La eternidad nos recuerda que este mundo roto que gime nunca nos dará el paraíso que nuestros corazones anhelan. *¿Vives con expectativas poco realistas de las personas, los lugares y las cosas?*

Demasiado egocentrismo. Tú y yo fuimos creados para vivir conscientes de algo más que el momento presente. Fuimos diseñados para vivir para algo más grande que el placer, la comodidad y la felicidad que este momento puede brindarnos. Fuimos hechos para vivir para algo inmensamente mayor que nosotros mismos, con una visión mucho más extensa de lo que el momento nos ofrece. La eternidad nos confronta con algo que es muy importante. Si has de experimentar alguna satisfacción y contentamiento, tienes que tener eso en mente. La eternidad nos exige enfrentar el hecho de que no estamos al mando, que no escribimos nuestra propia historia y que el protagonismo le pertenece a otro. La culminación de la historia nos exige enfrentar la realidad de que cada capítulo a lo largo del camino ha sido escrito para la gloria de otro. La eternidad nos confronta con el hecho de que nuestras vidas se mueven y giran conforme a la voluntad de otro y que su voluntad se hará. La obsesión individualista de nuestra cultura que insiste en decir: "Tengo que tenerlo todo aquí y ahora o no seré feliz" nunca produce paz en la mente ni en el corazón. Nunca produce una vida satisfecha. La eternidad me llama a mirar más allá de mis esperanzas y sueños, de mis deseos y necesidades, de mis oportunidades y dificultades momentáneos. *¿Afecta demasiado el egocentrismo (tus deseos, necesidades, planes y sentimientos) tu manera de vivir?*

Esperar demasiado de las personas. Cuando perdemos de vista la eternidad en nuestras relaciones, exigiremos constantemente que las personas nos den el paraíso que anhelan nuestros corazones. Las personas que nos rodean no tienen la capacidad de entregarnos el amor perfecto, la justicia intachable, la paz constante y la libertad de preocupaciones que solo experimentaremos cuando estemos al otro lado. Aquí mismo, ahora mismo, no tendrás hijos paradisíacos, no te casarás con un cónyuge paradisíaco, no tendrás un jefe paradisíaco, ni vecinos paradisíacos, ni amigos paradisíacos, ni un pastor paradisíaco. Buscar que otros nos den lo que nunca podrán darnos solo termina en frustración, enojo, desilusión, conflicto y división. *¿Esperas de las personas aquello que nunca podrán darte?*

Querer controlar demasiado o luchar con temor excesivo. Muchos nos movemos constantemente entre el temor y el control. El temor paraliza y nos controla a muchos, por lo que, para protegernos de aquello que tememos, queremos tener mucho más control de lo que es posible tener sobre los sucesos y las personas en nuestra vida. En nuestra amnesia de eternidad sentimos que la vida nos pasa por delante y que nunca obtendremos aquellas cosas que hemos anhelado, o que terminaremos cargando con aquello que preferimos evitar. Esos anhelos insatisfechos y problemas indeseados no nos anuncian que hemos sido olvidados o que la vida nos haya fallado. En lugar de eso, nos recuerdan que fuimos diseñados para otro mundo, un mundo mejor. La paz estable en este mundo solo se encuentra cuando vivimos con la mira puesta en el mundo venidero. *¿Te obsesiona tener el control? ¿Es el temor una fuerza motivadora excesiva en tu vida?*

Dudar de la bondad de Dios. Creo que es común que a muchos nos cueste aferrarnos a nuestra creencia en la bondad de Dios porque algunas cosas que Él permite en nuestras vidas parecieran cualquier cosa menos buena. Si no entiendes la agenda de Dios para ti y para su mundo, terminarás cuestionando su carácter. A menos que recordemos que las promesas de Dios para nosotros solo alcanzarán su plenitud final en el mundo venidero, sentiremos que Dios nos ha hecho promesas que no tenía la intención de cumplir. Lo que sucede realmente es que Dios nos da un anticipo de sus buenas dádivas aquí y ahora, de modo que sigamos ansiando la experiencia completa de esos regalos que nos esperan en la eternidad. *¿Pones en duda a veces la bondad, la fidelidad y el amor de Dios?*

Sentirse más atribulado que agradecido. Lamentablemente, muchos de nosotros nos decepcionamos, no porque Dios nos haya ignorado o fallado de algún modo, porque hayamos sufrido mucho o porque la gente que nos rodea sea imperfecta, sino porque abordamos la vida con la esperanza de que nos entregue aquello que solo disfrutaremos en la eternidad. Nuestra desilusión revela más nuestra amnesia de eternidad que lo que revela acerca de Dios o de las personas y cosas a nuestro alrededor. Solo cuando tienes la eternidad en la mira y aceptas el hecho de que este no es tu destino final puedes abordar todo en tu vida con realismo bíblico. *¿Te resulta más natural quejarte que dar gracias?*

Falta de incentivo y de esperanza. Todas las cuestiones que acabo de describir sirven para debilitar nuestra motivación y nuestra esperanza. Aunque este mundo no es un ciclo interminable de esperanzas rotas y sueños que se esfuman, el plan de Dios es que se dirija al momento en el que todo lo que está roto sea restaurado de manera completa y definitiva. Esto te da motivos para levantarte en la mañana y seguir adelante con todas las cosas que Dios te ha encomendado. Por supuesto que enfrentarás dificultades en la vida, habrá sucesos que nunca pensaste que te sobrevendrían, pero la doctrina de la eternidad te recuerda que este mundo no es todo lo que existe. Cada cosa que está rota, torcida, tergiversada y descompuesta será restaurada. Todo aquello con lo que ahora batallas se resolverá. La eternidad te da una razón para continuar aun cuando nada en tu vida pareciera funcionar como debería. Interpreta tu sentimiento de futilidad con la verdad de que lo que estás experimentando ahora mismo no es permanente. *¿La vida te parece vana? ¿Experimentas crisis de motivación y de esperanza?*

Tendencia a negar las consecuencias. Una de las funciones importantes de la doctrina de la eternidad ahora mismo es que nos exige enfrentar el hecho de que la vida tiene consecuencias. No puedes vivir como se te antoja, hacer lo que te place y tomar las decisiones que te provocan sin que haya consecuencias. Hay una vida después de la muerte, hay un juicio final y hay un lugar de castigo eterno. La doctrina de la eternidad nos presenta la consecuencia definitiva y, gracias a que lo hace, infunde en nuestra vida presente una seriedad moral que no es posible encontrar de ninguna otra manera. Sí, hay un día de rendir cuentas que nadie podrá escapar. La eternidad nos recuerda que la manera en que vives en realidad sí importa. *¿Hay momentos en los que negar las consecuencias te facilita traspasar los límites que Dios ha establecido?*

Reconoce la bendición de la eternidad que esclarece tus valores

Por diseño divino somos seres orientados a los valores, orientados a las metas, orientados al propósito y a la importancia. Todos vivimos para algo, en búsqueda de algo o al servicio de algo. Hay cosas en nuestra vida que valoramos y cosas que tienen poco valor para nosotros. Hay cosas que decimos valorar, pero a las que no dedicamos la atención que se esperaría conforme a la medida en que decimos valorarlas. Hay cosas en nuestra vida que valoramos de manera excesiva, muy por encima de su verdadero valor, y cuando eso sucede empiezan a controlar nuestros pensamientos, deseos, palabras y acciones. Tu vida toma la forma de aquello que valoras. Si quieres saber qué valoras realmente, piensa dónde acostumbras invertir tu tiempo, tu energía, tus dones y tu dinero.

La doctrina de la eternidad es de gran ayuda en nuestro conflicto de valores porque nos enseña lo que es verdaderamente valioso y aquello para lo cual vale la pena vivir. La eternidad nos bendice con el mejor esclarecimiento que existe en lo que concierne a nuestros valores. Consulta Apocalipsis y escucha las voces que están al otro lado. ¿Cuál es el motivo de su celebración? No es dinero, poder, grandes palacios, fama, éxito ni logros. No, el eje constante de la celebración es el Salvador y su fiel gracia triunfante. Necesitamos que la eternidad esclarezca nuestros valores porque perdemos muy fácilmente nuestro sentido de lo que importa realmente. Para algunos eso significa que invertimos demasiado tiempo, energía, dinero y afán en nuestro césped. Miles de dólares y cientos de horas se invierten en exterminar malezas y producir el césped que se ha vuelto demasiado importante para nosotros. ¿Es tu césped más importante para ti de lo que debería? O quizás eres el esposo que ha invertido demasiado en sus propios juguetes. No necesitas invertir más en armas, raquetas de tenis, cañas de pescar o palos de golf. ¿Has estado tan ocupado con tus colecciones de juguetes que no tienes el tiempo que deberías para pasar con tu esposa y tus hijos? ¿Dedicas demasiado tiempo y energía a tu apariencia? Tal vez tienes demasiado maquillaje y demasiada ropa en tu armario. ¿Se revelan tus verdaderos valores en el tiempo excesivo que dedicas a tu apariencia comparado con tu escaso tiempo de adoración diario? Tal ves eres un estudiante universitario y mantenerte al tanto de las redes sociales se ha vuelto demasiado importante para ti. Tener una voz en esa conversación interminable significa demasiado para ti y mirar el siguiente sitio de la Internet te ocupa en exceso. Sí, todos podemos beneficiarnos del esclarecimiento de valores con el cual nos bendice la doctrina de la eternidad.

¿De qué manera esclarece nuestros valores la doctrina de la eternidad? Sugiero ocho maneras.

1. La existencia de la eternidad me informa de inmediato que he sido creado para algo más grande que solo ocuparme aquí y ahora en mis deseos, mis necesidades y mis sentimientos. Si existe tal cosa como la eternidad, entonces todo lo que quiero, todo lo que creo que necesito y mis sentimientos del momento deben entenderse y evaluarse a la luz de lo venidero.

2. La existencia de la eternidad me dice que este no es un destino sino una preparación para un destino final y que, por consiguiente, el objetivo de este momento no consiste en usar mis recursos para convertirlo en el mejor paraíso que me puedo conseguir. Si no hay tal cosa como la eternidad, entonces tiene sentido aprovechar cuanto placer y comodidad personal me puedo procurar, porque esta vida es lo único que tengo. Pero si hay una eternidad, eso significa que mi vida no se trata nada más de los placeres del momento, sino ante todo del destino que me espera.

3. La existencia de la eternidad me dice dónde y cuándo encontrar mi única satisfacción verdadera. La eternidad nos confronta con el hecho de que la máxima felicidad personal, gozo, realización y satisfacción nunca se encontrarán en el mundo creado de objetos y personas. La eternidad nos invita a entender que el placer humano supremo se encuentra en una persona, el Señor Jesucristo. Cuando Él es el protagonista, cuando Él es mi razón para todo y cuando vivo en completa sumisión a Él, entonces conoceré el gozo ilimitado y contentamiento de corazón. La doctrina de la eternidad expone la mentira del materialismo como el engaño que es. Me recuerda sin cesar que las cosas materiales no satisfarán los anhelos de mi corazón porque, sea que lo comprenda o no, esos anhelos profundos en realidad son anhelos de Dios.

4. La existencia de la eternidad me dicta aquello en lo que debo invertir mis recursos. Me revela lo que me producirá las mayores ganancias. Jesús dijo a sus seguidores que invirtieran en una bolsa que no se gasta. Pablo exhortó a sus lectores: "Buscad las cosas de arriba" (Col. 3:1). Algunas cosas proveen placer temporal, pero pronto se desvanecen. Sin embargo, hay inversiones que puedes hacer de tu tiempo, energía y dinero que durarán toda la eternidad. La doctrina de la eternidad nos llama a tener valores que perduran y a invertir en cosas que producen algo más que fruto pasajero.

5. La existencia de la eternidad aclara mis valores porque me alerta acerca de lo verdaderamente importante. Como dije antes, nuestra vida siempre se define conforme a lo que consideramos importante y lo que catalogamos como no importante. Es vital que hagamos correctamente esta catalogación. Sería lamentable que invirtieras tu vida en cosas que al final resulten insignificantes.

6. La existencia de la eternidad me advierte acerca del peligro de ceder a la tentación de adorar la creación en lugar del Creador. Todos libramos una batalla diaria por la adoración. Hay una batalla constante por aquello que gobierne en nuestros corazones y, en esa medida, controle nuestra manera de vivir. Nuestros corazones, o bien son gobernados por el amor y la adoración del Creador, o bien por algo creado. La gloria de nuestro hogar eterno será que por fin el Creador ocupe el lugar que le corresponde en nuestros corazones y nunca más vuelva a ser reemplazado por otra cosa. Las dichas más sublimes de la existencia humana se encuentran cuando el Creador está en el lugar que merece como Rey de nuestro corazón.

7. La existencia de la eternidad me garantiza la gracia que necesito para afrontar los conflictos de valores que combaten en mi corazón. En esta lucha de valores nunca estamos solos porque el Rey de reyes ha venido a nuestra vida por su gracia. Él nunca nos manda a la batalla sin acompañarnos también a ella. Él nunca nos llama a la batalla sin antes proveernos las armas que necesitamos. Y Él pelea por nosotros incluso en los momentos en los que estamos demasiado desanimados, débiles o somos demasiado necios para pelear por nosotros mismos. Si Dios me ha concedido un lugar con Él en la eternidad, entonces también me dará toda la gracia que necesito a lo largo del camino. La doctrina de la

eternidad me recuerda que parte de la promesa de la gracia futura es la garantía de la gracia presente.

8. La existencia de la eternidad me da esperanza cuando confundo mis valores. Esta es una esperanza que no se basa en mi historial de éxito, sino en la gracia y en la bondad de mi Señor. Habrá momentos en los que tú y yo perderemos de vista lo que es importante. Nuestros corazones no siempre amarán lo mejor. Sin embargo, la eternidad me recuerda que mi mayor esperanza no descansa en mis aciertos, sino en Aquel que siempre acierta y siempre hace lo correcto. Mi boleto a la gloria de la eternidad no fue comprado con mis valores correctos o mi obediencia, sino con la vida perfecta de Jesús, su muerte en mi lugar y su resurrección victoriosa. Gracias a esta verdad puedo acudir a Él ahora con mis crisis de valores y tener la certeza de que seré recibido con su misericordia y su gracia. La doctrina de la eternidad me recuerda que, a pesar de lo mucho que yo pueda errar, Él me guardará hasta el final y me recibirá en mi hogar eterno para vivir con Él para siempre.

Vive con una mentalidad de preparación en lugar de destino

El problema de la mayoría de nosotros no es que negamos de manera intencional la verdad, sino más bien que, en medio de los afanes cotidianos, vivimos de manera despreocupada. Por estar concentrados en el caudal interminable de necesidades y sucesos momentáneos, esas cosas urgentes que nos apremian cada día, no logramos vivir a la altura de lo que profesamos creer. Las hermosas verdades que existen para animarnos, advertirnos, motivarnos y guiarnos se pierden en los afanes del día a día. Por eso tememos cuando deberíamos tener valentía, nos desalentamos cuando deberíamos tener esperanza o estamos desmotivados cuando tenemos motivos gloriosos para seguir adelante. Algunos batallamos con nuestra fe porque la despreocupación teológica nos impide experimentar la belleza de lo que es Dios para nosotros, de lo que Él nos ha enseñado y planeado para nosotros. Dios no nos ha fallado, nuestra teología no nos ha fallado, pero sí hemos fallado muchas veces en recordar el conjunto de verdades más precioso que el corazón humano pueda abrazar.

Así sucede con la doctrina de la eternidad. Recordar esta verdad no solo te protegerá de muchas angustias, sino que te guiará en tu recorrido por el camino a la eternidad que Dios te ha prometido. Una de las acciones más importantes de esta doctrina es recordarte que este no es tu destino final, sino más bien una preparación para el destino final que viene. La preparación es dura. Exige compromiso, disciplina, tenacidad y poner los ojos siempre en la recompensa postrera. En las manos de un Redentor todopoderoso y siempre presente, todo en tu vida sirve para prepararte para la eternidad que te espera. En las manos de Dios ningún drama se desperdicia, ningún momento es inútil y nada carece de propósito. El tiempo entre nuestra conversión y nuestra llegada al hogar eterno no es una espera en vano. No, ha sido planeada por Dios para continuar su obra de transformarnos. Él sabe que todavía no estamos listos para lo que ha de venir.

Los deportistas saben que, aunque la preparación no es tan emocionante como el juego, es esencial. Saben de antemano que la preparación es repetitiva, agotadora y dolorosa, pero también son conscientes de que los cambia. El problema es que muchos de nosotros no tenemos una mentalidad de deportista, por lo que abrigamos toda clase de esperanzas y sueños que no son realistas acerca de lo que será este momento, solo para decepcionarnos una y otra vez. En lugar de vivir con una mentalidad de preparación, en nuestra despreocupación teológica terminamos viviendo con una mentalidad de destino. Vivimos como si esto fuera lo único que existe, ponemos todas nuestras esperanzas y sueños en este momento presente. Esta manera de vivir nunca produce buen fruto. Es el semillero de la desesperanza, el enojo, las relaciones rotas, la duda de Dios y todo un catálogo de tentaciones varias. Si vives con una mentalidad de destino exigirás que las personas, los lugares y las cosas sean lo que nunca serán en este lado de la eternidad, y eso nunca lleva a nada bueno.

En cambio, si vives con los ojos puestos en la eternidad, recordando que este no es tu destino final sino más bien un tiempo de preparación para tu destino final, no te sorprenderás cuando las cosas no funcionen como deberían, cuando las personas sean imperfectas, cuando tus sueños no resulten como esperabas o cuando te sobrevengan dificultades. Sabrás que cuando viene la dificultad estás siendo formado en las manos del artista divino para convertirte en algo cada vez más hermoso y más apto para lo que viene. Sí, vas a experimentar el dolor del sufrimiento y la pérdida y vas a cansarte, pero no experimentarás dolor sin esperanza, agotamiento sin motivación para continuar ni tribulación sin gozo. A todas luces, este lugar no ha sido diseñado como nuestro destino final; vivir como si lo fuera solo hará que cada dificultad resulte más difícil. No, este es un tiempo de preparación amorosa para la gloria que no solo nos ha sido prometida, sino también comprada para nosotros por el sacrificio voluntario de nuestro Salvador.

Encuentra contentamiento y esperanza en la gratificación postergada

Es algo muy difícil pero importante que todo padre procura enseñar a sus hijos. Simplemente no es algo que suceda naturalmente, por lo que es necesaria una gran medida de instrucción. Todo niño necesita entender la realidad y el valor de la gratificación postergada. Los niños pequeños preguntan a los quince minutos del inicio de un viaje si están a punto de llegar. Un niño sale a revisar si las plantas del jardín ya crecieron un día después de haber sembrado las semillas. Aún no han aprendido la sencilla verdad de que, por designio divino, la mayoría de las cosas no suceden de manera instantánea. La doctrina de la eternidad es una doctrina de gratificación postergada. La promesa de Dios es segura, pero también lo es la realidad de que Él ha dispuesto que tengamos que esperar. No vamos a aparecer de repente en la gloria de la eternidad en el instante en el que creemos por primera vez. La lentitud de la marcha del huerto de Edén a los nuevos cielos y la nueva tierra, que describen de manera tan gráfica las Escrituras, nos confronta a todos con nuestra naturaleza impaciente. Nos gusta que los resultados sean inmediatos y, cuando eso no sucede, nos impacientamos y molestamos.

La Biblia nos enseña que las inversiones que hacemos en los pequeños momentos de nuestra vida, con la eternidad en la mira, rendirán dividendos que perdurarán toda la eternidad. De hecho, tú y yo deberíamos leer todos los principios y promesas de las Escrituras a través de la lente de la gratificación postergada. Toma por ejemplo el libro de Proverbios. ¿Cómo deberíamos entender las promesas de los proverbios? Cuanto más estudias Proverbios, más claro queda que la narrativa entera de la redención está entrelazada en cada proverbio. Entender esto es la única manera de encontrarle sentido a la sabiduría de vida práctica que presenta el libro.

Veamos, por ejemplo, el siguiente proverbio: "La blanda respuesta quita la ira; mas la palabra áspera hace subir el furor" (Pr. 15:1). No hay duda de que en este proverbio Dios nos llama a la tranquilidad en el carácter y a la fe ante el enojo del prójimo. Sin embargo, ¿promete Dios en este proverbio que cada vez que respondemos con calma a una persona enojada apagaremos de inmediato su enojo? Aunque el versículo presenta una manera sabia de responder a una persona enojada, en el aquí y el ahora, la respuesta blanda no siempre calma el enojo del prójimo. Entonces, ¿de qué sirve el proverbio? Aquí es donde la lente de la gratificación postergada es de gran utilidad. En lugar de ser este proverbio una garantía automática, es un llamado sabio a vivir con la eternidad en la mira. Cuando yo respondo al enojo con calma, estoy viviendo de un modo acorde con la dinámica establecida por Dios en el universo. ¡Los mansos heredarán la tierra! ¡El manso Mesías triunfará! Todas las voces airadas serán silenciadas cuando toda rodilla se doble y toda lengua confiese que Jesús es Señor. Lo que el proverbio promete *sucederá*; puede que no sea exactamente cuando tú quieres que suceda, pero se cumplirá. Y vivir de un modo acorde con la realidad venidera siempre producirá buen fruto en tu corazón y en tu vida. Cada proverbio está escrito con la eternidad en mente, por lo que cada uno nos llama a vivir conforme al principio de la gratificación postergada.

De hecho, dado que estamos en una marcha lenta hacia la gloria de los nuevos cielos y la nueva tierra, la gratificación postergada constituye un elemento clave de la verdadera fe bíblica. Hebreos 11 lo expresa con mucha claridad.

Conforme a la fe murieron todos estos sin haber recibido lo prometido, sino mirándolo de lejos, y creyéndolo, y saludándolo, y confesando que eran extranjeros y peregrinos sobre la tierra. Porque los que esto dicen, claramente dan a entender que buscan una patria; pues si hubiesen estado pensando en aquella de donde salieron, ciertamente tenían tiempo de volver. Pero anhelaban una mejor, esto es, celestial; por lo cual Dios no se avergüenza de llamarse Dios de ellos; porque les ha preparado una ciudad…

¿Y qué más digo? Porque el tiempo me faltaría contando de Gedeón, de Barac, de Sansón, de Jefté, de David, así como de Samuel y de los profetas; que por fe conquistaron reinos, hicieron justicia, alcanzaron promesas, taparon bocas de leones, apagaron fuegos impetuosos, evitaron filo de espada, sacaron fuerzas de debilidad, se hicieron fuertes en batallas, pusieron en fuga ejércitos extranjeros. Las mujeres recibieron sus muertos mediante resurrección; mas otros fueron atormentados, no aceptando el rescate, a fin de obtener mejor resurrección. Otros experimentaron vituperios y azotes, y a más de esto prisiones y cárceles. Fueron apedreados, aserrados, puestos a prueba, muertos a filo de espada; anduvieron de acá para allá cubiertos de pieles de ovejas y de cabras, pobres, angustiados, maltratados; de los cuales el mundo no era digno; errando por los desiertos, por los montes, por las cuevas y por las cavernas de la tierra.

Y todos estos, aunque alcanzaron buen testimonio mediante la fe, no recibieron lo prometido; proveyendo Dios alguna cosa mejor para nosotros, para que no fuesen ellos perfeccionados aparte de nosotros (He. 11:13-16, 32-40).

Esto es lo dice la Palabra acerca del pueblo de Dios que nos ha precedido. La fe es tener una vida que se aferra firmemente a las promesas de Dios porque se vive con los ojos puestos en la eternidad. De ese modo, aunque las promesas de Dios no se cumplan plenamente aquí y ahora, no abandonas tu esperanza en esas promesas. ¿Por qué? Porque vives con la mira puesta en su cumplimiento pleno. Y sabes que el cumplimiento final de todo lo que Dios ha prometido, en los nuevos cielos y en la nueva tierra, harán que cada momento de espera, cada momento de perseverancia, cada momento de inversión en lo eterno, hayan valido la pena.

La gratificación postergada te ayuda a vivir en tu matrimonio con un corazón paciente y esperanzado. Te ayuda a persistir en hacer el bien en la crianza a la que Dios te ha llamado, aunque no veas mucho fruto en tus hijos. Te guarda de exigir que todas tus relaciones tengan que ser fáciles o que tu vida laboral tenga que ser siempre gratificante. Te ayuda a dar con alegría para invertir tu dinero en aquello que produce ganancias eternas en lugar de gastar todo en el placer presente. La doctrina de la eternidad me recuerda que Dios guardará cada una de sus promesas, pero también me recuerda que, si bien experimentaré anticipos de su cumplimiento a lo largo del camino, habrá una larga espera entre mi inversión en esas promesas y el cumplimiento final de Dios. Simplemente no existe tal cosa como una fe verdaderamente bíblica que no se contente con una gratificación postergada. Hay motivo para tener esperanza. No depende de la rapidez del cumplimiento de las promesas de Dios, sino de la fidelidad mediante la cual sigue llevándonos al glorioso final que está garantizado porque Él nos lo ha prometido. Así pues, con los ojos puestos en la eternidad, creemos, invertimos y esperamos.

Dedícate a ser un obstinado del evangelio

La eternidad exige cierta obstinación en tu fe. No, no me refiero a obstinación en el sentido de exigir que se hagan las cosas a tu manera o de negarse a hacerlas a la manera de Dios cuando te resulta incómodo. Hay una forma santificada de obstinación que glorifica a Dios y que, con los ojos puestos en la eternidad, se niega a ceder al cinismo, se niega a caer en la desesperanza y se niega a abandonar la fe, la obediencia y el descanso en las promesas de Dios pase lo que pase. Si has de aportar al cuerpo de Cristo, vas a necesitar esta obstinación santificada. Si quieres un matrimonio pacífico, amoroso y en armonía, te conviene cambiar la obstinación egoísta por la obstinación santificada. La única manera de no perder tu cordura y tranquilidad frente a hijos obstinados es si, con la eternidad en la mira, persistes obstinadamente en representar a Dios para ellos conforme al llamado que Él te ha encomendado. Si quieres evitar la actitud de "ojo por ojo" que tantas veces afecta las relaciones, vas a tener que negarte obstinadamente a ceder al afán de ganar o de salirte con la tuya. Si quieres evitar las deudas y hacer buenas inversiones con tu dinero, tendrás que resistir obstinadamente gastarlo en lo pasajero y comprometerte a invertirlo en aquello que tiene valor eterno.

La fe obstinada se niega a vivir para el yo, se niega a vivir para el momento y se niega a traspasar los límites sabios y amorosos que Dios ha establecido. La fe obstinada persiste en enfocarse en la gloria eterna en lugar de permitir que las decisiones de cada día se rijan por la recompensa presente y pasajera. Esa es precisamente la clase de fe obstinada a la cual nos llama 1 Corintios 15:58: "Así que, hermanos míos amados, estad firmes y constantes, creciendo en la obra del Señor siempre, sabiendo que vuestro trabajo en el Señor no es en vano". Si hay una segunda resurrección seguida de una gloriosa eternidad, entonces esta es la única clase de fe que va a servirte entre el "ya" y el "todavía no".

Seamos francos: la obstinación pecaminosa nos resulta más natural que la obstinación que se centra en Dios y en la eternidad. Mientras viva el pecado en nosotros seremos tentados a decir "no" cuando deberíamos decir "sí", y a decir "sí" cuando deberíamos decir "no". Hay ocasiones en las que Dios nos llama a avanzar y nosotros rehusamos movernos, y hay ocasiones en las que Él nos llama a estar quietos y nosotros nos movemos con demasiada facilidad. A pesar de esto, hay buenas noticias. El Señor Jesús resucitado, cuya resurrección hace fructífera nuestra perseverancia, está con nosotros en nuestra lucha con la obstinación. Él contrarresta nuestra debilidad con su gracia. Él nos bendice con nuevas misericordias cada mañana. Él atraviesa con nosotros las dificultades. En amor, Él obstinadamente se niega a abandonarnos. Su compromiso obstinado de gracia hace posible nuestra obstinación santificada que abraza la eternidad, y eso es algo maravilloso.

No dejes de mirar el corto de la película

Creo que uno de los grandes inventos de la cultura mediática moderna es el corto cinematográfico. Es un anticipo de la esencia de la trama y de los personajes de una película que te da suficiente material para decidir si quieres verla o no. Cuando Luella y yo decidimos que queremos ir a ver una película, yo tomo mi iPad y miro cortos de películas hasta que encuentro una que me llama la atención o me parece que disfrutaría mi esposa. Cabe aclarar que en el mundo cinematográfico a veces los cortos son un poco engañosos. Te muestran un par de momentos emocionantes en una película que es completamente aburrida para hacerte pensar que está llena de acción, y terminas comprando boletos para verla. Al cabo de treinta minutos de película ya sabes que te han engañado. Entonces te aguantas de mala gana una película que, en realidad, no te interesa, solo por no perder tu dinero.

La doctrina de la eternidad es el corto cinematográfico por excelencia. Aun así, es mucho más que una invitación al entretenimiento escapista de unas pocas horas. Este corto te invita a un modo de vida completamente nuevo en el que todo lo que haces se hace con los ojos puestos en la eternidad. Te llama a dejar de tener una fe miope. Te saca de una vida que gira en torno a los placeres pasajeros que se desvanecen con rapidez. Te advierte que no vivas para tu propia gloria, sino para la gloria de otro, una gloria de la que un día serás partícipe cara a cara. Aquello a lo que este corto te anima a consagrarte es mucho más glorioso de lo que el corto es capaz de mostrarte.

El asunto con el corto de la eternidad es que no se limita a darte una simple muestra de los personajes principales y de los puntos principales de la trama. En lugar de eso, este corto te presenta la narrativa completa de la redención desde el origen hasta el destino, te ayuda a conocer a fondo al héroe de la historia, te dice cómo vivir a la luz del asombroso drama de la salvación y te describe la gloriosa gloria del capítulo final. Es el único corto que tiene el poder para cambiar tu manera de pensar acerca de ti mismo, acerca de Dios, acerca del significado y el propósito, acerca del bien y el mal, acerca de otros y acerca de todo lo demás en tu vida. No solo cautiva el corazón, sino que lo transforma.

Sin embargo, hay un problema: todo lo que presenta el corto de la eternidad desafía nuestra lógica. Nos presenta una historia que ninguno de nosotros habría podido escribir, ni siquiera en nuestro momento de mayor creatividad imaginativa. Y la eternidad, que es el capítulo final de la historia, nos desafía a pensar mucho más allá de los pequeños compartimentos de significado que estamos acostumbrados a usar para dar sentido a nuestra vida. Te diré entonces lo que tenemos que hacer. Tenemos que seguir mirando una y otra vez el corto de la eternidad. No vas a encontrarlo en Netflix, pero lo encontrarás empezando en la primera página de Génesis y te llevará hasta el último capítulo de Apocalipsis. Tenemos que sumergirnos día tras día en esta narrativa. Tenemos que dejar que se expandan nuestros pensamientos, deseos, esperanzas y nuestra vida entera al tamaño de la eternidad, o viviremos las vidas reducidas que son el resultado inevitable de la irreflexión teológica.

La eternidad nos llama a vivir para las cosas que son grandiosas, trascendentes y gloriosas aun cuando vivamos en medio de la suciedad y la inmundicia de un mundo roto y marcado por el pecado. La eternidad nos invita a vivir con esperanza aun cuando nada en nuestro alrededor pareciera funcionar como debería y cuando sencillamente no somos lo bastante fuertes o autónomos para iniciar los cambios necesarios. La eternidad nos invita a vivir con los ojos puestos en el Autor y el Héroe de la historia, a pesar de que ahora mismo no podamos verlo ni oírlo físicamente. La eternidad nos advierte que no peleemos por las cosas que a la larga carecen de importancia, sino que invirtamos nuestro tiempo, energía y dinero en cosas que revisten importancia eterna. Dios ha diseñado el corto cinematográfico de la eternidad para que sea transformador. Puesto que nada existe que sea más diferente de lo que estás experimentando ahora que la eternidad, nada hay que deba ocupar tu pensamiento más que la eternidad.

Dios nos ha dado el corto cinematográfico. Lo tenemos no solo para que pensemos en él de cuando en vez, sino para que lo tomemos y lo usemos, sabiendo que, aunque las cosas a nuestro alrededor parecieran seguir igual, por la gracia de Dios cambiarán y nuestro modo de vivir cambiará. Solo tenemos que seguir mirando el corto.

. . .

Hemos llegado al final del libro más conmovedor que he escrito hasta ahora. No me refiero como tal a lo que yo he escrito, sino más bien a las impresionantes verdades que Dios nos ha revelado. Me he propuesto con él ayudarte a considerar, entender y aplicar estas verdades al lugar donde vives y a tus relaciones con las personas que te rodean.

A lo largo de los últimos meses he escalado las imponentes alturas de la revelación divina y estoy increíblemente agradecido por una oportunidad semejante. He meditado en las verdades más sabias y más hermosas que la mente humana pueda considerar jamás. He recorrido los valles más profundos y oscuros de la perdición humana, agradecido por la manera en que la oscuridad me ha alertado y advertido. He visto la sonrisa en el rostro de Dios, el toque sanador de su dedo, la increíble potencia de su poder, la tierna misericordia de su corazón, la profundidad insondable de su sabiduría, la fuerza abrasadora de su ira, la expansión ilimitada de su amor y la marcha imparable hacia su victoria final. Todo esto ha sido puesto delante de mí a través de doce majestuosas pero sencillas y prácticas doctrinas centrales de nuestra fe.

El recorrido no ha sido siempre fácil. Mientras abordaba cada nueva doctrina sentía que me lanzaba a una escalada extrema sin cuerdas en una pared rocosa de tres mil metros de altura. En cada ocasión me pareció aterrador y me sentí incapaz de hacerle justicia a la gloriosa verdad que aparecía con majestad delante de mis ojos. Con todo, en realidad no estaba escalando sin cuerdas y tampoco escalaba solo. Dios escalaba conmigo y la cuerda de su Palabra me sostenía firme. Con cada doctrina tuve que cuestionar mis propias convicciones cuando me vi confrontado al hecho de que yo también tengo brechas entre lo que profeso creer y la manera en que vivo. Sin embargo, en cada momento de confrontación experimenté la gracia de la cruz porque la doctrina de la Palabra de Dios, entendida correctamente, conduce precisamente a ella. Cada doctrina es la clave de la narrativa de su persona y de su obra redentora victoriosa. Ahora que llego al final de este libro, reconozco que necesitaba escribirlo, no solo para ti sino para mí también, para que juntos vivamos en la dimensión del conjunto de verdad más transformador que haya sido revelado a la mente humana.

Al acercarme al final de mi escrito me venía a la cabeza continuamente un himno antiguo. Sin proponérmelo me daba cuenta de que lo tarareaba. Busqué la letra y, cuando la volví a leer cuidadosamente, decidí que era el texto con el que deseaba concluir este libro. Es mi anhelo que veamos la Palabra de Dios y sus doctrinas como lo expresa este himno y que las oraciones del último verso sean también las nuestras.

> Tu Palabra es como un jardín, Señor,
> con flores resplandecientes y bellas;
> puede arrancar allí un ramillete hermoso
> todo aquel que busca.
> Tu Palabra es como una profunda mina;
> joyas ricas y preciosas
> hay escondidas en sus profundidades
> para todo el que allí escudriña.
>
> Tu Palabra es como una hueste de estrellas;
> mil rayos de esplendor,

guían al viajero, y llenan de luz su travesía.
Tu Palabra es como una armería
donde los soldados pueden reparar,
y encontrar allí para el día de batalla
todas las armas necesarias.

Oh, que ame tu preciosa Palabra,
que explore la mina,
que sus fragantes flores recoja,
que brille sobre mí la luz.
Oh, que encuentre allí mi armadura,
tu Palabra mi confiada espada;
aprenderé a combatir con cada enemigo
las batallas del Señor.[1]

---

1   Edwin Hodder, "Your Word Is Like a Garden Lord", 1863, en *Trinity Hymnal* (Suwanee, GA: Great Commission Publications, 1990), no. 139. Traducción de Carlos Knott.

Índice general